# 맹자와 도덕의 이상

# 맹자와 도덕의 이상

조원일 지음

전남대학교출판부

## 머리말

오늘날의 동아시아 사회는 매우 오랜 세월에 걸쳐 유가사상과 불가분의 관계를 형성해 왔다고 할 수 있다. 다시 말하자면, 유가사상은 장구한 시간에 걸쳐 동아시아 지역 특히 지식인 사회는 물론 일반 사람들의 삶의 방식에 지대한 영향을 끼쳤다고 볼 수 있다. 그리고 이러한 영향은 현재까지도 끊이지 않고 이어져 내려오고 있다. 즉 유가사상은 아직까지도 동아시아 사람들 모두의 현재적 삶 속에 깊이 투영되어 있는 사고와 행위의 존재방식인 셈이다.

즉흥적이고 감각적인 삶이 주류를 이루고 경제적인 이익이 지고무상의 진리로 숭상되고 있으며, 기초학문은 고사되고 실용적인 학문이 최선의 선택으로 여겨지고 있는 현대 사회에서 유가사상은 시대에 맞지 않는 혹은 시류에 편승하지 못하는 낡은 관념체계로 취급되고 있는 상황에 처해 있다고 할 수 있다. 심지어는 보수반동으로 언급되며 기득권의 체제유지에 적합한 구시대의 산물로 폄하되고 있는 실정이다.

물론 이와 같은 유가사상은 우리들이 현실적 삶 속에서 직면하게 되는 다양한 사회적 문제들에 대하여 직접적이고 효과적인 해결방법을 제시하는 것은 불가능하다. 그렇다면 현재 우리 사회가 안고 있는 수많은 문제들 즉 불안한 사회적 시스템, 인간성 상실의 세태, 나날이 늘어만 가는 자살률, 점점 심화되어 가고 있는 양극화 사회의 고착 등과 같은 문제들 대하여 어떠한 사상 혹은 관념이나 종교가 즉각적이고 효과적인 해결방안을 제시해 줄 수 있을까? 라고 하는 물음을 제기할 수도 있을 것이다. 아마도 이러한 물음에 대하여 어느 누구도 선뜻 바로 이러한 사상이 혹은 종교나 관념이 즉각적이고 효과적인 해결방안을 제시해 줄 수 있는 것이라고 말 할 수 없을 것이다.

유가사상은 시간과 공간을 초월한 보편적 원칙을 통해서 우리들에게 진정한 사랑의 의미와 그것의 실천 및 정의로움에 대한 각성과 다른 사람과의 관계 속에서 타인을 배려할 줄 아는 마음의 중요성에 대하여 성찰 할 수 있도록 해주고 있다. 이러한 것들을 바탕으로 우리는 가치 있는 삶을 살 수 있었던 것이며, 무엇이 올바른 삶의 방식인지를 스스로 깨달을 수 있었던 것이다.

아주 오래전에 생존했던 맹자가 오늘을 살아가고 있는 현대인들에게 남겨주고자 했던 고대의 가르침은 과연 어떤 것이었을까? 맹자는 우리들에게 진지하고 참된 삶의 태도에 대하여 메시지를 남겼으며, 인간이 타인을 사랑해야 한다고 하는 마음을 어떻게 보존하고 확충시킬 것인가에 관해서도 적지 않은 이야기를 남겼다. 또한 그의 사상체계 속에는 이상적인 국가와 사회를 이룩하고자 하는 염원과 그것을 실천하는 구체적인 방법론도 담겨져 있고, 인격적으로 완성된 인간으로 갈 수 있는 여정에 대한 고민도 담겨져 있다. 바로 이러한 것들이 춘추전국시대에 생존했던 맹자가 현대인들에게 남겨준 소중한 고대의 유산인 것이다.

필자는 지난 십여 년 동안 맹자의 도덕철학과 관련된 연구를 하면서 틈틈이 과거에 출간했던 졸저 『맹자의 도덕사상과 정치사상』을 수정하고 보완하여 개정 증보판을 세상에 내놓게 되었다.

본서는 고대 중국의 선진유학의 이상주의자인 맹자의 도덕이상에 대하여 맹자연구사, 역사와 사상적 배경, 도덕이상의 기반, 도덕이상의 중심문제, 도덕이상의 전개, 권도와 도덕선택, 도덕선택의 보편적 원리, 도덕철학의 현대적 의미 등을 중심으로 체계적으로 분석 정리한 글이라고 할 수 있다.

먼저 제1장은 역대 맹자학 연구사에 대하여 양한시기에서 위진남북조시기까지 경학자들의 『맹자』 주석에 대한 고찰과 시대적 상황 속에서의 맹자 관련 연구를 살펴보았으며, 수·당 시기에는 유학의 도통체계에서 맹자를 연구한 한유 및 당시의 경학자들을 중심으로 맹자 관련 연구를 고찰했으며, 송·원·명·청 시기에서 근현대시기에 이르기까지의 송명리학자들의 맹자학 연구와 청대 고증학자들의 맹자 관련 연구 및 현대 신유가 학자들의 맹자학 연구에 관한 문제를 중심으로 살펴보았다. 이 글은 원래 『동방학』 제23집(2012년)에 게재했던 문장을 수정과 보완작업을 거쳐 수록한 것이다.

제2장은 맹자의 도덕사상의 역사적 사상적 배경에 대하여 논의했다. 전국시대에 만연했던 각국의 군주들에 의해서 자행된 자국 중심의 이기적인 이익만을 추구하는 세태의 유행은 춘추시대 이래로 진행된 사회 경제의 급격한 발전과 상호 깊은 관련이 있으며, 각국의 정치인들의 단견과 빈번한 전쟁의 발생은 주왕조 천자 권위의 붕괴와 봉건체제의 점진적인 와해와 깊은 관련이 있다는 점을 밝혔다. 그렇기 때문에 이러한 시기에 생존했던 맹자는 시대의 아픔을 통감하여 현실상황의 문제를 비판하는 가운데 자신의 시대를 이상적인 바른길로 이끌어가고자 한 것이라고 하는 점을 천명했다. 또한 맹자는 공자가 수립해놓은 유학사상의 기초 위에 자신의 사상체계를 전개하여 유가사상의 계승자이자 또 상세한 해석가로서 공자가 충분히 확대시키지 못한 유학의 기

본정신을 발전시켜 엄밀하고 논리적인 구조를 갖춘 사상체계를 구축했다는 점 역시 밝혔다. 그리고 맹자는 이러한 사상체계를 그가 생존하던 시기의 현실 속에 직접 적용하여 당시의 혼란한 세상을 변화시키려고 시도했으며, 특히 현실정치문제에 대한 구체적인 해결방안으로 제시했던 점은 충분히 가치가 있다는 점을 천명했다.

제3장은 도덕이상의 기반에 대하여 언급했다. 맹자 성선설의 기본 형태에 대하여 맹자가 비유의 방식을 통해서 고자가 설정한 비유들에 대한 부정 속에서 고자가 인식하고 있는 '인성'과 '인의'의 관계가 잘못되었다는 문제를 중심으로 고찰하였으며, 맹자와 고자의 인성론 관점의 갈림길을 '생리적 본능을 성이라고 한다.'는 관점과 '본래적인 마음에 인성이 있다.'고 하는 문제를 중심으로 살펴보았다. 이 글은 원래 『한중인문학연구』 제18집(2006년)에 게재했던 문장을 수정과 보완작업을 거쳐 수록한 것이다.

제4장은 도덕이상의 중심문제에 대하여 논의했다. 먼저 맹자의 '악'에 관한 문제에 대하여 동·서양철학의 '악'에 대한 일반적인 의미를 비교하고, '악'의 형성 원인에 대한 해석과 인간의 본성은 '악'이 될 수 없다는 문제를 중심으로 살펴보았다. 그리고 수양방법론에 대하여 양기와 지언의 수양방법론을 중심으로 고찰했다. 이 글은 원래 『중국인문과학』 제51집(2012년)에 게재했던 문장을 수정과 보완작업을 거쳐 수록한 것이다.

제5장은 도덕이상의 전개에 대하여 언급했다. 먼저 도덕상황의 충돌을 도덕충돌과 도덕선택 및 도덕주체의 선택을 중심으로 논의를 진행하였다. 그리고 윤리적 충돌에 대하여 효도의 의지와 실천의 충돌에 관한 문제, 개인의 덕행과 타인의 생명 사이에서의 충돌문제, 직분과 그에 수반되는 윤리적 책임에 관련된 선택문제, 군신간의 의리와 정치

윤리의 충돌에 관련된 선택문제, 소아와 대아의 문제 및 개인의 사사로운 정情과 공공의 규범에 관한 문제를 중심으로 논의를 진행했다. 이 글은 원래 졸저 『맹자의 도덕사상과 정치사상』(2006년)과 또 다른 졸저 『맹자의 철학사상』(2012년)에 게재했던 문장을 수정과 보완작업을 거쳐 수록한 것이다.

제6장은 권도와 도덕선택에 관한 문제인데, 맹자의 도덕철학체계는 일반적으로 흔히 생각하는 것처럼 진부하거나 융통성이 없는 것이 아니라는 것을 밝혔으며, 또한 맹자는 도덕주체가 개별적인 상황 가운데 내리는 도덕적 판단과 선택을 중요시했을 뿐만 아니라 융통성이 없는 태도를 고집하는 것에 대하여 반대한다고 하는 사실을 천명했다. 그리고 이러한 융통성과 임기응변의 자유로운 운용은 바로 맹자가 언급한 권도權道의 정신과 부합되는 것이라고 하는 사실 역시 밝혔다. 또한 맹자 사상가운데 권도權道와 관련된 사상을 이해함과 동시에 그가 도덕선택을 할 때 견지한 관점과 중요시한 것이 과연 어떤 것이었는지에 대하여 알아보았으며, 아울러서 이러한 고대의 사상에 대하여 현대적인 시각을 통하여 맹자의 권도權道사상이 과연 현대의 다원화된 사회의 요구에 부합할 수 있는지의 여부도 함께 분석해보았다.

제7장은 도덕선택의 보편적 원리에 관한 문제이다. 먼저 맹자가 도덕상황의 충돌에 직면했을 때 취한 태도는 권도權道였다고 하는 사실을 언급했으며, 이러한 권도는 현실상황에 맞게 변용하는 융통성 있는 방침이지만, 권도 자체가 독립적인 규범이나 원칙은 되지 못한다고 하는 점을 밝혔다. 즉 사안에 적합한 것과 변용은 반드시 근본적인 원칙이 있어야 하는 것이기 때문에, 이러한 근본적인 원칙이 도덕선택이론의 기반이 되는 것이며, 아울러 이러한 근본적인 원칙은 맹자가 말하는 의로움義이라고 하는 사실을 천명했다. 다른 한편으로 맹자가 도덕

상황의 충돌에 직면했을 때 고려한 요소적인 측면에서 볼 경우, 맹자는 의로움의 정신을 중시했을 뿐만 아니라 인仁한 마음을 보존할 것을 요구했다는 것을 밝혔으며, 인仁한 마음을 보존한다고 하는 것을 통해야만 비로소 의로움義을 실천할 수 있게 되는 것이라고 하는 점 역시 밝혔다. 또한 행위가 의로움義에 합치되는 것은 내재되어 있는 인仁한 마음에서 비롯되는 것이기 때문에 인의仁義는 맹자가 도덕상황의 충돌에 직면했을 때 취하게 되는 모든 선택의 가치근원이라고 하는 것 역시 천명했다.

제8장은 도덕철학의 현대적 의미에 관한 문제다. 본장에서는 먼저 도대체 어떠한 장애요인 때문에 현대인들이 맹자의 성선설 분야의 탁견과 지혜를 받아들이지 못하게 되는 것일까? 하는 점에 대하여, 개인의 주관적인 요인 이외에 가장 주요한 요인은 사회의 전반적인 환경이 첨단과학기술문명만을 추구하고 있는 세태에 있다는 점을 밝혔다. 또한 이러한 세태 속에서 일반적인 사람들은 경험적으로 증명된 사실과 공리주의적인 사고방식에 세뇌되어 있기 때문에 근본적으로 유학의 인문전통 관점에 의한 사람이 사람으로 되는 의미와 존엄을 체득하지 못하게 되는 것이라고 하는 사실을 천명했다. 아울러 맹자의 주장은 매우 중요하고 또 현대인들에게 있어서 참고할 만한 가치가 있는 소중한 지적자산이라고 하는 사실 역시 천명했다. 즉 현대사회를 살아가고 있는 사람들이 물질생활 측면에 있어서는 비록 전대미문의 번영과 발전을 구가하고는 있지만, 사람들의 정신생활 측면은 갈수록 빈곤해지고 있으며, 인간의 도덕적 자질은 날이 갈수록 퇴락해져만 가고 있는데, 이러한 현상은 현대인들이 인성에 대한 반성적 사고가 새삼 필요하기 때문에 도덕적 가치와 비도덕적 가치 사이에서 그것들의 우선순위에 대한 새로운 관계설정이 필요하다는 점을 밝혔다. 또한 맹자의 도덕철학은 이천 여 년

전의 고대 중국에서 만들어진 것이지만, 가치체계의 구분과 판정이라고 하는 차원에 있어서는 여전히 시간과 공간의 제약을 받지 않는 수많은 탁견을 가지고 있으며, 현대인들의 계발을 기다리고 있는 것이라고 하는 사실을 밝혔다.

필자는 청소년기에 동서양의 지적전통에 대한 호기심 때문에 동서양의 고전에 심취해 있었다. 이는 지금 돌이켜보면 지적자산을 축적할 수 있는 매우 소중한 시간이었다고 생각한다. 대학 4년을 동서양의 고대 지적전통에 대하여 공부하면서 중국어 공부에도 많은 시간을 할애하며 보냈으며, 대학을 졸업한 후에 고대 중국의 지적전통에 대하여 심도 있는 연구를 하고자 유학을 떠났다. 타이완 중국문화대학 대학원과 중국의 북경대학 대학원에서 저명한 석학들로부터 소중한 가르침과 거시적인 시야와 미시적인 시야를 적절하게 조화시켜 엄밀하게 학문을 연구 하는 자세에 대한 가르침 역시 전수 받았다. 이러한 훈련과정은 매우 중요하고 가치 있는 체험이었다고 생각한다.

이국땅에서의 유학시절 부족한 제자를 진정한 학자의 길로 인도해 주신 타이완과 북경의 은사님들에 대하여 깊은 사의를 표하고자 한다. 또한 타이완과 북경에서의 유학생활 기간 내내 못난 후배에게 늘 따뜻한 격려와 용기를 북돋아주셨으며, 유학을 마치고 귀국하여 각박한 현실에 직면하여 어렵고 힘들어 했었던 때마다 항상 든든한 버팀목이 되어 주셨으며, 오랜 세월 동안 학문과 인생에 대하여 진지하게 고민하고 부족한 후배를 인도 해주셔서 오늘의 나를 있게 만들어주신 도중만, 박영종 선배님께 평생 감사하는 마음과 존경의 뜻을 올린다.

지난 이십여 년 동안 대학원생시절부터 지금에 이르기까지 공부하는 남편을 한결같이 성원해주었으며, 힘들거나 어려울 때를 막론하고 항상 곁에서 함께 고생을 감내해준 아내에게 감사하다는 마음을 전한다. 어린 시절에 행복한 추억 하나 제대로 만들어 주지 못한 무심한 아빠를 묵묵히 기다리며 바르게 커준 딸 수현에게 미안함과 고마움을 함께 전하며, 내가 사랑하는 두 여인이 항상 건강하고 행복하길 기원하는 마음과 결혼 스물 두 해를 기념하는 의미를 담아서 이 조그마한 책을 바친다.

2015년 가을

남녘땅 屯德齋에서

조원일

## 제4장 도덕이상의 중심문제



## 제5장 도덕이상의 전개

## 제6장 권도와 도덕선택



## 제7장 도덕선택의 보편적 원리

# 제1장 맹자 연구사 소개

## 1. 시작하는 말

양한兩漢시기부터 당대唐代에 이르는 시기의 유학 발전은 경학經學이 중심이 되어 진행되었다고 할 수 있다. 경학은 서한西漢중기에 이르러 무제武帝의 독존유술獨尊儒術 정책 실시 이후 대대로 각 왕조의 전폭적인 지원 속에서 학술부문 가운데 없어서는 안 되는 한 부분으로 자리매김을 하게 된다. 비록 위진남북조魏晉南北朝 시기에 이르러 유학이 쇠락의 길을 걷고 있기는 하였지만 당시의 통치자들은 감히 제멋대로 경학을 폐지하지는 못하는 실정이었다. 이와 같이 경학의 발전은 유학의 발전과 긴밀하게 연결되어 있었다고 할 수 있다.

양한시기부터 송대宋代 이전까지의 맹자학孟子學의 발전은 모두 경학의 발전 과정 속에서 진행되었기 때문에, 경학사의 관점에서 논의해야만 한다. 당대 중기 이후 맹자학은 유학의 부흥운동으로 인하여 많은 관심을 받게 되기는 하지만 그때까지는 유학의 주류로 편입되지는 못하는 실정이었다. 송대에 이르러 이전 시기에 축적되어진 맹자학 관련 연구 성과를 계승하고 그 위에 유학 부흥사조와 경세치용사상의 영향이 더해져 『맹자孟子』와 맹자에 대한 관심이 그 이전 시기에 비하여 증가하게 된다.

또한 송대에 이르러 개혁세력의 이론적 근거로서 선진유학의 중요성이 대두되는데, 이러한 추세에 호응하여 맹자의 지위 역시 상승하게 된다. 송대 이후부터는 학자들이 유학에 대하여 언급을 할 때 더 이상 '주공周孔'을 병칭하지 않고 대신 '공맹孔孟'을 병칭하기 시작하는 경향을 보인다. 송대의 개혁세력의 역할로 인해서 유학에 있어서의 맹자의 지위는 양한 시기에서부터 수당시기에 이르기까지 전례에 없던 높은 지위를 누리게 된다.

본문에서는 경학의 발전을 주축으로 하여 역대 경학 발전사의 분석을 통하여, 송대 이전과 이후의 맹자학의 연구 상황에 대하여 먼저 한대漢代에서 위진남북조 시기까지 언급한 뒤에, 다시 수대隋代에서 당대唐代에 이르는 시기까지 언급한 뒤에, 다시 송원명청宋元明淸에서 근현대에 이르는 시기 역시 언급하는 방식으로 논의를 진행해보도록 하겠다.

## 2. 양한에서 위진남북조 시기의 맹자 연구

진秦나라 시기에 자행된 분서갱유에 의하여 유가사상은 진나라에서 어떠한 형태의 발전도 이룩하지 못하였기 때문에 맹자학 역시 어떠한 발전도 없었다고 할 수 있다. 한漢나라 시기로 진입한 이후 유가사상은 줄곧 중요한 각색을 연출한다. 서한西漢초기에는 육가陸賈·숙손통叔孫通·가의賈誼 등이 중심이 되어 막 통일의 대업을 완수한 한나라의 정치와 제도를 정비하는데 매우 중요한 역할을 한다. 그렇기 때문에 비록 한대 초기의 정치권에서는 황노학黃老學을 이용하여 전란에 지친 민생의 안정을 도모 하였지만 유학 역시 일정한 역할을 하고 있었다. 문제文帝와 경제景帝의 치세 이후 정치와 사회적 필요에 의하여 유학은 발전의

발판을 확보한다.[1]

서한중기에 이르러 군주는 새로운 통치문제에 직면하게 되며 게다가 외환까지 겹쳐지는 형국이 발생하자, 서한의 군주는 왕권과 국가를 공고하게 지키고자 한다. 이러한 시대적 분위기 속에서 학술적으로도 '무위無爲' 사상이 아닌 '유위有爲' 사상의 필요성이 적극적으로 대두된다. 그렇기 때문에 서한중기에 무제武帝가 집권한 후 독존유술獨尊儒術의 정책이 시행되기에 이른다. 통치권의 강력한 지지 속에서 서한시기의 유학은 경학이 중심이 되고 유가의 여타 분야는 그 다음 순으로 밀려나게 된다.

> 제자 십가十家 가운데 볼만한 것은 구가九家일 뿐이다. 모두 왕도王道가 쇠미해지고 제후들이 힘의 정치를 하고, 당시의 군주가 좋아하거나 싫어하는 방향을 달리함에서 구가九家의 학술이 벌떼처럼 나와서 함께 일어났다. 각각 한 단면을 끌어와 그들이 잘하는 것을 숭상했다. 이것을 가지고 유세하여 제후에게 영합하였다. 말하는 것이 비록 다르지만 비유하면 물과 불이 서로 없애기도 하고 생기게도 하는 것과 같다. 인仁과 의義, 경敬과 화和가 서로 상반되지만 모두 서로를 이루게 해준다. 『역경易經』에 이르기를 "천하가 같은 곳으로 돌아가지만 (가는) 길은 다르고 (궁극의) 하나에 이르지만 생각은 백가지로 다르다."라고 했다. 지금 서로 학파를 달리하는 사람들이 각각 뛰어난 것을 확장하여 지혜와 생각을 다하여 그 요지를 밝혔다. 비록 모르고 취약한 부분이 있지만 그 귀결점을 합하여 보면 또한 육경六經의 갈래와 끝은 된다.[2]

---

1 金谷治, 조성을 역, 『중국사상사』, 서울, 이론과 실천, 1994년, 123~124쪽 참조.

2 『漢書』, 「藝文志」, "諸子十家, 其可觀者九家而已. 皆起於王道旣微, 諸侯力政, 時君世主, 好惡殊方, 是以九家之術出並作, 各引一端, 崇其所善, 以此馳說, 取合諸侯. 其言雖殊, 辟猶水火, 相滅亦相生也. 仁之與義, 敬之與和, 相反而皆相成也. 易曰: '天下同歸而殊塗, 一致而百慮.' 今異家者各推所長, 窮知究慮, 以明其指, 雖有蔽短, 合其要歸, 亦六經之支與流裔."

반고는 제자諸子의 학술이 "육경의 갈래와 끝은 된다."라고 여기고, 또한 제자의 학술이 말하는 것이 비록 다르기는 하지만, 그것들의 요지는 결국은 육경六經으로 귀결된다고 생각했다. 반고의 이러한 생각은 경학이 근본이 되고 제자학諸子學은 경학의 보조에 불과하다는 것을 단적으로 설명하고 있다. 『맹자孟子』는 진나라 시기의 분서갱유의 화마를 피해 완전하게 보존되어 전해지고 있기는 하였지만, 서한시기 유학자들의 관심의 초점이 되지는 못하고 있는 실정이었다. 문제文帝 시기에 일찍이 『맹자』에 박사를 두었는데, 이러한 사실은 조기趙岐의 「맹자제사孟子題辭」에 "효문 황제는 학문을 광범위하게 넓히고자 『논어論語』, 『효경孝經』, 『맹자孟子』, 『이아爾雅』 등에 박사를 두었다."라고 한 언급 속에 잘 나타나 있다. 유흠劉歆은 「이서양태상박사移書讓太常博士」에서 "효문 황제가 정권을 장악하기 시작하자 조조晁錯를 보내 복생伏生에게 『상서尙書』를 배워오게 했다.……박사를 두었다."[3]라고 언급하고 있는데, 이러한 조기와 유흠의 언급은 한나라 문제 시기에 이미 유가의 제자학설이 중요하게 취급받고 있었음을 설명하는 것이다.

무제 시기에 이르러서 진나라의 분서焚書이후 많은 서적과 전적들이 산실된 것을 통감하는 한편 조정에서는 관방에 소장하고 있었던 장서들 가운데 대다수가 궐본인 것을 파악하고 장서정책을 선포하여 민간에 소장되어 있던 산실된 서적들을 수집한다.

> 진대秦代에 이르자 이를 염려하여 서적을 태워 없애고, 그렇게 함으로써 백성들을 우매하게 하고자 했다. 한나라가 일어나서 진나라의 실패를 고치고자, 서적을 크게 모으고 책을 헌납할 수 있는 길을 널리 열었다. 무제시기에 이르기까지 여전히 백서帛書는 결손 되기도 하고 죽간竹簡은 떨어져나간 것도 있고, 예악이 무너진 상태가 되자 군주는 탄식하며 "나는

3 蕭統, 『文選』, 北京, 中華書局, 1992년, 662쪽 참조.

이를 매우 안타깝게 생각한다."고 말했다. 이에 장서藏書의 정책을 세우고 사서寫書의 관직을 설치하여, 아래로 제자諸子의 전傳과 설說까지 모두 비부秘府에 채웠다. 성제成帝시기에 이르러서는 서적이 꽤 많이 분산되고 유실되어, 알자謁者 진농陳農으로 하여금 천하에서 전하지 않는 책을 구하게 했다. (그리고) 조서를 내려 광록대부光祿大夫 유향劉向에게 경전經傳 제자서諸子書 시부詩賦 등의 전적을 교감하게 하고, 보병교위步兵校尉 임굉任宏에게 병법서를 교감하게 하고, 시의侍醫 이주국李柱國에게 방기方技에 관한 서적을 교감하게 하였다. 매번 책 한 권의 교감이 끝나면 유향은 그 서적 각 편의 조목을 정리하고, 요점을 간추리고 기록하여 상주하였다.[4]

무제는 이처럼 민간에 흩어져 있던 책들을 수집하는데 있어서 그 대상을 제자학諸子學의 서적에까지 확대하여 수집된 제자학의 서적을 비부秘府에 보관시켰다. 이러한 조치의 결과로 제자학의 학술사상은 민간에 전파될 수가 없었다. 동시에 경학을 표준으로 삼아서 모든 학술에 대하여 정리 작업을 진행하여 그것들의 요점을 논하고 오류를 바로잡았다. 이러한 조처들은 비록 서적들을 수집 정리하여 보관한 공적은 있으나, 제자학이 민간에 광범위하게 퍼지는 것을 막았기 때문에 제자학이 발전하는데 장애요인이 되었다고 할 수 있다.[5] 『맹자』는 한대에 제자계열에 분류되었기 때문에 그것의 발전에 이러한 영향을 받을 수밖

---

4 『漢書』, 「藝文志」, "至秦患之, 乃燔滅文章, 以愚黔首. 漢興, 改秦之敗, 大收篇籍, 廣開獻書之路. 迄孝武世, 書缺簡脫, 禮壞樂崩, 聖上喟然而稱曰: '朕甚閔焉!' 於是建藏書之策, 置寫書之官, 下及諸子傳說, 皆充秘府. 至成帝時, 以書頗散亡, 使謁者陳農求遺書於天下. 詔光祿大夫劉向校經傳諸子詩賦, 步兵校尉任宏校兵書, 太史令尹咸校數術, 侍醫李柱國校方技. 每一書已, 向輒條其篇目, 撮其指意, 錄而奏之."

5 무제시기 이후 제자학은 이미 쇠락해져 가고 있는 실정이었다. 서한 초기는 제자백가의 학문이 매우 활성화 되었었지만, 무제시기 이후는 그렇지 못했다. 그러나 제자학의 후학은 여전히 경학에 대한 반발로서 계속 존재하고는 있었다. 王繼訓, 「淺論漢代諸子學與經學的界限」, 『西北大學學報』, 제33권 제1기, 43쪽 참조.

에 없었다.[6]

서한시기가 끝날 때까지 『맹자』에 주석을 달은 학자는 없었다. 맹자학과 관련 있는 저작은 다만 사마천司馬遷의 『사기史記』「맹자순경열전孟子荀卿列傳」에 보이는 맹자의 생애와 사상에 관한 부분일 뿐이다. 비록 서한시기에 맹자학과 관련된 저작이 많지는 않지만, 그 시기의 유학자들은 『맹자』의 학설을 유학에 있어서 중요한 연구 자료로 취급했다.

동한東漢시기에 들어와서 시작된 금문今文경학과 고문古文경학의 대립은 갈수록 치열해져가고 맹자학에 대한 연구는 학자들로부터 비교적 중시를 받는다. 비록 『한서漢書』, 「예문지藝文志」에서는 『맹자』를 「제자략諸子略·유가류儒家類」에 수록하고 있지만, 『논어論語』·『효경孝經』·『이아爾雅』는 「육예략六藝略」 가운데의 「논어류論語類」·「효경류孝經類」에 귀결시킨다. 그래서 『맹자』의 지위는 마치 『논어論語』·『효경孝經』·『이아爾雅』 보다 아래에 있는 것처럼 보인다. 그렇지만 동한시기 학자들의 맹자학에 대한 연구는 대폭적으로 진보한다.

동한시기의 『맹자』에 대한 주석은 여섯 종류가 있는데, 양웅揚雄의 『맹자주孟子注』·정증程曾의 『맹자장구孟子章句』·정현鄭玄의 『맹자주孟子注』·고유高誘의 『맹자장구孟子章句』·유희劉熙의 『맹자주孟子注』·조기趙岐의 『맹자장구孟子章句』가 그것이다. 이들 가운데 지금까지 전해져오는 것은 유희의 『맹자주』와 조기의 『맹자장구』 뿐으로 그 외의 것들은 모두 유실되었다. 비록 동한시기의 『맹자』에 대한 주석본이 후세에 비하여 적은 수에 불과하지만 서한시기에 비할 때 주목할 만큼 많다고 할 수 있을 것이다.

동한시기에는 고문경학이 흥기하여 그에 따라 훈고학이 유행하게 되는데, 이때 『맹자』에 기록되어 있는 언급들은 동한 학자들에 의해 광

6 方俊吉, 『孟子學說及其在宋代之振興』, 臺北, 文史哲出版社, 1993년, 113~114쪽 참조.

범위하게 논증의 자료로 인용된다. 조기가 「맹자제사」에서 "오늘날 여러 경전들의 의미는 『맹자』를 인용하여 사실을 밝힌다."고 언급한 바에서 알 수 있듯이 동한시기의 학자들은 경전의 의미에 대하여 논의할 때 『맹자』의 내용을 인용하여 논증의 근거로 삼았었다.

『맹자』는 전기류의 서적이었기 때문에 한대의 학자들이 경전에 대하여 주석을 달 때, 그 내용을 많이 인용하여 논증의 근거로 삼았으며, 『맹자』에 기록된 사실들을 인용한 서술을 박학다식한 것으로 여겼다. 동한시기 『맹자』의 학술적 지위는 더욱 높아지게 되어 그 영향력은 매우 광범위하게 확대되는 추세를 보인다. 아울러 맹자사상의 가치 역시 학자들에 의해 새롭게 인식되어지는데, 양웅揚雄의 "양주나 묵적의 학설을 물리친다."는 언급과 왕충王充의 「자맹刺孟」 편 등이 대표적인 예라고 할 수 있을 것이다.

서한에서 동한시기에 이르는 동안 『맹자』의 지위는 점진적으로 향상되어가는 추세를 보인다. 서한시기의 유학은 정치를 위한 도구적 기능을 담당했기 때문에 경세치용經世致用분야에 치중했었던 반면 심성론心性論 분야에는 소홀했었다고 말 할 수 있다. 이러한 학술적 추세 속에서 맹자의 사상은 심성론을 중시하는 사상적 특성을 가지고 있었기 때문에 자연히 당시 학자들의 주목을 받지 못했었던 것이다. 경학은 한나라 정부의 장기간에 걸친 지원 속에서 이미 학술계에서는 요지부동의 지위를 점하고 있었으며, 유학의 독존적인 분위기 속에서 학자들의 연구범위는 경서에서 시작하여 유가의 제자학諸子學에까지 확대된다. 그렇기 때문에 『맹자』는 동한시기 학자들의 연구대상에 포함되었던 것이다.

양한시기의 맹자학의 발전과 경학은 매우 밀접한 관계를 형성하고 있었다고 판단된다. 한대 유학자들은 경전에 대한 해석과 주석 작업을 할 때 맹자의 관점을 인용하곤 했는데, 조기가 「맹자제사孟子題辭」에서 "효문 황제는 학문을 광범위하게 넓히고자 『논어論語』, 『효경孝經』, 『맹자孟子』, 『이아爾雅』 등에 박사를 두었다."라고 언급한 것은 양한시기의 맹자학이 경학에 의탁하여 발전했음을 단적으로 설명하는 것이다.[7] 그렇기 때문에 양한시기 맹자학의 발전은 학술사상에서는 경학의 독존과 제자학의 지속적인 발전에 의한 것이었다고 할 수 있는데, 당시의 제자학의 연구는 경학을 종주로 삼고 모든 이론체계를 경학의 관점에 맞춰 수립했다. 이와 같은 이유로 제자학은 경학이 일세를 풍미했던 양한시기에 발전할 수 있었던 것이다. 『맹자』의 이론은 유가에 뿌리를 두고 있기 때문에 공자孔子의 학문을 계승하여 그 이론체계가 육경六經의 이론체계와 유사한 이유로 인해서, 한대 학자들이 경학연구에 있어서 『맹자』의 관점을 다양하게 인용하였던 것이며, 이로 인하여 『맹자』의 학술적 지위가 신장될 수 있었던 것이다.

동한 말기부터 시작된 정치적 혼란과 두 차례에 걸친 당고黨錮의 화禍는 동한의 학술발전에 심각한 타격을 가하여 경학의 발전에도 심각한 영향을 끼친다.[8] 동한 말기의 정치적 혼란과 사회질서의 붕괴는 학술계에 많은 부정적인 영향을 끼쳤는데, 구체적인 예를 들자면 경학의 쇠퇴라는 초유의 현상이 발생한다. 이러한 상황은 위魏나라 문제文帝의 시기에 와서 태학太學의 회복으로 비로소 진정의 기미를 보이기 시작한다. 그러나 이 시기의 태학의 수준은 양한시기에 한참 못 미쳤다고 할 수 있는데, 그 이유는 태학생의 대부분이 병역 기피 수단으로 태학에 입학했기 때문이었으며, 박사들의 수준 역시 양한시기에 비해 형편없었다고 할 수 있다. 이러한 상황으로 인하여 위나라의 태학은 그 수준이 저급했으며 따라서 당시의 경학 연구도 수준에 못미쳐 결국은 쇠퇴의

7 吳雁南, 『中國經學史』, 福州, 福建人民出版社, 2001년, 69~70쪽 참조.

8 동한 말기에 발생한 당고의 화는 당시의 학술사상에 매우 심각한 영향을 끼친다. 이와 관련한 자세한 내용은 戶川芳郎의 『儒敎史』, 서울, 이론과 실천, 1990년, 120~123쪽에 잘 나타나 있다.

길을 걸을 수밖에 없었던 것이다.

동한 말기에서 삼국을 거쳐 서진西晉에 이르는 시기에 경학의 집대성자가 나타나는데, 그가 바로 정현鄭玄이다. 피석서皮錫瑞가 "정강성은 폭넓은 학식과 기억력이 뛰어난 인재로 고상한 절개와 탁월한 행실로 유명했다. 저술한 책이 집에 가득했으며 문하생이 매우 많았다. 당시의 모든 사람들이 그를 우러러 보았으며, 이수와 낙수의 동쪽 회수와 한수의 북쪽에서 정강성은 제일 뛰어난 사람이었다고들 말한다."[9]라고 언급한 것처럼 정현은 당시 사회에 매우 커다란 영향을 주고 있었다. 정현의 영향 속에서 동한 말기에서 삼국시대에 이르는 동안 유학은 새로운 관점을 거의 내놓지 못하고 있었으며, 맹자학에 대한 연구 역시 전혀 새로운 성과를 못 내놓고 있었다. 동시에 경학 분야에서 정현학파와 왕숙王肅학파 간의 분쟁이 발생한다. 이러한 두 학파 사이의 분쟁으로 인하여 학자들은 학술적 입장을 견지하기 위하여 정치적으로나 학술적으로 서로 헐뜯고 비방한다. 이러한 과정 속에서 경학의 발전은 정지되었으며, 전문적인 학술의 발전 역시 기대할 수 없었다. 경학이 이와 같은 상황에 처했기 때문에 경학에 의탁해서 발전을 했던 맹자학 역시 어떠한 진보도 없었던 것이었다.

동한 말기에 발생한 사회적 혼란으로 인해서 기존의 예악禮樂질서는 붕괴되는 지경에 이르게 되는데, 그 결과 당시 사람들은 유가의 가르침에 대하여 회의적인 태도를 갖게 된다. 이러한 상황 속에서 경학 연구는 급속도로 쇠퇴하였으며, 학자들의 학문연구 대상은 더 이상 경학에 국한되지 않았다. 다시 말하면 동한 말기부터 위진魏晉에 이르는 시기에서 유학은 사회질서를 유지시켜주는 기능을 상실하게 되어, 결국 사람들은 더 이상 유가사상에 대하여 믿음을 가질 수 없게 된다. 또

9 皮錫瑞, 『經學歷史』, 上海, 商務印書館, 1931년, 134쪽 참조.

한 당시의 학자들 역시 경학에 대한 연구만으로는 더 이상 혼란에 빠진 세상을 바로잡을 수 없다는 사실을 통감한다. 그래서 적극적으로 세상사에 참여하고자 했던 사람들은 법가法家나 종횡가縱橫家의 학설을 추종했으며, 소극적으로 개인의 안신입명安身立命을 추구했던 사람들은 노장老莊사상과 현학玄學의 가르침을 추종했다. 당시의 지식인들은 유가사상에 대한 흥미를 상실하였으며, 또한 그들이 고민하던 문제도 사회질서의 회복 같은 것보다는 생명의 온전한 보전에 관한 것들에 초점이 맞춰져있었다. 이러한 시기의 경학은 자연히 쇠퇴의 길을 걸을 수밖에 없었으며, 새롭게 흥기한 현학이 경학에 영향을 끼쳐서 경학의 현학화玄學化 현상이 발생하게 된다.[10]

한대의 경학은 주로 천인관계天人關係의 문제에 대하여 중시하는 경향을 보였는데, 현학 역시 본체론本體論적 관점에서 천인관계의 문제에 대하여 논의를 집중하는 경향을 보인다.[11] 그러므로 경학에서 현학으로 무게 중심이 이동해가는 추세 속에서도 연구 주제에는 변화가 없었다고 할 수 있으며, 변한 것은 단지 연구시각과 연구방법론일 뿐이었다고 말할 수 있다. 즉 현학은 도가道家의 이론과 연구방법론을 사용하여 천인관계 문제를 규명했다.[12]

경학의 현학화 이외에도 위진 시기의 경학 발전은 점진적으로 불교화佛敎化 되어가는 경향도 보인다. 동진東晉시기에는 많은 학자들이 불교에 대하여 연구를 진행하는데, 그들은 불교의 이론을 경학을 통해 보충하고자 했다. 남조南朝시기에 들어서자 불교는 통치자의 강력한 지원 속에서 공전의 발전과 번영을 구가하게 되며, 학풍 역시 다양한 이론들을 접목하는데 경학이 그 중심에 있었다. 이와 같은 이유로 경학은 불

10 吳雁南, 『中國經學史』, 福州, 福建人民出版社, 2001년, 143쪽 참조.
11 王克奇, 「從漢代經學到魏晉玄學」, 『東岳論叢』, 第22卷 第5期, 83쪽 참조.
12 吳雁南, 『中國經學史』, 福州, 福建人民出版社, 2001년, 143쪽 참조.

교화 된다.

위진남북조 시기는 유학과 현학 및 불교가 정립되어 있는 형태를 보이고 있었는데, 경학의 연구는 남조의 삼례三禮에 대한 연구가 불교의 영향을 받은 것 외에도 경전에 대한 주석의 내용은 동한 시기보다 더욱 정밀한 형태를 보이고 있었지만, 연구 내용과 범위는 동한 시기의 그것을 벗어나지 못했다.[13] 당시의 학술사상의 추세는 유학은 그 규모가 축소되고 있는 상황을 보이고 있는 반면, 현학과 불교의 사상은 매우 흥성하고 있는 경향을 보이고 있었다. 이러한 학술사상의 추세는 위진남북조 시기의 학자들로 하여금 더 이상 유학의 육경六經에 전념할 수 없게 만들었다. 그렇기 때문에 유학은 그 발전의 여지가 없었다고 할 수 있으며, 이에 따라 맹자학의 발전 역시 제지당하는 형국을 맞이하게 된다.[14]

위진남북조 시기의 『맹자』 주석서는 진나라의 기무수綦毋邃의 『맹자주孟子注』가 있다. 기무수의 『맹자주』는 『수서隋書』, 「경적지經籍志」와 『당서唐書』, 「예문지藝文志」에 수록되어 있으며, 『수서』에는 총9권으로 구성되어 있다고 기록되어져 있다. 기무수의 『맹자주』는 아쉽게도 이미 유실되어 현재에는 전해지지 않고 있다.

## 3. 수·당 시기의 맹자 연구

위진남북조 시기의 정치적 사회적 혼란의 국면은 수당隋唐시기에 이르러 일단 진정의 국면을 보인다. 통일제국이 건립되자 정치와 사회는 안정되었으며, 이러한 안정을 기반으로 정권을 더욱 공고하게 만들

13 董洪利, 『孟子研究』, 南京, 江蘇古籍出版社, 1997년, 176~177쪽 참조.

14 方俊吉, 『孟子學說及其在宋代之振興』, 臺北, 文史哲出版社, 1993년, 123~124쪽 참조.

고자 군주는 유가사상을 채택하여 정권수호의 파수꾼으로 삼는다. 이러한 추세 속에서 경학은 유학의 발전과 더불어 현저한 진보를 이룩하게 된다.

수나라에서는 건국초기에 문제文帝가 전국적으로 학문에 힘쓰고 예禮를 실천할 것을 교지로 내렸다. 이와 같은 군주의 적극적인 장려 속에서 수나라에서는 수도인 대흥大興에 경사京師를 설치하고 지방에는 학교를 설립하는 한편 박사博士의 학관學官을 설치했다.[15] 즉 수나라는 천하를 통일한 후에 유가의 예교禮教로서 사회질서를 회복시키고자 했다. 그래서 조정에서는 수많은 학교를 설립하는 동시에 학자들이 유학연구에 매진하도록 아낌없는 지원을 했다. 수나라 군주의 강력한 지원 속에서 유학은 매우 중요한 지위를 차지하게 되었으며 경학 역시 발전에 새로운 전기를 마련하게 된다.

수나라 이후 들어선 당나라 역시 유학을 매우 중시하고 학자들이 경전 연구에 매진할 수 있도록 많은 지원을 했으며, 전국 각지에 학교를 설립하는 등의 유학 장려정책을 펴나갔다. 특히 당나라 태종太宗시기에 이르러서는 더욱 적극적인 경학 진흥정책이 시행되어 경전의 고증에 대하여 심혈을 기울인 작업이 진행된다. 당시에 태종은 안사고顔師古와 방현령房玄齡 및 공영달孔穎達 등에게 경서經書 교정 작업을 지시하여 그들에 의해서 교정된 경서로 온 천하의 학자들이 경서 연구의 교범으로 삼게 만든다.[16] 이러한 현상 외에 당나라 초기는 유가에 여러 파벌이 형성되어 있었으며, 이로 인하여 주석이 너무 번잡한 문제들이 상존해 있었는데, 이는 당시의 경학이 해결해야만 하는 문제들이었다. 그렇기 때문에 공영달은 『오경정의五經正義』를 편찬할 때 기존의 주소注疏에

15 수나라의 유학 진흥정책에 관한 사실은 『隋書』, 「儒林傳」에 잘 나타나 있다.

16 唐明貴, 「唐太宗與初唐經學的復興」, 『聊城師範學院學報』, 第6期, 2000년, 19쪽 참조.

대해서는 반박하지 않는다고 하는 원칙을 세워 이미 간행된 주석본의 권위를 옹호했으며, 이러한 방법을 경학연구의 표준으로 삼았다.[17]

당나라 초기에 진행된 경전 해석에 대한 통일적 기준을 마련하는 작업은 과거시험에 적용하기 위해서 인데, 이는 과거시험 문제에 대한 표준답안을 한 학자의 주석에 의거하여 만들기 위해서 그렇게 한 것이다. 이러한 경전 해석에 대한 통일적 기준 마련에는 고도의 정치적 계산이 내포되어 있다고 할 수 있다.

당나라 시기의 유학은 또 다른 문제에 직면해 있었는데, 그것은 바로 수당隋唐시기는 위진남북조를 계승한 통일제국의 시기였기 때문에 학술사상 역시 이전시대를 계승하여 발전하게 되어 유가·도가·불교의 삼교가 정립하고 있는 추세였다는 것이다. 수당시기의 통치자들은 유학에 대하여 강력한 지지를 보내고 있었지만, 불교와 도교에 대해서도 매우 호의적인 태도를 견지하고 있었다.[18] 수당시기 경학의 발전은 유·불·도 삼교를 겸용하였으며, 경전에 대한 주석 역시 고문학파와 금문학파의 견해를 모두 채용하여 발전해나갔다. 특히 당나라 시기 전체의 경학 발전은 융합과 통일적 성향을 동시에 가지고 있었다고 할 수 있다.

수당시기의 경학은 정치권을 위해서 많은 역할을 하며 정치적인 필요에 의해서 유·불·도 삼교의 사상을 겸용하였다. 당시는 비록 경학에 있어서 통일적 기준이 형성된 시기로 공전의 발전을 구가 하고 있었지만 맹자학은 그렇게 커다란 발전을 이룩하지는 못한다. 당나라 시기의 경학은 양한시기부터 전해져 내려온 경전 즉 육경六經을 중심으로 발전하고 있었기 때문에 유가의 제자학은 확산될 수가 없었다. 그 결과

17 吳雁南, 『中國經學史』, 福州, 福建人民出版社, 2001년, 193쪽 참조.
18 許凌雲, 『中國儒學史』, 廣州, 廣東教育出版社, 1998년, 43쪽 참조.

자연히 맹자학에 대한 관심도 적을 수밖에 없었다. 맹자학에 대한 연구가 매우 미미했던 당나라 시기에는 일군의 학자들 즉 한유韓愈나 피일휴皮日休 등과 같은 학자들이 맹자학의 지위를 향상시키기 위해 많은 노력을 기울인 점은 특이한 현상이었다고 볼 수 있다.

> 요임금의 도는 순임금에게 전해지고, 순임금의 도는 우임금에게 전해지고, 우임금의 도는 탕왕에게 전해지고, 탕왕의 도는 문왕 무왕 주공에게 전해지고, 문·무·주공의 도는 공자에게 전해지고, 공자의 도는 맹자에게 전해졌다. 맹자가 죽은 뒤 그 도는 전해질 수 없었다.[19]

한유는 맹자를 문왕文王, 무왕武王, 주공周公, 공자와 같은 위치에 놓아서 도통의 계승자로 만든 것처럼, 맹자의 지위를 대폭적으로 제고시킨다. 한유의 맹자에 대한 존숭은 유학의 발전에 있어서 일대 전환점을 마련하게 된다. 당나라 초기의 맹자에 대한 연구는 매우 미미한 수준에 그치고 있었으나, 당나라 중기에 이르자 한유에 의해서 맹자는 유학 도통설道統說 발전에 있어서 빠져서는 안 될 지위를 점하게 된다.

당나라 시기의 유학은 비록 불교 및 도교사상과 융합하는 추세를 보이고 있었지만, 유학 자체는 불교와 도교사상의 융성에 직면하여 내부적으로 자기혁신의 작업을 전개해나가기 시작한다. 그래서 맹자사상의 이단사설에 대한 배척과 심성론 그리고 유가의 도통설은 당나라 중기 이후의 학자들로부터 중시받기 시작한다.[20] 한유가 제기한 도통관념

---

19 「原道」, "堯以是傳之舜,舜以是傳之禹, 禹以是傳之湯, 湯以是傳之文·武·周公, 文武周公傳之孔子, 孔子傳之孟軻. 軻之死, 不得其傳焉". 韓愈, 『韓昌黎全集』, 北京, 中國書店, 1991년, 174쪽 참조.

20 趙斌茹, 『漢唐『孟子』學探微』, 西寧, 青海教育出版社, 1999년, 17쪽 참조.

으로 인하여 맹자는 도통체계 속에 놓이게 되어, 맹자가 유가사상의 발전에 있어서 공자의 뒤를 계승한 유가의 정통으로 자리매김 하게 되는 새로운 전기가 이룩된다. 이러한 가운데 맹자사상의 도덕적 가치는 수많은 학자들로부터 중시받기 시작하며, 그 영향은 송대 신유학의 발전에 지대한 공헌을 하게 된다. 이러한 맹자의 지위 향상은 유학사상의 연구에 있어서 그동안의 중심축이었던 주공과 공자에서 그 연구대상의 무게 중심이 공자와 맹자로 옮겨지게 되는 현상을 초래하게 된다. 이러한 현상은 유학사상의 연구주제 변화를 수반하는 결과를 가져오게 된다.

한대의 학자들은 일반적으로 모두 주공과 공자를 병칭하여 주공의 정치업적을 중요시한다. 이러한 현상은 당나라 때까지 지속되는데, 맹자를 추앙했던 학자 피일휴 같은 경우까지도 "성인의 교화는 삼황三皇으로부터 나와서 오제五帝에게서 완성되어 주공과 공자에 이르러 정착된다."고 말하게 만들 정도로 주공과 공자가 병칭되었음은 명백한 사실이다. 그러나 송대 이후의 학자들의 저작 가운데 공자와 맹자의 병칭은 이미 일반적으로 사용되던 용어였었다. 공자와 맹자가 중시 받게 된 것은 공자의 도덕적 성취 때문이었다. 그래서 한유는 맹자를 위로는 공자를 계승한 인물로 추존하였는데, 이는 업적의 중시에서 덕성의 중시로 그 의미가 변화되었음을 뜻하는 것이다.[21]

당나라 시기는 유학의 발전에 있어서 학자들이 더 이상은 유가사상의 선현들의 공적만을 중요한 것으로 취급하지 않게 되는 시기였다. 주공과 공자의 병칭으로부터 공자와 맹자의 병칭으로 바뀌었다는 것은 당나라 시기의 학자들의 유학에 대한 관심 영역이 변했다는 사실을 방

21 黃俊傑, 『孟子』, 臺北, 東大圖書公司, 1993년, 192쪽 참조.

증하는 것이라고 할 수 있다. 이러한 변화의 관건적인 요인으로는 한유의 맹자에 대한 추존에 있다고 할 수 있다. 한유의 맹자의 덕성에 대한 추존으로 인하여 송대 유학자들은 맹자의 왕도사상 외에도 심성론에 대하여 심도 있는 연구를 진행하게 되었다. 그러므로 한유의 맹자에 대한 추존은 당나라 시기의 맹자학 발전에 지대한 영향을 끼친 것 이외에도 후대 유학의 연구방향에도 막대한 영향을 끼쳤다고 할 수 있다. 이와 같은 한유의 도통설과 맹자에 대한 추존은 맹자학 발전사에 있어서 일대 전환의 계기를 마련한 것이라고 할 수 있을 것이다.

당나라 시기의 학자들 가운데 피일휴皮日休의 맹자에 대한 추존은 대단하다고 할 수 있는데, 그는 『맹자』를 경서의 반열에 올려놓을 것을 건의하는 한편 과거시험의 교과목으로 채택할 것을 건의하려 했었다.[22] 또한 피일휴는 한유의 유학을 존숭함으로써 불교와 도교에 항거하는 기개를 높이 평가하기도 했다. 그래서 그는 「청한문공배향태학서請韓文公配享太學書」에서 "맹자와 순자가 공자의 도를 전하여 문중자에게 이르렀다.……문중자의 도가 오랫동안 밝혀져 그것을 전수받아 펼칠 수 있게 된 사람은 한유이다."라고 언급한 바와 같이 한유가 유학을 드높여 숭상한 공적에 대하여 인정하고, 심지어는 한유를 도통에까지 넣으려고 했다. 피일휴는 한유보다 후대의 사람으로서 한유의 맹자에 대한 존숭과 불교와 도교에 대한 배척의 정신을 계승하였다. 도통의 체계 가운데에서 피일휴는 한유의 도통관념을 계승한 사람이라고 할 수 있다. 그러므로 당나라 시기의 맹자학은 한유와 피일휴 등과 같은 학자들의 부단한 노력 속에서 그 지위가 향상됨은 물론 맹자의 사상 역시 많은 이들로부터 집중적인 관심을 받게 된다.

당나라 시기의 『맹자』 주석본은 세 종류가 있는데[23], 육선경陸善經

22 趙斌茹, 『漢唐『孟子』學探微』, 西寧, 青海教育出版社, 1999년, 20쪽 참조.

의 『맹자주孟子注』와 장일張鎰의 『맹자음의孟子音義』 및 정공저丁公著의 『맹자수음孟子手音』이 그것이다. 육선경의 『맹자주』는 기존의 학설에 구애됨이 없이 과감하게 새로운 해석을 시도했는데, 그 새로운 해석은 대부분 주관적인 관점이 주류를 이루고 있기 때문에 그다지 취할만한 부분이 없다는 것이 단점으로 작용하고 있다. 장일의 『맹자음의』는 『맹자』에 기록되어져 있는 문자의 발음과 문자의 뜻을 연구한 저작으로 별다른 새로운 관점은 없지만, 견지하고 있는 관점은 그것이 유실되지만 않았다면 비교적 참고할만한 가치가 있었을 것으로 생각된다. 후대의 맹자 연구자들, 예를 들면 손석孫奭이나 주자朱子 같은 경우가 많은 부분에 있어서 장일의 견해를 채용했다. 특히 손석은 자신의 『맹자음의孟子音義』에서 장일의 해석을 매우 많이 인용했다. 정공저의 『맹자수음』의 내용은 문자의 발음에 대한 주석과 문자의 뜻에 대한 주석을 포함하고 있다. 정공저의 주석은 매우 정밀하기 때문에 많은 해석들이 후세의 학자들에 의해서 채용되었다. 이러한 정공저의 주석은 맹자학 발전에 있어서 일정부분 공헌했다는 사실을 부정할 수 없을 것이다.

이상과 같은 『맹자』 주석본 이외에도 맹자의 사상에 대하여 전문적으로 연구한 연구서로는 유가劉軻의 『익맹翼孟』과 임신사林愼思의 『속맹자續孟子』[24]가 있다. 유가의 『익맹』은 이미 유실되어 현재는 전해지지 않고 있다. 백거이白居易는 "책을 열면 맹자의 사람됨을 흠모하고 있다."[25]라고 말하고 있는데, 이러한 점에서 유가와 백거이는 동시에 맹자에 대하여 상당히 흠모를 하고 있었음을 알 수 있다. 주이존朱彝尊의 『경의고經義考』에는 『익맹』 세 권이 기록되어져 있으나 이미 유실되었

23 董洪利, 『孟子硏究』, 南京, 江蘇古籍出版社, 1997년, 184~192쪽 참조.

24 林愼思의 『續孟子』는 이미 유실되었다고 주장하는 학자들이 있는데, 董洪利의 『孟子硏究』와 趙斌茹의 『漢唐『孟子』學探微』에서 이러한 주장을 찾아볼 수 있다.

25 朱彝尊, 『經義考』, 卷二百三十二, 北京, 中華書局, 1998년.

다. 임신사의 『속맹자』는 맹자의 이름에 가탁하여 수많은 당시의 정치적 사회적 문제에 대한 비판을 한 서적으로 당나라 말기의 정치적 혼란에 대한 반동의 색채를 드러낸 대표적인 저작 가운데의 하나이다.

> 전체적으로 말한다면 임신사의 정치사상은 그의 당나라 말기 정치혼란에 대한 반동으로 대표될 수 있다. 그의 주장은 정치란 것은 마땅히 백성들이 온전하게 목숨을 보존하고 삶을 잘 길러나게 하는 것으로 번쇄함과 가혹함을 제거하여 백성들이 인간 본성의 자연적인 측면에 순응하게 하는 것이다. 그의 맹자에 대한 해석은 상당한 정도에 있어서 대폭적으로 이상에서 언급한 경향들이 그 안에 드러나 있다.[26]

임신사는 『속맹자』를 통하여 자신의 정치사상을 피력했는데, 당나라 말기의 혼란한 시국에 생존했던 그는 『속맹자』를 통하여 자신의 정치적 견해와 통치자가 백성들의 삶을 돌봐주기를 기원하였으며, 아울러서 번잡하고 혹독한 정책을 제거시켜야 한다고 하였는데, 이러한 일련의 조처들이 인간 본성의 자연적인 측면에 부합하는 것이라고 주장하였다. 철학적인 측면에서 보았을 때 『속맹자』는 비록 철학적 깊이가 있는 저작이라고 보기는 어렵지만 맹자학의 해석학적 측면에서 볼 때는 역사적 의미가 있다고 할 수 있는 것이다.

## 4. 송·원·명·청에서 근현대시기의 맹자 연구

송대宋代에 이르러서는 『맹자』 관련 연구가 한당漢唐시기에 비하여 비약적으로 발전한다. 이 시기에는 『맹자』 연구범위 역시 크게 확산되

26 黃俊傑, 『孟子』, 臺北, 東大圖書公司, 1993년, 198쪽 참조.

는 현상을 보이는데 기존의 한당시기의 훈고학적 연구기초 위에 철학·정치·경제사상 분야에까지 그 대상을 확대하여 종합적인 사상체계를 구축한다. 특히 중요한 철학적 명제들 예를 들어 성性·명命·의리義理·재질才質·정情·기氣 등에 대하여 이전의 어떠한 시대보다도 더 깊고 완성된 형태의 해석체계를 수립한다.

송대에 맹자 연구가 이와 같이 대규모의 발전을 이룩할 수 있었던 원인은 여러 측면에서 찾아볼 수 있으나, 가장 중요한 원인은 역시 리학理學의 발흥에 있다고 할 수 있을 것이다. 송대에 나온 『맹자』 연구에 관련된 저서는 약 백여 부가 넘는다. 그 실례로 『송사宋史』, 「예문지藝文志」와 『송사예문지보宋史藝文志補』에 이십팔 부 그리고 『경의고經義考』에 백여 부가 보인다.

송대에 많은 유학자들이 맹자에 대하여 이처럼 열정적으로 주석 작업을 했던 원인은 바로 맹자의 사상체계와 리학의 사상체계가 일맥상통하는데 기인 한다고 할 수 있다. 즉 맹자의 사상체계 속에는 성선性善을 비롯하여 호연지기, 명, 심, 정, 재, 지志, 의意, 인의예지, 성誠, 도道, 의리義理 등등 사변적인 철학문제를 포함하고 있는데, 이것은 모두 리학에서 매우 관심을 가진 문제들이었으며 또한 리학연구의 핵심인 '성性과 천도天道'의 문제와 본질적으로 일치된다고 볼 수 있는 것이다. 그러므로 맹자의 사상이 리학자들로부터 상당히 중요한 취급을 받게 되는 것은 필연적인 결과라고 할 수 있는 것이며, 역시 맹자 연구에 획기적인 발전을 가져오게 한 원동력이 된다고 할 수 있는 것이다.

이 시기의 맹자 연구에 관한 대표적인 학자는 주자朱子인데 그의 리학사상의 정수는 『사서장구집주四書章句集注』에 잘 나타나있다. 특히 『맹자집주孟子集注』는 주자의 맹자 연구에 관한 학술성취의 최고봉으로 인정되고 있으며, 동시에 송대 리학에 있어서 맹자 연구에 관한 최고의 수준을 자랑한다. 이러한 『사서장구집주』는 주자가 혼신의 정력을 기울여 만든 작품으로서, 그는 이것을 사십여 년의 시간을 소요한 끝에 완성했다. 주자는 먼저 『사서四書』에 관련된 대량의 주석서를 수집하고 반복적으로 취사선택하여 『사서정의四書精義』와 『사서요의四書要義』를 편집하여 사십 팔 세가 되던 해에 처음 『사서장구집주』의 초고를 완성한다.[27] 그 후 주자는 육십여 세에 이르도록 끊임없이 수정작업을 한다. 또한 그는 육십 칠세 때 "남강본의 『논어論語』, 『맹자孟子』는 이후에 확정된 판본으로 그것과 비교하여 읽어보면 여전히 개정해야할 부분이 있으나 아직 손을 대지 못했다."[28]라고 했다. 이와 같이 볼 때 『사서장구집주』는 주자가 평생 심혈을 기울여 만든 작품으로 그의 학술사상을 대표하는 권위 있는 저작이라고 할 수 있는 것이다. 주자 본인 역시 자신의 『사서장구집주』에 상당한 애착과 긍지를 가지고 있었던 모습이 보이는데 특히 "저의 『어맹집주語孟集注』는 글자 하나라도 첨가하거나 뺄 수가 없습니다."[29]와 "『중용해中庸解』는 매번 보았지만 의심스러운 부분이 없었다."[30] 그리고 "제가 『대학大學』에 기울인 공은 매우 많습니다. 사마광이 『통감通鑑』을 쓰고 '소신의 평생 노력이 모두 이 책에 있습니다.'라고 말했는데 저도 『대학』에 그렇게 했습니다."[31]라고 하는 언급에 잘 나타나 있다고 할 수 있다.

주자학 체계의 범주는 주로 '리기론理氣論'과 '격물치지론格物致知論' 그리고 '심성론心性論'으로 언급될 수 있다. 이러한 범주들은 『맹자집주孟子集注』에 분명하게 언급되어 있으며, 언급된 부분 가운데 맹자의 사상을 더욱 발전시킨 부분이 보이기도 한다. 그의 리기론은 『맹자집주』 속

27 王懋竑, 『朱熹年譜』, 卷三, 北京, 中華書局, 1998년, 76쪽 참조.

28 『朱文公文集』, 卷六十三, 「答孫敬甫」, 『四部叢刊初編』 本.

29 黎靖德, 『朱子語類』, 第二冊, 卷九, 北京, 中華書局, 1994년, 437쪽 참조.

30 黎靖德, 『朱子語類』, 第二冊, 卷九, 北京, 中華書局, 1994년, 437쪽 참조.

31 黎靖德, 『朱子語類』, 第一冊, 卷十四, 北京, 中華書局, 1994년, 258쪽 참조.

에 잘 설명되어 있는데 주로 맹자의 '성선론性善論'을 해석하는데 사용하였다. 그는 '리기理氣'의 개념을 사용하여 '인성人性'과 '물성物性'의 차이점에 대하여 해석하는데, 여기에서 '물성'은 동물의 '성'을 의미한다. 그는 인간과 동물은 서로 동일한 면이 있다고 하면서 다음과 같이 말한다. 즉 "인간과 동물의 '성'은 같은 점이 있기도 하고 서로 다른 점도 있다. 그것들의 같은 부분을 알고 또 다른 부분을 안 뒤에야 '성'을 논할 수 있는 것이다."[32] 또한 인간의 '성'과 동물의 '성'이 같음과 다름의 구체적인 표현은 "인간과 동물은 태어날 때 모두 천지의 '리理'를 '성性'으로 하고, 천지의 '기氣'를 형체로 한다. 그것들이 서로 다른 부분은 인간만이 그 사이에서 형기形氣의 올바름을 얻어서 그 '성'을 온전히 보존할 수 있는 것이 작은 차이일 뿐이다. 비록 작은 차이라고는 말하나 인간과 동물의 차이점은 바로 이러한 것 때문에 존재하는 것이다."[33] 주자의 입장에서 보면 인간과 동물의 '성'은 두 가지 측면에서 동일한 부분이 있는데, 하나는 "천지의 '리'를 '성'으로 한다."는 것으로 하늘이 부여한 인간과 동물의 '성'의 '리'는 같다는 것이다. 다른 하나는 "천지의 '기'를 형체로 한다."는 것으로 이러한 '기'는 생리적인 작용을 뜻하는 것으로 "기로써 말하면 곧 지각운동으로 인간과 동물은 이것이 다르지 않다"의 '기'이다. 그러나 인간은 '형기'의 올바름을 얻어 그 '성'을 온전히 보전할 수 있지만 동물은 '형기'의 올바름을 얻지 못하여 그 '성'을 온전하게 보전할 수 없는 것인데, 이것이 바로 인간과 동물을 구별 짓는 것이라는 것이다. 주자의 이러한 언급들은 그의 '리기론' 관점과 '인성론' 관점을 반영한 것이었다.

결국 주자의 이러한 관점들은 다른 리학자들과는 달리 『맹자』의

32 黎靖德, 『朱子語類』, 第一冊, 卷四, 北京, 中華書局, 1994년, 259쪽 참조.
33 朱熹, 『四書章句集注』, 『孟子集注』, 「離婁下」.

본래 의미에 완전히 벗어난 것으로, 자신의 사상체계를 기초로 하여 맹자 사상의 내용을 혼합하여 새로운 사상체계를 수립한 것이라고 할 수 있다. 그러나 그는 단어의 의미를 판독하고 고증이 필요한 부분에 대해서는 매우 취약한 모습을 보이고 있다고 할 수 있는데, 이는 주자의 학문경향이 사상의 이론체계 분야에 대한 연구에만 역점을 두었기 때문이며, 훈고나 고증분야에 대한 연구는 그처럼 역점을 두어 연구를 하지 못했기 때문인 것이라고 판단한다.

원대元代의 『맹자』 연구 상황은 주자학적 관점의 연장이라고 보아도 무방할 것이다. 당시의 학자들은 감히 주자의 『맹자집주』 사상관점을 벗어난 새로운 이론체계를 내놓지 못했다. 그렇기 때문에 주자의 사상을 핵심으로 하는 저작들이 저술되는데 이러한 저작들 대부분은 새로운 사상적 가치가 없는 것으로, 특히 사상체계 분야에 있어서는 주자의 관점에서 벗어난 독자적인 특색을 갖춘 저작을 찾아본다는 것은 매우 힘든 상황이었다. 그러나 고증이나 자료의 인증 및 보충 분야에 대한 저작들은 나름대로 참고할 만한 가치가 있다고 할 수 있다. 이러한 저작들은 사상적인 측면에서는 주자의 이론을 절대적으로 신봉하지만, 학문을 하는 방법론적인 측면에서는 비교적 엄정하고 실질적인 증거자료들을 중시하였기 때문에 역사적인 자료들을 더욱 중요시했다. 역사적인 자료들을 중시하여 맹자를 해석하는데 있어서 고증과 보충자료를 적극 활용한 점이 바로 원대 맹자 연구의 중요한 특색이라고 할 수 있는 것이다.

원대에 『맹자』를 연구한 학자들은 결코 적지는 않지만, 그 가운데 참고할 만한 가치가 있는 저작은 그다지 많지 않다고 말할 수 있다. 대표적인 학자로는 금이상金履祥이 있는데 그의 저작으로는 『맹자집주고증孟子集注考證』이 있다. 그는 주자학파 계열에 속하는 학자였기는 하지만, 꼭 주자의 이론체계만을 맹신하지는 않았었다. 당시의 상황을 참고해 볼 때, 그의 저작은 눈여겨볼 만한 작품이라고 말할 수 있다. 그 외에 장존중張存中의 『사서통증四書通證』 역시 역사적인 사실이나 문물제도에 관한 분야를 연구하는데 참고할 만한 가치가 있는 저작이라고 할 수 있다.

명대明代 초기의 맹자 연구 상황은 원대의 상황과 비교했을 때 큰 차이는 없다고 할 수 있는데, 즉 맹목적으로 주자의 연구 성과를 추종하는 현상이 지속된다는 점에 있어서 그다지 커다란 차이점은 없었다는 것이다. 특히 대부분의 연구서들이 과거시험을 대비하여 해석들을 긁어모은 팔고문八股文[34]체로 이루어진 것으로, 천편일률적으로 기존의 해석을 답습하고 있어서 참고할 만한 가치는 없다고 할 수 있다. 그러나 명대 초기의 유학은 일단 주자학에 대한 답습시기가 경과하자 리학의 존재형태는 세월이 갈수록 쇠퇴의 일로를 걷게 되어 결국은 기존에 가지고 있었던 생기와 활력을 상실하게 되고 만다.

명대 중기에 이르러 심학心學사조가 발흥하게 되어 당시 학술계의 주도적 위치를 차지함과 동시에 학술발전에 있어서 중추적인 역할을 담당하게 되는데, 이 시기의 대표적인 인물로는 왕양명王陽明을 꼽을 수 있다. 왕양명은 『맹자』에 대하여 독자적인 주석 작업을 하지는 않았지만, 그의 저서인 『전습록傳習錄』에서 맹자의 사상에 대하여 많은 해석을 내놓는다. 왕양명은 맹자의 '진심盡心'을 '진성盡性'으로 해석하는데, 그 이유는 그가 '성'을 마음의 본체로 보았기 때문이다. 그래서 그는 "마음의 바깥에는 리가 없고, 마음의 바깥에는 사물도 없다"[35]라고 언급했던 것이다. 또한 그는 '심心'(마음)과 '리'를 하나이면서 둘이 아닌 것으로 보

34 八股文 : 明·淸시기에 과거시험의 답안용으로 채택된 특별한 형식의 문체로, 대구법對句法을 사용하며 전편全篇은 "破題, 承題, 起講, 入手, 起股, 中股, 后股, 束股" 등의 여덟 부분으로 구성됨.

35 王守仁, 『王陽明全集』, 上冊, 「傳習錄」, 上海, 上海古籍出版社, 1997년, 5~6쪽 참조.

아 '심'과 '리'는 동질의 것이며, '심'을 떠난 외부에서 '리'를 찾을 수 없다고 생각했다. 그래서 그는 '심'과 '리'의 합일을 주장하여 "심(마음)이 곧 리이다."[36]라고 말했다. 또한 왕양명은 '치양지致良知'로 맹자의 '집의集義'를 해석하는데, 즉 인간이 선천적으로 부여받은 도덕 판단능력을 회복하는 것을 맹자가 말한 '집의'의 올바른 해석으로 보았다.

결국 송대에서 명대 중기에 이르기까지 사상의 발전은 이원론二元論에서 일원론一元論으로 방향이 바뀌었다고 할 수 있다. 또한 유학 사상사에 있어서 리학의 쇠퇴와 심학의 번영은, 경학과 훈고학의 쇠퇴를 수반하여 경전을 해석하는데 있어서 주관적 체득에 의한 독창적인 견해를 내놓는 풍조가 나타난다.[37] 왕양명의 맹자 연구 역시 이러한 맥락에 놓고 파악해야 할 것이다.

명대 말기에 이르러서 황종희黃宗羲는 맹자의 학설에 대하여 새로운 해석을 내놓는다. 당시의 학계풍토는 맹자를 해석할 때 송명리학 가운데 유행하던 철학개념들을 사용했는데, 예를 들어 보면 '리', '기', '심', '성' 등이다. 황종희는 이러한 개념들이 모두 하나로 관통되어 있다고 생각했다. 황종희의 맹자 해석에 대한 새로운 관점은 "맹자가 말한 '확충', '부동심', '성', '서恕'를 실천할 수 있는 것은 모두 마음을 다하기 때문이다. '성'은 공허하여 생각할 수 없는 것으로 인간의 마음속에 있으며 '측은', '수오', '사양', '시비'의 마음을 통하여 인식할 수 있는 것이다. 만일 어린아이가 우물 속에 빠지려고 할 때 측은한 마음이 있는데, 이렇게 전광석화처럼 가슴속에 측은한 마음이 가득 차는 것이 성체다."[38] 라고 하는 언급에 잘 나타나 있다고 할 수 있다. 또한 황종희는 '심'과 '리'는 하나라는 관점으로부터 출발하여 맹자의 학설에 대하여 새로운

36 王守仁, 『王陽明全集』, 上冊, 「傳習錄」, 上海, 上海古籍出版社, 1997년, 26쪽 참조.

37 岡田武彦, 『王陽明と明末の儒學』, 東京, 明德出版社, 1970년, 9쪽 참조.

38 黃宗羲, 「孟子師說」, 『黃宗羲全集』, 第一冊, 杭州, 浙江古籍出版社, 1985년, 60쪽 참조.

해석체계를 마련하는데, 예를 들어 맹자의 "갓난아이의 마음을 잃지 않는다."는 언급을 "보고 듣고 말하고 행동하는 것은 마음과 하나가 된다."[39]로 해석하는 것이 그러하다고 할 수 있다. 그러나 황종희의 맹자 연구에 대한 문제는 '자연적 의미의 기'와 '창조적 의미의 기'에 대한 구분이 명확하지 않다는 점에 있다고 할 수 있다. 즉 황종희는 『맹자』 속에서 보이는 '기'자가 때로는 전통적 의미의 '기'로 쓰이기도 하고 때로는 맹자가 창조한 의미의 '기'(호연지기)로 쓰인 것을 간과했다는 점에서 맹자 연구에 대한 결정적인 문제점을 내포하고 있다는 것이다.

청대淸代의 맹자 연구 상황은 전대인 명대와 비교했을 때 많은 부분에서 변화된 모습을 보여주고 있다고 할 수 있다. 특히 이 시기는 학술상에 커다란 변화가 발생하는데, 그 원인으로는 먼저 명대 말기의 진부한 학풍에 의해서 누적되어진 폐단이 매우 심각한 지경에 이르러 사회와 정치·경제 그리고 사상의 발전에 막대한 지장을 초래하여 변화를 겪지 않을 수 없는 상황에 봉착하게 된 것이다.[40] 다른 하나는 청淸 왕조의 지식인에 대한 회유와 탄압정책이라고 할 수 있다. 이러한 원인들 때문에 청대의 학문은 단지 고전만을 훈고 고증하는 방향으로 밖에 나갈 수밖에 없었던 것이라고 할 수 있다. 그래서 이 시기의 학술은 훈고와 고증을 주요한 특징으로 하여 고대의 학술을 주요한 연구 대상으로 하는 복학樸學학풍이 형성되었던 것이다.

청대 학풍에 변화가 발생함에 따라 맹자학에 대한 연구 상황에도 변화의 기운이 수반된다. 맹자학 연구에 대한 변화의 추세는 전체 학술

39 黃宗羲, 「孟子師說」, 『黃宗羲全集』, 第一冊, 杭州, 浙江古籍出版社, 1985년, 108쪽 참조.

40 당시의 진부한 학풍의 폐단은 다음과 같이 두 가지 측면으로 나타난다. 먼저 팔고문 중심의 과거제도는 명대 말기 사회의 부패를 더욱 가속화시킨다. 다른 하나는 양명학의 아류로 그들은 이미 완전히 공허하게 심성의 수양만을 주장하고 현실문제를 외면하는 허망한 학풍으로 전락하여 사회 전반에 걸쳐 해악을 낳는다.

사상의 변화 추세와도 일치하는데, 구체적으로 언급하자면 주관적인 명상에 의한 허망한 이론체계에 대한 연구에서 훈고와 고증 중심의 복학체제 형식에 대한 연구로 방향이 전환되는 것이다. 이 시기의 맹자 연구에 대한 주요한 특징으로는, 먼저 『맹자』에 대한 해석을 한대의 주석을 근간으로 하여 해석하고 연구한 점에 있다고 할 수 있다. 게다가 청대 학술의 엄밀한 학풍이 맹자 연구에 삼투되어 학문의 연구방법론이 비교적 엄정해지고, 학술적 문제에 대하여 좀 더 깊게 연구하는 풍조가 생겼다는 점에 있다고 할 수 있다. 그리고 맹자의 사상을 해석함에 있어서는 기존의 학술전통을 비판 계승하여 새로운 사상적 형식을 채용한 점에 그 특징이 있다고 할 수 있겠다.

맹자 연구사에 있어서 18세기에 대진戴震의 『맹자자의소증孟子字義疏證』은 전통적 학술과 근대적 학술의 교차점의 지위를 차지한다고 할 수 있다. 여기에서 말하는 전통적인 부분은 대진이 새롭게 맹자를 해석할 때 반복해서 언급한 '리'와 '욕欲'의 관계와 '인도人道'와 '천도天道'의 관계 및 '인의예지'의 근원 등을 가리키는 것으로, 모두 전통유학의 문제들과 밀접하게 관련되어 있는 부분들을 의미한다. 대진은 송대 리학의 사상적 전통 속에서 맹자에 대한 해석을 이용하여 송대의 리학에 대한 반대의 입장을 견지한다. 또한 대진의 맹자에 대한 해석부분 곳곳에서 새로운 의미를 찾아볼 수 있는데, 바로 이러한 부분에서 대진의 사상체계 속에 스며들어 있는 근대성을 발견할 수 있게 되는 것이다. 그 증거로는 대진은 송대 리학의 이기이원론理氣二元論을 팽개치고 '자연'이 곧 '필연'이라고 주장하여 "'리'라고 하는 것은 사물에 대하여 약간의 착오가 없는 것을 반영하는 것이다."[41]와 "'리'는 인간의 정욕가운데 존재한다."[42]라는 새로운 명제를 내놓는데 이러한 명제들에서 우리는 근대

41 戴震, 『孟子字義疏證』, 卷上, 『戴震全集』, 第六冊, 合肥, 黃山書社,1995년, 152쪽 참조.

성의 흔적을 찾아볼 수 있는 것이다.

건륭가정乾隆嘉靖시기에 이르러서 『맹자』 연구의 집대성이라고 할 만한 저작이 출현하는데, 그것은 바로 초순焦循의 『맹자정의孟子正義』이다. 『맹자정의』는 조기趙岐의 『맹자장구孟子章句』에 주소注疏와 해석 작업을 한 것이다. 초순의 『맹자정의』의 특징으로는 먼저 인용과 증거자료가 풍부하고 세밀하여 같은 종류의 저작들 가운데 그것과 견줄만한 작품을 찾아보기 힘들다는 점에 있다고 할 수 있다. 그가 인용하고 증거를 댄 자료는 경經·사史·자子·집集[43]류 가운데의 각종 서적들로 일일이 그 수를 헤아릴 수 없을 정도다. 방계자료를 통한 증거수집과 폭넓은 인용은 초순의 『맹자정의』를 가장 뛰어난 자료로서 자리 매김을 하게 만들었다. 게다가 상세하고 정밀한 고증 역시 특징 가운데의 하나라고 할 수 있다. 상세하고 정밀한 고증은 초순의 『맹자정의』를 대대로 뛰어난 작품으로 평가받게 하는 주요한 원인으로, 이러한 점은 앞서 언급한 방계자료를 통한 증거수집과 폭넓은 인용과는 불가분의 관계를 형성하고 있다. 초순이 폭넓게 인용한 내용들은 대부분 이전의 학자들이 심혈을 기울여 연구한 성과들이기 때문에 그 자체로서 이미 고도의 정밀함과 수준 높은 학술적 가치를 가지고 있었다고 할 수 있다. 초순은 폭넓은 인용의 기초 위에 자신의 세심한 고증과 파악된 의미를 첨가하여 기존의 해석체계와는 다른 독자적인 견해를 피력했는데 이점 역시 주목할 가치가 있다고 할 수 있다.

근대시기에 이르러 서구의 열강들이 앞을 다퉈 중국을 침략함에 따라 중국의 위기상황은 갈수록 심화된다. 이러한 시기에 강유위康有爲는 『맹자미孟子微』를 저술하는데, 이는 『맹자』에 대한 새로운 해석을 통

---

42 戴震, 『孟子字義疏證』, 卷上, 『戴震全集』, 第六冊, 合肥, 黃山書社, 1995년, 159쪽 참조.

43 경經(경전)·사史(역사)·자子(제자서)·집集(문집)

하여 중국과 서양사상을 융합하고자 하는데 그 주요한 목적이 있었다. 이러한 시도는 그의 스승인 주구강朱九江이 한대와 송대의 학풍을 융합하려고 한 시도와 일맥상통한다고 말할 수 있다. 강유위가 『맹자』에 대하여 새로운 해석을 시도할 때 채용한 방법론은 바로 서양의 근대사조를 이용하여 중국의 전통유가사상에 주석을 가하는 방식이었는데[44], 이러한 방식은 선진시기 맹자의 사상가운데서 근대적 관념체계에 부합되는 관념들을 찾아내어 그것들을 근대사조에 접목시키기 위한 시도로서, 전통유가와 서양의 근대 신문화를 융합하고자 하는 시도였다고 말할 수 있다.

강유위의 『맹자미』의 가치는 맹자 사상체계 가운데 기존에 드러나지 않은 많은 분야의 사상적 요소들, 즉 민주, 평등, 자유 등의 관념들을 서양의 근대사조와 접목하여 융합시킨 후에 발전시켜나가고자 한 부분에 있다고 할 수 있다.

현대는 중국유학사에 있어서 유가의 학자들이 서양의 문화와 철학을 전면적으로 접촉하는 시기라고 말할 수 있다. 이십 세기의 유가학자들은 서양사상의 도전에 직면하여 중국의 전통학술체계로서는 더 이상의 발전적인 논의를 진행할 수 없게 되자, 서양철학의 관념들을 수용하여 전통학술을 해석함과 동시에 새로운 사상전통을 수립한다. 이 시기의 대표적인 유가사상가들을 '현대신유가'라고 부르는데 당군의唐君毅, 모종삼牟宗三, 서복관徐復觀 등이 있다.

당군의唐君毅는 송명유학을 토대로 맹자를 해석하는데 특히 심학의 입장에서 맹자 사상체계를 해석하고자 했다. 그는 맹자 사상체계의 본질은 심학이라고 생각하여 특히 '심心'의 자발성을 강조한다. 사상사적 입장으로부터 볼 때 당군의가 강조하는 "심에 성性이 있다."[45]는 주장은

---

44 예를 들어 근대 서양의 사회진화론, 사회계약론, 중상주의 등등.

왕양명이 "마음이 곧 리이다"로 맹자를 해석하는 입장과 비슷한 체계를 지니고 있다고 말할 수 있다. 당군의는 맹자의 '인간과 짐승의 차이人禽之辨'에 대하여 분석할 때 맹자가 말한 "성인과 나는 같은 부류이다."에서의 "부류"는 서양의 논리학에서 말하는 부류와는 다른 것으로, 인간이 마음을 다하고 본성을 알아서 성인聖人의 경지에 도달할 수 있게 되는 과정 가운데 성인과 나는 같은 자질을 갖고 있다는 것을 말하는 것이다. 당군의의 이러한 해석은 맹자 연구사에 있어서 새로운 경지를 개척한 것이라고 할 수 있다.

모종삼牟宗三은 맹자 사상의 해석에 대하여 비교적 특별한 관점들을 제시한다. 먼저 그는 중국철학의 중심과제 가운데 하나는 '인성론'에 있다고 강조한다. 특히 정통유가는 '인성론'에 대하여 두 종류의 견해를 가지고 있는데, 그 하나는 "천명을 성이라고 한다."는 『중용中庸』과 『역전易傳』을 중심으로 하는 '우주론적 입장'과 다른 하나는 "인仁과 의義가 내재되어 있다."고 하는 『맹자孟子』를 대표로 하는 '도덕론적 입장'이다.[46]

다음은 맹자의 학문은 '심성心性'의 학문이라는 것으로, 이러한 '심心'은 곧 도덕주체성이 된다는 것이다. 그래서 모종삼은 "이러한 '심'은 도덕의 주체성을 대표하는 것이다.……이것은 중국사상의 핵심이 되며 맹자는 '심성'의 학문의 종주가 되는 것이다."[47]라고 언급했던 것이다.

끝으로 맹자 사상가운데의 '마음心'은 자기 스스로가 원칙을 세운다는 것인데, 이러한 것은 이미 주관적이면서 객관적이기도 한 "마음이 곧 리이다."에서의 마음을 의미한다. 또한 모종삼은 『원선론圓善論』에서 「고자상告子上」에 대한 해석을 통하여 맹자에 관련된 사상체계를 집대성하며 자기 자신의 사상체계의 정수를 모두 보여준다. 모종삼의 맹자 해

45 唐君毅, 『中國哲學原論』, 原道篇, 卷一, 臺北, 學生書局, 1986년, 212쪽 참조.
46 牟宗三, 『中國哲學的特質』, 上海, 上海古籍出版社, 1997년, 54쪽 참조.
47 牟宗三, 『中國哲學的特質』, 上海, 上海古籍出版社, 1997년, 69쪽 참조.

석에 대한 창조적인 견해는 그가 언급한 "인과 의는 내재되어 있으며 '성'은 '심'에 의해서 드러난다."는 언급으로써 총괄할 수 있을 것이다.

서복관徐復觀은 맹자의 심성론이 오랜 역사적 변화의 산물이라고 강조하는 한편 맹자 사상의 내성內聖과 외왕外王이 하나로 관통되어 일체를 이룬다는 것을 강조한다. 그는 맹자의 '심성론'을 다양한 각도에서 해석하는데 다음과 같다.

먼저 서복관은 맹자의 '성선론'은 맹자가 중국의 문화전통에 대하여 가장 크게 공헌 부분이지만, '성선론'은 중국 고대문화가 장기간에 걸쳐 발전한 결과라는 점을 강조하기도 한다. 또한 그는 맹자의 '성선론'이 '심선心善'을 근거로 삼는다고 한다. 그리고 서복관은 주관과 객관이 융합된 각도에서 맹자의 '천형설踐形說'을 해석하는데 '천형'은 도덕주체성의 충실함 및 그것이 현실세계에 있어서의 실천이라고 생각했다.[48] 이러한 부분이 서복관의 맹자 연구에 대한 탁견이라고 할 수 있다.

## 5. 맺는 말

이상과 같이 양한시기로부터 수당시기를 거쳐 송·원·명·청·현대에 이르는 동안의 철학사에서 맹자학에 대한 연구동향을 살펴보았는데, 이를 정리하면 다음과 같다고 할 수 있다.

양한시기의 맹자학의 발전과 경학은 매우 밀접한 관계를 형성하고 있었다. 한대 유학자들은 경전에 대한 해석과 주석 작업을 할 때 맹자의 관점을 인용하곤 했는데, 『맹자』의 이론은 유가에 뿌리를 두고 있기 때문에 공자의 학문을 계승하여 그 이론체계가 육경의 이론체계와 유사하기 때문에 한대 학자들이 경학연구에 있어서 『맹자』의 관점을 다

48 徐復觀, 『中國人性論史』, 臺北, 臺灣商務印書館, 1990년, 185~186쪽 참조.

양하게 인용하였던 것이며, 이로 인하여 『맹자』의 학술적 지위가 신장될 수 있었던 것이다. 또한 이는 양한시기의 맹자학이 경학에 의탁하여 발전했음을 설명하는 것이다. 그러므로 양한시기 맹자학의 발전은 학술사상에서는 경학의 독존과 제자학의 지속적인 발전에 의한 것이었다고 할 수 있다. 서한시기가 끝날 때까지 『맹자』에 주석을 달은 학자는 없었다. 맹자학과 관련 있는 저작은 다만 사마천의 『사기』 「맹자순경열전」에 보이는 맹자의 생애와 사상에 관한 부분일 뿐이다. 비록 서한시기에 맹자학과 관련된 저작이 많지는 않지만, 그 시기의 유학자들은 『맹자』의 학설을 유학에 있어서 중요한 연구 자료로 취급했다. 동한시기의 『맹자』에 대한 주석은 여섯 종류가 있는데, 양웅의 『맹자주』, 정증의 『맹자장구』, 정현의 『맹자주』, 고유의 『맹자장구』, 유희의 『맹자주』, 조기의 『맹자장구』가 그것이다.

위진남북조 시기는 유학과 현학 및 불교가 정립되어 있는 형태를 보이고 있었는데, 경학의 연구는 남조의 삼례에 대한 연구가 불교의 영향을 받은 것 외에도 경전에 대한 주석의 내용은 동한 시기보다 더욱 정밀한 형태를 보이고 있었지만, 연구 내용과 범위는 동한 시기의 그것을 벗어나지 못했다. 당시의 학술사상 추세는 유학은 규모가 축소되고 있는 상황을 보이고 있는 반면, 현학과 불교의 사상은 매우 흥성하고 있는 경향을 보이고 있었다. 이러한 학술사상의 추세는 위진남북조 시기의 학자들로 하여금 더 이상 유학의 육경六經에 전념할 수 없게 만들었다. 그렇기 때문에 유학은 그 발전의 여지가 없었다고 할 수 있으며, 이에 따라 맹자학의 발전 역시 제지당하는 형국을 맞이하게 된다. 위진남북조 시기의 『맹자』 주석서는 진나라의 기무수의 『맹자주』가 있다. 기무수의 『맹자주』는 『수서』와 『당서』에 수록되어 있다. 기무수의 『맹자주』는 이미 유실되어 현재에는 전해지지 않고 있다.

당나라 시기의 유학은 비록 불교와 도교사상과 융합하는 추세를 보이고 있었지만, 유학 자체는 불교와 도교사상의 융성에 직면하여 내부적으로 자기혁신의 작업을 전개해나가기 시작한다. 그래서 맹자사상의 이단사설에 대한 배척과 심성론 그리고 유가의 도통설은 당나라 중기 이후의 학자들로부터 중시받기 시작한다. 한유가 제기한 도통관념으로 인하여 맹자는 도통체계 속에 놓이게 되어, 맹자가 유가사상의 발전에 있어서 공자의 뒤를 계승한 유가의 정통으로 자리매김 하게 되는 새로운 전기가 이룩된다. 당나라 시기의 맹자학은 한유와 피일휴 등과 같은 학자들의 부단한 노력 속에서 그 지위가 향상됨은 물론 맹자의 사상 역시 많은 이들로부터 집중적인 관심을 받게 된다. 당나라 시기의 『맹자』 주석본은 세 종류가 있는데, 육선경의 『맹자주』와 장일의 『맹자음의』 및 정공저의 『맹자수음』이 그것이다. 장일의 견해는 후대의 맹자 연구자들 예를 들면 손석이나 주자와 같은 경우가 많은 부분에 있어서 채용했다. 정공저의 주석은 매우 정밀하기 때문에 많은 해석들이 후세의 학자들에 의해서 채용되었다. 또한 이시기에는 맹자의 사상에 대하여 전문적으로 연구한 연구서가 있는데, 유가의 『익맹』과 임신사의 『속맹자』가 그것이다. 유가의 『익맹』은 이미 유실되어 현재는 전해지지 않고 있다. 임신사의 『속맹자』는 맹자의 이름에 가탁하여 수많은 당시의 정치적 사회적 문제에 대한 비판을 한 서적으로 당나라 말기의 정치적 혼란에 대한 반동의 색채를 드러낸 대표적인 저작 가운데의 하나이다. 이러한 임신사의 『속맹자』는 맹자학의 해석학적 측면에서 볼 때 그 역사적 의미가 있다고 할 수 있다.

송대에 이르러서는 『맹자』 관련 연구가 한당漢唐시기에 비하여 비약적으로 발전한다. 이 시기에는 『맹자』 연구범위 역시 크게 확산되는 현상을 보이는데 기존의 한당시기의 훈고학적 연구기초 위에 철학·정치·경제사상 분야에 까지 그 대상을 확대하여 종합적인 사상체계를 구축한다. 특히 중요한 철학적 명제들, 예를 들어 성性·명命·의리義理·재질才·정情·기氣 등에 대하여 이전의 어떠한 시대보다도 더 깊고 완성된 형태의 해석체계를 수립한다.

원대의 『맹자』 연구 상황은 주자학적 관점의 연장이라고 보아도 무방할 것이다. 당시의 학자들은 감히 주자의 『맹자집주』 사상관점을 벗어난 새로운 이론체계를 내놓지 못했다. 그러므로 주자사상을 핵심으로 하는 저작들이 형성되는데 이러한 저작들은 대부분 새로운 사상적 가치가 없는 것으로 특히 사상체계 분야에 있어서는 주자의 관점에서 벗어난 독자적인 특색을 갖춘 저작을 찾아보기는 매우 힘들었다. 그러나 고증이나 자료의 인증 및 보충 분야에 있어서는 약간의 저작들은 참고할 만한 가치가 있었다. 이러한 저작들은 사상적인 측면에서는 주자의 이론을 절대적으로 신봉하지만 학문을 연구하는 방법론적인 측면에서는 비교적 엄정하고 실질적인 증거자료들을 중시하였기 때문에 역사적인 자료들을 중요시했다.

명대 초기의 맹자 연구 상황은 원대의 상황과 비교했을 때 큰 차이는 없다. 즉 맹목적으로 주자의 연구 성과를 추종하는 현상이 지속된다. 특히 대부분의 연구서들이 과거시험을 대비하여 해석들을 긁어모은 '팔고문체'로 이루어진 것으로서 천편일률적으로 기존의 해석을 답습하고 있어 참고할 만한 가치는 없다. 그러나 명대 초기의 유학은 일단의 주자학 답습시기를 지나 리학의 존재형태가 날이 갈수록 쇠퇴 하게 되어 기존의 생기와 활력을 상실하게 된다.

명대 말기에 이르러서 황종희는 맹자의 학설에 대하여 새로운 해석을 내놓는다. 당시의 학계풍토는 맹자를 해석할 때 송명리학 가운데 유행하던 철학개념들을 사용하는데, 예를 들어 보면 '리', '기', '심', '성' 등이다. 황종희는 이러한 개념들이 모두 하나로 관통되어 있다고 생각했다. 황종희의 맹자 해석에 대한 새로운 관점은 "맹자가 말한 '확충', '부동심', '성', '서恕'를 실천할 수 있는 것은 모두 마음을 다하기 때문이다. '성'은 공허하여 생각할 수 없는 것으로 인간의 마음속에 있으며 '측은', '수오', '사양', '시비'의 마음을 통하여 인식할 수 있는 것이다. 만일 어린아이가 우물 속에 빠지려고 할 때 측은한 마음이 있는데, 이렇게 전광석화처럼 가슴속에 측은한 마음이 가득 차는 것이 성체다."라고 하는 언급에 잘 나타나 있다고 할 수 있다. 또한 황종희는 '심'과 '리'는 하나라는 관점으로부터 출발하여 맹자의 학설에 대하여 새로운 해석체계를 마련한다.

청대에 이르러 학풍에 변화가 발생함에 따라 맹자학에 대한 연구 상황에도 변화의 기운이 수반된다. 맹자학 연구에 대한 변화의 추세는 전체 학술사상의 변화 추세와도 일치하는데, 구체적으로 언급하자면 주관적인 명상에 의한 허망한 이론체계에 대한 연구에서 훈고와 고증 중심의 복학체제 형식에 대한 연구로 방향이 전환되는 것이다. 이 시기의 맹자 연구에 대한 주요한 특징으로는, 먼저 『맹자』에 대한 해석을 한대의 주석을 근간으로 하여 해석하고 연구한 점에 있다고 할 수 있다. 게다가 청대 학술의 엄밀한 학풍이 맹자 연구에 삼투되어 학문의 연구방법론이 비교적 엄정해지고 학술적 문제에 대하여 좀 더 깊게 연구하는 풍조가 생겼다는 점에 있다고 할 수 있다. 그리고 맹자의 사상을 해석함에 있어서는 기존의 학술전통을 비판 계승하여 새로운 사상적 형식을 채용한 점에 그 특징이 있다고 할 수 있겠다.

맹자 연구사에 있어서 18세기에 대진의 『맹자자의소증』은 전통적 학술과 근대적 학술의 교차점의 지위를 차지한다고 할 수 있다. 여기에서 말하는 전통적인 부분은 대진이 새롭게 맹자를 해석할 때 반복해서 언급한 '리'와 '욕欲'의 관계와 '인도人道'와 '천도天道'의 관계 및 '인의예지'의 근원 등을 가리키는 것으로, 모두 전통유학의 문제들과 밀접하게 관련되어 있는 부분들을 의미한다. 대진은 송대 리학의 사상적 전통 속에서 맹자에 대한 해석을 이용하여 송대의 리학에 대한 반대의 입장을 견지한다.

근대시기에 이르러 서양의 열강들이 앞다퉈 중국을 침략함에 따라 중국의 위기상황은 갈수록 심화된다. 이러한 시기에 강유위는 『맹자미』를 저술하는데, 이는 『맹자』에 대한 새로운 해석을 통하여 중국과 서양 사상을 융합하고자 하는데 그 주요한 목적이 있었다. 이러한 시도는 그의 스승인 주구강이 한대와 송대의 학풍을 융합하려고 한 시도와 일맥상통한다고 말할 수 있다. 강유위가 『맹자』에 대하여 새로운 해석을 시도할 때 채용한 방법론은, 바로 서양의 근대사조를 이용하여 중국의 전통유가사상에 주석을 가하는 방식이었는데, 이러한 방식은 선진시기의 맹자 사상가운데 근대적 관념체계에 부합되는 관념들을 찾아내어 그것들을 근대사조에 접목시키기 위한 시도로서, 전통유가와 서양의 근대 신문화를 융합하고자 하는 시도였다고 말할 수 있다.

현대는 중국유학사에 있어서 유가의 학자들이 서양의 문화와 철학을 전면적으로 접촉하는 시기라고 말할 수 있다. 20세기의 유가학자들은 서양사상의 도전에 직면하여 중국의 전통학술체계로서는 더 이상의 발전적인 논의를 진행할 수 없게 되자, 서양철학의 관념들을 수용하여 전통학술을 해석함과 동시에 새로운 사상전통을 수립한다. 이 시기의 대표적인 유가사상가들을 '현대신유가'라고 부르는데 당군의唐君毅, 모종삼牟宗三, 서복관徐復觀 등이 있다.

## 참고문헌


司馬遷, 『史記』, 北京, 中華書局, 1984년.

班固, 『漢書』, 北京, 中華書局, 1986년.

魏徵, 『隋書』, 北京, 中華書局, 1989년.

蕭統, 『文選』, 北京, 中華書局, 1992년.

韓愈, 『韓昌黎全集』, 北京, 中國書店, 1991년.

王懋竑, 『朱熹年譜』, 北京, 中華書局, 1998년.

『朱文公文集』, 『四部叢刊初編』 本.

黎靖德, 『朱子語類』, 北京, 中華書局, 1994년.

王守仁, 『王陽明全集』, 上海, 上海古籍出版社, 1997년.

黃宗羲, 『黃宗羲全集』, 杭州, 浙江古籍出版社, 1985년.

戴震, 『戴震全集』, 合肥, 黃山書社, 1995년.

朱彝尊 『經義考』, 北京, 中華書局, 1998년.

皮錫瑞, 『經學歷史』, 上海, 商務印書館, 1931년.

黃俊傑, 『孟子』, 臺北, 東大圖書公司, 1993년.

方俊吉, 『孟子學說及其在宋代之振興』, 臺北, 文史哲出版社, 1993년.

董洪利, 『孟子硏究』, 南京, 江蘇古籍出版社, 1997년.

唐君毅, 『中國哲學原論』, 原道篇, 臺北, 學生書局, 1986년.

徐復觀, 『中國人性論史』, 臺北, 臺灣商務印書館, 1990년.

牟宗三, 『中國哲學的特質』, 上海, 上海古籍出版社, 1997년.

許凌雲, 『中國儒學史』, 廣州, 廣東敎育出版社, 1998년.

趙斌茹, 『漢唐 『孟子』學探微』, 西寧, 靑海敎育出版社, 1999년.

吳雁南, 『中國經學史』, 福州, 福建人民出版社, 2001년.

岡田武彦, 『王陽明と明末の儒學』, 東京, 明德出版社, 1970년.

金谷治, 조성을 역, 『중국사상사』, 서울, 이론과 실천, 1994년.

戶川芳郎, 조성을 역, 『儒敎史』, 서울, 이론과 실천, 1990년.

王克奇, 「從漢代經學到魏晉玄學」, 『東岳論叢』, 第22卷 第5期.

唐明貴, 「唐太宗與初唐經學的復興」, 『聊城師範學院學報』, 第6期, 2000년.

# 제2장 역사와 사상적 배경

## 1. 역사적 배경

춘추전국 시대는 중국의 역사 속에서 사회, 경제, 정치질서의 변동이 가장 격렬했던 시기였으며 그 가운데서도 특히 정치적인 측면의 변혁이 두드러지게 나타난 시기였다고 할 수 있다. 주周왕조의 동천 이후 주왕조의 천자天子는 실질적인 통치 권력을 행사하지 못한다. 주왕조의 천자가 관할 할 수 있었던 지역은 단지 도성 부근의 작은 범위에 불과했으며, 제후국諸侯國들 내부에서 발생하는 찬탈이나 시해 및 폐위에 대한 일들에 관해서 천자는 아무런 조치를 취할 수 없는 무기력한 존재로 전락하게 된다.

석명錫命[1]에 근거한 역사적인 사실로 볼 때 춘추시대에 이백여 년 동안 존재했던 제후국들에 대한 석명의 기록은 단지 아홉 차례에 지나지 않는다. 실례로 주왕실과 관계가 밀접했던 노魯나라 같은 경우 춘추시대에 재위했던 열 두 명의 제후 가운데 석명을 받은 제후는 단지 환

1 주왕조시절 제후를 책봉하던 제도이다. 즉 천자가 제후의 직책을 책봉할 때 사관이 죽간에 천자의 명을 기록하여 선포하고, 의식을 진행할 때는 주왕조의 천자가 직접 제후의 직책을 책봉함을 선포함과 동시에 수레와 제복과 제기 등을 하사한다.

공桓公과 성공成公 및 문공文公 세 사람뿐이었다.[2] 더욱이 위에서 언급한 아홉 차례의 석명의 의식이 거행될 때도 제후가 천자에게 와서 직접 명령을 받는 것이 아니고, 천자가 관리를 제후 측에 파견하여 명령을 선포한다. 이러한 사실들은 천자의 지위는 이미 명목만 존재하고 그 실질적인 권위는 다시는 회복될 수 없는 나락으로 실추되었음을 잘 보여주고 있다.

한편으로 각 제후국들 내부에서는 보편적으로 국군國君과 성姓이 같은 귀족들이 권력을 다투는 현상이 나타난다.[3] 이러한 제후국들 내부의 정치상황의 변화는 평민계층 가운데 능력 있는 사람들이 정치에 참여하는 현상을 초래하게 만든다. 그리고 평민계층의 신분상승 결과는 기존의 봉건질서 가운데 계급적 질서의 혼란을 발생시킨다. 또한 군현제도의 점진적인 확립은 결국은 봉건제도의 정치적 기반을 와해 시켜버린다. 이러한 정치적인 상황 속에서 제후들은 중원의 통치권을 놓고 서로 쟁탈전을 벌이는 가운데 실제적인 필요에 의해서 적극적으로 유능한 인재를 영입하고 또 그들에 의한 통치를 실행하기 때문에 당시 사회의 변동은 더욱 가속화되는 추세를 보인다.[4]

춘추시대로부터 전국시대에 이르기까지 사회가 급변하고 사회계층들 사이의 이동이 크게 증가하는 현상은 주목할 만한 가치가 있다. 이러한 시기의 사회에서 통치계층 가운데 왕실과 귀족계층은 주도적인

---

2 齊思和, 「周代錫命禮考」, 『燕京學報』, 第 32 期, 224쪽 참조.

3 李宗侗, 『中國古代社會史』, 臺北, 中華文化出版事業委員會, 1963년, 233~243쪽 참조.

4 范文瀾은 "군현제도의 창립은 군주의 통치력을 더욱 강화시키고 봉건제도의 붕괴를 더욱 가속화 시켰다.……전국시대에 각 제후국은 모두 군현제도를 채용했다."라고 한다. 范文瀾, 『中國通史』, 第一冊, 北京, 人民出版社, 1996년, 146쪽 참조. 黃俊傑, 『春秋戰國時代尚賢政治的理論與實際』, 臺北, 問學出版社, 1978년, 27~28쪽 참조. 楊寬, 『戰國史』, 上海, 上海人民出版社, 1991년, 210~211쪽 참조. 金景芳, 『中國奴隷社會史』, 上海, 上海人民出版社, 1993년, 387~388쪽 참조.

지위에 있었으며 또한 이러한 계층 외에 새로운 사인士人계층이 출현한다. 이렇게 새로 출현한 사인士人계층 때문에 왕실과 귀족계층의 몰락은 가속화되는데, 이는 당시의 정치적 구심점이 왕실과 귀족계층에서 사인士人계층으로 바뀌어가고 있음을 단적으로 보여주는 것이다. 또한 이러한 사실은 춘추전국시대에 사회계층들 간의 이동이 활발하게 시작되었음을 의미함과 동시에 과거 우세를 점했던 왕실과 귀족계층이 완전히 세력을 잃었음을 의미하는 것이다. 이와 같이 볼 때 춘추전국 시기는 사회계층간의 이동이 크게 증가했을 뿐만 아니라 과거의 사회주도층이 점차적으로 쇠퇴하게 되는 시기인 것이다.[5]

경제 분야에 있어서 주요한 변동은 농업기술의 진보와 상업의 발전과 대도시의 탄생 및 인구의 증가라는 측면에서 찾아볼 수 있다. 농업기술 분야에서는 우경牛耕의 도입과 철제농기구의 사용 그리고 관계시설의 운용 및 비료기술의 개발 등을 통해서 비약적인 발전을 이룩한다.[6] 농업기술의 진보로 인하여 곡물의 생산량은 크게 증가하게 되며, 그 결과 잉여생산물이 발생하게 되고 이러한 잉여생산물은 상업 활동을 촉진시켜 재산이 축적된다. 상업의 발전은 인구의 증가와 대도시를 건설시키는 현상을 수반하는데, 이러한 현상들은 각 제후국들의 독립적인 성격을 더욱 강화시키고 토지의 사유를 형성하여 봉건제도의 경제적인 기초를 더욱 빠르게 와해시킨다.

위에서 언급한 것과 같은 정치와 사회 및 경제적인 분야의 중대한 대변혁 이외에 춘추전국시대 오 백여 년 간 빈번하게 발생한 전쟁은 주목할 만한 역사적 현상이다. 서주西周시대에는 주왕조의 천자는 천하를 관장할 수 있는 권위와 능력을 가지고 있었으나 주왕조 평왕平王시기에

5 Cho-yun Hsu, Ancient China in Transition : An Analysis of Social Mobility, 722~222 B.C. Stanford : Stanford University Press, 1965, Chap. 2.

6 楊寬, 『戰國史』, 上海, 上海人民出版社, 1991년, 36, 56~58쪽 참조.

이르러서 도읍을 동천한 이후부터 천자의 권위는 서산에 기울어 가는 해처럼 미약해져 제후들 사이에 정벌전쟁이 날이 갈수록 빈번해 진다. 특히 춘추시대에는 역사기록에 보여 지는 전쟁의 횟수만 해도 약 천 이백여 차례에 달한다.[7] 전국시대에 이르러서는 전쟁의 횟수가 다소 줄어들어 약 사백 육십여 차례 발생한다.[8] 그러나 전쟁의 규모나 기간 그리고 살인의 정도 측면에서 말한다면 전국시대는 춘추시대에 비하여 더 심한 시기였다. 그래서 맹자 같은 경우는 이 시기를 "토지를 빼앗기 위해 전쟁을 하여 사람들을 들판에 가득 차게 죽이고, 성(도시)을 빼앗기 위해 전쟁을 하여 사람들을 성안에 가득 차게 죽인다."[9]라고 묘사하고 있다.

또한 현대의 역사학적 통계에 의하면 전국시대 이백 사십 이년 동안에 기록된 전쟁의 횟수는 468.5회(전국칠웅戰國七雄 사이에 벌어진 전쟁을 1회로, 기타 소국들 사이에 벌어진 전쟁을 0.5회로 계산함)이며 게다가 특이할 만한 점은 진시황의 천하통일 시기에 근접할수록 평화의 시기는 더욱 줄어든다는 점이다.[10]

전국시대에 각 제후국들 상호간의 정벌전쟁의 결과 당시의 백성들은 통치자의 전쟁을 수행하기 위한 소모품으로 전락하게 된다. 그래서 당시의 사상가들은 전쟁의 비참함과 백성들의 고통에 대하여 매우 동정적인 태도를 견지하며 전쟁에 대해서도 강력하게 비난을 한다. 전국시대의 제자백가는 당시 날이 갈수록 빈번하게 발생하는 전쟁에 대하여 모두 반대하는 태도를 견지하지만 그들 가운데 오직 묵자墨子만이 공리주의적 시각에서 전쟁문제에 대하여 날카로운 비판을

7 Cho-yun Hus, Ancient China in Transition, Ch. 2, Table 1, P. 56.

8 Hsu, op. cit., P. 64, Table 6.

9 『孟子』, 「離婁上」, "爭地以戰, 殺人盈野; 爭城以戰, 殺人盈城."

10 Hsu, op. cit., P. 64, Table 6.

내놓는다. 묵자는 다음과 같이 말했다.

> 이제 큰 나라가 작은 나라를 공격한다면, 공격을 당하는 나라에서는 전쟁 때문에 농부들은 농사를 짓지 못하고 아낙네들은 길쌈 일을 못하고 나라를 지키는데 전념할 것이다. 다른 나라를 공격하는 나라에서도 역시 농부들은 농사를 짓지 못하고 아낙네들은 길쌈 일을 못하고 다른 나라를 공격하는데 전념할 것이다. 그러므로 큰 나라가 작은 나라를 공격하는 것은 비유하면 아이들의 말 타기 놀이와 같은 것이다.[11]

비단 묵자뿐만 아니라 거의 모든 전국시대의 사람들은 당시에 자행된 각 제후국들 상호간의 정벌전쟁으로 비롯된 참혹한 상황에 대하여서는 모두들 비통해 했다.

그렇다면 맹자는 자신이 처한 시대의 상황에 대하여 과연 어떻게 인식하고 있었을까? 다시 말하면 맹자는 당시의 현실 문제에 대하여 어떤 인식의 틀을 가지고 있었을까? 이러한 문제에 관해서는 『맹자』에 기록된 맹자의 언급가운데서 맹자가 자신이 처한 시대에 대한 현실인식의 문제를 통합하여 살펴볼 수 있는데, 다음과 같은 몇 가지 시대적 문제가 도출된다.

먼저 가시적인 효과와 눈앞의 이익만을 추구하는 풍조가 만연하는 문제이다.

맹자가 보기에는 그가 처한 시대에 있어서의 가장 큰 문제는 당시의 사람들이 짧은 안목을 가지고 눈앞의 개인적인 이익만을 추구하는 점이었다. 이러한 상황은 맹자와 양혜왕梁惠王 사이에 진행되었던 대화 속에서 쉽게 발견할 수 있다.

---

11 『墨子』, 「耕柱」, "今大國之攻小國也. 攻者, 農夫不得耕, 婦人不得織, 以守爲事; 攻人者, 亦農夫不得耕, 婦人不得織, 以攻爲事. 故大國之攻小國也, 譬擾童子之爲馬也."

맹자가 양혜왕을 찾아뵈었는데 왕이 "어르신께서 천리 길이 멀다하지 않고 오셨는데, 과연 어떤 방법으로 내 나라를 이롭게 하시겠습니까?"라고 말하자 맹자가 "왕께서는 어째서 이익만을 말씀하십니까? 다만 인과 의가 있을 뿐입니다! 왕께서 어떤 방법으로 내 나라를 이롭게 할까 라고 말하시면, 대부들은 어떤 방법으로 내 봉토를 이롭게 할까 라고 말할 것이며, 사인계층과 일반 백성들은 어떤 방법으로 내 자신을 이롭게 할까 라고 말하게 되니, 이렇게 되면 윗사람과 아랫사람들이 서로 자신들의 이익만을 취하고자 하여 결국은 나라가 위태롭게 될 것입니다! 만승의 나라에서 그 군주를 시해하는 사람은 반드시 천승 규모의 봉토를 가진 사람일 것이고, 천승의 나라에서 그 군주를 시해하는 사람은 반드시 백승 규모의 봉토를 가진 사람일 것입니다. 만승의 규모에서 천승의 규모를 취하고, 천승의 규모에서 백승의 규모를 취하는 것이 많지 않은 것은 아닙니다만, 만일 의로움을 뒤로하고 이로움을 앞세운다면 빼앗지 않고는 만족할 수 없을 것입니다. 인하고서 그 어버이를 버리는 사람은 없고, 의로우면서 그 군주를 뒤에서 시해하는 사람은 없습니다. 왕께서는 다만 인과 의를 말씀하셔야할 뿐인데 어째서 꼭 이로움만을 말씀하십니까?"라고 대답했다.[12]

---

12 『孟子』, 「梁惠王上」, "孟子見梁惠王. 王曰: '叟! 不遠千里而來, 亦將有以利吾國乎?' 孟子對曰: '王何必曰利? 亦有仁義而已矣! 王曰何以利吾國, 大夫曰何以利吾家, 士庶人曰何以利吾身: 上下交征利, 而國危矣! 萬乘之國, 弑其君者, 必千乘之家. 千乘之國, 弑其君者, 必百乘之家. 萬取千焉, 千取百焉, 不爲不多矣! 苟爲後義而先利, 不奪不饜. 未有仁而遺其親者也! 未有義而後其君者也! 王亦曰仁義而已矣, 何必曰利?"

* 譯註 : 乘은 당시 전쟁에 사용되던 戰車를 의미하는 것으로 萬乘之國이란 전차를 만대 규모로 보유한 국가를 의미한다. 전차 한 대당 약 100여 명의 군졸이 배속되므로 전차 만대면 약 100만 명의 군대를 보유한 것이 된다. 100만 명의 군대를 동원할 역량을 갖춘 국가는 약 500~700만 명 규모의 인구를 갖춘 국가이다. 또한 춘추시대 이전에는 천자가 만승을 보유하였고, 규모가 큰 국가의 제후는 천승을 보유하였고, 규모가 작은 국가의 제후는 백승을 보유하였는데, 전국시대에 와서는 제후들 가운데도 만승을 보유한 사람이 보인다.

맹자는 평생 동안 강인한 생명력으로 당시 사회에 만연한 짧은 안목을 가지고 눈앞의 개인적 이익만을 추구하는 풍조에 대하여 강렬하고 날카로운 비판 작업을 수행했다. 맹자가 의리義利에 대한 변별을 명확하게 하고자한 노력들은 당시의 역사적인 배경 속에서 볼 때 비록 고군분투의 비장함마저 느껴지지만, 그가 한 분투는 후일 중국지식인들에게 인격수립의 전범과 입신처세의 모범이 되었다.

다음은 정치의 타락 문제이다.

맹자는 당시의 정치상황에 대하여 다음과 같이 묘사하고 있다.

> 왕업을 이룬 자가 나타나지 않은 것이 이 때 보다 드물었던 적이 없었으며, 백성들이 학정에 시달려 초췌해진 것이 이 때 보다 심한 적은 없었다.……지금과 같은 시기에 만승의 나라가 인정을 실시한다면 백성들이 그것에 대하여 거꾸로 매달린 것에서 풀려난 것처럼 기뻐할 것이다.[13]

맹자는 자신이 처한 그 시대에 각 제후국들의 군주들은 인정仁政을 실시하지 않고, 그들 모두가 "백성들의 생업에 종사할 시기를 빼앗아 농사를 짓지 못해, 그들의 부모를 봉양할 수 없게 하여 부모들은 얼어 죽거나 굶어죽게 되고 형제와 처자식이 흩어진다."[14]라고 하는 것과 같은 정치상황을 만든다고 생각했다. 맹자는 당시의 통치자들 모두가 전쟁을 매우 좋아하는 것으로 보았는데 이러한 부분에 관해서는 "지금 저 천하의 군주들 가운데 사람 죽이기를 좋아하지 않는 자가 없다."[15]에 잘

---

13 『孟子』, 「公孫丑上」, "王者之不作, 未有疏於此時者也; 民之憔悴於虐政, 未有甚於此時者也.……當今之時, 萬乘之國行仁政, 民之悅之, 猶解倒懸也."

14 『孟子』, 「梁惠王上」, "奪其民時, 使不得耕耨以養其父母, 父母凍餓, 兄弟妻子離散."

15 『孟子』, 「梁惠王上」, "今夫天下之人牧, 未有不嗜殺人者也."

나타나있다. 또한 맹자는 직접적으로 양혜왕을 비판하여 "불인不仁하구나! 양혜왕 이여.……영토 확장 때문에 자신의 백성들을 피폐하게 하면서 싸우게 하였다."[16]라고 하며, 양양왕梁襄王에 대해서도 "멀리서 바라보아도 군주 같지 않다."[17]라고 하는 질책을 한다.

그리고 맹자는 당시의 암울한 정치상황에 대하여 이상적인 정치의 구상도를 내놓는다. 맹자의 구상에 의하면 이상적인 통치자는 모든 분야에서 백성들의 복지를 위해서 구체적인 방안을 설정해야 한다고 생각했다. 그래서 맹자는 다음과 같이 말하고 있다.

> 그러므로 현명한 군주는 백성들의 생업을 관장함에 있어서 반드시 위로는 충분히 부모를 섬길 수 있도록 하고 아래로는 충분히 처자식을 부양할 수 있도록 하고, 풍년에는 일 년 내내 배부르게 하고 흉년에는 죽음에서 벗어나도록 합니다. 그런 뒤에 백성들을 선善에 유도하면 백성들이 따르기 쉽습니다. 그러나 오늘날에는 백성들의 생업을 관장함에 있어서 위로는 충분히 부모를 섬길 수 없게 하고 아래로는 충분히 처자식을 부양할 수 없게 하며, 풍년에는 일 년 내내 고생하고 흉년에는 죽음에서 벗어날 수 없습니다. 이렇게 겨우 죽음에서 구제되기도 부족할까 두려워할 것인데 언제 예와 의를 배워 익힐 틈이 있겠습니까? 왕께서 (왕도정치를) 실행하려고 하신다면 왜 그러한 근본으로 돌아가지 않습니까? 다섯 무의 집 주변에 뽕나무를 심으면 오십 세가 된 사람이 비단옷을 입을 수 있으며, 닭과 돼지와 개 그리고 큰 돼지를 기르는데 그 번식시기를 놓치지 않으면 칠십 세가 된 사람이 고기를 먹을 수 있으며, 백무의 밭에 그 농사지을 시기를 빼앗지 않으면 여덟 식구의 집이 굶주리지 않게 할 수 있으며, 상서(학교)의 가르침을 신중하게 하고 거듭하기를 효제孝悌의 의리로써 한다면 머리가 반백이 된 사람이 길에서 무거운 것을 지거나 이

16 『孟子』, 「盡心下」, "不仁哉! 梁惠王也.……以土地之故, 糜爛其民而戰之."
17 『孟子』, 「梁惠王」, "望之不似人君."

지 않을 것입니다. 노인이 비단옷을 입고 고기를 먹으며 일반 백성들을 굶주리지 않게 하고 춥지 않게 하고서도 왕도정치를 실행하지 못한 사람은 없었습니다.[18]

맹자는 위에서 묘사한 바와 같은 왕도정치의 실행이 가장 시급한 관건의 문제라고 생각했다. 이와 같이 맹자는 당시 사회의 문제에 대하여 심각한 고민을 하고 그 문제의 해결방안을 군주의 도덕성에 기초한 왕도정치에서 찾았음을 우리에게 보여주고 있는 것이다.

마지막으로 전쟁의 참혹함과 백성들이 겪는 고통에 대한 문제다. 전국시대 각국의 제후들은 저마다 전쟁수행을 좋아하는 경향을 보이고 있다. 예를 든다면, 맹자가 추鄒나라에서 위魏나라로 갔을 때 양혜왕은 매우 조급하게 맹자에게 "어르신께서 천리 길이 멀다하지 않고 오셨는데, 과연 어떤 방법으로 내 나라를 이롭게 하시겠습니까?"라고 묻는데 이것은 결국 양혜왕이 염원하는 것은 '부국강병'[19]에 있음을 의미한다. 양혜왕은 기원전 342년의 동쪽으로는 제나라에 패해서 장자가 그곳에서 죽은 것과 기원전 330년에 서쪽으로는 진나라에게 칠 백리 땅을 빼앗긴 것과 같은 과거에 대해서 늘 마음에 두고 있었다. 사실 맹자의 시대에는 양혜왕 뿐만 아니라 다른 나라의 군주들 역시 전쟁을 수행하기에 급급했다.

---

18 『孟子』, 「梁惠王上」, "是故明君制民之産, 必使仰足以事父母, 俯足以畜妻子; 樂歲終身飽, 凶年免於死亡; 然後驅而之善, 故民之從之也輕. 今也制民之産, 仰不足以事父母, 俯不足以畜妻子; 樂歲終身苦, 凶年不免於死亡; 此惟救死而恐不贍, 奚暇治禮義哉? 王欲行之, 則盍反其本矣! 五畝之宅, 樹之以桑, 五十者可以衣帛矣; 鷄豚狗彘之畜, 無失其時, 七十者可以食肉矣; 百畝之田, 勿奪其時, 八口之家, 可以無飢矣; 謹庠序之教, 申之以孝悌之義, 頒白者不負戴於道路矣. 老者衣帛食肉, 黎民不飢不寒, 然而不王者, 未之有也."

19 趙岐와 朱子 그리고 焦循 모두가 '부국강병'으로 양혜왕이 언급한 "利"자를 해석한다.

또한 현대의 역사가인 장음린張蔭麟 같은 경우 춘추전국시대의 제후국 군주들에 대하여 다음과 같이 흥미롭게 묘사하고 있다.

> 만일 전쟁을 도박에 비유한다면 춘추시대의 열강들 가운데 오吳나라를 제외한 모든 나라들의 군주들은, 수준 높은 자질과 심오한 내공을 가지고 있는 도박사들로, 어떠한 경우에도 집을 저당 잡히고 전답을 파는 행위는 하지 않았다. 그러나 전국시대의 열강들은 반대로 대부분이 마구잡이로 도박을 일삼는 노름꾼들이었다. 그들은 매번 가진 재산을 몽땅 한번의 승부에 걸었다. 즉 그들은 매일 아침부터 저녁사이에 부자로 도박장에 들어가지만 결국은 돈을 다 잃고 알거지로 변해 도박장을 나온다. 비록 그들 사이에서 한 명의 노름꾼이 도박으로 집안을 일으키지만 결국은 전적으로 도박 파트너의 도박자금을 속여서 승리를 쟁취한 것이다.[20]

전국시대의 군주들은 하나하나 모두가 확실한 "마구잡이로 도박을 일삼는 노름꾼"이었다. 이러한 점에 관하여 맹자가 직접 경험하고 증명한 사실들로는 "제나라가 연나라를 공격함"[21]과 "추나라와 노나라의 싸움"[22] 그리고 "진나라와 초나라가 전쟁을 구상함"[23] 등이며 이것들 모두는 맹자와 그 제자들이 직접 경험한 사건들이다.

이상과 같은 내용들을 종합해 귀납해보면 맹자는 자신이 처한 시대의 현실인식에 대하여 다음과 같은 문제들을 지적한다. 즉 가시적인 효과와 눈앞의 이익만을 추구하는 풍조가 만연하는 세태 및 왕도정치가 실종된 세태 그리고 정벌전쟁이 빈번하게 발생하는 세태를 지적한

20 張蔭麟, 『中國史綱』, 臺北, 正中書局, 1963년, 102쪽 참조.

21 『孟子』, 「梁惠王下」, "齊人伐燕"

22 『孟子』, 「梁惠王下」, "鄒與魯鬨"

23 『孟子』, 「告子下」, "秦楚搆兵"

것들이 그것이다.

맹자가 묘사했던 전국시대의 모습은 현대의 학자들이 묘사한 전국시대의 역사적인 상황과는 본질적인 면에 있어서는 차이가 없다고 할 수 있다. 자국 중심의 이기적인 이익만을 추구하는 세태의 유행은 춘추시대 이래로 진행된 사회 경제의 급격한 발전과 상호 깊은 관련이 있으며 각국의 정치인들의 단견과 전쟁의 빈번한 발생은 주왕조 천자 권위의 붕괴와 봉건체제의 점진적인 와해와 깊은 관련이 있다. 이러한 시기에 생존했던 맹자는 시대의 아픔을 통감하여 현실상황의 문제를 비판하는 가운데 자신의 시대를 이상적인 바른길로 이끌어가고자 한 것이다.

## 2. 사상적 배경

맹자는 선진유학에 있어서 매우 큰 영향력이 있는 사상가였으며, 그가 세운 철학사상체계는 그 자신이 선진유학 가운데 확고한 위치를 차지할 수 있게 만드는 중요한 역할을 한다. 맹자의 사상은 성선설을 출발점으로 삼는다. 즉 그는 인간의 본성은 선하다는 것으로 성性(본성)과 천도天道의 관계 위에서 진심盡心·지성知性·지천知天을 주장하여 이것으로 천과 인간 그리고 자신과 사물이 관통된다고 역설하였던 것이다. 맹자 사상의 기본적인 특징은 내성內聖으로 외왕外王을 관통한다고 하는 것이라고 할 수 있다. 그의 심성心性문제에 대한 언급에서 성과 천도의 연결에 관한 것은 모두 그의 현실정치에 대한 주장과 진정한 생명존중이라는 이상적인 가치체계의 이론적 기초를 다시 세우기 위한 것이었다.

맹자는 공자가 수립해놓은 유학사상의 기초 위에 자신의 사상체계를 전개하여 유가사상의 계승자이자 또 상세한 해석가로서 공자가 충분히 확대시키지 못한 유학의 기본정신을 발전시켜 엄밀하고 논리적인 구조를 갖춘 사상체계를 구축한다. 그리고 맹자는 이러한 사상체계를 그가 생존하던 시기의 현실 속에 직접 적용하여 당시의 혼란한 세상을 변화시키려고 시도했으며 특히 현실정치문제에 대한 구체적인 해결방안으로 제시했던 점은 충분히 가치가 있다고 할 수 있다.

성性과 천도天道의 문제는 유학사상의 중심문제 가운데의 하나라고 말 할 수 있다. 이러한 문제는 유학에 있어서 천인합일天人合一사상의 핵심 명제로 공자가 가장 먼저 제기하지만, 공자의 사상체계 속에서 이러한 명제 자체에 대한 충분한 논의를 찾아보기란 매우 어렵다. 『논어論語』 전편을 아무리 분석해보아도 공자가 성과 천도의 문제에 대하여 심도 있는 언급을 한 부분은 찾아보기 어려운 실정이다. 그러나 맹자에 이르러서는 그의 인성론 속에서 공자의 성과 천도에 관한 문제가 보다 명확해지는데, 즉 맹자는 공자가 내적 체험을 통해 인식한 성과 천도를 보편적인 성격을 가진 명제로 규정하고, 그것이 이성적인 사유로 논증될 수 있다고 하였다. 즉 인간은 선천적으로 선善한 본성을 가진 존재임과 동시에 이것을 바탕으로 진심盡心·지성知性·지천知天의 경지에 도달할 수 있다고 하는 비교적 순수한 철학사상체계를 건립한다. 이러한 사상체계 가운데에서 천인합일은 그 사상의 핵심을 이루고 있다.

공자의 사상 가운데 있어서 천天은 두 가지 특성을 가지고 있는데, 하나는 공자가 종교적인 색채를 띤 천명天命에 관련된 천天관념을 계승한 부분이다. 즉 공자는 천이 모든 사물과 인간의 운명을 결정하는 불가항력적인 능력을 가지고 있다고 생각했다. 다른 하나는 공자가 전통적인 천天관념을 변화시킨 부분이다. 즉 공자는 천天이 인간과 사회에 동떨어져 따로 존재하는 것이 아니라 인간과 사회 속에 존재한다고 생각했다. 천명天命은 존재하는 모든 사물과 인간사회의 운행 가운데 있는 것으로 인간은 이러한 천명에 순응해야하지만 그렇다고 인간세상의 일들을 팽개치면서까지 맹목적으로 천명에 순응해야하는 것은 아니라고 생각하였다. 즉 공자는 인간사의 일들을 해나가는 과정 속에서 천명에 순응하고 또 그것을 체득해야 한다고 생각했던 것이다.

맹자의 사상 가운데 있어서의 천天 역시 두 가지 특성을 가지고는 있지만, 그는 상대적으로 전통적인 종교적 색채를 띤 천명天命과는 일정한 거리를 유지하고 있다. 그래서 그의 사상 가운데 전통적인 종교적 색채를 띤 천명은 많은 부분에 있어서 삭제되어서 천天은 더 이상 인간과 사회와 별개로 따로 떨어져 외재해 있으면서, 인간사를 주재하는 존재가 아니고 바로 인간의 심성心性에 내재되어 있는 존재로 변한다. 이와 같이 맹자는 한편으로는 진심과 지성을 통하여 천天을 인식하고, 다른 한편으로는 천에 도덕적 속성을 부여하여 인간의 마음 가운데 천의 본질이 갖추어져 있다고 하여 도덕 가치판단의 근거로 천天을 이해한다. 이러한 천인관계는 천과 인간을 상호 대립하는 관계로부터 점진적으로 상호 조화하는 관계로 이끌어 간다.

또한 공자와 마찬가지로 맹자의 천 관념은 그가 생존했던 시대의 사회·정치구조와 경제 형태 그리고 역사상황을 반영한 것이며, 그 속에는 그가 열망했던 이상적인 사회의 모습이 투영되어 있다. 인仁과 예禮는 공자 사상의 커다란 지주라고 할 수는 있지만, 한편으로는 공자의 사상체계에서 인仁과 의義는 일종의 기본 골격과 같은 것으로 충실하고 풍부한 내용을 찾아보기 힘들다. 비록 공자가 인仁에 대하여 여러 분야에서 언급하고는 있지만 어느 곳에서도 명확하게 규정해놓고 있지 않아서, 그것을 바탕으로 이루어진 이론체계 역시 찾아볼 수 없으며 또한 인仁에 관련된 각각의 내용들 사이의 논리적인 관계도 보이지 않는다. 그리고 예禮에 대해서 공자는 인仁으로써 설명해나가지만, 본질적으로는 여전히 주례周禮의 연장선에 머물고 있어서 공자가 처한 시대의 새로운 사회문제와 연관된 내용들을 흡수할 수 없었다.

맹자의 사상 속에는 많은 부분에 있어서 공자의 인仁을 흡수한 흔적들이 보이는데 특히 그는 공자의 인仁이론을 더욱 발전시켜 한층 엄밀한 사상체계를 수립한다. 공자의 사상 속에는 사실상 이미 성선설性善說의 가능성이 보이는데 즉 공자는 인仁으로 인성의 본질을 규정하여 그것은 필연적으로 선善한 것이라고 한다. 맹자는 인仁의 범주와 인성의 범주를 더욱 명확하게 연결하여 인仁을 인간의 내재적 규정성으로 생각하고 그것의 근거를 인간 내면의 마음에서 찾는다.

더 나가 공자는 비록 인仁을 외왕外王의 근거라고 설명하여 인仁을 이용하여 인간과 사회 그리고 내성內聖과 외왕外王을 하나로 관통시키지만, 인仁의 현실정치에 대한 작용에 관해서는 충분한 설명을 하지 않았다. 그러나 맹자는 인仁의 현실정치에 대한 작용을 왕도정치라는 좀 더 구체적인 이론을 가지고 그것의 실천적인 기능을 부각시킨다.

이상과 같은 사실들을 종합해보면 맹자의 사상은 공자로부터 출발하여 공자 사상의 기본정신과 사유방식을 계승하여 공자의 사상을 더욱 발전시킨 것이라고 하는 것을 알 수 있게 된다. 사실 공자가 구축한 사상체계와 기본적인 사상의 특징은 맹자를 거쳐 더욱 분명해지고 발전된 형태를 갖추게 되어 사람들이 정확하게 이해할 수 있게 된 것이다.

맹자 사상의 전승관계에 대하여 살펴보면, 그가 생존했던 시대는 백가쟁명百家爭鳴의 시기로 각 사상가 집단이 왕성하게 활약하였으며, 모든 사상가 집단은 당시의 사회문제를 해결하기 위하여 저마다 독자적인 처방전을 내놓는다. 그들 가운데 가장 영향력이 있던 집단은 양주楊朱와 묵가墨家학파였다. 맹자는 일찍이 당시의 사회적 분위기에 대하여 "세상의 미풍양속이 쇠퇴하고 올바른 도리가 미약해져 잘못된 학설과 포악한 행동이 또 일어난다."[24]라고 말하고 있으며 지식인을 자처하며 마구잡이로 학설을 내놓는 사람들 가운데 양주와 묵가학파의 학설이 세상에 가장 많이 풍미하고 있다고 했다. 맹자는 양주와 묵가학파의 영향력이 종식되지 않아서 공자의 학설이 세상에 알려지지 않는다고 생각했다. 그래서 맹자는 양주와 묵가학파의 학설들을 혹세무민하는 이단사설로 간주하는 한편 공자의 학설을 널리 알리기 위해 고군분투했던 것이다.

맹자는 일찍이 자사子思의 제자에게 학문을 배워 공자문하의 정통임을 자처하는 한편 자신이 공자학설을 이어받은 적자라고 생각했다.[25] 그래서 맹자는 공자의 학설을 널리 전파하기 위해 공자를 치켜세워 공자는 집대성 자이고 인류 역사상 가장 뛰어난 성인이라고 말한다. 맹자의 이러한 학술상의 전승관계에서 우리는 그가 유학의 학설을 이용하여 양주와 묵가학파의 학설에 대항했다는 사실을 알 수 있으며 또 한편으로 이것은 맹자 자신의 사상 형성에도 적지 않은 영향을 미쳤다고 하는 사실 역시 찾아 볼 수 있게 되는 것이다.

맹자가 공자의 사상을 계승하여 자신의 사상체계를 더욱 발전시킬 수 있었던 주요한 요인은 그가 생존했던 시대와 밀접한 관련을 맺고 있다고 할 수 있다. 사실 맹자의 사상은 공자로부터 기본정신을 계승한 것이라고 할 수 있는데, 보다 더 주목할 만 한 점은 맹자가 공자의 사상체계를 바탕으로 전국시대의 현실사회 문제에 대하여 고민과 연구를 했다고 하는 것이다. 이렇게 볼 때 공자와 맹자가 자신들이 직면한 시대의 현실문제에 대하여 서로 다른 태도를 취했을 것이라고 하는 사실을 발견할 수 있을 것이다. 즉 공자는 춘추시대에 생존했는데, 그 시기가 비록 예악禮樂이 붕괴되고 천하에 도道가 없으며 오패五覇가 발흥하는

24 『孟子』, 「滕文公下」, "世衰道微, 邪說暴行有作"

25 司馬遷, 『史記』, 「孟子荀卿列傳」.

상황이었지만 당시 천하의 주인은 여전히 주왕조의 천자였으며 각국의 제후들은 여전히 천자의 권위를 빌려 천하를 호령하고 있는 실정이었다. 또한 주왕조의 예악문화가 여전히 사회적인 기능을 발휘하고 있었으며 사회적으로도 주왕조의 찬란한 문화이상이 존재하고 있었다. 공자는 이러한 시대에 생존하면서 천하에 도道가 사라진 상황을 도가 존재하는 사회로 변모시키고자 했으며 또한 예악이 붕괴된 당시의 사회에 질서를 회복시키려는 열망으로 서주시대의 문화를 전범으로 삼았던 것이다.

맹자의 시대에는 주나라 왕실의 권위가 이미 땅에 떨어지고 제후들의 세력이 갈수록 강력해져 주왕조의 부흥은 더 이상 기대할 수 없는 지경에 이르렀으며 천하를 통일하고자 하는 새로운 추세가 이미 형성되어 있었다. 이러한 시기는 "위로는 천자가 없고, 아래로는 제후들이 없다."[26]라고 하는 것과 같은 시대였다.

맹자가 직면한 당시의 상황을 좀 더 구체적으로 보면 다음과 같다.

먼저 빈번한 전쟁의 발생이다. 『맹자孟子』에 있는 "토지를 빼앗기 위해 전쟁을 하여 사람들을 들판에 가득 차게 죽이고, 성(도시)을 빼앗기 위해 전쟁을 하여 사람들을 성안에 가득 차게 죽인다."[27]라는 기록과 『전국책서록戰國策書錄』에 있는 "큰 나라가 작은 나라를 병합하는 전쟁에서……피가 들판에 가득 차게 흘렀다."[28]라는 기록에서 볼 수 있듯이 당시의 전쟁 양상은 매우 참혹했다.

다음은 각국의 제후들은 모두 천하를 통일하려는 야심을 가지고

---

26 劉向, 『戰國策書錄』, "上無天子, 下無方伯".
위의 책은 嚴可均 校輯, 『全上古三代秦漢三國六朝文』, 第一冊, 北京, 中華書局, 1995년에 수록되어 있다.

27 『孟子』, 「離婁上」, "爭地以戰, 殺人盈野; 爭城以戰, 殺人盈城."

28 劉向, 『戰國策書錄』, "幷大兼小……流血滿野."

있었기 때문에 자주 겸병전쟁이 발생하고, 그 결과 몇 개의 규모가 큰 제후국이 형성되어 천하통일의 추세는 눈앞에 다가오고 있었다. 또한 당시 각국의 제후들은 저마다 통일의 대업 달성하기 위하여 앞을 다퉈 변법제도를 도입하고 채용하여 부국강병을 도모했다. 잦은 전쟁으로 인한 참혹함과 부국강병이라는 목표가 서로 결합한 결과 기존의 주나라가 만든 찬란한 문화적 가치들은 모두 무용지물의 신세로 전락하여, 사람들의 사상이나 행위규범 그리고 사람들을 발전적인 방향으로 인도할 능력을 상실하게 되었다. 그 결과 당시의 사회는 전쟁이 그칠 날이 없고 거짓과 사기가 난무하여 보편적인 도덕가치가 상실되는 극한 상황으로 치닫게 된다.

이러한 사회적 분위기의 조성 결과는 다음과 같은 두 가지 방면으로 요약 될 수 있다. 먼저 천하통일의 기초를 다지기 위해 각 제후국에서는 부국강병 정책을 적극 채용한다. 이러한 과정 속에서 인적자원의 가치는 전쟁을 수행하기 위한 수단과 경제생산의 주체로서 매우 중요하게 취급된다. 그래서 당시의 통치자들과 사상가들은 인적자원을 매우 중시했으며 특히 인성에 대하여 관심을 집중하게 된 것이다.[29] 다른 한 방면으로는 전쟁자체의 문제로, 전쟁은 백성들의 생명과 재산을 매우 크게 파괴하여 당시의 사회발전에 커다란 장애요소로 자리 잡는 한편 사회의 안정과 질서를 심각하게 훼손했다. 이러한 결과는 맹자의 사상형성에 매우 커다란 영향을 미칠 수밖에 없었으며 그가 공자 사상의 기초 위에 진일보한 이론체계를 창조하여 자신 사상체계의 원동력으로 삼게 되었던 것이다.

사실 맹자 자신은 시대의 조류를 역행한 사상가는 아니었다. 맹자

29 中國古代史教學小組編, 『先秦史』, 長春, 東北師範大學函授教育處, 1958년, 343쪽 참조.

는 새로운 시대의 도래를 염원하여 고군분투했으나, 과연 어떻게 새로운 시대를 건립할 것인가의 문제 즉 새로운 시대를 어떠한 형태의 기초 위에서 건립할 것인가에 대한 문제에 관해서는 현실의 통치자들과 커다란 차이를 보이고 있다. 즉 맹자는 전쟁의 폐해와 제후들의 폭정을 목격하고 왕도정치王道政治를 실행할 것을 주장하여 전쟁과 폭정을 결사적으로 반대한다. 그는 제후국들이 천하통일을 달성할 수 있는 매우 간단하고도 구체적인 방안을 제시하는데 살인을 좋아하지 않는 것(전쟁을 반대함)과 왕도정치를 시행함이 바로 그것이다. 당시에 맹자는 새로운 시대가 과연 어떠한 상황으로 전개될지는 직접 목격하지는 못했지만, 서주시대 초기와 같은 정치형태로는 회귀할 수 없음을 인식하고 자신의 관념가운데 요순시절의 정치상황을 설정하여 이상적인 사회의 형태로 삼았다.

다른 한편으로는 맹자는 각국의 제후들에게 맞서서 당시의 정치상황을 비판하고 정치가치의 척도를 제시하는 가운데, 자신의 사상체계 속에 이성적 사고와 현실사회에 대한 인식을 더욱 풍부하게 했다. 그렇기 때문에 자신의 사상을 공자의 사상을 기초로 하여 더욱 충실한 발전을 이룩할 수 있었던 것이다. 이러한 모든 것들이 자신이 생존했던 시대와 그가 직면한 시대적 과제와 밀접한 관련이 있는 것이다.[30]

또한 맹자의 왕도정치체제에 대한 구축은 요순시절의 이상적인 세계를 건설하려는 시도로서 이상사회를 현실사회에 반영한 것이라고 할 수 있으나, 여기에서 우리가 간과해서는 안 될 부분은 맹자가 외왕外王 분야뿐만 아니라 내성內聖 방면에 있어서도 공자의 사상을 충분히 발전 시켰다는 점이다. 맹자의 외왕사상은 성선설의 기초 위에 수립된 것으로, 다시 말하면 인성의 선함을 기본 바탕으로 그것을 정치에

30 侯外廬, 『中國古代社會史論』, 北京, 人民出版社, 1954년, 309쪽 참조.

확대하여 왕도정치를 실행한다는 것이다. 그렇기 때문에 내성과 외왕은 맹자의 사상체계 속에 있어서 불가분의 관계로 자리 매김 하게 되는 것이다. 바로 이러한 점이 맹자가 공자 사상체계의 기초 위에 유가사상의 내성외왕의 사회적 이상을 충분히 발전시킨 것이며, 또한 유학의 천인합일天人合一의 사상체계를 확립한 것이라고 할 수 있는 것이다.

## 참고문헌


司馬遷, 『史記』, 北京, 中華書局, 1984년.

孫星衍, 『尙書今古文注疏』, 『平津館叢書』 本.

劉寶楠, 『論語正義』, 『續皇淸經解』 本.

焦循, 『孟子正義』, 『焦氏遺書』 本.

孫詒讓, 『墨子閒詁』, 北京, 中華書局, 1954년.

劉向, 『戰國策書錄』, 嚴可均 校輯, 『全上古三代秦漢三國六朝文』, 第一冊, 北京, 中華書局, 1995년.

侯外廬, 『中國古代社會史論』, 北京, 人民出版社, 1954년.

中國古代史敎學小組編, 『先秦史』, 長春, 東北師範大學函授敎育處, 1958년.

李宗侗, 『中國古代社會史』, 臺北, 中華文化出版事業委員會, 1963년.

張蔭麟, 『中國史綱』, 臺北, 正中書局, 1963년.

范文瀾, 『中國通史』, 第一冊, 北京, 人民出版社, 1996년.

黃俊傑, 『春秋戰國時代尙賢政治的理論與實際』, 臺北, 問學出版社, 1978년.

楊寬, 『戰國史』, 上海, 上海人民出版社, 1991년.

金景芳, 『中國奴隸社會史』, 上海, 上海人民出版社, 1993년.

齊思和, 「周代錫命禮考」, 『燕京學報』, 第32期.

Cho-yun Hsu, Ancient China in Transition : An Analysis of Social Mobility, 722~222 B.C. Stanford : Stanford University Press, 1965.

# 제3장 도덕이상의 기반

## 1. 시작하는 말

맹자의 도덕 사상을 지탱하고 있는 초석은 바로 인성론이라고 할 수 있다. 이러한 맹자 인성론에 관해서는 고대로부터 현재에 이르기까지 수많은 학자들에 의해서 연구가 진행되어져 왔다. 하지만 그 연구의 대부분이 기존에 진행된 사상사적 방법론에 그친 경향이 매우 강했다고 할 수 있다. 이러한 맹자의 인성론에 대하여 도덕철학적 관점이라고 하는 새로운 방법론에 맞춰 맹자의 도덕 사상의 기반을 이루고 있는 인성론을 재조명 해보도록 하겠다.

맹자가 인성론에 대하여 성선설性善說의 입장을 수립한 것은 맹자 자신의 도덕실천의 열망을 담고 있는 것이라고 할 수 있다. 그렇기 때문에 맹자가 성선설을 주장한 것은 적극적으로는 "이미 그러한 사실을 설명하기 위함"[1]이라 할 수 있다. 다시 말한다면, 본성이 이미 드러난 바와 같이 선하다는 사실을 설명하기 위한 것이며, 소극적으로는 인성이 본래 선하다는 이론과 괴리된 모든 견해들에 대하여 설득력 있는 주장을 통하여 잘못된 이론들을 바로잡기 위해서라고 말할 수 있는 것이다.

맹자 성선설의 주요한 내용은 이러한 논쟁들을 통하여 시작되고

---

1 周群振, 『儒學探源』, 臺北, 鵝湖出版社, 1986년, 154쪽 참조.

나타나는데, 그 가운데 특히 「고자告子」 속에서 맹자와 고자 사이의 논쟁 가운데 가장 극명하게 드러나 있다. 그러므로 본문에서는 인성론에 있어서의 양대 축으로 인식되어지고 있는 맹자와 고자의 인성론을 중심으로 맹자의 도덕이상의 기본 형태를 재조명해 보겠다.

## 2. 비유를 통해 본 인성론

> 고자가 인성은 버드나무와 같고 의는 나무로 만든 술잔과 같으니, 사람의 본성을 인의라고 하는 것은 버드나무로 술잔을 만드는 것과 같은 것이라고 말했다. 그러자 맹자가 자네는 버드나무의 성질에 따라서 나무 술잔을 만들 수 있는가? 장차 버드나무를 죽인 이후에야 술잔을 만들 것이니, 만일 버드나무를 죽여서 술잔을 만든다고 한다면 사람을 죽여서 인의를 만든다는 것인가? 온 세상 사람들이 이러한 것을 따라서 인의를 실천함에 해를 입히게 된다면, 그것은 반드시 그대의 말에서 비롯된 것일 것이다! 라고 말했다.[2]

위의 인용문에서 의미하는 맹자와 고자 사이에서 벌어진 논쟁의 초점은, 어떤 방식에 의해서 인성人性과 인의仁義가 연결되어 있는가?[3] 라는 문제로 귀결될 수 있다. 즉 인성과 인의仁義는 과연 선천적으로 내

---

2 『孟子』, 「告子上」, "告子曰: 性, 猶杞柳也; 義, 猶杯棬也. 以人性爲仁義, 猶以杞柳爲杯棬. 孟子曰: 子能順杞柳之性而以爲杯棬乎? 將戕賊杞柳而後以爲杯棬也? 如將戕賊杞柳而以爲杯棬, 則亦將戕賊人以爲仁義與? 率天下之人而禍仁義者, 必子之言夫!"

3 혹자는 고자가 주장한 "인성은 선함도 없고 선하지 않음도 없다"것을 근거로 고자는 인의를 갖춘 사람이 존재하지 않는다고 단언하기도 하지만, 이러한 단언은 분명히 잘못된 것이다. 고자가 주장한 "인은 안에 있고 의는 밖에 있는 것이다"라는 언급에서 볼 수 있듯이 그는 이미 인의로 대표되는 도덕의 존재를 분명하게 표시했다. 그리고 고자의 인성론에 반대 입장을 표명하는 맹자 역시 이러한 논점을 근거로 고자의 인의가 인성에 외재한다고 하는 논리를 반박하는 것이다.

재적인 연관이 있는가? 아니면 후천적인 노력에 의해서 연결되는 것인가? 이러한 문제들에 대하여 고자는 바로 후자의 입장을 취하여 버드나무와 나무로 만든 술잔의 비유를 들어서 자신의 논리를 펼치는 것이다. 그러나 맹자는 전자의 입장에서 고자가 설정한 비유들의 반박을 통하여 고자가 인식하고 있는 인성과 인의仁義의 관계가 잘못되었다는 논리를 펼친다.

이러한 논쟁 가운데 고자는 먼저 비유방법을 통하여 직접적으로 자신의 인성에 대한 견해를 "인성이 인의가 되는 것은 버드나무로 술잔을 만드는 것과 같다."[4]와 같이 피력한다. "인성은 버드나무와 같고 의는 나무로 만든 술잔과 같다."와 같이 고자는 버드나무와 술잔 사이의 관계를 비유로 들어서 인성과 인의仁義 사이의 관계를 비유하는데, 이것은 곧 버드나무와 술잔의 관련방식으로 인성과 인의仁義의 관계를 비교한 것으로, 곧 인성과 인의仁義는 버드나무와 술잔의 관계와 같다는 것이다.

이상과 같이 볼 때 버드나무가 술잔에 대하여 전자는 후자의 재질이나 재료가 되고, 술잔이 버드나무에 대하여서는 술잔은 곧 버드나무를 재료로 하여 만들어진 완제품이 된다는 것을 알 수 있다. 그러나 재

4 이러한 문제에 대하여 진대제陳大齊는 색다른 견해를 갖고 있는데, 그는 "'인성이 인의가 되는 것은 버드나무로 술잔을 만드는 것과 같다.'는 언급이 고자 본인의 주장을 대표한다고는 생각하지 않는다. 오히려 고자는 이러한 논거를 이용하여 맹자의 인성론을 비판한다."고 한다. 진씨의 견해에 근거해서 보면 버드나무는 재료이고 나무로 만든 술잔은 곧 재료를 이용하여 만든 완제품으로 이러한 "재료와 완제품은 동일한 사물로 볼 수 없는 서로 다른 두 개의 사물이다. 고자는 이러한 논리에 의해 버드나무와 술잔 사이의 관계를 설정을 하고, 그것으로써 인성과 인의 사이의 관계를 비유한 것이다. '인성이 인의가 되는 것은 버드나무로 술잔을 만드는 것과 같다.'는 말은 맹자가 이러한 고자의 논리를 무시하고 혼동에 빠졌기 때문에 주장한 것이다." 陳大齊, 『孟子的名理思想及其辯說實況』, 臺北, 臺灣商務印書館, 1983년, 138쪽 참조.

료는 재료이고 완제품은 완제품일 뿐으로, 재료가 되는 버드나무는 그 자체로서 완성된 형태의 술잔이 될 수 없으며 또한 그 자체능력에 의해 술잔이 될 수 없기 때문에 버드나무는 자연적으로 술잔이 될 수 없는 것이다. 이러한 재료로서의 버드나무가 완제품 형태의 술잔이 되기 위해서는 버드나무 자신의 능력으로는 절대로 불가능하며 반드시 외부적인 작용이 있어야만 가능한 것이다. 이것은 곧 버드나무 그 자체는 앞으로 어떤 형태의 그릇으로 만들어질 수 있는 결정을 내릴 수 없는, 즉 스스로 자주적인 결정을 내릴 수 없는 존재임을 의미하는 것이며, 그것이 완성된 형태의 술잔이 되기 위해서는 반드시 후천적인 가공을 통해야만 가능하다는 것이다.

이렇게 본다면, 버드나무와 술잔 사이에는 어떠한 자연적인 생성관계도 존재하지 않음을 발견할 수 있으며, 또한 버드나무가 술잔이라는 완성품이 되기 위해서는 외부로부터 실질적인 인위작용이 더하여질 때에만이 비로소 그것이 가능하다는 사실을 알 수 있는 것이다. 그런데 고자는 버드나무를 인성에 비유하고 술잔을 인의仁義에 비유하는 것을 통하여 인성에 대한 인의仁義의 관계를 버드나무에 대한 술잔의 관계로 비유하였다. 그래서 인성 가운데는 인의仁義로 대표되는 선善의 요소가 없는 것으로 파악하여 인성이 인의仁義의 덕을 펼치기 위해서는 인성 자체의 자연적인 능력으로 불가능하고 반드시 후천적인 조치가 있어야만 가능하다는 것이다. 이처럼 고자는 인의仁義가 실재로는 인성의 외부에 존재하는 것으로 생각하여 인성과 인의仁義 사이가 관련되는 것에 대해서는 반대하지는 않았지만, 선천적이며 내재적으로 연결된 것이라고는 생각하지는 않고 후천적인 노력을 통해서만 그것들을 연결할 수 있다고 하였다.

맹자는 고자의 이러한 견해에 반대를 한다. 즉 맹자는 인성과 인의仁義 사이의 관계를 후천적이며 종합적인 관계로 보지를 않고 선천적이며 내재적으로 연결된 관계로 보았던 것이다. 이러한 관점에 대한 하숙정何淑靜의 견해는 눈여겨볼 만하다.

> 버드나무로 술잔을 만들기 위해서는 반드시 후천적인 인간에 의한 작업을 통하여야만 한다. 즉 버드나무와 술잔의 관계는 종합적인 것으로 이 둘의 관계는 후천적인 인위에 의해서 건립되는 것이다. 그러므로 버드나무와 술잔은 필연적인 연결 관계가 없는 것이기 때문에 이러한 것으로 인성과 인의를 비유하면 곧 이 둘의 관계는 종합적으로 되어 인성과 인의의 연결에는 필연성이 없게 되는 것이다. 이것은 곧 인성에는 필연적으로 인의가 될 만한 가능성이 없어 인의를 이루기 위해서는 후천적인 노력이 반드시 필요하다는 것을 의미하는 것이다. 인간이 버드나무처럼 재료가 되어 술잔과 같은 완성품을 만들 수 있다는 말은 역시 인간이 여타 다른 제품의 재료가 될 수 있다는 것을 의미하는 것이지 버드나무가 술잔을 만들 수 있는 것처럼 필연적인 것은 아니다. 즉 버드나무는 다만 인위적인 작업을 가해야할 재료에 불과하기 때문에 그 자체로는 자신이 장차 어떤 형태의 제품으로 변형될 것인지에 대해서는 어떠한 주체적인 작용을 할 수 없기 때문이다. 같은 맥락에서 보면 곧 버드나무로 인성을 비유하고 술잔으로 인의를 비유하게 되었을 때 인성과 인의의 관계는 이와 같이 된다는 것이다. 즉 인간의 인성을 재료로 삼아서 인의를 만들 수 있다는 것은 역시 인성으로 불인不仁하고 불의不義함의 재료를 삼을 수 있다는 말과 같게 되어 인성과 인의 사이에는 필연적인 연결 관계가 없게 되는 것이다. 다시 말하면 인성에는 필연적으로 인의를 이룰 수 있는 가능성이 없기 때문에 인의는 후천적인 인위의 결과물이라는 것이다.[5]

하숙정이 지적한대로 고자는 인성을 본래 인의仁義로 대표되는 도

5 何淑靜, 『孟荀道德實踐理論之硏究』, 臺北, 文津出版社, 1988년, 144쪽 참조.

덕성이 갖추어져 있지 않은 것으로, 즉 "인의는 후천적인 인위의 결과물"로 보았다. 그래서 고자는 인의仁義가 인성에 대하여 단지 후천적으로 그 안에서 보좌하는 기능을 갖추었을 뿐이라고 생각했다. 이러한 점들을 기초로 유추해보면 "버드나무의 성질을 따라 나무 술잔을 만든다."라는 것은 불가능하게 되며 반드시 외부로부터의 인위적인 조작이 수반되어야만 비로소 술잔을 만들 수 있게 되는 것이다. 이러한 비유를 근거로 하여 인성과 인의仁義의 관계를 보면 어떻게 "사람을 죽여서 인의를 만든다."는 것이 가능할 것이며, 인간이 인의仁義로 대표되는 도덕행위를 실천하는 것을 버드나무를 반드시 도끼로 찍어 상하게 한 뒤에 술잔을 만드는 것처럼 비유할 수 있겠는가! 만일 이와 같다면 인의仁義가 인성에 대하여서 반드시 인성이 인성으로 되는 인성 본래의 성분을 죽인다는 것이 된다. 바꿔 말한다면 고자에게 있어서의 인의仁義는 인성을 파괴하고 만들어진 것이 된다. 그래서 맹자는 고자의 이와 같은 인성과 인의仁義의 관계에 대한 견해를 준엄하게 비판하는 것이다.

위에서 언급한 내용들 가운데 비록 맹자의 인성론에 대한 구체적인 설명은 찾아보기 어렵지만, 그의 기본 입장은 이미 매우 분명하게 드러난다. 즉 맹자는 인의仁義가 인성에 대하여 선천적이고 내재적으로 구비되어 있기 때문에 인성의 본래 모습은 선하다는 것이다. 이러한 견해는 고자와 비교했을 때 상당한 차별성을 갖는다. 즉 고자는 '인성'과 '인의'의 관계를 후천적이며 종합적인 관계로 파악하여 그것들의 연결은 필연성이 없고, 또한 그것들 사이의 관련은 후천적인 노력에 의해 결정된다고 보았다. 고자의 이러한 견해에는 이미 "인성에는 선함도 없고 선하지 않음도 없다"는 의미가 내포되어 있다고 볼 수 있다.[6]

6 고자는 '버드나무의 비유'에서 "인성에는 선함도 없고 선하지 않음도 없다"라는 주장을 분명하게 하지는 않지만, 고자가 인성을 버드나무와 같은 것으로 비유한 점을 유추해 볼 때 인성을 중립적인 재료의 의미로 파악했음을 알 수 있다. 이러한

고자가 인성은 고여서 맴돌고 있는 물과 같아서 동쪽으로 터놓으면 동쪽으로 흐르고 서쪽으로 터놓으면 서쪽으로 흐르는 것과 같은 것이기 때문에 인성의 선과 선하지 않음의 구분이 없는 것 역시 물이 동서의 구분이 없는 것과 같다고 말했다. 그러자 맹자가 물은 과연 동서의 구분이 없지만 위아래의 구분이 없는 것인가? 인성이 선하다는 것은 물이 아래로 흐르는 것과 같으니, 사람들에게 선하지 않음이 없는 것이며 물은 아래로 흘러가지 않음이 없는 것이다. 지금 물을 손으로 쳐서 튀게 하면 이마보다 높이 올라가게 할 수 있으며, 막아서 역류하게 하면 산에 있게 할 수 있지만, 이것이 어떻게 물의 본성이겠는가? 그 외부의 힘이 그렇게 한 것이다. 사람이 선하지 않은 일을 할 수 있게 되는 것은 그 본성이 변해서 그렇게 한 것이다. 라고 말했다.[7]

위의 인용문 역시 비유의 방식으로 논쟁을 진행한 것으로, 먼저 고자는 자신의 인성에 대한 견해를 "인성은 고여서 맴돌고 있는 물과 같다"라는 비유를 드는데, 그 의미는 "인성은 버드나무와 같다"는 비유가 함축하고 있는 의미와 같다. 즉 앞에서 언급한 바와 같이 고자가 인성이 도덕적 측면에 있어서 선하지도 않고 선하지 않음도 없다는 가치중립적인 입장을 견지한 경우와 일치 한다는 것이다. 그래서 고자는 물이 흐르는 성질에 있어서 동쪽과 서쪽의 구분이 없다는 비유를 들어 인성 가운데 선함과 선하지 않음의 구분이 없다는 것을 주장한다.

고자는 인성과 물의 본성을 같은 것으로 보아서 물의 본성 자체에

---

고자의 견해는 가치중립적인 인성론 관점을 내포하고 있는 것이라고 할 수 있는 것이다.

7 『孟子』, 「告子上」, "告子曰: 性猶湍水也, 決諸東方則東流, 決諸西方則西流. 人性之無分於善不善也, 猶水之無分於東西也. 孟子曰: 水信無分於東西; 無分於上下乎? 人性之善也, 猶水之就下也! 人無有不善, 水無有不下. 今夫水, 搏而躍之, 可使過顙; 激而行之, 可使在山, 是豈水之性哉? 其勢則然也. 人之可使爲不善, 其性亦猶是也."

는 일정한 흐름의 방향이 없다고 생각하는 한편 흐르는 물 자체에도 주체적으로 흐름의 방향을 결정할 능력이 없는 것이라고 주장했다. 구체적으로 말하자면, 물이 동쪽 방향으로 흘러가거나 혹은 서쪽 방향으로 흘러가거나 모두 물꼬를 트는 방향을 결정짓는 외재적인 조건 위에서만이 가능하다는 것이다. 즉 만일 하천에서 동쪽 방향으로 물꼬를 트면 물은 동쪽으로 흘러가고, 만일 서쪽 방향으로 물꼬를 튼다면 그것은 서쪽으로 흘러가게 되는 것처럼, 물 자체에는 동쪽으로 흐르는 성질이나 서쪽으로 흐르는 성질이 없다는 것이다. 그러므로 물이 동쪽으로 흐르거나 서쪽으로 흐르는 것은 하천의 물꼬를 트는 실제적인 방향에 의해서, 즉 외재적인 요인(인위적 작용, 지형)에 따라서 결정되는 것이지 흐르는 물 자체의 주체적인 결정에 의해서 결정되는 것이 아니라는 것이다.

인성의 문제에 관하여 고자는 인성 가운데 선함과 선하지 않은 것에 대하여 인성 자체에는 절대적인 자주성이나 자결능력이 없기 때문에, 인간이 선한 행위를 하거나 그렇지 못한 행위를 하는 것은 모두 외재적인 요인이나 후천적인 요인에 의해서 결정된다고 생각했다. 이는 곧 인간은 후천적인 교육을 통해서 올바른 가치 판단을 내릴 때에만 비로소 도덕적으로 선하게 될 수 있으며 그렇지 않으면 도덕적으로 선하지 못하게 된다는 것이다. 즉 고자의 견해에 의하면 인성이 선하게 되는 것과 선하지 않게 되는 것은 인성의 본래 모습에 기초하지 않고 외재적인 요인과 후천적인 요인에 의해서 결정된다는 것이다.

맹자는 고자의 이러한 견해에 대하여 반대 입장을 취한다. 그러나 고자가 언급한 흐르는 물 자체는 그것이 앞으로 동쪽으로 흘러갈지 혹은 서쪽으로 흘러갈지를 결정할 수 없다고 하는 것은 명백한 객관적인 사실이다. 그래서 맹자는 이러한 부분에 대하여 인정할 수밖에 없어서 "물은 과연 동서의 구분이 없다"[8]라고 했으나, 고자의 주장처럼 평면적인 관념에 의해서는 물의 본성에 대하여 보편적이고 타당하게 관찰을 한다는 것은 불가능하다고 생각했다. 즉 맹자는 물이 동쪽으로 흐르거나 서쪽으로 흐른다고 하는 이유만으로는 물 본성의 본래 모습을 나타내기에는 부족하다고 생각했다. 그래서 맹자는 다른 측면에서 물의 본성을 관찰하는데, 그것은 바로 물이 높은 곳에서 낮은 곳으로 흐르는 성질을 착안한 방법으로 고자의 주장에 대하여 "위아래의 구분이 없는가?"[9]라고 반박한다.

즉 맹자는 물이 아래로 흘러가는 것이 물 본성의 본래 모습이라고 생각하여 인성이 인의仁義를 실천하는 것은 물이 낮은 곳으로 흘러가는 성질과 같은 것으로, 이것이 곧 인성의 본래 모습이라고 말한다. 또한 인간이 선하지 않은 행위를 하게 되는 것에 대해서 맹자는 이러한 행위들의 요인이 인성 자체에 있는 것이 아니라, 외재적인 방해요인에 의해서 본래 선한 본성이 왜곡된 결과에 의해서 그렇게 된다고 주장한다. 즉 흐르는 물이 비록 낮은 곳으로 흘러가는 본성을 가지고는 있지만, 그것이 만일 외부의 강력한 제지를 받는다면 높은 곳으로 역류할 수도 있다는 것이다. 그러나 이것은 이미 물 본성의 본래적인 모습을 상실한 것이라고 할 수 있는 것이다.

맹자와 고자는 동일하게 흐르는 물을 비유로 들지만, 이 두 사람은 서로 다른 측면에서 관찰을 진행한 것을 토대로 하여 제각기 다른 주장을 한다. 즉 고자는 "물은 동쪽과 서쪽의 구분이 없다."[10]고하는 것이 물의 본성이라고 주장하고, 맹자는 "물은 낮은 곳으로 흐른다."고 하는 것이 물의 본성이라고 주장하여 이러한 것들을 '인성'에 비유한다. 즉 고자는 "인성에는 선함도 없고 선하지 않음도 없다."라는 주장을 전개하고, 맹자는 "사람에게는 선하지 않음이 없다."[11]라는 주장을 전개

8 『孟子』, 「告子上」, "水信無分於東西."

9 『孟子』, 「告子上」, "無分於上下."

10 『孟子』, 「告子上」, "水之無分於東西."

해 나간다.

맹자와 고자가 이렇게 서로 다른 견해를 가지게 된 이유는 사물을 근본적으로 다른 각도에서 관찰했기 때문이다. 즉 물의 본성과 인성에 대하여, 고자는 평면적인 관찰과 이해를 바탕으로 했기 때문에 흐르는 물 자체는 스스로 흐름의 방향을 결정할 수 있는 능력이 없는 것만을 파악하여 인성에 대하여서도 도덕적인 가치판단을 하지 않는 가치중립적인 입장을 견지한다. 반면 맹자는 평면적인 각도에서만이 아닌 상하의 수직적인 각도로 관찰하여 흐르는 물이 실제로 낮은 곳으로 흐르는 성질을 파악하여, '인성'에 대해서도 물이 낮은 곳으로 흘러가는 것처럼 인성이 선한 방향으로 나가는 것이 본래의 모습이라고 하는 입장을 견지한다.

이상과 같이 볼 때 동일한 대상에 대해서도 사물을 보는 관점에 따라 다른 관찰과 이해가 수반됨을 알 수 있다. 다시 말하면 관찰할 때 견지하는 관점과 각도가 다르면 어떤 의미에서는 맹자와 고자 두 사람의 '인성'에 대한 주장이 이미 서로 차이점을 내포하고 있다는 것을 알 수 있는 것이다.

그렇다면 맹자는 도대체 어떠한 각도에서 인성을 보았을까? 위에서 이미 언급한 두 개의 비유형식을 통하여 진행된 논쟁 속에서 우리는 맹자가 직접적으로 인성에 대해 어떤 형식으로든 분명한 규정을 언급하지 않은 사실을 발견할 수 있다. 그러나 좀 더 세밀하게 분석해 본다면, 맹자는 논쟁이 진행되는 가운데 주로 상대방의 논리를 깨트리는 소극적 입장에서부터 시작하여 상대방의 논리에 대한 반박의 과정 속에서 자신의 인성에 대한 논리를 적극적으로 전개하는 한편 인성에 대한 개념을 분명히 밝혀나간다.

11 『孟子』, 「告子上」, "人無有不善."

맹자의 인성에 대한 기본적인 입장은 이미 두 차례의 논쟁을 통하여 분명하게 드러나 있다. 즉 맹자의 입장에서 본다면 인성 자체는 도덕 가치를 가지고 있는 것이며, 가치중립적인 의미의 자연적인 재료 혹은 재질과는 다른 것이기 때문에 인성을 자연적인 재질이나 재료로 비유해서는 안 된다고 맹자는 주장하는 것이다. 만일 그렇지 않으면 인성의 본래 모습 즉 성선性善은 반드시 왜곡되어 선천적이고 내재적으로 연결되어 있는 인의仁義와 인성이 후천적이고 종합적인 관계로 돌변하게 된다는 것이다.

사실 인성에 선한 성질이 본래 갖추어져 있다는 것은 객관적인 사실이라고 말할 수도 있다. 즉 인간이 인성의 본래 모습을 지속적으로 발전시켜 나간다면 인간의 행위 속에서 악한 행위는 찾아볼 수 없을 것이며, 다만 선한 행위만을 찾아볼 수 있을 것이다. 이러한 점이 바로 맹자의 인성에 대한 기본입장이라고 말할 수 있으며, 이러한 점을 통해서 고자가 말한 '인성'의 개념과 확연히 다른 맹자의 '인성' 개념을 발견할 수 있는 것이다.

## 3. 인성론에 대한 견해의 분기점

고자의 "생리적 본능을 인성이라고 한다."[12]는 관념은 중국의 인성론 전통 속에서 가장 오래되었을 뿐만 아니라 지속적으로 이어져 내려온 견해라고 할 수 있다. 문자의 본래 의미를 분석해보면, 본래 '성性'자는 '생生'자에서 음을 따온 것이며 또한 '생'자에서 파생되어 나온 것임을 알 수 있다. 고대의 문헌 속에서는 이 두 글자가 자주 통용되어 쓰였는데 고자가 이러한 관점으로 "생리적 본능을 인성이라고 한다."를 이해

12 『孟子』, 「告子上」, "生之謂性."

한 점은 과거의 의미에 들어맞는다고 할 수 있는 것이다.[13]

선진시대先秦時代 이래로 "생리적 본능을 인성이라고 한다."는 관점으로 '인성'을 파악한 사상가는 고자 이외에도 많이 보이는데 순자荀子의 경우 "생리적인 본능이 그렇게 된 까닭을 인성이라 한다."[14]라고 하고, 장자莊子의 경우 "인성이란 것은 생리적인 본능의 본질이다."[15]라고 하고, 동중서董仲舒의 경우 "인성이 생리적인 본능이 아니라고 말할 수 있는 것인가? 만약 생리적인 본능의 자연적인 자질을 인성이라고 한다면 인성이란 것은 본질이다."[16]라고 주장 하는 것 등이 있으며, 그 외의 견해들은 생략하기로 하겠다. 맹자는 고자의 "생리적인 본능을 인성이라고 한다."는 관점에 반대하는데, 그 이유는 고자의 관점으로는 사람이 사람 되는 까닭을 근본적으로 나타낼 수 없다고 생각했기 때문이다.

고자가 언급한 "생리적 본능을 인성이라고 한다."라는 말속에는 고자 자신의 '인성'에 대한 원칙이 분명하게 표시되어 있으나, 고자의 "생리적 본능을 인성이라고 한다."는 말 가운데 "～을 ～라고 한다."라는 의미는 "같다" 혹은 "바로～이다"로 해석할 수는 없다. 그렇지 않으면 "생리적 본능을 인성이라고 한다."라는 고자의 말이 "인성은 생리적 본능이다." 혹은 "인성은 생리적 본능과 같다."로 이해될 수 있기 때문이다.

만일 이와 같이 되면 주어 술어 식의 분석판단이 되기 때문이다. 즉 '인성'이라고 하는 주어의 개념이 "생리적 본능"이라고 하는 술어의 개념으로 상징되기 때문에, 술어가 상징하는 것은 이미 주어의 속에 포함되어 버리게 되는 것이다. 그렇다면 '생리적 본능'이라는 개념이 의미하는 것은 이미 '인성'이라고 하는 주어의 개념 속에 포함된다. 그래서

---

13 唐君毅, 『中國哲學原論』, 原性篇, 臺北, 學生書局, 1984년, 9쪽 참조.

14 『荀子』, 「正名」, "生之所以然者謂性."

15 『莊子』, 「庚桑楚」, "性者, 生之質也."

16 『春秋繁露』, 「深察名號」, "性之名非生與? 如其生之自然之資謂之性. 性者, 質也."

'인성' 원칙의 진위眞僞판단에 있어서 이 두 개념에 대하여 외적인 경험적 증명이나 관찰에 의지할 필요가 없이, 다만 '생리적 본능'과 '인성'이라는 두 개념 사이에 논리적인 모순만 나타나지 않으면 "생리적 본능을 인성이라고 한다."는 개념의 진위판단이 성립된다는 것이다.[17]

그러나 고자의 견해를 잘 살펴보면, 그는 "생리적 본능을 인성이라 한다."는 개념을 분석판단으로 보지 않았다는 점을 발견할 수 있을 것이다. 만일 그렇지 않았다면, 맹자의 "그렇다면 개의 본성은 소의 본성과 같고 소의 본성은 사람의 본성 같은 것인가?"[18]와 같은 논박에 대해서 고자는 "그렇다, 본성은 생리적인 본능과 같은 것이어서, 개의 본성은 개의 생리적 본능과 같고, 소의 본성은 소의 생리적 본능과 같은 것이며, 인간의 본성은 인간의 생리적 본능과 같은 것이다. 그것들이 개나 소나 사람에 관계없이 생리적인 본능을 갖고 있으면 역시 본성을 갖고 있는 것으로 그것들 사이에 즉 개나 소나 인간이라고 하는 개체들의 본성적인 측면에 관련해서는 어떠한 차별도 없는 것이다."라고 대답했을 것이다. 그러나 아쉽게도 고자는 이러한 답변을 내놓지 않았다. 이러한 사실은 곧 고자가 "생리적 본능을 인성이라고 한다."는 개념을 분석판단으로 보지 않고, 다만 맹자의 논박에 대하여 일시적으로 말이 막혔기 때문이며 또한 고자 역시 모종의 의미에서 인간의 본성과 소의 본성이 다르다는 것을 자각했음을 표시한다고 할 수 있는 것이다.

이와 같은 "생리적 본능을 인성이라고 한다."는 개념이 분석판단이 아니라면, 그것은 결국 종합판단이 되는 것이라고 할 수 있다. 즉 인성 개념은 '생리적 본능'개념과는 다른 것으로 이러한 두 개념이 가지고 있

17 분석판단에 대한 설명은 칸트의 『순수이성비판』의 「분석판단과 종합판단 사이의 구별」에 잘 나타나 있다. 칸트 著, 藍公武 譯, 『純粹理性批判』, 北京, 商務印書館, 1997년, 35～38쪽 참조.

18 『孟子』, 「告子上」, "然則犬之性, 猶牛之性, 牛之性, 猶人之性與?"

는 함의 역시 다를 수밖에 없는 것이다. 이러한 점에 대하여 중국 고대의 문헌자료를 근거해서 본다면, 본래는 '생生'이라는 글자 밖에 없었으나 이후에 '성性'자가 '생'자에서 파생되어 나온다. '생'자에서 파생되어 나온 '성'자는 '생'자와는 다른 새로운 의미를 내포하고 있기 때문에 '생'자와 '성'자는 같은 의미가 아니라는 것이다.

> 대체적으로 '생'자가 먼저 만들어졌고 뒤에 점진적으로 '성'자가 만들어졌다. 성의 관념을 말하면 처음에는 생의 관념이 포함된 성의 관념이 언급되었다. 즉 실제로 그러한 의미의 성이란 것은 생의 관념이 포함된 의미의 성을 말하는 것이다. 생의 관념이 포함된 의미의 성은 생이라고 할 수 없는 것이다. 상고 시대의 사람들이 사용한 문자는 그 수가 많지 않았기 때문에 글자 간에 통용이 이루어졌다. 그러나 글자 간에 서로 통용이 되었지만 글자가 지닌 관념은 글자 이전에 이미 존재했으므로 의미는 사실상 구별이 있는 것이다. 그러므로 생이라는 글자와 성이라는 글자는 각기 다른 의미를 가지고 있는 것이다.[19]

위의 인용문에서 언급된 것을 바탕으로 해서 볼 때 고자가 말하는 인성은 바로 "생리적인 본능을 인성이라고 한다."라는 말로 요약될 수 있는데, 이것은 곧 한 개체의 존재와 그것이 가지고 있는 여러 가지 특성에 대한 언급을 의미하는 것이다. 즉 존재와 특성은 서로 별개의 것이지만 이 둘 사이에는 어떠한 분리도 없으며 서로 혼합되어 있는 것이다. 이와 같이 "생리적 본능을 인성이라고 한다."는 명제 속에서 인성의 원칙은 하나의 개체가 존재할 때 본래 가지고 있는 여러 가지의 특성들을 '인성'이라고 한다는 말로 이해될 수 있을 것이다.[20]

---

19 牟宗三, 『心體與性體』, 第一冊, 臺北, 正中書局, 1989년, 207쪽 참조.

20 牟宗三, 『圓善論』, 臺北, 學生書局, 1985년, 5쪽 참조.

다시 말하면, 어떠한 사물이라도 그것이 개체로 존재할 때에 있어서 처음부터 '성性'이라고 말할 수 있으면 곧 그것을 사물의 개체 존재에 있는 '성'이라고 하는 것이다. 그러나 이러한 것은 형식적인 측면에서 언급 되어진 것으로 고자가 말한 '성'의 원칙을 조명할 수는 있겠지만 아무래도 두리뭉실한 면이 없지 않다고 할 수 있다. 이러한 "생리적 본능을 인성이라고 한다."는 원칙 속에는 다음과 같은 두 종류의 이론 유형이 담겨져 있다.

> 생지위성生之謂性 속에 담겨져 있는 두 종류의 이론 유형을 말하자면, 하나는 우주본체론의 직관을 따라서 이루어진 유형의 "생지위성"이고 다른 하나는 경험론적 혹은 자연주의적으로 묘사된 유형의 "생지위성"이다.……"생지위성"의 생이나 존재는 하나의 개체로 될 수 있으며 그것이 근거한 이론 유형과 다른 의미에 의하여 다른 의미가 수반되는 것이다. 우주 본체론적 직관을 따라서 이루어진 유형에 근거해서 말하면, "성"자가 의미하는 "개체존재"는 우주론적으로 말한 존재이며 그것이 의미하는 것은 "한 개체의 구성"으로 우주론적으로 말한 '구성'인 것이다. 경험론적으로 묘사된 유형에 근거해서 말하면, '생'자가 의미하는 "개체존재"는 현상학적으로 말한 존재이며 그것이 의미하는 것은 "하나의 개체 구성"으로 현상학적으로 말한 '구성' 혹은 논리적으로 말한 '구성'인 것으로, 그 우주본체론의 근원을 묻지 않은 것이다.[21]

위의 인용문 가운데 "그 우주본체론의 근원을 묻지 않은 것이다"라는 말은, 개체존재가 개체존재로 되는 "존재의 원리" 혹은 "실현의 원리"에 대하여 추궁하지 않고, 개체가 존재를 취득한 후에 그것이 드러내는 자연적인 모습으로써 그것의 여러 가지 특성을 말한다는 것이다.

---

21 牟宗三, 『心體與性體』, 第二冊, 臺北, 正中書局, 1989년, 148쪽 참조.

이것이 바로 경험론적으로 묘사된 유형 속에서 말하는 '생지위성生之謂性'의 이해 방식이다.

그렇다면 고자는 과연 어떠한 이론유형으로서 '생지위성生之謂性'을 근거로 하는 '성'개념에 응용을 시킨 것일까? 앞서 분석한 바와 같이 고자는 인성을 '버드나무'와 '고여서 맴돌고 있는 물'과 같은 것으로 보았는데, 이것은 고자가 그것들을 자연존재의 현상학적 혹은 논리적인 '구성'이 지니고 있는 여러 종류의 실제로 그러한 성질로 여기고, 인성에 대하여서는 직접적으로 한 개체의 자연생명 혹은 자연존재가 드러내는 여러 종류의 실제로 그러한 상징으로 여겨서, 그것들 가운데 생명체 존재의 가장 잘 드러나는 자연적 상징을 의미하는 것이다. 이러한 것은 곧 식욕과 성욕으로 대표되는 생리적 본능을 의미하는 것이다. 그렇기 때문에 고자는 분명히 "식욕과 성욕은 인성이다"[22]라고 주장한 것이다. 즉 고자는 생명체의 자연적 본능을 성이라고 생각하여 '생지위성'이라고 하는 경험론적으로 혹은 자연주의적으로 묘사된 유형 가운데서 인성을 말하는 것이다.

생명체가 존재할 때 드러나는 여러 종류의 자연적 상징은 현상학적으로 '성'이라고 하는데, 이것 역시 일종의 '성'에 대하여 언급한 원칙이라 할 수 있으며 또한 객관적으로 실제의 내용을 갖고 있다고 할 수 있다. 즉 어떠한 사물이 있으면 그 사물에는 특성이나 특질이 있기 때문에 우리는 인간의 자연생명을 부인할 수 없는 것이다. 이것은 자연생명에서 나타나게 되는 여러 종류의 자연적 표상들(생리기관의 자연적인 반응이나 생리적 욕구와 같은 자연적인 욕구 및 생물체의 자연적인 본능 등등의 여러 현상)에 대하여서 실제로 관찰이나 연구의 진행을 통하여 그것의 원인이 되는 '형상의 원리'를 밝혀내지 않을 이유가 없기 때문이다.[23]

22 『孟子』, 「告子上」, "食色, 性也"

23 "형상의 원리"에 대한 상세한 설명은, 牟宗三, 『心體與性體』, 第一冊, 臺北, 正中書

이러한 점 역시 객관적인 이론이라고 말할 수 있는데, 그것은 곧 개체 존재의 가치로부터 그것이 자연생명의 특징을 나타낼 수 있기 때문에 그렇다. 그러나 맹자가 말한 '성'은 이러한 원칙을 근거로 해서 언급한 '성'이 아닌 다른 원칙을 근거로 하여 언급한 '성'이다.

고자의 "생리적인 본능을 인성이라고 한다."는 명제는 개체존재의 자연생명에서 파생되어 나온 여러 종류의 상징들을 현상학적으로 '성'이라 하는데, 이것 역시 '성'에 대하여 언급한 원칙이라고 할 수 있는 것이다. 또한 인간이 인간으로 될 수 있는 원인에 대한 해석의 하나로서의 '형상의 원리'에 대해서도 그러한 이론의 존재론적 지위를 인정해야지 무조건적으로 배척을 해서는 안 되는 것이다. 그렇지 않으면 우리들은 인간의 자연생명 위에서 언급해야만 하는 '형상의 원리'에 대한 가능성에 대해서도 배척을 해야만 하기 때문인 것이다.

일체의 사물 모두는 그 '형상의 원리'를 찾을 수 있는데, 다시 말하면 "사물이 있으면 곧 사물의 본질이 있다"[24]는 것으로 이러한 본질은 곧 그것이 '형상의 원리'가 되는 것이다. 만일 이러한 본질 혹은 '형상의 원리'가 없다면, 사물 역시 존재할 수 없기 때문에 사물에 대하여 어떠한 개념도 형성시킬 수가 없게 된다는 것이다. 그러므로 고자의 '생지위성'의 개념은 성립될 수 있는 것이며, 맹자도 역시 고자의 이러한 개념의 존재를 부정할 수는 없다는 것이다.

그렇지만 맹자는 고자의 이러한 인성의 원칙에 분명히 반대를 표방하면서 '생지위성'의 원칙과는 다른 인성 본래의 모습에 관한 새로운 원칙을 내놓는다. 즉 맹자는 다음과 같이 말했다.

입이 좋은 맛에 대하여 좋아하는 것, 눈이 아름다운 색에 대하여 좋아하

---

局, 1989년, 87～100쪽 참조.

24 牟宗三, 『王陽明致良知教』, 臺北, 中央文物供應社, 1980년, 1쪽 참조.

는 것, 귀가 듣기 좋은 소리에 대하여 좋아하는 것, 코가 향기로운 냄새에 대하여 좋아하는 것, 몸이 편안함에 대하여 좋아하는 것은 본질적인 것이지만 한계가 있기 때문에 군자는 본질적인 것이라고 하지 않는다. 인이 부자에 대하여 추구되는 것, 의가 군신관계에 대하여 추구되는 것, 예가 주객관계에 대하여 추구되는 것, 지가 현자에 대하여 추구되는 것, 성인이 천도에 대하여 추구되는 것은 한계가 있는 것이지만 본질적인 것이 있음으로 군자는 한계가 있는 것이라고 하지 아니한다.[25]

입이 감미로운 맛을 좋아하고 눈이 아름다운 색을 좋아하고 귀가 좋은 음악소리를 좋아하고 코가 향기로운 냄새를 좋아하고 몸이 편안함을 좋아하는 것은 모든 인간의 자연생명의 생리적인 본능과 욕망이 드러난 자연적인 본성으로, 이것은 고자가 '생지위성生之謂性'으로 이해한 자연적인 본성과 같은 것이다. 위와 같은 언급은 맹자 역시 인간의 자연적인 본성 혹은 욕망을 완전히 부정하지는 않았음을 의미하는 것이다. 다시 말하면, 맹자 자신 역시 고자의 '생지위성'으로 대표되는 인성에 대한 원칙을 완전히 반대한 것은 아니라는 것을 의미한다.

그러나 맹자의 이와 같은 태도는 단지 고자의 견해도 하나의 이론으로서의 존재가치를 인정하는 것에 그칠 뿐인 것이지, 결코 고자의 견해가 인성의 본래 모습을 조명하는데 타당한 인식방법이라는 것을 긍정한다는 것은 아니라는 것이다.

맹자 자신이 언급한 인성에 대한 기본원칙은 앞의 인용문에 언급된 바와 같이 인성에 투영되어 나타난 인仁·의義·예禮·지智 및 성인聖人이 체득한 천도天道 등으로 인성의 본래모습을 규정한다. 그러나 이러한

25 『孟子』, 「盡心下」, "口之於味也, 目之於色也, 耳之於聲也, 鼻之於臭也, 四肢之於安佚也, 性也. 有命焉, 君子不謂性也. 仁之於父子也, 義之於君臣也, 禮之於賓主也, 智之於賢者也, 聖人之於天道也, 命也. 有性焉, 君子不謂命也."

것만으로는 고자의 인성에 대한 기본원칙과 다른 형태로서의 맹자의 '인성'에 대한 기본원칙을 규정하기에는 좀 무리가 따른다. 왜냐하면 고자 역시 "인은 안에 있는 것이고 의는 밖에 있는 것이다"라는 언급을 했는데, 이것은 곧 고자도 인의仁義 등으로 대표되는 덕목들이 인간의 자연적인 본성의 어떤 표현이라고 생각했기 때문이다.[26] 그러므로 맹자와 고자 두 사람이 언급한 인성에 대한 원칙의 차이점을 규명하는 방편의 일환으로, 맹자의 인성에 대한 원칙을 더욱 분명하게 규정해야만 하는 것이 가장 타당하다고 생각한다.

> 사람들은 모두가 타인의 불행을 보고는 참지 못하는 마음이 있다.…… 사람들에게 타인의 불행을 보고는 참지 못하는 마음이 있다고 말하는 것의 근거로는, 지금 갑자기 어린아이가 막 우물 속으로 들어가려는 모습을 사람들이 보고는 모두가 깜짝 놀라서 불쌍하게 여기는 마음을 가질 것이다! 라고 하는 것이다. 이것은 어린아이의 부모와 교분을 맺으려고 하는 이유 때문이 아니고, 주변사람들과 친구들에게 명예를 구하고자 하는 이유 때문도 아니며, 그 (비난하는)소리를 (듣기)싫어서 그렇게 한 것이 아니다. 이와 같이 볼 때 불쌍하게 여기는 마음이 없으면 사람이라고 할 수 없으며, 잘못을 부끄러워할 줄 알고 그러한 행위를 미워할 줄 아는 마음이 없으면 사람이라고 할 수 없으며, 사양할 줄 아는 마음이 없으면 사람이라고 할 수 없으며, 시비판단을 할 줄 아는 마음이 없으면 사람이라고 할 수 없는 것이다. 불쌍하게 여기는 마음은 인의 단서가 되고, 잘못을 부끄러워할 줄 알고 그러한 행위를 미워할 줄 아는 마음은 의의 단서가 되고, 사양할 줄 아는 마음은 예의 단서가 되고, 시비판단을 할 줄 아는 마음은 지의 단서가 된다. 사람이 이러한 사단을 가지고 있는 것은 그가 사지를 가지고 있는 것과 같은 것이다.[27]

26 何淑靜, 『孟荀道德實踐理論之研究』, 臺北, 文津出版社, 1988년, 144쪽 참조.
27 『孟子』, 「公孫丑上」, "人皆有不忍人之心.……所以謂人皆有不忍人之心者, 今人乍見

인仁·의義·예禮·지智는 '덕'이며 측은惻隱·수오羞惡·사양辭讓·시비是非는 '정서'인 것이다. 즉 마음을 근거로 해서 드러나는 '정서'로 이러한 '정서'는 마음의 작용이며 또한 마음은 '정서'의 본체가 되는 것이다. 다시 말하면 작용을 통해서 본체를 인식하는 것으로, 곧 본체와 작용은 곧 하나가 된다는 것이다. 그러므로 그것들을 서로 연관 지어서 "측은지심惻隱之心·수오지심羞惡之心·사양지심辭讓之心·시비지심是非之心"[28]이라고 부르는 것이다. 그러나 여기에서 주목해야 할 부분은 맹자가 직접적으로 '성性'자체에 대해서는 언급하지 않은 사실이다. 다만 맹자는 측은惻隱·수오羞惡·사양辭讓·시비是非의 마음을 통해서 '성'을 말하고 있는데 이것은 "그 마음을 다하면 곧 그것을 통해서 성을 알게 되는 것이다"[29]라는 말과 같은 의미를 내포하는 것이다. 그러므로 맹자는 마음의 투영을 통해서 본성을 본 것이라고 말할 수 있는 것이며, 이것은 곧 마음속에 '인성'이 있다고 하는 말과 같은 맥락을 형성한다.

그렇다면 맹자는 왜 직접적으로 '인성'에 대하여 언급을 하지 않고 마음의 투영을 통해서 '인성'을 말한 것일까? 이러한 의문에 대하여 모종삼牟宗三은 다음과 같은 분석을 내놓는다.

---

孺子將入於井, 皆有怵惕惻隱之心, 非所以內交於孺子之父母也, 非所以要譽於鄉黨朋友也, 非惡其聲而然也. 由是觀之, 無惻隱之心, 非人也; 無羞惡之心, 非人也; 無辭讓之心, 非人也; 無是非之心, 非人也. 惻隱之心, 仁之端也; 羞惡之心, 義之端也; 辭讓之心, 禮之端也; 是非之心, 智之端也. 人之有是四端也, 猶其四體也."

28 혹자는 체용의 관계로 마음과 정서의 관계를 규정하는 것이 적당하지 않다고 생각할 수 있다. 그러나 본문에서 말하는 "정서"는 감각세계나 현상세계 속에서 존재하는 사물의 궁극적인 이유에 해당되지 않는 것이다. 그래서 필자는 이러한 "정서"에 초월적인 의미가 내포되어 있다고 생각하여 체용의 관계를 초월적 세계와 현상세계의 양쪽 모두에서 언급할 수도 있으며 초월적 세계의 차원에서도 언급될 수 있다고 생각한다.

29 『孟子』, 「盡心上」, "盡其心者, 知其性也"

"마음이 본성을 다 발휘할 수 있다는 것은 사람이 도를 넓힐 수 있다는 것이다. 본성이 그러한 마음을 살필 줄 모른다는 것은 도가 사람을 넓힐 수 있는 것이 아니라는 것이다." 이와 같은 두 구문은 주관성의 원칙과 객관성의 원칙을 가장 분명하게 표시하는 것인데, 그 가운데 "마음이 본성을 다 발휘할 수 있다"는 말은 도덕행위의 실천에 대한 언급인데, 이것은 도덕행위의 실천을 통하여 객관적이며 우주론적으로 언급된 심성에 대한 하나의 모델을 증명하는 것이다. 구체적으로 말해서 도덕심(예를 들어 측은, 수오, 사양, 시비 등등)의 주관적 존재론적 실제적인 표출 혹은 사유작용을 통해 충분히 실현되고 형성된 인성을 객관적으로 말한 것이다. 그러므로 도덕행위의 실천이라는 측면에서 언급된 도덕심은 주관성의 원칙이며 구체화된 원칙인 것이다. "본성이 그러한 마음을 살필 줄 모른다."라는 말속에서의 본성은 객관적으로 또 우주 본체론적으로 언급한 성인 것으로 즉 성체性體, 성능性能, 성리性理, 성분性分, 성각性覺 등의 다섯 가지 의미가 구비된 성이다. 이러한 성체가 만일 주관성이 없이 존재론적으로 도덕본심의 실제적인 사유작용이나 진실 되게 표출된 형태일 경우 그것은 단지 스스로 존재하거나 잠재적으로 존재할 뿐으로 어떠한 작용도 일어나지 않는 다는 것이다. 이것이 바로 "본성이 그러한 마음을 살필 줄 모른다"라고 하는 말의 의미이며 공자 역시 "도가 사람을 넓힐 수 있는 것이 아니다"라고 말한 의미와 같은 것이다. 검檢이라는 것은 정함 혹은 살핌의 의미를 가지고 있으며, 마음이 본성을 다 발휘할 수 있다는 말은 곧 본성이 스스로 그 마음을 살필 수 있다는 의미이다. 마음이 그러한 본성을 다 발휘하지 못하게 되면 곧 본성은 비록 스스로 존재한다고는 하더라도 어떠한 작용도 하지 못하게 된다는 것이다. 그러므로 도덕행위의 실천은 마음이 결정적인 요인이라고 말하는 것이다. 사람이 도를 넓힐 수 있으면 도 스스로도 사람을 넓힐 수 있는 것이다. 그러나 사람이 도를 넓힐 수 없다면 도는 비록 요임금을 위해서 존재하지도 않고 걸과 같은 폭군 때문에 사라지지는 않는다고 해도 드러날 수 없는 것이다. 드러날 수 없다면 작용을 할 수가 없기 때문에 도덕행위의 실천적인 측면에서 사람

이 도를 넓힌다고 하는 것으로써 주를 삼는다고 말하는 것이다.[30]

위의 인용문 가운데 "사람이 도를 넓힌다고 하는 것으로써 주를 삼는다."는 말속에는 마음이 '인·의·예·지'로 대표되는 덕목들의 '성'을 뚜렷하게 드러낼 수 있다는 의미가 담겨져 있다. '성'은 일종의 객관적인 '자성自性의 원칙' 혹은 '자존自存의 원칙'인데, 이러한 '자성의 원칙'이란 '성' 그 자체는 순수지선純粹至善이기 때문에, 마음의 발휘라고 하는 실천의 방법을 거치지 않는다면 나타날 수가 없게 되는 것이다. 즉 '성'은 단지 그 자체에만 존재(즉자적으로 존재)하는 잠재적인 존재일 뿐이기 때문에 그 실질적인 작용을 발생시킬 수 없다는 것이다. 그렇다면 과연 어떻게 그 자체에만 존재하는(즉자적인 존재) 것으로서의 '성'을, 그 자체에 대한 존재로 전환시켜서, 그 자체가 진실한 본체가 되는 자각을 할 수 있게 되는 것일까? 이러한 작업은 반드시 마음이라고 하는 주관성의 원칙이 수반 되어야만 한다는 것이다. 즉 '성체性體'가 그 자체에 대한 자각 즉 '성체' 스스로의 사유작용을 통하여 자각하게 되는 것인데 이러한 사유작용을 바로 마음이 하는 것이다.[31]

그러므로 측은惻隱·수오羞惡·사양辭讓·시비是非 등의 '정서'들은 바로 이러한 마음의 사유작용을 통하여 나타난 것이라고 할 수 있다. 다시 말하면 이것은 곧 마음의 주관적인 실천 활동을 통해서 객관적인 성리性理를 증명한 것이라고 할 수가 있는 것이다. 이러한 것이 바로 맹자가 견지하고 있는 '인성'에 대한 원칙으로 '마음속에 본성이 있다.'고 하는 주장인 것이다.

그렇다면 '마음속에 본성이 있다.'고 하는 언급 속에서의 마음은 도

30 牟宗三, 『心體與性體』, 第二冊, 臺北, 正中書局, 1989년, 532~533쪽 참조.

31 牟宗三, 『心體與性體』, 第二冊, 臺北, 正中書局, 1989년, 533쪽 참조.

대체 어떠한 성질을 가지고 있는 것일까? 그러한 마음은 도대체 어떠한 의미로서의 마음인가? 만일 그러한 의미를 확정할 수 없다면 '마음속에 본성이 있다.'는 원칙으로서의 맹자의 인성에 대한 원칙은 매우 부실한 이론체계라는 비난을 면할 수가 없을 것이다. 그러므로 우리는 우선적으로 맹자가 언급한 '마음'의 의미를 분석하는 과정을 통하여 명확하게 규정해야 할 필요가 있다고 생각한다.

> 사람들은 모두가 타인의 불행을 보고는 참지 못하는 마음이 있다.…… 사람들에게 타인의 불행을 보고는 참지 못하는 마음이 있다고 말하는 것의 근거로는, 지금 갑자기 어린아이가 막 우물 속으로 들어가려는 모습을 사람들이 보고는 모두가 깜짝 놀라서 불쌍하게 여기는 마음을 가질 것이다 라는 것이다. 이것은 어린아이의 부모와 교분을 맺으려고 하는 이유 때문이 아니고, 주변사람들과 친구들에게 명예를 구하고자 하는 이유 때문도 아니며, 그 (비난하는)소리를 (듣기)싫어서 그렇게 한 것이 아니다.[32]

주자朱子의 주석에는 "출척怵惕은 놀라 움직이는 모습이다. 측惻은 간절하게 서글퍼하는 것이다. 은隱은 깊이 아파하는 것이다."[33]라고 기록되어 있듯이 깜짝 놀라서 불쌍하게 여기는 마음은 곧 타인의 불행을 보고는 참지 못하는 마음인 것이다. 맹자는 이러한 마음과 정서가 모든 사람에게 있다는 것을 "어린아이가 우물 속으로 들어가려는"사례로서 증명했다. 다시 말하면, 갑자기 전혀 알지 못하는 어린이가 우물 속에 빠지려는 모습을 목격했을 때, 그 찰나의 순간에 우리들의 마음은 이미

32 『孟子』, 「公孫丑上」, "人皆有不忍人之心.……所以謂人皆有不忍人之心者, 今人乍見孺子將入於井, 皆有怵惕惻隱之心, 非所以內交於孺子之父母也, 非所以要譽於鄉黨朋友也, 非惡其聲而然也."

33 朱熹, 『孟子章句集注』, 「公孫丑上」, "怵惕, 驚動貌. 惻, 傷之切也. 隱, 痛之深也."

그 아이가 곧 죽게 되리라는 절박하고 안타까운 심정이 생겨나서 그 아이를 구하려는 생각이 든다는 것이다. 여기에서 주의할 부분은 맹자가 이러한 사례를 빌려서 우리들을 성찰시키고자 하는 점은, 그 어린아이를 어떻게 구할 것이냐 혹은 구하지 말 것인가의 문제도 아니며, 또한 구하려는 사람 개인의 이해관계에 대한 어떠한 고려도 아니라는 점에 있다.[34]

다시 말하자면, 맹자가 진정으로 우리들을 성찰시키고자 한 점은, 바로 어린아이가 우물 속에 빠지려는 시점에서 어떠한 이해관계를 계산할 시간적인 여유도 없는 찰나의 순간에 진정으로 절박하고 안타까운 심정이 생겨나는데, 이것을 바탕으로 모든 일에 대하여 우리들 자신에게 어떠한 사적인 이해득실을 따질 것을 용납하지 않는 태도에 있는 것이다.

> "지금 갑자기 어린아이가 막 우물 속으로 들어가려는 모습을 사람들이 보다"는 예증에서 "갑자기 보다"는 단어가 의미하는 것은 바로 이러한 상황 속에서 마음은 생리적 욕망에 지배받지 않고 마음 자체가 직접적으로 드러낸 것이다.…… "이것은 어린아이의 부모와 교분을 맺으려고 하는 이유 때문이 아니다"라는 구문 등에서 의미하는 것은 바로 이러한 마음 자체가 드러남에 의해서 구조 행위를 취하게 되는 것이지 생리적인 욕망에 의해서 결정되는 것이 아니라는 것이다.[35]

깜짝 놀라서 불쌍하게 여기는 마음은 "바로 마음 자체가 직접적으

34 "어린아이의 부모와 교분을 맺으려고 하는 이유 때문이 아니고, 주변사람들과 친구들에게 명예를 구하고자 하는 이유 때문도 아니며, 그 (비난하는)소리를 (듣기) 싫어서 그렇게 한 것이 아니다."라는 맹자의 언급에 그 의미가 잘 나타나 있다.

35 徐復觀, 『中國人性論史』, 臺北, 臺灣商務印書館, 1990년, 172쪽 참조.

로 드러낸 것이다."라는 서복관徐復觀의 언급을 근거로 할 때 맹자가 언급한 마음心은 본심本心이 된다. 그래서 웅십력熊十力은 "본심이라는 것은 본래 있는 것이지 후천적으로 생긴 것이 아니기 때문에 본래라고 하는 것이다."[36]라고 말하는데, 이것은 곧 맹자의 마음속에 '인성'이 있다는 언급이 본심 속에 '인성'이 있다는 말로 표현될 수 있다는 것을 의미하며, 이러한 본심은 생리적 욕망에 지배받지 않음과 동시에 육체의 지배를 받는 동물적 본능의 마음이 아닌 것이다. 이러한 의미는 본심이 현상계에 근원을 둔 것이 아니라는 것을 의미하며, 또한 후천적으로 생긴 것이 아니기 때문에 이러한 본심은 선천적인 초월경계에 속한다는 것이다. 맹자가 언급한 성선性善은 바로 이러한 초월적 본심 속에 '인성'이 있다는 것을 의미하는데, 이것이 바로 맹자가 견지하는 '인성'에 대한 원칙인 것이다.

## 4. 성선설의 증명

맹자에 있어서 인성의 본래 모습은 도덕적 측면에서 언급된 것으로 일종의 선천적 분석관계의 구조로 고자가 이해한 후천적 종합관계의 구조와는 다르다고 할 수 있는데, 특히 고자의 경우는 인간의 행위 가운데 도덕실천에 관련된 객관적인 근거를 제시할 수 없다는 치명적인 약점을 가지고 있다.

다른 각도에서 보면, 우리는 맹자의 성선설이 진실무망 하다고 말할 수 있을 것이다. "어린아이가 우물 속으로 들어가려는"것과 같은 사례에서 볼 수 있듯이 만일 우리들에게 선천적으로 인의예지라고 하는 덕들이 갖추어져 있지 않다면 그 찰나의 순간에 자신의 이해득실을 계

36 熊十力, 『明心篇』, 臺北, 學生書局, 1979년, 1쪽 참조.

산하지 않고 깜짝 놀라서 불쌍하게 여기는 마음이 발생할 수 없을 것이다. 즉 타인의 불행을 보고 참지 못하는 마음이 선천적으로 구비되어져 있기 때문에 전혀 알지 못하는 어린아이가 우물 속에 빠지려고 하는 것을 자신의 안위를 돌보지 않고 구하려한다는 것이다. 이러한 점은 인간이 확실히 도덕생명을 가지고 있음을 나타내는 것이며, 이러한 도덕생명이 바로 인성의 본래 모습인 것이다.

맹자는 일찍이 "군자의 본성은 인의예지가 마음속에 뿌리를 내리고 있는 것이다."[37]라고 말했는데 주자는 이 말에 대하여 "인의예지는 성의 네 가지 덕이며, 근은 뿌리라는 뜻이다."라고 주석 했다. 인의예지는 인성의 덕이며, '성'은 곧 도덕실천의 객관적 원칙이 되는 것이다. 그러므로 오직 '성'만이 인의예지라는 덕의 투영을 통해서 마음心이라고 하는 도덕실천의 주관적 원칙을 드러내고 실현시킬 수 있는 것이다. 맹자는 이처럼 마음속에 인성이 있다고 보는 한편 진심지성盡心知性의 수양을 통해 인성 자체가 순수지선純粹至善임을 도출해 낸다. 이것이 바로 초월적 본심으로 인성의 본래 모습을 언급한 맹자의 인성에 대한 원칙인 것이다.

그래서 만일 마음이 선하다는 것을 충분히 증명해낼 수 있다면 인성이 선하다는 사실 역시 충분히 증명해낼 수 있는 것이다. 이러한 문제에 대하여 맹자는 다음과 같이 말했다.

> 그 정으로 말하면 선하다고 할 수 있으니, 이것이 내가 말하는 인성이 본래 선하다는 것이다. 불선不善을 하는 것으로 말하면 타고난 재질才質의 죄가 아니다. 불쌍히 여기는 마음을 사람마다 다 가지고 있으며, 잘못을 부끄러워할 줄 알고 그러한 행위를 미워할 줄 아는 마음을 사람마다 다 가지고 있으며, 공경할 줄 아는 마음을 사람마다 다 가지고 있으며, 시

37 『孟子』, 「盡心上」, "君子所性, 仁義禮智根於心."

> 비판단을 할 줄 아는 마음을 사람마다 다 가지고 있다. 불쌍히 여기는 마음은 인이요, 잘못을 부끄러워할 줄 알고 그러한 행위를 미워할 줄 아는 마음은 의요, 공경할 줄 아는 마음은 예이며, 시비판단을 할 줄 아는 마음은 지이다. 인의예지가 밖으로부터 나에게 녹아서 들어오는 것이 아니고, 내가 본래 가지고 있는 것이다.…… 『시경詩經』에 이르기를 "하늘이 여러 백성들을 낳으시니, 만물이 있으면 법칙이 있도다. 백성들이 떳떳한 본성을 가지고 있는지라, 이 아름다운 덕을 좋아한다."[38]

위의 인용문 가운데 우리들은 측은·수오·공경·시비 등의 선한 마음善心이 인성 가운데 본래 있다고 확신한 맹자의 신념을 분명하게 발견할 수 있다. 그리고 맹자는 이러한 심성心性은 후천적인 환경이나 교육 등의 외재적인 요인을 통해서 우리들의 덕德을 보좌하는 기능을 갖추었다고는 생각하지 않았다. 또한 "본래 가지고 있다"는 말 역시 생리적인 욕망이나 심리적인 정서 등으로 대표되는 학습을 통하지 않고 습득된 생물학적 의미의 본능으로 해석되어서도 안 되는 것으로, 즉 이것은 도덕법칙이 선천적으로 우리들의 심성 가운데 내재되어 있다는 의미로서의 "본래 가지고 있다"는 것을 표시한다. 만일 그렇지 않으면 맹자가 주장한 인성의 원칙과는 상당한 괴리감을 유발시켜 결국은 고자가 언급한 "생리적 욕구 속에 인성이 있다"는 관점으로 전락될 수 있기 때문이다.

사실 덕과 인성의 본래 모습은 선천적인 분석관계이다. 그러므로 우리들은 맹자의 "인의내재"라는 주장으로 인의仁義가 분명히 인간의 인

38 『孟子』, 「告子上」, "乃若其情, 則可以爲善矣, 乃所謂善也. 惻隱之心, 人皆有之; 羞惡之心, 人皆有之; 恭敬之心, 人皆有之; 是非之心, 人皆有之. 惻隱之心, 仁也; 羞惡之心, 義也; 恭敬之心, 禮也; 是非之心, 智也. 仁義禮智, 非由外爍我也, 我固有之也, …… 詩曰: 天生蒸民, 有物有則, 民之秉夷, 故好是懿德."

성 속에 내재되어 있다고 개괄할 수 있을 것이다. 또한 같은 논리로 덕과 인성이 선천적으로 연결되어 있다는 것 역시 증명할 수 있을 것이다. 먼저 맹자의 언급을 통해서 그 근거를 찾아보겠다.

> 사람들이 배우지 않고도 할 수 있는 것은 양능良能이고, 생각하지 않고도 알 수 있는 것은 양지良知이다. 어려서 손잡고 가는 아이가 그 어버이를 사랑할 줄 모르는 이가 없으며, 그가 장성함에 이르러서는 그 형을 공경할 줄 모르는 이가 없다. 어버이를 사랑하는 것은 인이고, 어른을 공경하는 것은 의이니, 이는 사람마다 다른 것이 아닌 온 천하에 공통된 것이기 때문이다.[39]

맹자는 어버이를 사랑하고 어른을 공경하는 것 등 인의仁義의 본성은 후천적인 학습이나 노력을 통하여 취득된 것이 아니라고 생각했다. 위의 인용문에서 언급된 바와 같이 배우지 않고도 할 수 있는 양능良能이나 생각하지 않고도 알 수 있는 양지良知는 도덕의 선천적인 의미를 드러내는 것이다. 만일 그렇지 않고 학습을 통해서 할 수 있거나 생각을 통해서 알 수 있다면 이것은 도덕 자체가 선천적인 의미를 상실하게 되어 곧 후천적인 의미로 전락하게 될 것이다.

위의 인용문 가운데서 맹자가 특별하게 어린아이의 예를 들어 밝히고자 한 것도 역시 이러한 도덕의 선천적인 의미를 천명하기 위함이었다. 두 세 살의 어린아이가 후천적인 훈도를 통해서 터득한 것은 매우 미약한 것이기 때문에 학습과 사고思考가 성숙되어야하는 경지까지는 상당히 많은 시간이 반드시 필요한 것이다. 그러나 두 세 살의 어린

39 『孟子』, 「盡心上」, "人之所不學而能者, 其良能也; 所不慮而知者, 其良知也. 孩提之童, 無不知愛其親者; 及其長也, 無不知敬其兄也. 親親, 仁也; 敬長, 義也. 無他, 達之天下也."

아이가 "그 어버이를 사랑할 줄 모름이 없다"와 "그 형을 공경할 줄 모름이 없다"는 것과 같은 사실은 인간이 인의의 심성을 선천적으로 본래 가지고 있다는 것을 충분히 증명하는 것이며, 이러한 것들이 바로 학습과 사고를 통하지 않고도 스스로 할 수 있고 알 수 있는 양능良能과 양지良知인 것이다.

이러한 양지良知와 양능良能이 선천적으로 본래 갖추어져 있어야 만이 우리들의 도덕실천의 주체성이 확립될 수 있는 것이며, 더 나가서 살신성인殺身成仁이나 사생취의捨生取義와 같은 덕을 이룰 수 있는 것이다. 이러한 점이 바로 도덕이 선천적으로 갖추어져 있다는 것을 증명하는 것이다.

혹자는 필자가 앞부분에서 언급한 논의들 가운데서 마치 맹자에 있어서의 후천적인 학습과 사고의 도덕실천 부분에 관련된 효능에 대하여 과도하게 폄하한 것처럼 느껴진다고 말할 수 도 있을 것이다. 그러나 우리는 맹자가 자신이 공자의 도통을 계승했다고 하며 "말씀마다 반드시 요순堯舜을 칭하셨다"[40]라고 말한 부분을 유추해 본다면, 맹자 역시 경험적 교훈과 고대 성현들의 가르침을 적극 장려했음을 어렵지 않게 알 수 있을 것이다.

다시 말하면, 공자와 맹자로 대표되는 선진유학의 전통 속에서는 도덕수양에 관련된 학습과 사고의 중요성을 결코 폄하시켜 보지는 않는다는 것이다. 그러나 이러한 점과 필자가 앞서 언급한 논지가 서로 모순되는 것처럼 보이는 것은, 다만 앞에서 증명하고자 한 것은 도덕실천의 객관적 근거였기 때문에 그것이 반드시 선천적이며 모든 이성적 존재에 본래적으로 갖추어져 있어야만 도덕법칙의 객관성과 보편성 및 절대성이 확보된다는 것이다.

40 『孟子』, 「滕文公上」, "言必稱堯舜."

이러한 도덕법칙들은 우리가 알고 있는 바와 같이 그것이 순수하게 후천적 학습과 사고를 통해서 취득된다면, 그것은 의심할 나위 없이 도덕법칙의 기초를 경험적 원칙 위에 건립하게 될 것이다. 그러나 경험적 원칙들로는 완전한 도덕법칙의 기초를 충당할 수 없는 것으로[41] 이것은 단지 도덕 주체의 의지의 밖에 있는 타율도덕이 되는 것이다.[42] 그러므로 타율도덕은 엄밀한 의미의 도덕이라고 할 수 없는 것이며 또한 그것은 도덕으로서 도덕이 되는 도덕의 진정한 성질에도 부합되지 않는 것이다.

맹자의 성선설이 제시하는 기본적인 의도는 바로 도덕실천에 객관적인 근거를 제공하는데 있으며, 이러한 객관적인 근거는 후천적인 학습과 사고를 통하지 않고 스스로 할 수 있고 알 수 있는 양지良知와 양능良能으로 증명될 수 있는 것이며, 또한 이러한 양지良知와 양능良能은 우리들 자신에게 선천적으로 본래 갖추어져 있는 것이다. 그러므로 이러한 의미 속에서 맹자는 후천적인 학습과 사고를 통해서는 어떠한 도덕실천의 진실 된 기초도 취득될 수 없다고 생각한 것이다.

그렇다면 맹자는 이러한 학습과 사고에 대하여 과연 어떠한 의미로서의 존재의미를 부여하려 한 것일까?

> 군자가 도道를 실천함으로써 깊이 나아가는 것은 자기가 스스로 터득하고자 해서이니, 스스로 터득하면 거처함에 편안하고, 거처함에 편안하면 삶의 근거로 삼는 것이 깊으며, 삶의 근거로 삼는 것이 깊으면 좌우에서 취하여 행동하더라도 그 근원을 만나게 된다. 그러므로 군자는 스스로

41 牟宗三 譯註, 『康德的道德哲學』, 臺北, 學生書局, 1992년, 87쪽 참조.

42 타율도덕은 도덕주체의 의지에 의존하지 않는 외재적인 원인들(예를 들어 절대자의 의지나 사회법규 그리고 선천적인 감각)가운데서 확대되어 나온 도덕법칙을 의미한다.

터득하고자 하는 것이다.[43]

위의 인용문 가운데 "깊이 나아간다"와 "도를 실천한다"는 말은 양지良知와 양능良能의 발용을 의미한다. 여기에서 "깊이 나아간다" 자체는 후천적 의미의 학습과 사고의 영역에 속하지만, 이러한 후천적 의미의 "깊이 나아가는" 수양과정을 통하여 양지良知와 양능良能이 우리들 자신에게 본래 있다는 것을 자각하는 것이 바로 "스스로 터득한다"는 것이다. 다시 말하면, 이것은 곧 자신이 직접 인의예지仁義禮智 등의 덕德들이 우리들 자신에게 본래 갖추어져 있음을 체득한다는 것을 의미하는 것으로 어린아이가 언어를 학습할 때처럼 타인이 말하는 것을 그대로 따라하는 것과는 전혀 다른 차원의 세계라는 것이다.

맹자는 이어서 "널리 배우고 그것을 자세히 설명하는 것은 그렇게 함으로써 돌이켜서 집약된 원리를 설명하기 위해서 이다."[44]라고 말하는데 이것 역시 같은 의미를 함축하고 있다고 말할 수 있다. 주자는 이 부분에 대하여 "글을 널리 배우고 그 이치를 상세히 말하는 까닭은 많은 지식을 자랑하고 화려함을 다투고자 해서가 아니요, 소상하게 이해하고 조리가 정연하게 하여 돌이켜서 집약된 원리를 설명하고자 해서임을 말한 것이다."[45]라고 주석을 했는데, 여기에서 말하는 "집약된 원리"는 바로 인의예지의 사단지심四端之心을 말하는 것이다. 또한 "널리 배우고 그것을 자세히 설명하는 것"의 목적은 일반적인 지식의 증가와 확대에 있는 것이 아닌 것으로 바로 인의예지가 우리들 자신에게 본래

43 『孟子』, 「離婁下」, "君子深造之以道, 欲其自得之也. 自得之, 則居之安; 居之安, 則資之深; 資之深, 則取之左右逢其原, 故君子欲其自得之也."

44 『孟子』, 「離婁下」, "博學而詳說之, 將以反說約也."

45 朱熹, 『孟子章句集注』, 「離婁下」, "言所以博學於文, 而詳說其理者, 非欲以誇多而鬪靡也; 欲其融會貫通, 有以反而說到至約之地耳."

갖추어져 있음을 돌이켜서 체득하는데 있는 것이다.

이러한 돌이켜서 체득한다고 하는 것은 비록 후천적인 수양과정에 속하는 것이기는 하지만, 우리들의 심성이 사욕에 가려져 올바름이 드러나지 못할 때 이러한 수양과정을 통해서 심성의 올바름을 드러낼 수 있는 것이다. 맹자 역시 바로 이러한 측면에서 학습과 사고에 대하여 도덕수양의 방법론적 의미를 부여한 것이다.

이러한 후천적 의미의 학습과 사고의 의의는 그것이 우리들의 도덕 수양과정에 도움을 줄 수 있다는 점과 동시에 우리들로 하여금 양지良知와 양능良能이 우리들 자신에게 본래 갖추어져 있음을 자각하게 하는 점에 있다고 할 수 있다. 바꿔 말해서, 만일 인의예지仁義禮智라고 하는 덕德들이 우리들에게 선천적으로 내재되어 있지 않다면, 곧 학습과 사고라고 하는 후천적 의미의 수양과정들은 그 존재의 가치를 상실하게 된다는 것이다.

이와 같이 볼 때 인의예지仁義禮智라고 하는 덕들이 우리들에게 선천적으로 내재되어 있다고 하는 사실은 충분히 증명될 수 있는 것이며, 학습과 사고 역시 존재론적 지위가 확립되는 것이라고 할 수 있는 것이다. 그러므로 맹자가 주장한 성선설의 증명은 이러한 각도에서 조명되어야 할 것이다.

이상과 같은 분석을 통해서 볼 때 맹자는 인의仁義가 내재되어 있다는 관점을 근거로 하여 도덕실천의 주체성과 자율성 및 보편성 그리고 절대성을 증명하고자 했음을 충분히 알 수 있을 것이다. 이와 같은 "마음속에 인성의 본래 모습이 있다"라고 하는 인성의 원칙은 도덕의 진정한 모습을 가장 타당하게 표시할 수 있다고 할 수 있으며 또한 맹자가 성선설을 증명하는 과정 가운데 비록 엄밀한 의미에서 논리적인 논증이 부족했다고 말할 수는 있겠지만 심성心性 자체를 의리義理적인 측면에서 조명한 "의리논증"[46]이라고 할 수 있을 것이다. 또한 모종삼牟宗三과 같은 경우 다음과 같이 말하고 있다.

> 이러한 성체性體와 심체心體는 반드시 진실하게 긍정되어지는 것으로 이러한 성덕과 성성成聖의 가능성은 사람마다 모두 구비되어져 있다고 말할 수 있는 것이다. 사람은 본래 가지고 있는 도덕으로써 그 가치를 결정하는 것이지만, 도덕 역시 사람이 덕을 이루어 성인의 경지에 도달하는 이상적인 인격을 시점으로 그 진실한 결정성을 얻게 되는 것이다. 여기에서 도덕은 물론 공허한 메아리가 될 수 없으며 사람 역시 인류학적 측면으로만 언급해서는 안될 것이다. 사람이 도덕실천으로써 덕성인격을 완성 발전시켜나가는데 있어서 반드시 이러한 성체와 심체를 긍정해야만 하는 것이며, 그 실천의 과정가운데 점진적으로 그것이 진실하게 드러나는 것이다.…… 이러한 성체와 심체가 확실하게 진실하다고 하는 사실의 근거가 되는 이유는 바로 사람들 모두가 성性을 본래부터 가지고 있기 때문이다.…… 정통유가에서는 이러한 성체와 심체를 확실하게 진실한 것이라고 긍정한다.…… 그러므로 그것은 자율적인 도덕법칙이 보편성과 필연성을 가지고 있다는 사실을 투영하는 것이다.[47]

순수지선純粹至善한 심성心性 자체가 진실하게 되는 것에 대하여 맹자는 "어린아이가 우물 속으로 들어가려는"것과 사생취의捨生取義의 사례를 들어 설명한다. 다시 말하면, 심성 자체가 진실하다는 것을 통하여 인의예지라고 하는 덕성들이 실제로 드러남을 볼 수 있는 것이며 이러한 것은 진실한 드러남으로 도덕실천의 한 가설이 아니라는 것이다.

이와 같이 맹자는 우리들이 가지고 있는 심성 자체가 진실무망眞實無妄한 것이라는 것을 긍정하고 있으며 모든 사람들이 이러한 도덕적 심

---

46 蔡仁厚, 『孔孟荀哲學』, 臺北, 學生書局, 1990년, 193쪽 참조.

47 牟宗三, 『心體與性體』, 第一冊, 臺北, 學正中書局, 1989년, 137~158쪽 참조.

성으로써 의리생명을 자기존재의 진실한 가치로 이룩한다는 것이라고 생각했다. 또한 맹자는 도덕이 도덕으로서 되는 무조건성과 결정성에 대하여 순舜임금의 사례를 통하여 설명하고 있다.

> 순이 깊은 산 속에서 기거할 때 나무와 돌과 함께 기거하였으며 사슴들 멧돼지들과 함께 놀았던 점은 깊은 산 속의 야인들과 다른 것이 별로 없었는데, 선한 말을 한번 듣고 선한 행위를 한번 보고서 분발하는데 이르러서는, 장강이나 황하를 터놓은 것 같이 줄기찼으므로 그것을 막을 사람이 없었다.[48]

위의 인용문 가운데 순임금의 도덕실천에 대하여 "장강이나 황하를 터놓은 것 같이 줄기찼으므로 그것을 막을 사람이 없었다."라고 되어있는 곳에서 볼 수 있듯이 도덕법칙은 우리들의 행동에 절대적인 결정력을 가지고 있음을 알 수 있다. 그러나 이러한 결정력은 우리들의 의지 밖에 있는 것이 아니고 의지 자체의 자율성에 있는 것이다. 이것은 도덕의 자율성에 근거한 것으로 이러한 의지의 자유는 맹자가 언급한 "본심" 작용인 것이다. 즉 "의지는 마음의 본질 작용이며 마음의 자율은 곧 마음의 자유인 것이다."[49] 이러한 마음은 자율적으로 스스로 판단할 수 있는 자유의 의미를 가진 것으로 칸트Kant는 다음과 같이 말했다.

> 자율의지는 의지의 그러한 특성이며 이러한 특성 때문에 의지는 자신에 대하여 하나의 법칙을 갖는다.(의지의 대상에 어떠한 의탁도 하지 않는 독립적인 법칙)…… 지금 말하는 자율원칙이 곧 도덕의 유일한 원칙이다.[50]

---

48 『孟子』, 「盡心上」, "舜之居深山之中, 與木石居, 與鹿豕遊, 其所以異於深山之野人幾希. 及其聞一善言, 見一善行, 若決江河, 沛然莫之能禦也."

49 牟宗三, 『圓善論』, 臺北, 學生書局, 1985년, 31쪽 참조.

50 牟宗三 譯註, 『康德的道德哲學』, 臺北, 學生書局, 1992년, 85~86쪽 참조.

도덕의 유일한 원칙은 바로 자유의지의 자율원칙이며 이러한 의지는 선善의 자유의지인 것으로 이 자유의지에 의해서 도덕실천의 객관적 원칙이 성립되는 것이다.

맹자가 "군자의 본성은 비록(출세하여 그의 뜻이) 크게 행해지더라도 더해지지 아니하며, 비록 곤궁하게 거처하더라도 줄어들지 않는 것이니, 구분되어져 일정하기 때문이다."[51]라고 언급한 것은 바로 이러한 심성이 도덕실천 측면에 대한 책임성과 보편적인 효용성을 표시하는 것이며, 사생취의捨生取義 등 덕행들이 인의仁義라고 하는 가치들의 존엄성을 분명하게 드러냄을 표시하는 것이다.

우리가 죽음을 피하고 삶을 추구하는 것은 인간의 가장 자연스러운 성향이며 주관적 충동 가운데 가장 강렬한 것이기 때문에, 인을 이루고 의를 취하기 위하여 생명을 버릴 수 있다는 것 자체만으로도 도덕인격의 존엄성을 충분히 드러낼 수 있는 것이다. 그러므로 맹자는 "군자의 본성은 인의예지가 마음속에 뿌리를 내리고 있는 것이다"[52]라고 말하는 것이니, 인의예지仁義禮智는 곧 군자의 본성이 되는 것이다. 또한 맹자가 "구분되어져 일정하기 때문이다"라고 한 언급은 이러한 인성 가운데 필연적으로 "그것을 구하면 얻고 그것을 버리면 잃어버리는 것이니, 이러한 것을 구함은 얻는데 유익함이 있는데 그것은 자신에게 있는 것을 구하기 때문이다."[53]라고 하는 맥락에 속한다고 할 수 있다.

그러므로 "구분되어져 일정하기 때문이다"라는 말은 심성이 도덕의 필연적 원칙 혹은 법칙을 드러내는 것으로 도덕법칙의 절대성과 책임성을 의미한다고 할 수 있다. 그리고 "자신에게 있는 것을 구한다"는 말은 이러한 절대적인 도덕법칙이 우리들에게 선천적으로 내재되어 있다

51 『孟子』, 「盡心上」, "君子所性, 雖大行不加焉, 雖窮居不損焉, 分定故也."

52 『孟子』, 「盡心上」, "君子所性, 仁義禮智根於心."

53 『孟子』, 「盡心上」, "求則得之, 舍則失之, 是求有益於得也, 求在我者也."

는 것을 표시하며 또한 이러한 도덕법칙은 외부에서 구해지는 것이 아닌 것이기 때문에 의지의 자율성을 나타내는 것이다.

이상과 같이 맹자의 사유체계 속에서는 심성이 도덕법칙의 절대성 책임성 및 보편적인 효용성과 자율성을 내포하고 있기 때문에, 그가 주장한 성선설은 충분히 확립될 수 있는 것이다.

## 5. 맺는 말

맹자는 인의仁義가 인성에 대하여 선천적이고 내재적으로 갖추어져 있기 때문에 인성의 본래 모습은 선하다고 하는 것이다. 이러한 견해는 고자와 비교했을 때 상당한 차별성을 갖는다. 즉 고자는 인성과 인의의 관계를 후천적이며 종합적인 관계로 파악하여 그것들의 연결은 필연성이 없고, 그것들 사이의 관련은 후천적인 노력에 의해 결정된다고 보았다. 고자의 이러한 견해에는 이미 "인성에는 선함도 없고 선하지 않음도 없다."는 의미가 담겨져 있다고 볼 수 있다.

맹자와 고자가 이렇게 서로 다른 견해를 가지게 된 이유는 동일한 사물을 근본적으로 다른 측면에서 관찰했기 때문이다. 즉 물의 본성과 인성에 대하여, 고자는 평면적인 관찰과 이해를 바탕으로 했기 때문에 흐르는 물 자체는 스스로 흐름의 방향을 결정할 수 있는 능력이 없는 것만을 파악하여, 인성에 대하여서도 도덕적인 가치판단을 하지 않는 가치중립적인 입장을 견지하나, 맹자는 평면적인 측면에서 만이 아닌 상·하의 수직적인 각도로 관찰하여 흐르는 물이 실제로 낮은 곳으로 흐르는 성질을 파악하여 인성에 대해서도 물이 낮은 곳으로 흘러가는 것처럼 인성이 선한 방향으로 나가는 것이 본래의 모습이라고 하는 입장을 견지한다.

이상과 같은 논의들을 근거로 해서 볼 때, 우리는 동일한 대상에 대해서도 사물을 보는 관점에 따라 다른 관찰과 이해가 수반된다는 사실을 발견할 수 있을 것이다. 다시 말하자면, 관찰할 때 견지하는 관점과 각도가 다르면 어떤 의미에서는 맹자와 고자 두 사람의 '인성'에 대한 주장이 이미 서로 차이점을 내포하고 있다는 사실을 발견할 수 있게 된다는 것이다.

고자가 말하는 인성은 바로 "생리적인 본능을 인성이라고 한다."라는 말로 요약될 수 있는데, 이것은 곧 한 개체의 존재와 그것이 가지고 있는 여러 가지 특성에 대한 언급을 의미하는 것이다. 즉 존재와 특성은 서로 별개의 것이지만 이 둘 사이에는 어떠한 분리도 없는 것으로 혼합되어 있는 것이다. 이와 같이 "생리적 본능을 인성이라고 한다."는 명제 속에서 인성의 원칙은 하나의 개체가 존재할 때 본래 가지고 있는 여러 가지의 특성들을 인성이라고 한다는 말로 이해될 수 있을 것이다.

그러나 맹자는 측은·수오·사양·시비의 마음을 통해서 '성'을 말하고 있는데 이것은 "그 마음을 다하면 곧 그것을 통해서 '성'을 알게 되는 것이다."라는 말과 같은 의미를 내포하는 것이다. 그러므로 맹자는 마음의 투영을 통해서 본성을 본 것이라고 말할 수 있는 것이며, 이것은 곧 마음속에 인성이 있다고 하는 말과 같은 맥락을 형성한다.

## 참고문헌


朱熹, 『四書章句集注』, 海淵閣明刻本.

徐復觀, 『中國人性論史』, 臺北, 臺灣商務印書館, 1990년.

陳大齊, 『孟子的名理思想及其辯說實況』, 臺北, 臺灣商務印書館, 1983년.

何淑靜, 『孟荀道德實踐理論之硏究』, 臺北, 文津出版社, 1988년.

唐君毅, 『中國哲學原論』, 原性篇, 臺北, 學生書局, 1984년.

칸트 著, 藍公武 譯, 『純粹理性批判』, 北京, 商務印書館, 1997년.

牟宗三, 『心體與性體』, 第一冊, 臺北, 正中書局, 1989년.

牟宗三, 『心體與性體』, 第二冊, 臺北, 正中書局, 1989년.

牟宗三, 『圓善論』, 臺北, 學生書局, 1985년.

牟宗三, 『王陽明致良知教』, 臺北, 中央文物供應社, 1980년.

牟宗三 譯註, 『康德的道德哲學』, 臺北, 學生書局, 1992년.

熊十力, 『明心篇』, 臺北, 學生書局, 1979년.

周群振, 『儒學探源』, 臺北, 鵝湖出版社, 1986년.

蔡仁厚, 『孔孟荀哲學』, 臺北, 學生書局, 1990년.

# 제4장 도덕이상의 중심문제

## 1. 시작하는 말

"맹자가 성선을 말했고 말씀마다 반드시 요순을 칭하셨다"[1]와 맹자 본인이 직접 언급한 "그 정과 같은 것은 선한 것이라고 할 수 있으니, 이것이 내가 말하는 선하다는 것이다."[2]라는 언급과 앞부분에서 언급한 바와 같이 맹자 인성론에 대한 해석을 근거로 볼 때 우리는 맹자가 성선性善과 성불선性不善에 대한 문제에 있어서 성선性善의 주장을 견지하고 있음을 충분히 알 수 있을 것이다. 그리고 이러한 성선설에 대해서는 앞부분에서 이미 객관적으로 증명을 했다.

이와 같은 사실이 부정할 수 없는 명백한 사실이라고 했을 때 인간의 선하지 않은 행위라는 현상에 대해서 우리는 과연 어떻게 해석해야 할 것인가? 라고 하는 의문이 제기될 수 있을 것이다. 인간의 선하지 않은 행위는 우리들이 자기기만을 하지 않는 이상 분명한 객관적인 사실로 역시 부정할 수 없는 명백한 사실인 것이다. 또한 맹자 자신 역시 "불선不善 하는 것으로 말하면 타고난 재질의 죄가 아니다"[3]라고 언급한

1 『孟子』, 「滕文公上」, "孟子道性善, 言必稱堯舜."

2 『孟子』, 「告子上」, "乃若其情, 則可以爲善矣."

3 『孟子』, 「告子上」, "若夫爲不善, 非才之罪也." 여기에서 보이는 재질才質은 일반적

적이 있다. 이와 같이 볼 때 비록 심성이 선하다고 하는 주장을 견지하고 있는 맹자 역시 인간의 선하지 않은 행위에 대하여 충분히 부정할 만한 근거를 제시하지 못하고 있다.

만일 이와 같다면 맹자는 한편으로 성선설을 주장하여 인성의 본래 모습은 순수지선 하여 불선不善함이 없다고 생각하면서 다른 한편으로 인간의 선하지 않은 행위에 대하여 부정을 하지 않는 모습을 보이는 것이 되는데, 과연 이러한 부분은 맹자의 인성론 체계에 있어서 내재적인 모순을 형성하고 있지 않은가 하는 의문이 생긴다. 이러한 문제는 충분히 검토해볼 만한 가치가 있다고 생각된다.

우리들이 숙지해야할 사실은 먼저 논리성의 모순을 구성하기 위한 필요조건으로 동일한 관점에서 동일한 영역의 동일한 사실을 관찰해야 하는 것이 선행되어야한다. 이러한 조건을 바탕으로 앞서 언급한 맹자의 견해를 분석해 본다면, 그의 성선설 이론체계 속에서는 내재적인 모순이 형성되어 있지 않았음을 충분히 납득할 수 있을 것이다. 즉 성선과 선하지 않은 행동을 하는 것은 맹자의 견해를 근거로 보았을 때 서로 다른 영역에 속하는 것이라고 할 수 있다.

다시 말하자면 성선性善의 선은 "본체론적 입장에서 사람들이 모두 선천적으로 본래 선한 도덕이 내재되어 있다."[4]는 것으로 성체性體 자체는 순수지선純粹至善한 것이 되기 때문에 선하지 않음이 없다는 것이다. 즉 이것은 인성을 본체론적으로 언급한 것으로 이때의 성은 형이상학적이며 초월적 차원의 영역에 속하게 된다는 것이다.

인간이 선하지 않은 행위를 함에서의 선하지 않음은 앞에서 언급한 영역에 속하지 않고 인간의 자연적 본능이 행동을 하는데 있어서 나

---

인 의미로서의 재능이나 재화를 뜻하는 것이 아니고, 우리들이 선을 실천할 수 있는 능력을 지칭하는 것으로 맹자가 언급한 양능良能과 같은 맥락에서 보아야할 것이다.

4 佐藤貢悅, 『中國古代天命思想の展開』, 東京, 學文社, 1996년, 136쪽 참조.

타내는 표현을 의미한다.[5] 이러한 행위가 나타낼 수 있는 선하지 않은 상황은 객관적인 사실로 누구나 부인할 수 없는 명백한 사실인 것이다. 이렇게 본다면 인간이 선하지 않은 행동을 함은 본체론적 측면에서 언급된 것이 아니고 행위론적 측면에서 언급되어진 것으로 볼 수 있으며, 이러한 행위론적 측면은 형이하학적이며 경험적 차원의 영역에 속하게 되는 것이다.

이와 같이 볼 때 '성선'과 '선하지 않음'은 서로 다른 영역에 속하고 있음을 알 수 있을 것임과 동시에 비록 맹자가 양자 모두를 객관적 사실로 승인한 것 역시 그의 성선설 이론체계의 내재적 모순이라고 말할 수는 없을 것이다.[6]

'인간이 선하지 않은 행위를 함'은 앞부분의 분석을 근거로 보았을 때 '성선'과는 내재적인 모순관계를 형성하고 있지 않다고는 할지라도 그것이 객관적인 사실임은 부정할 수 없다. 그렇다면 우리는 이러한 객관적인 사실로서의 '인간이 선하지 않은 행위를 함'의 유래에 대해서 과연 어떻게 해석해야 할 것인가? 이러한 문제에 대해서 좀 더 자세하게 살펴보도록 하겠다.

## 2. 선하지 않음에 대한 분석

우리들은 과연 어떻게 맹자가 언급한 "선하지 않음"의 문제에 대하여 분석해나갈 것인가? 이러한 문제에 대해서 맹자의 언급 가운데 만족할 만한 해답을 찾기는 어렵다. 그 이유로는 앞서 언급한 바와 같이 불

5 "인간이 선하지 않은 행동을 한다"는 말은 우리들의 자연적인 본능이 행동을 하는 데 있어서 반드시 선하지 않은 행동을 하다는 의미가 아니라 다만 선하지 않은 행동을 할 가능성에 대한 것을 의미할 뿐이다.

6 周群振, 『儒學探源』, 臺北, 鵝湖出版社, 1986년, 181~182쪽 참조.

선不善의 문제가 맹자 성선설의 객관적 타당성을 흔들 수는 없을 지라도 인성론의 내함에 있어서 문제점을 내포시킬 여지가 있기 때문이다. 그렇다면 맹자는 과연 어떻게 불선不善의 현상을 해석해 나갔을까? 이러한 문제를 해결하기 위해서는 먼저 불선不善 혹은 악惡에 대하여 개념분석이 선행되어야 한다고 생각한다.

### 1) 악惡의 일반적인 의미

서양철학에 있어서의 악惡에 대한 정의는 기본적으로 형이상학적인 악惡의 개념에 대한 분석을 기초로 한다. 즉 악惡의 본질은 존재하는 실체에 있어야할 선善이 결여된 상태 또는 존재하는 실체의 본성에게 마땅히 있어야할 선善의 소극적인 부정을 의미하는 것이다. 그러므로 존재자의 측면에서 본다면 악惡 자체는 실체가 있는 존재가 아닌 것이다. 바꿔 말하면, 악의 의미는 선善의 의미의 소극적인 부정에 대한 의미로 건립되기 때문에 악의 존재는 선의 존재를 주체적인 상대성의 존재로 삼는다는 것이다. 또한 존재하는 모든 실체는 그 자신의 존재론적인 측면에 있어서 선이라고 할 수 있으며 혹은 적어도 어떤 정도에 있어서 선이라고 말할 수 있는 것이다. 그러므로 독립적으로 존재하거나 절대적인 악은 없다는 것이다.[7]

서양철학에 있어서의 악의 종류에 대한 구분으로는 일반적으로 물리적인 악과 윤리적인 악이 있다고 할 수 있다. 위에서 언급한 바와 같이 존재하는 모든 실체는 그 자신이 곧 선인 것이다. 실체 자체는 악이 될 수 없는 것이기 때문에 물리적인 악은 존재하는 실체의 본성이 본래 갖추고 있어야할 선의 형식이 결핍되었거나 혹은 외부적인 요인에 의해서 선의 형식이 박탈되는 것이다. 그렇기 때문에 이러한 물리적인 악

7 曾仰如, 『倫理哲學』, 臺北, 臺灣商務印書館, 1985년, 37~44쪽 참조.

은 윤리도덕과는 전혀 관계가 없는 것이 된다.

윤리적인 악惡 역시 윤리적인 선善의 결핍을 의미하지만, 윤리적인 악은 가치판단에 영향을 미치기 때문에 이성과 의지의 자유문제에 관련 되어있다고 볼 수 있다. 바꿔 말하자면, 윤리적인 악은 의지가 자유로운 상황아래서 도덕적 선에 위배되는 잘못된 선택과 그것에 수반되는 행위·습관·마음속의 태도라고 하는 것이다.[8]

중국철학에 있어서의 악惡에 대한 정의를 『설문해자說文解字』를 중심으로 살펴보면 다음과 같다. "악은 지나침이다. 마음이 좇아가는 것이다."[9]라고 기록되어 있는데, 이것은 곧 『설문해자』가 악이라고 하는 개념에 대하여 '지나침' 혹은 '과도함'으로 해석하고 있음을 의미하는 것으로, 좀 더 구체적으로 말하면 곧 악이라는 것은 인간의 본분에 어긋난 과도한 행위를 의미하는 것이라고 할 수 있는 것이다. 즉 예의규범의 요구에 부합하지 않는 것을 악이라고 본 것이다. 이와 같이 볼 때 중국철학에 있어서의 악이라는 개념은 윤리적 행위에 대한 착오 내지는 부당함을 의미하는 것으로 판단할 수가 있는 것이다.

윤리가치의 인간행위에 대한 요구의 입장에서 본다면 '지나침' 뿐만 아니라 '부족함' 역시 악이 된다고 할 수 있는데, 이는 공자가 언급한 "지나침은 부족한 것과 같은 것이다."[10]와 같은 맥락을 형성한다고 할 수 있는 것이다.

또한 악은 "마음이 좇아가는 것이다"라고 하는 것은 악이 마음에서 발생하거나 혹은 최소한 마음과 밀접한 관계가 있음을 의미한다. 단옥재段玉裁의 주석에서는 "사람에게 지나침 있다"와 "지나침이 있으면 사람들이 그것을 미워한다."를 악으로 보았으며, 이러한 두 항목에 대하여

8 項退結, 『西洋哲學辭典』, 臺北, 臺灣國立編譯館, 1976년, 112쪽 참조.

9 許愼撰, 段玉裁注, 『說文解字注』, 上海, 上海書店, 1992년, 511쪽 참조.

10 『論語』, 「先進」 "過猶不及."

"본래 들어가고 나옴의 구별이 없다"라고 말한 것에 비춰볼 때 악이라는 것은 자기 자신의 마음속에서 발생하여 행위의 잘못을 만드는 것이라고 볼 수가 있는 것이다. 이와 같이 볼 때 유학에서 말하는 악은 윤리도덕행위의 가치판단에 관한 문제이지, 형이상학적 개념 혹은 인식론적 개념의 분석문제가 아닌 것이라고 할 수 있는 것이다.

선진시기先秦時期의 문헌들 가운데, 『시경詩經』 속에 악惡자의 용례가 나타나있지 않다고 해서 『시경』 가운데에 악의 관념이 없었던 것은 아니다. 『시경』 속의 '죄罪' 혹은 '구咎' 등을 악의 의미로 볼 수 있으며, 그러한 것의 의미는 천덕天德·천명天命을 위배하여 하늘로부터 징벌을 받는다는 것을 뜻한다.

또한 『상서尙書』 속에서는 악惡자의 용례가 11차례나 보이는데[11], 이곳에서 역시 악자는 '죄罪' 혹은 '구咎' 등의 의미로 쓰였다. 『상서』 가운데 악 개념이 인간 자신의 도덕적 과실을 의미하는 부분은 다음과 같다. 즉 「태서泰書」의 "덕을 심어 번성함에 힘쓰고, 악을 제거하여 근본에 힘쓴다."[12] 이것 외에도 악惡자는 도덕 혹은 예의규범을 파괴하는 의미로도 쓰였는데, 「강고康誥」의 "커다란 죄를 지으면 다른 사람에게 미움을 받으니, 부모에게 불효하거나 형제가 우애하지 않는 것도 죄를 짓는 것이다."[13]에서 찾아볼 수 있다.

유가사상의 기본적인 토대는 『시경』과 『상서』에 나타난 천명사상天道思想이라고 할 수 있다. 그러므로 전통적인 천명유덕天命有德과 천토유죄天討有罪의 관념은 선과 악에 대한 가치판단의 의미를 포함하고 있다고 말할 수 있는 것이다. 『시경』과 『상서』 속에서 말하는 실덕失德과 유죄有罪는 비록 원래는 천덕天德과 천명天命의 상대적인 개념으로 쓰

---

11 『十三經引得』, 「尙書引得」, 上海, 上海古籍出版社, 1986년, 통계 참조.

12 『尙書』, 「泰書」 "樹德務滋, 除惡務本."

13 『尙書』, 「康誥」, "元惡大憝, 矧惟不孝不友."

였으며, 천도天道를 위배하여 하늘로부터 징벌을 받는다는 것을 의미하는 것이다. 그러나 이러한 실덕失德과 유죄有罪가 현실 속에서는 도덕 혹은 예의규범의 파괴를 의미하는 것이다. 다시 말하면, 천도天道가 현실의 인간세계에 구현되어 윤리규범의 기초가 되기 때문에 인도人道의 측면에서 본다면 인간이 마땅히 있어야할 도덕적 선이 결핍된 상태를 악이라고 할 수 있는 것이다.

이것 외에 『시경』과 『상서』에 나타나있는 "천명유덕"과 "천토유죄" 등의 관념은 인격과 의지를 갖춘 인격신人格神 혹은 하나님과 관련된 것이라는 견해가 있는데, 인격신으로부터 비롯된 징벌이 인간에게 내재되어있는 선에 대한 것이라는 말은 곧 선의 형식에 대한 박탈이다. 그러므로 물리적인 악으로 볼 수 있는 것이다.[14] 그렇지만 중국의 전통사상가운데 인격신의 인간에 대한 권선징악勸善懲惡은 그 목적이 인간에 대한 징벌에 있지 않고, 인간행위에 대한 규범적인 의미와 가치를 강조하는데 있다고 보아야할 것이다.

과연 어떻게 불선不善 혹은 악惡의 문제를 볼 것인가에 대해서 우리는 맹자의 이론을 근거로 선하지 않은 행위의 출현에 대한 원인분석을 하고 이것을 바탕으로 하여 한 걸음 더 나아가 다음 부분에서는 선을 행하고 악을 제거하는 방법론에 대하여 심도 있는 토론을 해보도록 하겠다.

### 2) 불선不善의 내적 원인

공도자가 물었다. 똑같이 사람인데, 어떤 사람은 대인大人이 되고 어떤 사람은 소인小人이 되는 것은 무엇 때문입니까? 맹자가 말했다. 그 대체大體를 따르는 사람은 대인이 되고, 그 소체小體를 따르는 사람은 소인

14 黃維潤, 「中西哲學論惡之比較」, 臺北, 輔仁大學 哲學硏究所 博士學位論文, 1984년, 109~113쪽 참조.

이 되는 것이다. 똑같이 사람인데, 어떤 사람은 그 대체를 따르고 어떤 사람은 소체를 따르는 것은 무엇 때문입니까? 귀와 눈의 기능은 생각하지 못하여 사물에 가리어지는 것이니, 사물(외부 사물)이 다른 사물(눈과 귀)과 교류하면 거기에 끌려갈 뿐이다. 마음의 기능은 생각하는 것이니, 생각하면 얻고 생각하지 못하면 얻지 못한다. 이것은 하늘이 우리에게 부여해 준 것이니, 먼저 그 큰 것을 세운다면 그 작은 것이 빼앗지 못할 것이다. 이렇게 하는 것이 대인이 되는 것일 따름이다.[15]

위의 인용문에 담겨져 있는 의미를 근거해서 볼 때 대인大人과 소인小人 그리고 대체大體와 소체小體의 구분은 가치측면의 귀천의 구별을 내포하고 있음을 알 수 있을 것이다.[16] 이러한 점에 대해서 맹자가 더욱 분명하게 언급한 부분은 "몸에는 귀한 것과 천한 것이 있으며, 작은 것과 큰 것이 있으니, 작은 것을 가지고 큰 것을 해치지 말며, 천한 것을 가지고 귀한 것을 해치지 말아야 하는 것이니, 작은 것을 기르는 자는 소인이 되고, 큰 것을 기르는 자는 대인이 되는 것이다."[17]에 잘 나타나 있다.

맹자가 대체를 인식하는 기능이 마음에 있다. 라고 언급한 의미 속에는 마음을 인의仁義로 본 내함이 담겨져 있으며 '생각'을 본질적인 작

15 『孟子』, 「告子上」, "公都子問曰: 鈞是人也, 或爲大人, 或爲小人, 何也? 孟子曰: 從其大體爲大人, 從其小體爲小人. 曰: 鈞是人也, 或從其大體, 或從其小體, 何也? 曰: 耳目之官不思, 而蔽於物, 物交物, 則引之而已矣. 心之官則思, 思則得之, 不思則不得也. 此天之所與我者, 先立乎其大者, 則其小者不能奪也. 此爲大人而已矣."

16 엄밀하게 말해서 '대체'는 귀한 것이고 '소체'는 천한 것이라는 견해는 적당하다고 볼 수 없다. 그 이유로는 눈과 귀 등의 자연적인 감각기관은 그 자체가 가치중립적인 것이기 때문에 우리들이 그것을 어떻게 사용하느냐에 따라서 그것들의 가치가 정해지기 때문이다.

17 『孟子』, 「告子上」, "體有貴賤, 有大小. 無以小害大, 無以賤害貴. 養其小者爲小人, 養其大者爲大人."

용으로 본 측면도 담겨져 있다. 그래서 주자朱子는 "마음은 생각을 할 수 있는 것이고 생각하는 것으로써 직분을 삼는다."[18]라고 주석을 한 것이다. 그렇다면 이렇게 '생각 함'이 마음의 기능이 되며 직분이라고 하는 의미를 과연 어떻게 이해해야 할 것인가? 이러한 의문에 대하여 서복관徐復觀 같은 경우 "생각함이란 의미는 반성과 사고의 두 가지 뜻을 가지고 있는데, 맹자는 반성적인 측면에 무게를 더 둔다."[19]라고 언급하고 있는데, 그의 이러한 해석이 꼭 틀리지는 않았다고는 해도 표면적인 해석이라는 지적을 벗어나기는 어려울 것이다. 왜냐하면 '반성'이란 단어는 충분히 여러 가지 측면으로 해석이 가능하기 때문이다. 즉 '반성'이란 단어를 심리학적 의미의 자기검증으로 해석 해본다면 그것은 일반적 의미의 자기반성이나 자기이해 등으로 인식될 수도 있기 때문이다. 그러나 맹자에게 있어서의 '생각 혹은 사고'의 의미는 그렇게 느슨한 의미로 쓰인 것이 아니었다.

'생각'은 마음 기능의 본질적인 작용이며, 또한 이러한 마음은 경험론적 의미의 마음이 아닌 초월적 도덕심을 의미하는 것이기 때문에 도덕심의 본질적인 작용으로서의 '생각'이 되는 것이다. 이러한 부분에 대하여 모종삼牟宗三은 다음과 같이 말하고 있다.

> 마음의 기능이란 곧 인의의 마음을 언급하고 있는 것을 뜻하기 때문에 "생각"이라는 단어 역시 인의의 마음을 덮어두고 말한 것이다.……엄밀하게 말해서 측은 수오 공경 시비의 마음 가운데는 생각을 밝히는 작용(성실함誠을 밝히는 작용)이 있다. 이러한 생각은 곧 맹자에서의 "성실히 할 것을 생각함"에서의 생각인 것이며, 역시 홍범의 "생각하는 것은 지혜로워야 하며……지혜는 성인을 만든다."의 생각과 같은 맥락을 형성한다.

---

18 朱熹, 『孟子章句集注』, 「告子上」, "心則能思, 以思爲職."

19 徐復觀, 『中國人性論史』, 臺北, 臺灣商務印書館, 1990년, 171쪽 참조.

칸트의 언급에 의하면 이것은 실천이성 가운데의 생각이며 이론이성 가운데의 생각이 아닌 것이다.[20]

'생각'은 실천이성에 속하는 것이기 때문에 맹자는 생각함과 생각하지 않음에 의해서 인의仁義의 본심이 존재하고 망실되는 것으로 규정한 것이다. 이것은 곧 만약 우리들이 '생각'의 성실함을 밝히는 작용을 드러낼 수 있다면 인의의 본심이 존재하고 실재한다는 것을 내적으로 증명할 수 있게 되는 것으로 모든 개인의 사사로운 욕망의 표출 역시 이러한 인의의 본심에 통괄되어 선善의 욕망으로 변모하게 된다는 것이다.

그렇지 않고 만일 우리들이 '생각'의 성실함을 밝히는 작용을 드러낼 수 없게 된다면 개인의 사사로운 욕망은 인의의 본심의 통제에서 벗어나 악의적인 욕망으로 변모하게 되는 한편 인의의 본심은 망실되어 존재하지 않게 될 것이다.[21] 맹자 역시 이러한 것으로써 '금수지변禽獸之辨'이나 '군자서민지분君子庶民之分'을 판별하는 기준으로 삼았다. 이러한 부분에 대해서는 "사람이 금수와 다른 것이 아주 적은데, 서민은 그것을 버리고 군자는 그것을 보존한다."[22]와 "군자가 다른 사람들과 다른 까닭은 그 마음을 보존하는 것 때문이다. 군자는 인仁으로써 마음을 보존하며 예禮로써 마음을 보존한다."[23]에 잘 나타나 있다.

---

20 牟宗三, 『圓善論』, 臺北, 學生書局, 1985년, 51~52쪽 참조.

21 엄밀하게 말하자면 인의예지의 본심은 이미 선천적으로 내재되어 있는 것이다. 이것이 바로 인성의 본래 모습이며 인성과 도덕성은 선천적인 분석관계이기 때문에 우리는 존재하고 망실된다는 단어로 그것을 형용할 수는 없는 것이다. 다만 이러한 선천적인 의미로서의 본심이 경험세계의 영역으로 떨어졌을 때 그것의 드러남이 때로는 감추어지고 때로는 나타나기도 하는 등의 모든 순간에 일정하게 드러나 그 실질작용을 하지 못하기 때문에 경험적·현상적 측면에서 말하면 부득이하게 그것이 드러나 있을 때를 존재한다고 하고 드러나 있지 않을 때를 망실된다고 표현하는 것이다.

22 『孟子』, 「離婁下」, "人之所以異於禽獸者幾希, 庶民去之, 君子存之."

바꿔 말하면, 인간의 행위의 옳음과 그름의 여부는 그 원인이 내재되어 있다는 말은, 전적으로 우리들의 '생각' 즉 이러한 마음 기능의 본질적인 성실함을 밝히는 작용을 할 수 있는지 없는지의 여부에 달려있다는 것이다. 그러므로 주자는 "모든 외부 사물이 들어올 때에 마음이 그 직분을 잘 해내면 그 도리를 얻어서 외부 사물이 그것을 가리지 못하고, 그 직분을 잃으면 그 도리를 얻지 못하여 외부 사물이 들어옴에 가려진다."[24]라고 주석을 했다. 이러한 것 역시 우리들의 마음 기능이 만일 그 본질적인 작용인 '생각'을 하지 못하게 된다면 본심이 가지고 있는 인의예지仁義禮智라고 하는 덕들이 일정하게 드러나지 못하게 되어, 감각기관들이 우리들이 보고 듣고 말하고 행동하는 것들을 주재하게 되어 모든 일에 대하여 합리적인 판단을 하지 못하게 되는 것을 말한 것이다. 이러한 점들이 바로 우리들이 선하지 않은 행위를 할 수 있는 가능성의 내적 원인의 시초가 되는 것이다.

좀 더 확대하여 눈과 귀 등의 감각기관의 작용에 대해서 말해보겠다. "귀와 눈의 기능은 생각하지 못하여 사물에 가리어지는 것이니, 사물(외부 사물)이 다른 사물(눈과 귀)과 교류하면 거기에 끌려갈 뿐이다."[25] 즉 눈과 귀 등은 우리들의 자연적인 감각기관으로 그 자체는 선함도 없고 불선不善함도 없는 것이다. 이러한 감각기관의 특징으로는 그것이 '생각'이라고 하는 성실함을 밝혀주는 작용을 발생시킬 수 없기 때문에 보고 듣는 것에 있어서 외부 사물에 구애받기가 쉽다는 것이다.

주자가 이러한 부분에 대하여 "귀는 듣는 것을 맡고 눈은 보는 것을 맡아서, 각기 맡은 것이 있으나, 생각할 수는 없다. 이 때문에 외부

---

23 『孟子』, 「離婁下」, "君子所以異於人者, 以其存心也. 君子以仁存心, 以禮存心."

24 朱熹, 『孟子章句集注』, 「告子上」, "凡事物之來, 心得其職, 則得其理, 而物不能蔽; 失其職, 則不得其理, 而物來蔽之."

25 『孟子』, 「告子上」, "耳目之官不思, 而蔽於物, 物交物, 則引之而已矣"

사물에 가려지니, 이미 생각하지 못하여 외부 사물에 가려지면 역시 하나의 사물일 뿐이다. 또 외부 사물로써 이러한 사물耳目과 교류하면 거기에 끌려가는 것이 어렵지 않게 된다."[26]라고 해석한 부분에서 볼 수 있듯이 외부 사물은 하나의 사물이며 '생각'을 할 수 없는 눈과 귀 등의 감각기관 역시 하나의 사물인 것이다. 이와 같이 사물과 사물이 교류를 하게 되면 눈과 귀 등의 감각기관은 외부 사물에 이끌려지게 되어 외부 사물을 따르게 된다는 것이다. 이렇게 되면 지선至善한 도덕심이 선할 수도 있고 선하지 않을 수도 있는 자연적 본능으로 전화될 수 있어, 보고 듣고 말하고 행동하는 것 모두가 일일이 이치 혹은 도리에 맞지 않게 된다는 것이다.

다시 말하면, 눈과 귀 등의 감각기관은 '생각'을 해야 하는 책임이 없으며 다만 우리들의 보고 듣는 기능을 담당할 뿐이다. 만일 마음이 '생각'이라고 하는 실질적인 작용을 제대로 한다면 보고 듣고 말하고 행동하는 것 역시 사리에 맞게 되고 선善의 경지에 도달할 수 있을 것이다. 그러나 만일 마음이 그러한 기능을 상실하게 되어 생각을 하지 않고, 외부 사물에 눈과 귀 등의 감각기관이 매몰되어 외부 사물이 이끄는 대로 끌려간다면, 우리들의 자연적 본능이 나타나게 되어 도덕실천의 가능성을 보장할 수 없게 되기 때문에 선善하지 않은 행위가 나타난다는 것이다. 그래서 맹자는 "두 손으로 에워싸는 것이나 한 손으로 잡을 수 있는 오동나무나 가래나무를 사람들이 진실로 기르고자 한다면 모두 기르는 방법을 알지만, 자신에 대해서는 기르는 방법을 알지 못하니, 어찌 자신을 사랑하는 것이 오동나무나 가래나무를 사랑하는 것만 같지 못하기 때문이겠는가? 생각하지 않음이 심하기 때문이다."[27] 라고

26 朱熹, 『孟子章句集注』, 「告子上」, "耳司聽, 目司視, 各有所職而不能思, 是以蔽於外物, 既不能思而蔽於外物, 則亦一物而已. 又以外物交於此物, 其引之而去不難矣."

27 『孟子』, 「告子上」, "拱把之桐梓, 人苟欲生之, 皆知所以養之者. 至於身, 而不知所以

언급했던 것이다. 이와 같이 볼 때 "생각하지 않음"은 사람이 선하지 않은 행위를 하는 내적 원인임이 분명하다고 할 수 있다.

### 3) 불선不善의 외적 원인

> 우산牛山의 나무가 일찍이 아름다웠는데, 그것이 큰 도시의 외곽에 있었기 때문에 도끼로 매일 베어가니, 아름답게 될 수 있겠는가? 그것이 밤낮에 자라나는 것과 비와 이슬이 적셔주는 것에서 싹의 자라남이 없는 것이 아니지만, 소와 양을 또(도끼로 베는 것에) 이어서 방목하므로 그 때문에 저와 같이 반질반질한 것이니, 사람들이 그 반질반질한 것을 보고서 일찍이 재목이 있지 아니하였다고 생각하는 것이니 이것이 어찌 산의 본래 모습이겠는가? 비록 사람에게 있는 것인들 어찌 어질고 의로운 마음이 없겠는가마는 그 양심을 놓아버리는 것이 또한 도끼가 나무에 대해서 아침마다 베어 가는 것과 같으니, 그러고서도 아름답게 될 수 있는가? 그 낮과 밤이 양심을 자라나게 하는 것과 새벽의 기운에 있어서도, 그 좋아하고 미워하는 것이 다른 사람과 서로 비슷한 것이 거의 드문데, 그 아침과 낮에 하는 소행이 이를 꽁꽁 묶어서 없애버리니 꽁꽁 묶어서 없애는 것을 반복하면 밤의 기운도 양심을 보존할 수 없다. 밤의 기운이 보존할 수 없으면 금수와 거리가 멀지 않게 된다. 사람들은 그 금수같은 모습만을 보고서 일찍이 좋은 재질이 있지 않았다고 생각하는 것이니 이것이 어찌 사람의 본래 모습이겠는가?[28]

---

養之者, 豈愛身不若桐梓哉? 弗思甚也."

28 『孟子』, 「告子上」, "牛山之木嘗美矣, 以其郊於大國也, 斧斤伐之, 可以爲美乎? 是其日夜之所息, 雨露之所潤, 非無萌蘖之生焉, 牛羊又從而牧之, 是以若彼濯濯也. 人見其濯濯也, 以爲未嘗有材焉, 此豈山之性也哉? 雖存乎人者, 豈無仁義之心哉? 其所以放失其良心者, 亦猶斧斤之於木也, 且旦而伐之, 可以爲美乎? 其日夜之所息, 平旦之氣, 其好惡與人相近也者幾希, 則其旦晝之所爲, 有梏亡之矣. 梏之反覆, 則其夜氣不足以存; 夜氣不足以存, 則其違禽獸不遠矣. 人見其禽獸也, 而以爲未嘗有才焉者, 是豈人之情也哉?"

위의 인용문에 볼 수 있듯이 맹자는 한편으로 성선설을 견지하며 도덕은 선천적으로 우리들의 심성 가운데에 내재되어있다고 생각했으며, 다른 한편으로는 외재한 객관적인 환경이 심성의 덕이 드러나는 것에 대하여 어느 정도의 영향력을 행사하고 있음을 인정한다.

맹자는 큰 도시의 외곽에 위치한 우산牛山의 나무를 비유로 들어 인성이 열악한 환경에 직면했을 때는 인성 자체에 본래 구비되어 있는 지선至善을 다 발휘하여, 선한 행위를 할 수 있는 것은 무척이나 어렵다고 말하고 있다. 즉 평범한 사람이 열악한 환경에 처하게 되면 그의 언행은 금수와 가깝게 되어 선하지 않게 된다는 것이다. 이와 같이 볼 때 환경이 인간의 도덕실천 여부에 미치는 영향은 매우 중대하다고 할 수 있으며, 맹자 역시 이러한 점에 대해서 매우 신중하게 접근하고 있다고 할 수 있다. 그래서 맹자는 만일 적당한 환경이 조성되지 않는다면 우리들이 가지고 있는 심성의 선한 덕성善德 역시 표출 될 수 없다고 말한다.

> 풍년이 든 해에는 젊은이들이 풍년에 힘입어 많이 온순해지고, 흉년이 든 해에는 젊은이들이 많이 포악해지는데, 이것은 하늘이 자질을 내림이 이와 같이 다른 것이 아니라, 그 마음을 빠뜨리는 것이 그렇게 만드는 것이다. 지금 보리를 파종하여 씨앗을 덮되 그 땅이 같고 심는 시기가 같으면 쑥쑥 자라나서 하지 때에 이르러 모두 익는 것이니, 비록 같지 아니한 것이 있다 하더라도 그것은 곧 땅에 비옥함과 척박함의 차이가 있기 때문이며 비와 이슬의 배양과 사람이 가꾸는 일이 같지 않기 때문이다.[29]

29 『孟子』, 「告子上」, "富歲, 子弟多賴; 凶歲, 子弟多暴, 非天之降才爾殊也, 其所以陷溺其心者然也. 麰麥播種而耰之, 其他同, 樹之時有同, 浡然而生, 至於日至時, 皆熟矣. 雖有不同, 則地有肥磽, 雨露之養, 人事之不齊也."

맹자는 우리들이 동일한 지선至善의 심성을 가지고 있다고 하여 "하늘이 자질을 내림이 이와 같이 다른 것이 아니다."라고 말한다. 그러나 인성이 사람마다 같다고 하지만 실제로는 평소에 다른 모습을 보이는 이유는 과연 어디에 있는가? 라고 하는 의문이 생길 수 있다. 즉 풍년이 든 해와 흉년이 든 해에 젊은이들이 서로 다른 행위의 양상을 보인다는 것인데, 풍년이 든 해에는 젊은이들이 일반적으로 말해서 대체로 모두들 온순한 경향을 나타내고, 흉년이 들어서 수확물이 풍족하지 못했을 때는 젊은이들이 무도하고 폭력적인 성향을 보이는데 그 이유는 과연 어디에 있는 것일까?

맹자는 이러한 이유에 대하여 마음이 환경에 매몰되기 때문이라고 생각하여 보리의 예를 들어서 설명한다. 즉 "지금 보리를 파종하여 씨앗을 덮되 그 땅이 같고 심는 시기가 같으면"이라고 언급하는데 이것은 보리가 처한 외재적인 환경의 요인이 모두 같게 되면 보리들은 자연스럽게 쑥쑥 자라나게 되어 하지에 이르러 모두 잘 익게 된다는 것을 의미한다. 그러나 만일 보리가 처한 외재적인 환경의 요인이 같지 않다면, 즉 "땅에 비옥함과 척박함의 차이, 비와 이슬의 배양과 사람이 가꾸는 일이 같지 않음"이라는 요건이 주어진다면 보리를 수확할 때 제대로 익은 것과 제대로 익지 않은 것 그리고 풍성한 수확과 그렇지 못한 수확의 차이가 있을 것이라고 말한다.

이와 같이 볼 때 우리는 파종한 보리의 종자는 모두 같은 것이지만 보리를 배양하고 성장시키는 외적 환경 혹은 외적 조건이 다르기 때문에 수확의 차이가 발생한다는 사실을 인식할 수 있으며, 마찬가지로 알맞은 환경의 조성이 우리들이 인의를 실천케 하는데 매우 중요한 요인이라는 것을 충분히 알 수 있게 되는 것이다.

바꿔 말해서, 만일 우리들 자신이 매우 열악한 환경에 놓이게 된다면 즉 불량한 교육 및 사회풍토 등등의 열악한 환경이 오랫동안 지속된다면, 선한 본성 역시 은폐되어 드러나지 못하게 되어 결국에는 인성의 본래 모습을 상실하게 되어 인간은 선하지 않은 행위를 하게 된다는 것이다. 이러한 점들이 바로 맹자가 생각한 인간이 선하지 않은 행위를 하게 되는 원인인 것이다. 또한 맹자는 비록 이러한 경험적 측면으로 성선설을 수립하지는 않았지만 후천적 환경의 중요성에 대해서도 결코 소홀히 여기지 않았다고 말할 수 있다.

이상과 같이 우리는 불선不善의 원인을 두 가지 측면에서 조명해보았다. 만일 혹자가 이러한 두 가지 측면 가운데 과연 어떤 것이 더 관건성적인 요인을 가지고 있을까? 라고 묻는 다면 '생각하지 않음'이라고 하는 내적 원인이 더 관건성적인 요인을 가지고 있다고 대답할 수 있을 것이다. 즉 만일 우리들의 마음이 '생각'이라고 하는 제 기능을 다 발휘한다면, 우리가 도덕상에 있어서 어떤 장애나 위태로움에 직면했을 때 바로 의로움義으로써 그것을 헤쳐 나갈 수 있기 때문에 도덕적 가치를 충분히 체현할 수 있다는 것이다. 그러나 반대로 마음이 생각을 하지 않았을 때는 비록 좋은 외적 환경이 조성된다고 하여도 역시 눈과 귀 등의 감각기관들이 외부 사물에 가리어지고 이끌려서 결국은 선할 수도 있고 선하지 않을 수도 있는 자연적인 본능이 나타나게 되어 인간이 금수와 다른 점을 충분히 체현할 수 없는 상황에 이르게 된다는 것이다.

인간과 금수의 구분에 대하여 맹자는 동일한 본질과 동일한 측면의 상이함에서 조명하지 않고 다른 본질과 다른 측면에서 구분한다. 즉 맹자는 오직 인간만이 인의를 실천할 수 있는 자각능력을 가지고 있다고 생각하였으며, 또한 인간에게는 도덕의 자각으로 자연적 본능을 지배할 수 있는 능력이 있다고 보았다. 그러나 인간은 누구나 자연적 본능을 가지고 있는 존재이며 이러한 자연적 본능은 임의로 버릴 수 없는 것이기 때문에 현상적 경험적 측면에서 선하지 않은 행위를 할 수 있는 가능성이 있는 것이다.

## 3. 수양 방법론

불선不善 혹은 악惡 개념의 존재가 비록 부정할 수 없는 객관적인 사실이라고 할지라도, 이러한 객관적인 사실은 맹자가 수립한 성선설의 객관적 타당성을 흔들 수는 없는 것이라고 할 수 있다. 한 걸음 더 나아가 말하면 현상계나 경험세계에 존재하는 불선不善은 실천적인 측면에서의 선善과 상대적으로 형성된 것이며, 이러한 영역에서 말하는 선과 불선은 서로 상대적인 모습을 이루고 있다. 그러나 맹자의 성선설 가운데의 선은 이러한 영역들에 속하지 않는 것이다. 즉 불선과 상대적인 개념으로 쓰인 것이 아닌 심성 자체의 선을 말하는 것으로 초월적 절대적 의미의 선 즉 순수지선純粹至善의 선인 것이다.

그렇기 때문에 송대宋代의 호안국胡安國은 "맹자가 언급한 성선 이라는 것은 찬미의 단어로 악과 대비되는 것이 아니다."[30]라고 언급했는데, 이것은 맹자의 성선설 가운데의 선善이 선과 악이라고 하는 상대적 개념을 뛰어넘은 초월적 절대적 본체로서의 지선至善을 의미하는 것이라고 할 수 있다. 이러한 각도에서부터 조명해 들어간다면 객관적 사실로서의 불선不善은 실제로는 성선설의 객관적 타당성에 대하여 어떠한 장애요소로도 작용하지 못할 것이라는 것을 알 수 있을 것이다.

인성의 본래 모습에서 말하자면 맹자는 이러한 절대적 본체로서의 지선至善의 의미로서 선善이 인간의 본성이라고 생각한다. 그래서 맹자는 "인간이 금수와 다른 것이 아주 적은데, 서민은 그것을 버리고 군자

30 黃宗羲撰, 全祖望補, 『宋元學案』, 卷四十二, 「五峰學案」, 上海, 文瑞樓發行, 鴻章書局石印本.

는 그것을 보존한다."[31]라고 말하여 인의예지의 마음을 사람들이 저마다 가지고 있는 양지良知로 파악하고 보존한다고 주장하는 것이다. 이와 같이 우리들에게 본래 구비되어 있는 초월적 본심에 의해서 모든 행위를 하게 된다면 인간의 일체의 행위는 심성의 통제 속에서 선을 하지 않을 수 없게 된다는 것이다.

그러나 이것은 이상적인 인격의 측면에서 언급한 것인데, 즉 맹자는 "요와 순은 본성 그대로 산 사람이었고, 탕과 무는 본성을 회복한 사람이었다."[32]라고 하여 요堯임금과 순舜임금을 이상적인 인격을 갖춘 사람으로 보아서 그들의 행위는 본래 어떠한 수양의 과정이 필요 없는 완벽함 그 자체라고 판단한 것이다. 그렇지만 일반 사람들은 대부분은 행위에 있어서 반드시 탕湯왕과 무武왕처럼 일단의 수양과정을 통한 본성의 회복이 필요한 것이다. 그렇기 때문에 이와 같은 후천적인 수양의 과정은 반드시 필요한 것이다. 그 이유로는 한편으로 우리들 대부분이 요임금과 순임금처럼 이상적인 인격을 갖추지 못했기 때문이며, 또한 만일 이러한 수양의 과정을 거치지 않고 모든 행위를 자연적인 본능에 맡겨둔다면 도덕실천은 필연적으로 보장받지 못하게 될 것이라는 점에 대해서는 앞서 지적한 바와 같다.

이러한 수양의 과정은 바로 도덕실천의 당위성을 자각해나가는 과정인 것이며 오직 이러할 때에만 우리들의 공부工夫가 우연적인 일이 아니게 되어 도덕교화의 항상성과 필요성이 확보가 되는 것이다.

### 1) 양기養氣의 수양 방법

천하의 넓은 집에 거처하며, 천하의 바른 자리에 서며, 천하의 큰 도리를 행하여, 뜻을 얻으면 백성과 함께 도를 행하고, 뜻을 얻지 못하면 홀

31 『孟子』, 「離婁下」, "人之所以異於禽獸者幾希, 庶民去之, 君子存之."

32 『孟子』, 「盡心下」, "堯舜, 性之也; 湯武, 反之也."

로 그것을 행하여, 부귀가 마음을 방탕하게 하지 못하게 하고, 빈천이 뜻을 바꾸지 못하게 하며, 무력이 절개를 굽히게 할 수 없는 것, 이를 대장부라 한다.[33]

맹자는 부귀빈천이나 무력 등의 외재적인 환경에 의해서 군자 자신의 뜻을 굽히지 않는 것을 대장부의 기개로 보았다. 이러한 의미와 같은 맥락을 형성하고 있는 언급들이 "대인을 유세할 때는, 그들을 조그맣게 여기고 그 높은 것은 보지 말아야 한다."[34] "비록 (출세하여 그의 뜻이) 크게 행해지더라도 더해지지 아니하며, 비록 곤궁하게 거처하더라도 줄어들지 않는 것"[35] 등 다른 곳에서도 보이고 있는데, 이러한 것들이 의미하는 것은 바로 부동심不動心이라고 하는 한마디로 요약될 수 있다. 이러한 부동심不動心에 대하여 『맹자』에는 "공손추가 물었다. 선생님께서 제나라의 재상자리에 오르시어 도를 행할 수 있게 된다면, 비록 이로 말미암아 패업을 이루거나 왕업을 이룬다 하더라도 이상하지 않을 것입니다. 이와 같다면 마음이 동요되겠습니까? 맹자가 대답했다. 아니다 나는 사십 세가 되었으니 마음이 동요되지 아니한다."[36]라고 언급되어져 있는데, 이것은 맹자 자신이 사십 여세 무렵에 이미 어떠한 외재적인 조건이나 환경에 의해서도 흔들리지 않는 마음을 갖게 되었음을 의미하는 것이다.

그렇다면 이와 같은 부동심不動心의 경지는 과연 어떻게 도달할 수 있는 것인가? 혹은 더 나아가 이러한 부동심不動心은 맹자 자신의 수양

33 『孟子』, 「滕文公下」, "居天下之廣居, 立天下之正位, 行天下之大道. 得志與民由之, 不得志獨行其道. 富貴不能淫, 貧賤不能移, 威武不能屈. 此之謂大丈夫."

34 『孟子』, 「盡心下」, "說大人, 則藐之, 勿視其巍巍然."

35 『孟子』, 「盡心上」, "雖大行不加焉, 雖窮居不損焉."

36 『孟子』, 「公孫丑上」, "公孫丑問曰: 夫子加齊之卿相, 得行道焉, 雖由此霸王不異矣. 如此, 則動心否乎? 孟子曰: 否. 我四十不動心."

공부의 최종 목적인가? 라고 하는 의문이 제기될 수 있다. 이러한 의문에 대하여 맹자와 공손추의 대화를 통해서 그 해결의 단서를 찾아볼 수 있을 것이다. 즉 공손추가 당시에 맹자가 마흔 살에 부동심의 경지에 도달했다고 하는 말을 들었을 때 말하기를 "선생님께서는 맹분孟賁보다 크게 뛰어나십니다."[37]라고 하고, 맹자가 "이것은 어렵지 아니한 것이다. 고자도 나보다 먼저 마음이 동요되지 아니하였다."[38]라고 대답한 부분에서 알 수 있듯이, 맹자는 부동심不動心을 수양공부의 최종 목적으로 보지 않았음과 동시에 도덕적의미가 함축된 것으로도 보지 않았다. 이와 같이 만일 부동심에 수양공부의 목적 혹은 도덕적의미가 함축되지 않았다고 한다면 우리는 굳이 양기養氣로써 부동심不動心에 도달하는 수양의 과정을 조명할 필요가 없을 것이다. 이러한 점에 대하여 주군진周群振의 견해를 참고하여 논의해보도록 하겠다.

> 맹자가 언급한 "부동심"은 형식 의미와 실질 의미의 구별이 있다고 할 수 있다. 대체로 사람이 사십 세가 되면 세상도 살만큼 살았고 겪어본 일도 많기 때문에 어떠한 일에 대해서도 그 원칙은 다소간의 차이가 있어도 누구나 이미 정해져 있다. 이러한 것이 일반적인 형식 의미가 되는 것이다. 공자나 맹자와 같은 성현들은 평생동안 본성을 따라 도덕을 수양하고 덕을 밝히고 백성들을 사랑하는 것을 그 주된 임무로 삼는다. 이러한 것들은 외래 사물에 의해서 그 마음이 흔들리지 않는 자주적인 것으로 일반 형식 의미와 동떨어진 것이 아님과 동시에 독특한 성질의 실질 의미가 되는 것이다.[39]

---

37 『孟子』, 「公孫丑上」, "夫子過孟賁遠矣."
38 『孟子』, 「公孫丑上」, "是不難, 告子先我不動心."
39 周群振, 『儒學探源』, 臺北, 鵝湖出版社, 1986년, 217쪽 참조.

바꿔 말하면, 고자의 부동심不動心은 외재적인 형식 의미만 가지고 있기 때문에 단지 생물체가 부단한 훈련의 과정을 거쳐 이룬 습관성 행위일 뿐이라는 것이다. 진일보해서 말하자면, 고자의 부동심不動心에 있어서의 '마음'은 실제로는 경험적 측면의 '마음'을 의미하는 것이다. 그렇기 때문에 고자는 "말에서 납득이 되지 아니하면 마음에서 구하려고 하지 말며, 마음에서 납득되지 아니하면 기운에서 구하려고 하지 말라."[40]라고 언급했던 것이다. 즉 고자가 이해한 '마음'은 맹자의 배우지 않고 할 수 있고 생각하지 않고도 알 수 있는 양능良能과 양지良知의 인의仁義본심이 아닌 것이기 때문에 그 자체는 시비판단을 할 수 없어 언어와 행위에서 그 정당함을 확보할 수 없는 것이다.

맹자의 부동심不動心은 고자처럼 외재적인 형식 의미만 가지고 있는 마음의 "동요하지 않음"이 아니며 도덕의 실질적 의미를 가지고 있는 '마음'으로서의 부동심이다. 이러한 '마음'은 도덕심Moral mind인 것이다. 만일 이러한 도덕심이 우리들의 의식을 지배하게 된다면 우리들이 보고 듣고 말하고 행동하는 모든 것들이 이치에 맞게 될 것이기 때문에 수양 공부가 필요할 수밖에 없다는 것이다. 그렇다면 과연 어떻게 이와 같은 경지에 도달할 수 있는가?

> 의지라는 것은 기를 거느리며, 기는 몸에 가득 차 있는 것이니, 의지가 최고요, 기가 그 다음이다. 그러므로 말하기를 그 의지를 잘 간직하면서도 또 그 기를 난폭하게 하지 않는다고 한 것이다. 이미 의지가 최고요 기가 그 다음이라 하셨고, 또 그 의지를 잘 간직하면서도 그 기를 난폭하게 하지 않는다고 하신 것은 무슨 뜻입니까? 의지가 한결 같으면 기를 움직이고 기가 한결 같으면 의지를 움직이는 것이니, 지금 넘어지는 것이나 달리는 것은 기이지만 도리어 마음을 움직이는 것이다. 감히 묻겠

40 『孟子』, 「公孫丑上」, "不得於言, 勿求於心; 不得於心, 勿求於氣."

습니다. 선생님께서는 장점이 있으십니까? 맹자가 말했다. 나는 말을 알며 나는 나의 호연지기를 잘 기른다. 감히 묻겠습니다. 무엇을 호연지기라고 합니까? 말하기 어렵다. 그 기의 양상은 지극히 크고 지극히 굳세니, 곧게 하는 것으로써 길러서 해침이 없으면 하늘과 땅 사이에 꽉 차게 된다. 그 기의 양상은 의와 도에 짝이 되는 것이니, 이것이 없으면 쭈그러든다. 이는 의가 축적되어 만들어내는 것이니 (하나의) 의가 엄습하여 취하는 것이 아니다, 행한 것이 마음에 만족스럽지 아니함이 있으면 쭈그러든다. 그래서 내가 고자는 애당초 의를 알지 못한다고 말한 것이니, 그 의를 바깥에 있는 것으로 여기기 때문이다. 반드시(호연지기를 기르는 것을) 일삼음이 있으면서 효과를 미리 기대하지 말고, 마음에 잊지도 말며, 조장하지도 말아서 송나라 사람처럼 하지 말아야 한다. 송나라 사람 가운데 벼의 싹이 자라지 못함을 안타깝게 여겨 뽑아놓은 사람이 있었다. 그는 아무것도 모르고 돌아와서 집안사람들에게 말하기를 오늘은 피곤하다 내가 벼의 싹이 자라도록 도왔다. 라고 하자, 그 아들이 달려가서 보았더니 벼의 싹은 말라 있었다. 천하에는 벼의 싹이 자라도록 억지로 조장하지 않는 사람이 적으니, 유익함이 없다고 생각해서 내버려두는 사람은 비유하자면 벼의 싹을 김매지 않는 사람이고, 조장하는 사람은 벼의 싹을 뽑아놓는 사람이니, 이는 비단 유익함이 없을 뿐만 아니라 도리어 해치는 것이다.[41]

---

41 『孟子』, 「公孫丑上」, "夫志, 氣之帥也; 氣, 體之充也. 夫志至焉, 氣次焉. 故曰: 持其志, 無暴其氣. 既曰: 志至焉, 氣次焉, 又曰: 持其志無暴其氣者, 何也? 曰: 志壹則動氣, 氣壹則動志也. 今夫蹶者趨者, 是氣也, 而反動其心. 敢問夫子惡乎長? 曰: 我知言, 我善養吾浩然之氣. 敢問何謂浩然之氣? 曰: 難言也. 其爲氣也, 至大至剛, 以直養而無害, 則塞於天地之間. 其爲氣也, 配義與道; 無是, 餒也. 是集義所生者, 非義襲而取之也. 行有不慊於心, 則餒矣. 我故曰, 告子未嘗知義, 以其外之也. 心有事焉而勿正, 心勿忘, 勿助長也. 無若宋人然; 宋人有閔其苗之不長而揠之者, 芒芒然歸. 謂其人曰: 今日病矣, 予助苗長矣. 其子趨而往視之, 苗則槁矣. 天下之不助苗長者寡矣. 以爲無益而舍之者, 不耘苗者; 助之長者, 揠苗者也. 非徒無益, 而又害之."

위의 인용문은 맹자의 수양공부 방법론 가운데 가장 대표적으로 체계성을 갖고 있는 부분이다. 문장 가운데 세 가지 중요한 개념을 찾아볼 수 있는데 그것들은 바로 '의지를 잘 간직함'과 '곧게 기름' 그리고 '의를 축적함'이며, 이것들 사이를 꿰뚫고 있는 것이 지극히 크고 지극히 군센 호연지기浩然之氣라는 것이다. 바꿔 말하면, 이렇게 지극히 크고 지극히 굳센 호연지기가 바로 '의지를 잘 간직함'과 '곧게 기름' 그리고 '의를 축적함' 등의 수양공부의 최종적인 귀결점이라는 것이다. 그렇다면 과연 무엇을 호연지기라고 하는 것인가? 또한 이러한 호연지기는 반드시 '의지를 잘 간직함'과 '곧게 기름' 그리고 '의를 축적함' 등의 과정을 거쳐야만 하는 것인가?

이러한 문제에 대해서는 먼저 호연지기浩然之氣의 기氣자에 대한 면밀한 고찰이 필요하다고 생각된다. 즉 이러한 고찰이 선행되어야 만이 맹자도 설명하기 어렵다고 한 호연지기에 대한 분석이 가능할 것이라는 판단이 서기 때문이다.

> 기에 대하여 만일 직접적으로 물리학적인 가스나 공기 등을 지칭하지 않고 본래 의미를 확대하여 사상관념이나 감각대상으로 파악한다면, 전체적인 의미를 갖추지 못할 것이다. 그것은 비록 종합적인 공통명칭이 된다고 하더라도 종합적인 실체라고는 말할 수 없는 것이다. 다시 말하면 기는 다원적인 것이며 낮은 단계의 것으로 그 자체는 "원소"조건을 구성하기에는 부족하며 각각의 원소로 이루어진 실제사물의 움직임에 의해서 보여 지는 것이다. 예를 들어서 마음의 의지가 움직임에 의해서 의지의 기가 있게 되는 것이며, 생리적인 움직임에 의해서 사물의 기가 있게 되는 것이다. 또한 어떤 사회가 있으면 그러한 사회의 기풍이 있는 것이며, 어떤 학술이 있으면 그러한 학술의 기풍이 있는 것이다. 기라는 것은 단지 이러한 실제사물들의 움직임의 동향을 종합하여 건립한 공통명칭인 것이다. 이러한 공통명칭은 어떤 의미에서는 객관성을 갖고 있지만

> 결국은 추상적이기 때문에 하나의 기가 만물에 공통적으로 산재되어 있다고는 할 수 없는 것이기 때문에 그것은 전체적이며 독립적인 의미로는 언급되어질 수는 없는 것이다.[42]

위의 인용문의 내용을 근거로 했을 때, 기氣 자체는 객관적인 실제사물이 아닌 것으로 "그 자체는 '원소'조건을 구성하기에는 부족하며 각각의 원소로 이루어진 실제사물의 움직임에 의해서 보여 지는 것이다." 그러므로 "마음의 의지가 움직임에 의해서 의지의 기가 있게 되는 것이며, 생리적인 움직임에 의해서 사물의 기가 있게 되는 것이다."라고 하는 것이다. 이러한 기氣의 선善이나 불선不善은 그 원소로 이루어진 실제사물에 의해서 결정되어지는 것이다.

맹자는 기氣가 만일 생리적 움직임에 의탁하게 된다면 그것은 도덕실천을 절대적으로 보장할 수 없게 된다고 생각했는데, 즉 인간의 자연적인 생명이 건강할 때도 있고 쇠약해질 때도 있다고 보았기 때문에, 이와 같은 경우에서는 부동심不動心의 경지에 도달할 수 없다고 여긴 것이다. 그렇기 때문에 맹자는 반드시 초월적인 본심으로 이러한 기氣를 통괄해야 한다고 하여 "그 의지를 잘 간직하면서도 또 그 기를 난폭하게 하지 않는다."라고 한 것이다.

> 의지는 마음이 지향하는 바이며 마음이 주인이 되어 존재하는 곳이다. 의지는 곧 마음이며 마음은 기를 통제할 수 있으며 인도할 수 있는 것이다. 그러므로 의지가 기를 거느린다(주재한다)는 것이다.……의지가 기를 주재하기 때문에 기는 의지를 따라가야만 하는 것이다. 의지가 지향하는 바는 자연적인 본능이 반드시 그것을 따라가는 것으로 장수의 명령을 따르는 것과 같은 것이다.……그러나 자연적인 본능 자체는 평소 맹목적

42 周群振, 『儒學探源』, 臺北, 鵝湖出版社, 1986년, 222~223쪽 참조.

으로 행동하는 것이기 때문에 기가 통제력을 상실했을 때 자연적인 본능은 제멋대로 날뛸 것이기 때문에 의지를 잘 간직해야하는 수양이 필요한 것이다. 이러한 수양은 적극적으로는 "그 의지를 잘 간직하는 것"이며 소극적으로는 "그 기를 난폭하게 하지 않는다."는 것이다.[43]

기氣의 가치의미 측면에 대하여 말하자면, 기氣 그 자체는 중성적인 것이기 때문에 만일 지극히 크고 지극히 굳센 호연지기의 경지에 이르기 위해서는, 일체의 외적 조건에 흔들리지 않는 부동의 마음 경지를 유지해야 하는 것이다. 즉 "의지를 잘 간직하면서도 또 그 기를 난폭하게 하지 않음"이 필요하다는 것이다. 그렇다면 과연 어떻게 의지를 잘 간직하여야만 기氣가 난폭해지지 않을 수 있을까? 그것은 곧 '곧게 기름'과 '의를 축적함'이라는 수양을 통해서 가능한 것이다. '곧게 기름'이란 의미는 조기趙岐의 "의로써 기르면 사악한 일이 해를 끼치지 못할 것이다"[44] 라는 말과 같은 맥락을 형성하고 있다고 볼 수 있다. 즉 의義는 곧 직(곧음)이니, 본성을 따라서 도를 닦는 것은 오직 의義만이 그것을 가능하게 하는 것이다. 이와 같이 '곧게 기름'이라는 수양과정의 실질적인 의미는 '의를 축적함'이라는 수양과정과 상통하고 있다. 바꿔 말하면, '의지를 간직함'과 '곧게 기름'이라는 수양과정의 귀결점은 바로 '의를 축적함'에 있다는 것이 되는 것이다.

그렇다면 과연 '의를 축적함'이라는 개념을 어떻게 해석할 것인가? 라는 문제와 '의를 축적함'이라는 단어 가운데의 '축적함'이라는 말은 도대체 어떤 의미인가? 라는 문제가 제기될 수 있다. 이러한 문제에 대하여 먼저 '의를 축적함'이라는 단어 가운데 '축적함'이라는 글자의 사전적 의미를 살펴보면 말 그대로 축적한다는 의미를 갖고 있다. 그러나 이러

---

43 蔡仁厚, 『孔孟荀哲學』, 臺北, 學生書局, 1990년, 268쪽 참조.

44 焦循, 『孟子正義』, 卷六, 『焦氏遺書』本, 재인용.

한 해석은 너무 두리뭉실한 해석이라는 지적을 피할 수 없을 것이다. 그렇기 때문에 여기에서는 맹자의 이론체계 속에 담겨져 있는 의미 분석을 통해서 그 분명한 뜻을 해석해야만 할 필요가 있다고 생각된다.

맹자가 언급한 의義는 초월적 본심이 본래 가지고 있는 것으로, 그것은 절대적으로 내재되어 있는 것이다. 그래서 맹자는 "고자는 애당초 의를 알지 못했다는 것은 그 의를 바깥에 있는 것으로 여기기 때문이다."[45]라고 말한 것이다. 이와 같이 '의를 축적함'이라는 수양공부 역시 외부에서 녹아들어 오는 것이 아닌 내부에서 발로되는 것으로 이해되어야 한다는 것과 같은 맥락으로, '의를 축적함'에서의 '축적함'이라는 말 역시 외재적 의미로서의 축적이나 누적으로 판단해서는 안 된다는 것이다. 만일 그렇지 않으면 맹자의 의義가 내재한다는 이론은 내적 모순이 발생할 것이다.

> "의를 축적한다."라고 하는 것은 마음속에 본래 구비되어 있는 의를 언제라도 표현할 수 있어 그것으로써 이치에 맞는 일을 행할 수 있다는 것이다. 그러므로 사람이 매일 생활 속에서 내재되어 있는 도덕성(인의예지의 성)에 따라서 한 걸음 나가면 의가 한번 축적되는 것이다. "의가 축적되어 만든다."는 말은 호연지기를 말하는 것으로 이것은 곧 "마음속에 본래 구비되어 있는 의가 언제라도 표현됨"의 가운데 있어서 자연스럽게 발생되어 나온다는 것이다.
>
> ① 종관하는 입장에서 말하면, 의를 축적한다는 것은 중단 되어서는 안 되는 것이며 또한 우연히 한번에 되는 것도 아니다. 그래서 맹자는 "마음에 잊지도 말 것"이라고 말하고 또 "반드시 일삼음이 있다."라고 말한 것이다. 여기에서의 "반드시 일삼음이 있다."라고 하는 말 속에서의 일삼음은 바로 "의를 축적함"을 의미하는 것이다.

45 『孟子』, 「公孫丑上」, "告子未嘗知義, 以其外之也."

② 내재적인 입장에서 말하면, 의를 축적한다는 것은 마음속에 본래 구비되어 있는 의를 표현한다는 것으로 외부에서 삼투되어 온 것이 아니라는 것이다. 그래서 맹자는 "조장하지 말 것"이라고 말하는 것이다. 만일 조장한다면 곧 의는 삼투되어 얻어지게 되는 것이므로 의는 바깥에 있다고 하는 것이다.[46]

이상과 같이 '의를 축적함'에서의 '축적함'은 동태적이며 종관적인 의미에서의 '축적함'이지 정태적이며 횡렬적인 의미에서의 '축적함'이 아니다. 이러한 의미로서의 '의를 축적함'에서의 '축적함'이라는 말은 바로 맹자의 의가 내재한다는 이론과 같은 맥락으로 볼 때 비로소 적절한 해석을 도출해낼 수 있을 것이다.

### 2) 지언知言의 수양 방법

무엇을 지언知言이라 합니까? 비뚤어진 말에서 그 가리어진 바를 알며, 지나친 말에서 그 빠져있는 바를 알며, 사악한 말에서 그 이탈된 바를 알며, 회피하는 말에서 그 곤궁한 바를 아는 것이니, 그 마음에서 생겨나 그 정치에 해를 끼치며, 그 정치에 발로 되어 그 일에 해를 끼친다. 성인聖人이 다시 일어난다 하더라도 반드시 내 말을 따를 것이다.[47]

"말은 마음의 소리이다." 즉 모든 언어는 우리들 마음속이 생각하는 것들의 반영인 것이라고 할 수 있는 것이다. 만일 언어에 망언이 없다면 그것은 곧 우리들의 본심이 주체가 되어 생각하는 것들이 합리적일 수밖에 없다는 것을 표시하며, 반대로 언어가 사리에 맞지 않다면

46 蔡仁厚, 『孔孟荀哲學』, 臺北, 學生書局, 1990년, 269~270쪽 참조.

47 『孟子』, 「公孫丑上」, "何謂知言? 曰: 詖辭知其所蔽, 淫辭知其所陷, 邪辭知其所離, 遁辭知其所窮. 生於其心, 害於其政, 發於其政, 害於其事. 聖人復起, 必從吾言矣."

우리들의 본심이 주체가 되지 못하여 여러 종류의 사상이나 관념에 매몰되어 생각 자체가 한쪽으로 치우쳐질 수밖에 없게 된다는 것이다. 이렇게 한쪽으로 치우쳐진 사상이나 관념에 매몰되면 반드시 정치나 일에 해악을 끼친다는 것이다. 그렇기 때문에 맹자는 "그 마음에서 생겨나 그 정치에 해를 끼치며, 그 정치에 발로되어 그 일에 해를 끼친다."[48]고 언급했던 것이다.

맹자가 언급한 마음속의 사상관념 가운데 '가리어짐'·'빠짐'·'이탈됨'·'곤궁함' 등의 폐해는 '비뚤어짐'·'지나침'·'사악함'·'회피함'이라고 하는 언어의 병폐와 '가리어짐'·'빠짐'·'이탈됨'·'곤궁함'이라고 하는 사상관념의 병폐로 구분되어 질 수 있다. 언어의 병폐를 분석 관찰하여 언어 배후에 있는 사상관념의 병폐를 깨달아야만 하는데 과연 어떻게 그러한 깨달음을 터득할 수 있을까?

언어 자체는 일종의 기호 체계라고 할 수 있는 것이다. 그 속에 담겨져 있는 의미는 약속으로 이루어진 규정으로 그 자체에는 어떠한 병폐가 있거나 혹은 없거나하는 문제가 존재하지 않는다. 그러므로 언어의 병폐라는 것은 단지 언어를 사용하는 사용자에게 국한된 것이다. 만일 이러한 기호 체계의 내적 규칙이 제대로 지켜지지 않는다면 언어는 명확한 의미전달의 기능을 상실할 것이다. 이와 같이 볼 때 언어의 병폐는 언어를 사용하는 사용자의 기술적인 문제일 뿐이지 언어 자체에 문제가 있기 때문에 발생하는 것이 아니다. 그렇다면 맹자는 이러한 언어의 문제에 대하여 어떻게 언급했을까?

이러한 문제에 대하여 먼저 「지언知言」 장의 성질에 대해서 명확한 분석이 필요하다. 맹자가 「지언知言」 장에서 언급한 것은 언어학적인 문제가 아닌 도덕적 문제였다. 즉 「양기지언養氣知言」 장에서 언급한 양

48 『孟子』, 「公孫丑上」, "生於其心, 害於其政, 發於其政, 害於其事."

기養氣는 도덕적 의미의 지극히 크고 지극히 굳센 호연지기를 의미하는 것이다. 그리고 이어서 언급한 지언知言 역시 도덕의 영역 내에서 언급되어진 것으로 언어의 영역 내에서 언급되어진 것이 아니다 라는 것이다. 이와 같이 원문의 상하 맥락에서 볼 수 있듯이 지언知言의 지知 역시 인식론적인 의미로서의 앎이 아닌 도덕적 의미의 특수한 규정이라고 할 수 있는 것이다.

> 이러한 "지자"("지언"의 지)는 눈으로 보아서 인식한다는 의미로 풀이해서는 안 된다. 그 자체는 고차원적인 도덕이성의 표현으로 "양지"의 지와 같은 의미로 본체의 실질적인 의미를 갖고 있으면서 수양공부의 쓰임을 나타낸다. 양지는 스스로 시비판단을 할 수 있기 때문에 "비뚤어진 말에서 그 가리어진 바를 알며, 지나친 말에서 그 빠져있는 바를 알며, 사악한 말에서 그 이탈된 바를 알며, 회피하는 말에서 그 곤궁한 바를 아는 것이다"…… 이 가운데 네 개의 "지"자는 모두 맹자가 언급한 양지가 가지고 있는 감별을 의미하며, 네 개의 "기"자는 언어들로 인해서 유발되는 심리상태를 의미하는 것이다.[49]

맹자는 고자의 "말에서 납득이 되지 아니하면 마음에서 구하지 말라."는 말이 불가하다고 했다. 즉 이것은 만일 우리들의 언어행위가 타당하지 않은 점이 있다면, 어떻게 초월적 본심이 배우거나 생각하지 않고도 시비판단을 할 수 있겠는가! 라는 의미이다.

다른 각도에서 본다면, 인의예지仁義禮智의 심성은 실존하는 것이며 또한 이러한 시비판단을 할 수 있는 양지의 큰 쓰임이 드러남을 통하여 그 자체를 인식하게 되는 것이니, 이것은 곧 쓰임으로 본체를 나타내는 것으로 체용이 둘이 아니라는 것이다. 만일 그렇지 않으면 어떻게 인의

49 周群振, 『儒學探源』, 臺北, 鵝湖出版社, 1986년, 245쪽 참조.

예지仁義禮智 등의 덕들이 우리들의 심성 가운데 내재되어 있고 본래 구비되어 있는 것이라고 알 수 있겠는가! "말에서 납득이 되지 아니하면 마음에서 구하지 말라"는 말은 언어의 병폐를 말하는 것으로 그 폐해는 고자의 사상관념이 한쪽으로 매몰되어 있음을 충분히 반영한 것으로 볼 수 있는 것이다.

이와 같이 볼 때, 지언知言의 지知는 실제로는 본성性을 인식하는 것을 선결조건으로 해야 한다. 만일 우리가 이러한 배우거나 생각을 하지 않고도 스스로 시비판단을 할 수 있는 양지良知가 인성에 본래 갖추어져 있다고 하는 사실에 대하여 수긍하지 않는다면, 과연 어떻게 객관적으로 다른 사람의 언어의 병폐를 판단할 수 있겠는가!

> 맹자의 사상 가운데 "지언"은 바로 "삶의 모습들 속에서 도덕관념이 언어의 올바름과 틀림을 아는 것을 반영한 것이다" 그러므로 삶의 모습이 올바르고 그름을 판별한다는 것은 곧 도덕관념이 언어의 올바르고 그름을 판별하는 것이다. 그리고 삶의 모습에 대한 올바름과 그름을 판별하는 기준은 인간의 윤리행위 전체를 돌아봐야 하는 것이기 때문에 윤리행위를 할 수 있는 사람은 올바르고 그렇지 못하는 사람은 그름이 된다는 것이다. 그러나 오직 자신의 인성을 스스로 깨닫는 사람 즉 인성을 올바르게 인식하는 사람만이 윤리행위 전체를 돌아볼 수 있는 것이다. 그렇다면 삶의 모습에 대한 올바름과 그름 혹은 언어의 올바름과 그름을 인식한다는 것은 곧 이러한 삶의 모습 혹은 언어를 말하는 사람이 그자신의 인성을 자각했는지를 인식하는 것과 같은 맥락을 형성하고 있는 것이다. 바꿔 말하면, "지성知性"의 여부는 "지성"을 한 사람만이 올바른 삶의 모습을 자각할 수 있기 때문에 정확한 도덕판단을 할 수 있다는 것이다. 다른 한편으로는 마찬가지로 "지성"을 한 사람만이 타인이 "지성"을 하는지의 여부를 판별할 수 있다.……이에 따르면, 곧 "지언"의 최종적인 기초는 바로 "지성"에 있는 것이며, "지언"이라는 것은 곧 "지성"을 한 사람

이 타인의 도덕판단이나 도덕언어(즉 삶의 모습을 반영한)에 의해서 그러한 사람의 삶의 태도가 올바른지 그른지를 앎으로써 그러한 사람이 "지성"을 했는지의 여부를 아는 것이다.[50]

"맹자가 말하기를 내 어찌 변론하기를 좋아하겠는가. 내 부득이해서이다."[51] 맹자가 변론하기를 좋아한다는 것이 어째서 부득이하기 때문이라고 했을까? "성왕이 나오지 아니하여 제후들이 방자하며, 재야의 지식인들이 논의를 멋대로 하여 양주와 묵적의 말이 천하에 가득하다"[52] 이것은 곧 비뚤어진 학설과 포악한 행동이 일어나는 것을 의미하는 것이다. 만일 맹자가 지언知言을 제시하지 않았다면 사람들은 온 천하에 가득 찬 비뚤어진 학설에 쉽사리 오염되어 반드시 금수와 같은 상황으로 전락될 것이다. 그렇기 때문에 우리들은 수양과정 공부에 있어서 반드시 지언知言을 체득해야만 한다는 것이다. 즉 이러한 지언知言을 체득하는 방법으로는, 소극적으로는 비뚤어진 학설과 이단에 현혹되지 말아야하는 것이고, 적극적으로는 본심을 회복하는 것이다.

"그 마음을 다하는 자는 그 본성을 아니, 그 본성을 알면 하늘을 알게 된다. 그 마음을 보존하여 그 본성을 기르는 것은 하늘을 섬기는 근거가 된다. 요절하는 것과 장수하는 것을 다른 것으로 생각하지 않고 몸을 닦아서 천명을 기다리는 것은 천명을 확립하는 수단이 된다."[53] 이 가운데 진심盡心·지성知性·지천知天은 도덕실천이 가능한 선천적인 근거가 되고, 존심存心·양성養性·사천事天은 도덕실천의 진정한 귀착점이 되고, 수신修身·입명立命은 군자의 도덕수양이 드러남을 의미한다. 특히

50 岑溢成, 「孟子知言初探」, 『鵝湖月刊』, 第四卷, 第四期, 臺北, 1978년, 40~41쪽 참조.

51 『孟子』, 「滕文公下」, "孟子曰: 予豈好辯哉? 予不得已也."

52 『孟子』, 「滕文公下」, "聖王不作, 諸侯放恣, 處士橫議, 楊朱墨翟之言盈天下."

53 『孟子』, 「盡心上」, "盡其心者, 知其性也. 知其性, 則知天矣. 存其心, 養其性, 所以事天也. 夭壽不貳, 修身以俟之, 所以立命也."

이 가운데 입명立命의 입立은 "똑바로 서다"의 입立이며, 명命은 가치의식에 의해서 드러난 실천적 성질의 개념인 것으로 의義와 연결된 명命인 것이다. 이러한 것을 '가치생명'이라고 부를 수 있으며 이러한 '가치생명'과 '의리생명義理生命'은 이성적 지식이나 사변적 추론에 의해서 정립되는 것이 아니라 실질적인 도덕실천의 수양과정을 통해서만이 달성될 수 있는 것이다. 양기養氣나 지언知言은 바로 이런 종류의 진실한 수양공부이며, 우리들이 이러한 수양공부를 노력하여 실천해나갈 때 비로소 부귀나 빈천 그리고 무력이 우리들의 심지를 흩트릴 수 없게 되는 것이다.

## 4. 맺는 말

맹자는 한편으로 성선설을 주장하여 인성의 본래 모습은 순수지선하여 불선不善함이 없다고 생각하면서, 다른 한편으로 인간의 선하지 않은 행위에 대하여 부정을 하지 않는 모습을 보여주는데, 과연 이러한 부분은 맹자의 인성론 체계에 있어서 내재적인 모순을 형성하고 있지 않은가 하는 의문이 생긴다. 이러한 문제는 충분히 검토해볼 만한 가치가 있다고 생각된다.

먼저 인간인 선하지 않은 행동을 하게 되는 내적원인으로는 다음과 같은 것이 있다. 즉 마음 기능이 만일 그 본질적인 작용인 '생각'을 하지 못하게 된다면 본심이 가지고 있는 인의예지仁義禮智라고 하는 덕들이 일정하게 드러나지 못하게 되어 감각기관들이 우리들이 보고 듣고 말하고 행동하는 것들을 주재하게 되어 모든 일에 대하여 합리적인 판단을 하지 못하게 되는 것이다. 이러한 점들이 바로 우리들이 선하지 않은 행위를 할 수 있는 가능성의 내적 원인의 시초가 되는 것이다. 다시 말하면 눈과 귀 등의 감각기관은 '생각'을 해야 하는 책임이 없으며 다만 우리들의 보고 듣는 기능을 담당할 뿐이다. 만일 마음이 '생각'이라고 하는 실질적인 작용을 제대로 한다면 보고 듣고 말하고 행동하는 것 역시 사리에 맞게 되고 선善의 경지에 도달할 수 있을 것이다. 그러나 만일 마음이 그러한 기능을 상실하게 되어 생각을 하지 않고, 외부 사물에 눈과 귀 등의 감각기관이 매몰되어 외부 사물이 이끄는 대로 끌려간다면, 우리들의 자연적 본능이 나타나게 되어 도덕실천의 가능성을 보장할 수 없게 되기 때문에 선善하지 않은 행위가 나타난다는 것이다.

인간이 선하지 않은 행동을 하게 되는 외적원인으로는 다음과 같은 것이 있다. 즉 맹자는 큰 도시의 외곽에 위치한 우산牛山의 나무를 비유로 들어 인성이 열악한 환경에 직면했을 때 인성 자체에 본래 구비되어 있는 지선至善을 다 발휘하여 선한 행위를 할 수 있는 것은 무척이나 어렵다고 말하고 있다. 즉 평범한 사람이 열악한 환경에 처하게 되면 그의 언행은 금수와 가깝게 되어 선하지 않게 된다는 것이다. 이와 같이 볼 때 환경이 인간의 도덕실천 여부에 미치는 영향은 매우 중대하다고 할 수 있으며 맹자 역시 이러한 점에 대해서 매우 신중하게 접근하고 있다고 할 수 있다. 그래서 맹자는 만일 적당한 환경이 조성되지 않는다면 우리들이 가지고 있는 심성의 선한 덕성善德 역시 표출 될 수 없다고 말한다.

맹자의 수양공부 방법론 가운데 가장 대표적인 개념을 찾아볼 수 있는데, 그것들은 바로 '의지를 잘 간직함'과 '곧게 기름' 그리고 '의를 축적함'이며, 이것들 사이를 꿰뚫고 있는 것이 지극히 크고 지극히 굳센 호연지기浩然之氣라는 것이다. 바꿔 말하면, 이렇게 지극히 크고 지극히 굳센 호연지기가 바로 '의지를 잘 간직함'과 '곧게 기름' 그리고 '의를 축적함' 등의 수양공부의 최종적인 귀결점이라는 것이다. 즉 의義는 곧 직(곧음)이니, 본성을 따라서 도를 닦는 것은 오직 의義만이 그것을 가능하게 하는 것이다. 이와 같이 '곧게 기름'이라는 수양과정의 실질적인 의미는 '의를 축적함'이라는 수양과정과 상통하고 있다. 바꿔 말하면, '의지를 간직함'과 '곧게 기름'이라는 수양과정의 귀착점은 바로 '의를 축적함'에 있다는 것이 되는 것이다.

맹자가 언급한 지언知言은 언어학적인 문제가 아닌 도덕적 문제에 관한 사항이었다고 할 수 있다. 다시 말하자면, 지언知言은 도덕의 영역 내에서 언급되어진 것으로 언어의 영역 내에서 언급되어진 것이 아니다 라는 것이다. 『맹자』 원문의 상하 맥락에서 볼 수 있듯이 지언知言의 지知 역시 인식론적인 의미로서의 앎이 아닌 도덕적 의미의 특수한 규정이라고 할 수 있는 것이다. 이러한 지언知言의 지知는 실제로는 본성性을 인식하는 것을 선결조건으로 해야 한다. 만일 우리가 이러한 배우거나 생각을 하지 않고도 스스로 시비판단을 할 수 있는 양지良知가 인성에 본래 갖추어져 있다고 하는 사실에 대하여 수긍하지 않는다면, 과연 어떻게 객관적으로 다른 사람의 언어의 병폐를 판단할 수 있겠는가! 라고 하는 의문이 제기될 수 있음은 주지의 사실이다.

만일 맹자가 지언知言을 제시하지 않았다면 사람들은 온 천하에 가득 찬 비뚤어진 학설에 쉽사리 오염되어 반드시 금수와 같은 상황으로 전락될 것이다. 그렇기 때문에 우리들은 수양과정 공부에 있어서 반드시 지언知言을 체득해야만 한다는 것이다. 즉 이러한 지언知言을 체득하는 방법으로는, 소극적으로는 비뚤어진 학설과 이단에 현혹되지 말아야하는 것이고, 적극적으로는 본심을 회복하는 것이다.

## 참고문헌


孫星衍, 『尙書今古文注疏』, 『平津館叢書』 本.

劉寶楠, 『論語正義』, 『續皇淸經解』 本.

朱熹, 『四書章句集注』, 海淵閣明刻本.

焦循, 『孟子正義』, 『焦氏遺書』 本.

『十三經引得』, 「尙書引得」, 上海, 上海古籍出版社, 1986년.

許愼撰, 段玉裁注, 『說文解字注』, 上海, 上海書店, 1992년.

黃宗羲 撰, 全祖望 補, 『宋元學案』, 上海, 文瑞樓發行, 鴻章書局石印本.

徐復觀, 『中國人性論史』, 臺北, 臺灣商務印書館, 1990년.

牟宗三, 『圓善論』, 臺北, 學生書局, 1985년.

周群振, 『儒學探源』, 臺北, 鵝湖出版社, 1986년.

蔡仁厚, 『孔孟荀哲學』, 臺北, 學生書局, 1990년.

曾仰如, 『倫理哲學』, 臺北, 臺灣商務印書館, 1985년.

項退結, 『西洋哲學辭典』, 臺北, 臺灣國立編譯館, 1976년.

佐藤貢悅, 『中國古代天命思想の展開』, 東京, 學文社, 1996년.

黃維潤, 「中西哲學論惡之比較」, 臺北, 輔仁大學 哲學硏究所 博士學位論文, 1984년.

# 제5장 도덕이상의 전개

## 1. 시작하는 말

현대를 살아가고 있는 우리들은 일상생활 속에서 도덕과 관련하여 종종 곤란한 상황에 직면하게 된다. 특히 도덕과 관련된 문제들이 서로 충돌할 때와 같은 상황 속에서는, 과연 그러한 상황을 어떻게 처리해야 하는 것인지에 대한 정확한 대답은 매우 난해한 문제의 하나라고 할 수 있을 것이다.

중국철학에 있어서 도덕의 문제에 대하여 언급하자면 유가를 생각하지 않을 수 없다. 유가에서는 도덕을 제창하고 예악禮樂과 인의仁義의 교육을 중시하며 성현이 되기 위한 수양공부를 강조한다. 그 가운데 특히 맹자는 인성人性이 선善하다는 주장을 가장 먼저 하였는데, 그는 인간이 선한 행위를 할 수 있다는 가능성을 긍정하는 한편 이러한 가능성은 보편적인 의미를 가지고 있다고 주장했다. 이러한 전제 아래서 인간이 도덕상황의 충돌에 직면했을 때 과연 어떻게 처리해 나가야 할 것인지의 문제가 대두될 수 있다.

한걸음 더 나아가 이러한 문제는 다음과 같은 문제들을 야기할 수가 있다. 즉 도대체 도덕이라고 하는 것의 진정한 의미는 과연 무엇인가? 그리고 인간은 도덕심과 도덕이성이라는 것을 정말로 가지고 있는 것인가? 또한 과연 인간은 도덕을 실천할 가능성을 가진 존재인가? 만일 있다면 마땅히 어떻게 실천해야 하는가? 아울러 도덕실천과정 속에서 도덕규범과 도덕규범들 사이에서 발생하는 곤경을 어떻게 해결해야만 하는가? 끝으로 이러한 곤경을 해결할 수 있는 규칙들이 존재하는가?

『맹자』 속에는 이러한 문제에 대하여 언급한 부분이 많은 곳에서 발견된다. 그렇게 때문에 본문에서는 맹자의 도덕충돌에 관한 문제와 도덕선택 측면의 문제부터 시작하여, 그가 이러한 문제들에 대하여 어떠한 입장을 표명했는지에 대한 분석을 통하여 전국시대戰國時代라고 하는 고대에 생존했던 맹자의 주장이 급변하는 현대사회를 살아가고 있는 우리들에게 과연 어떠한 계시를 줄 수 있는지에 대하여 알아보았다.

## 2. 도덕상황의 충돌

맹자는 인간이 선한 본성을 갖추고 있다는 것을 긍정하였으며 아울러 그러한 선한 본성으로써 양지良知와 양능良能이 인간에게 본래 갖추어져 있기 때문에, 인간에게는 도덕을 실천할 수 있는 가능성이 확보되어 있다고 생각하여 인간의 도덕적 심성心性을 긍정한다. 맹자는 바로 이러한 부분으로부터 자신의 도덕철학 이론체계를 전개해 나간다. 그러나 이와 같은 사실은 다만 인간의 도덕실천의 가능성만을 증명할 뿐이라고 할 수 있으며, 이러한 가능성이 과연 어떻게 현실 속으로 전환될 수 있는가의 문제가 바로 도덕철학의 핵심이라고 할 수 있다.

『맹자』에서 찾아볼 수 있듯이 맹자는 개인적인 도덕 수양에만 관심을 집중하지 않았다. 맹자가 그렇게 한 주된 이유는 바로 도덕실천은 반드시 사람과 사람의 관계 속에서 이루어지는 것이라고 생각하는 한편 개인과 사회와의 관계도 도덕실천의 범주 속에 속하는 것이기 때문이라고 여겼기 때문이다. 그러나 사람들과 그들이 처한 외재적 환경의 다양성 때문에 사람과 사람 사이에 발생하는 문제는 더욱 복잡하다고 할 수 있다. 그렇기 때문에 도덕실천의 과정 속에서 도덕상황의 충돌은 언제라도 발생할 수 있는 가능성을 내포하고 있는 것이라고 할 수 있다.

만일 사람이 진정으로 도덕실천의 가능성이 있다고 한다면, 도덕상황의 충돌에 직면했을 때 과연 어떠한 태도로 그가 직면한 상황을 타개해나갈 것이며 또한 어떠한 선택으로써 도덕실천의 가능성을 실현해 나가야 하는 것일까? 이러한 문제는 도덕선택에 관한 것으로 채신안蔡信安과 같은 경우는 다음과 같이 언급했다.

> 『맹자』를 놓고 말하면 양혜왕梁惠王 편부터 언급한 "의義와 이익利"의 문제는 진심盡心 편에 이르기까지 인류역사의 발전에 대한 것으로 이것들 모두는 인류의 행위 및 그것들이 내포한 문제를 다룬 것이다. 그 주요한 논점은 인간이 마땅히 어떠한 행위를 선택해야만 하는가와 그 선택의 원인 혹은 이유에 대하여 설명한 것에 있다.[1]

본문에서 주로 언급 되어질 사안은 『맹자』 속에서 발견할 수 있게 되는 도덕선택에 관련된 문제들의 분석을 통하여, 맹자가 각종의 도덕상황 충돌에 직면했을 때 과연 어떻게 문제를 해결하였으며, 또한 그가 도덕선택을 할 때 어떠한 원칙과 규범을 가지고 있었는지에 대한 규명이라고 할 수 있다.

이러한 문제들과 관련하여 논의를 다음과 같이 다섯 부분으로 나누어 진행해 나가도록 하겠다. 먼저 도덕충돌과 도덕선택에 대한 개념

1 蔡信安, 『道德抉擇理論』, 臺北, 時英出版社, 1993년, 150쪽 참조.

을 정리 하고, 그 다음 부분에서는 도덕주체가 자신의 생명과 예禮·의義 사이에서 충돌이 발생했을 때 그가 하게 되는 선택에 대해서 논의를 진행하고, 그 다음 부분에서는 나와 타인 사이의 상대적 충돌에 대하여 논의를 진행하고, 그 다음 부분에서는 대아大我와 소아小我 사이의 충돌에 대하여 논의를 진행하고, 끝으로는 개인의 사사로운 정情과 공적 규범 사이의 충돌에 대하여 논의를 진행하도록 하겠다.

### 1) 도덕충돌과 도덕선택

먼저 도덕충돌의 해석에 관한 문제부터 분석하면 다음과 같다고 할 수 있다.

즉 충돌Conflict이란 "서로가 상반된 의도를 가지고 부딪칠 때 충돌이 발생한다."[2]는 것을 의미하며 도덕충돌이란 것은 도덕실천의 과정 가운데 발생하는 충돌상황을 말하는 것이다.

> 도덕충돌: 윤리학의 기본 범주 가운데의 하나로 일반적인 의미에서의 도덕충돌이란 도덕이익의 상호대립·상호저촉과 상호배척을 의미한다.…… 도덕충돌은 다음과 같이 몇 가지로 분류할 수 있다. ① 개인과 개인 간의 도덕이익의 충돌, ② 개인과 사회 사이의 도덕이익의 충돌, ③ 사회와 사회 사이의 도덕충돌. 이러한 도덕충돌은 도덕을 조정하는 원인이 되며 도덕주체가 도덕선택을 진행하는 전제가 된다.[3]

장업청張業淸과 같은 경우 도덕이익을 부각시키는데, 그러한 이유는 바로 도덕주체가 도덕충돌에 직면했을 때 발생되는 심리상태에 초점을 맞췄기 때문이다. 여기에서 말하는 도덕이익이란 도덕적 선善과 미美를

2 項退結, 『西洋哲學辭典』, 臺北, 華香園出版社, 1989년, 129쪽 참조.

3 張業淸, 羅國傑, 『中國倫理百科全書』, 長春, 吉林人民出版社, 1993년, 331~332쪽 참조.

의미하는 것이지 일반적인 언어로 사용하는 공리功利를 말하는 것이 아니다. 장업청은 다른 한편으로 도덕충돌 범위의 정의를 자신과 타인의 사이의 문제로 규정하는데, 그러한 정의 속에는 자신과 타인의 충돌·자신과 사회와의 충돌 그리고 더 나아가서 사회와 사회 사이의 충돌까지 포함하고 있으며, 동시에 도덕충돌은 도덕조정의 원인이 되는 것이라는 사실도 포함되어 있다.

일반적인 측면에서 보자면 우리는 도덕철학과 윤리학을 별개의 학문으로 보는 경향이 있다고 할 수 있는데, 이러한 것들을 문자 자체의 의미에서 본다면 도덕은 개인의 덕행 수양을 의미하는 것이고 윤리학은 개인과 타인 사이의 관계에 관련된 학문이라고 할 수 있다. 즉 거시적인 의미에서 본다면 도덕철학은 윤리학의 한 고리를 형성하고 있는 셈이라고 할 수 있는 것이다. 그러나 도덕철학이든 윤리학이든 모두 인간을 떠나서는 존재할 수 없는 것인데, 그것은 바로 인간은 자연적인 의미의 인간이든 사회적 의미의 인간이든 사회의 한 구성원이기 때문에, 다른 사람의 시야에는 타인으로 비춰지고 또한 일상생활 속에서는 반드시 다른 사람과의 접촉을 통해서만이 삶을 영위할 수 있기 때문이다.

그렇기 때문에 개인의 도덕수양으로부터 타인과의 접촉을 향해나가는 과정은 일관적인 것이기 때문에 이러한 실천은 다음과 같은 세 종류의 방향을 지향한다. 즉 도덕주체의 실천과 도덕주체와 타인의 윤리관계 그리고 도덕주체와 궁극적인 지향점 사이의 소통(사람과 하늘)을 지향한다는 것이다. 도덕주체의 실천에 관해서는 자신의 도덕함양에 중점을 두어야하는데, 그 일례로 공자가 언급한 "안회는 그 마음이 석 달 동안 인仁에서 떠나지 않는다."[4]와 맹자가 언급한 "마음을 수양하는 데

---

4 『論語』, 「雍也」, "回也, 其心三月不違仁."

는 욕심을 적게 하는 것보다 좋은 것이 없다."[5] 그리고 송명리학자宋明理學者들이 언급한 천리天理와 인욕人欲[6] 및 유즙산劉蕺山이 언급한 신독愼獨 등이 모두 개인의 도덕수양의 범주에 포함 된다고 할 수 있다.

또한 도덕주체와 타인은 나와 다른 사람 사이의 관계를 의미하는 것인데, 여기에서의 타인은 별도의 도덕주체 혹은 사회 심지어는 국가까지도 포함하기 때문에, 이러한 범주가 내포하는 범위는 상당히 넓다고 할 수 있는 것이다. 이러한 분야의 문제는 바로 유가儒家에서 언급하는 인륜이나 실패와 성공 사이의 취사선택 그리고 내성內聖에서 외왕外王에 이르기까지 등등의 문제들로서 그것은 곧 어떻게 자신의 덕목을 확대시켜 그것을 타인에게 미치게 하는 것 사이의 소통의 문제가 되는 것이다.[7] 그리고 도덕주체의 최종적인 관심소재는 초월적인 의미를 갖추고 있다고 할 수 있는데, 이러한 초월적인 의미는 도덕주체가 달성하려고 하는 도덕의 이상理想으로 자아를 초월하는 경지라고 말할 수 있다. 이러한 부분에 관한 문제가 바로 유가에서 말하는 천인합덕天人合德으로서, 개인의 도덕에서 출발하여 실현하고자 하는 도덕의 경지를 가리키는 것이다.

---

5 『孟子』, 「盡心上」, "養心莫善於寡欲."

6 "인심이 알지 못하는 것이 아니고 다만 인욕에 가려져 천리를 망각하는 것이다." 程顥, 程頤 撰, 「河南程氏遺書」, 卷第十一, 『二程集』, 北京, 中華書局, 1981년, 123쪽 참조.

7 사람과 사람 사이의 관계는 혈연관계가 성립하느냐 그렇지 않느냐로 구분할 수 있다. 혈연관계에는 가족 종족의 조직이 있으며, 비혈연관계에는 이웃, 사회, 국가 그리고 전체 인류의 조직이 있다. 혈연관계의 조직 내에서는 장유존비長幼尊卑로 친소를 정하고, 비혈연관계의 조직에서는 원근 상하의 종류별로 순서를 정하여 친소의 종류별 순서로 사람과 사람 사이의 관계기초를 나눈다. 매사의 관계가 일회성으로 논의될 수 있고, 매번 논의되는 행위규범 혹은 도덕규율은 일회성으로 논의되는 윤리이다. 林安弘, 『儒家禮樂之道德思想』, 臺北, 文津出版社, 1988년, 218~219쪽 참조.

본문에서는 도덕충돌의 발생을 장업청張業淸이 언급한 사람과 사람, 사람과 사회 그리고 사회와 사회 사이에만 한정 짓지 않고 어떠한 도덕적 선善의 불협화음이나 모순들까지도 모두 도덕충돌의 범주 안에 넣겠다. 도덕충돌은 도덕주체가 도덕선택을 하는 과정의 전제조건이 된다고 할 수 있는데, 만일 도덕충돌이 발생하지 않는다면 마찬가지로 도덕선택의 문제는 결코 발생하지 않을 것이다. 그렇기 때문에 도덕충돌은 우리들의 도덕지식의 부족분을 보충시켜서 도덕적 선善을 달성시켜주는 가교의 역할을 한다고 할 수 있을 것이다.

도덕선택의 해석에 관련된 문제를 분석하면 다음과 같다고 할 수 있다.

앞에서 언급한 바와 같이 도덕충돌에 대한 명확한 정의는 도덕충돌에 직면했을 때 우리들에게 적절한 도덕지식을 제공 해주는 역할을 한다고 할 수 있다. 만일 우리가 도덕실천을 완성하고자 한다면 합리적이고 보편타당한 도덕선택이 필요한데, 이러한 도덕선택이란 것은 다음과 같다고 할 수 있다.

> 도덕활동의 내용 가운데의 하나.…… 이것은 도덕주체가 도덕이익의 충돌에 직면했을 때 일정한 도덕표준에 의해서 도덕이익의 충돌에 대하여 할 수 있는 행위의 선택을 의미한다.[8]

위의 인용문을 근거로 했을 때, 도덕선택이란 것은 도덕주체가 도덕실천을 하는 과정 가운데 충돌의 상황에 직면했을 경우 도덕행위의 완성을 위하여 즉각적으로 내려야하는 결정을 의미한다고 할 수 있을 것이다. 이러한 결정은 흔히 A를 선택했을 때 B에 피해를 주는 위험이

---

8 張業淸, 羅國傑, 『中國倫理百科全書』, 長春, 吉林人民出版社, 1993년, 323쪽 참조.

내포되어 있을 것이므로, 도덕선택은 반드시 도덕주체가 자신의 도덕지식을 응용하여 도덕 판단을 내리고 행동을 할 때에 만이 비로소 그 목적이 보다 높은 도덕적 선善의 경지에 도달하는데 부합될 것이다.

도덕상황의 충돌은 두 가지의 충돌현상 내지는 여러 가지 측면의 충돌현상을 포함할 수 있을 것이다. 이러한 충돌들은 여러 가지 도덕적 선善과 도덕적 악惡 사이의 모순이 되며, 또한 이러한 도덕적 선과 악은 상호 간에 저촉되어 완전히 서로 다른 결과를 도출 시킬 것이며, 한편으로는 반드시 그러한 것들을 선택하고 실천을 해야만 하는 모순이 수반된다고 할 수 있다.

> 경험적인 측면에서 말하면 도덕행위를 선택할 때 곳곳에서 곤란한 상황을 직면하게 되는데, 어떤 때에는 동일한 상황 속에서 우리들은 동시에 두 가지 혹은 그 이상의 규칙을 반드시 따라야만 하는 경우가 발생한다. 그러나 우리들의 실존적 조건은 그러한 요구를 동시에 충족시킬 수는 없다. 만일 하나의 규칙을 실천한다면 다른 하나의 규칙을 부정할 가능성을 내포하기 때문에 이 둘 사이에는 공존의 가능성이 없게 되는 것이다.[9]

우리들은 일상생활 속에서 항상 도덕선택의 상황에 직면할 수 있을 것인데, 이러한 상황은 특수한 경우의 도덕충돌에만 국한되는 것이 아니라 언제라도 발생할 수 있는 상황인 것이다. 도덕상황의 충돌과 선택을 통해서 개인이 가지고 있는 도덕관과 도덕규범을 수정해야할 필요성을 검증할 수 있는 것이기 때문에, 우리들은 끊임없이 직면하게 되는 도덕충돌과 도덕선택의 과정 속에서 도덕의 진정한 의미를 파악할 수 있게 되는 것이다.

---

9 蔡信安, 『道德抉擇理論』, 臺北, 時英出版社, 1993년, 14쪽 참조.

『맹자』 속에서 발견되어 지는 도덕충돌과 도덕선택에 관련된 개별적인 사안의 분석을 통하여 맹자가 개별상황의 충돌에 직면하였을 때 선택한 태도와 해결방법을 이해하고자 한다. 그러나 기본적으로는 이러한 도덕선택의 개별적인 사안들은 두 가지 이상의 충돌을 포함하고 있기 때문에 명확한 한계를 설정하기는 어려운 실정이라고 할 수 있다. 그렇기 때문에 이러한 문제들에 대하여 다음과 같은 측면에서 분석했다. 즉 도덕주체로서의 나 자신의 삶(자연생명)과 의義(도덕가치) 사이의 선택문제와 도덕주체와 도덕주체 간의 윤리적 충돌의 문제 및 소아小我와 대아大我 사이에서의 선택문제 그리고 가정윤리와 사회정의 사이의 선택의 문제를 중심으로 논의를 진행했다.

### 2) 도덕주체의 선택

도덕주체의 선택 부분에 관해서는 주로 인간의 삶(자연생명)과 의義(도덕가치) 사이의 충돌에 관하여 논의를 진행했다. 다시 말하면, 도덕주체가 도덕이상의 경지에 직면했을 때 자아를 초월하는 문제와 도덕선택의 문제는 특수한 영역에 속하는 도덕충돌이라는 것에 관한 논의라고 할 수 있다. 다양한 상황들 속에서 발생할 수 있는 개별적인 사안들을 바탕으로, 맹자가 인간의 기본적 욕구인 삶과 도덕가치 사이의 충돌에 직면했을 때 과연 어떠한 선택을 하였는지에 대하여 보다 심도 있는 분석을 할 수 있을 것이다. 이러한 문제에 관하여 삶과 예禮 그리고 삶과 의義의 사이의 취사선택이라고 하는 부분으로 나누어 논의를 진행했다.

삶과 예禮 사이의 취사선택 문제에 관한 분석은 다음과 같다고 할 수 있다.

> 임任나라 사람이 옥려자屋廬子에게 예禮를 지키는 것과 먹는 것 가운데 어느 것이 더 중요한가라고 물었다. 옥려자가 예禮를 지키는 것이 더 중요

하다고 대답했다. 여색을 추구하는 것과 예를 지키는 것 가운데 어느 것이 더 중요한가? 예禮를 지키는 것이 더 중요하다. 예를 지키는 것으로써 먹으면 굶어서 죽고, 예를 지키지 않는 것으로써 먹으면 밥을 얻을 수 있더라도 반드시 예를 지켜야하는 것인가? 신부를 맞아오는 의식대로 하면 아내를 얻지 못하고, 신부를 맞아오는 의식을 하지 않으면 아내를 얻을 수 있더라도 반드시 신부를 맞아오는 의식을 해야 하는 것인가? 옥려자가 대답하지 못하고는 다음날 추鄒나라에 가서 맹자에게 아뢰자, 맹자가 말했다. 이것을 대답하는데 무슨 어려움이 있겠는가? 그 근본을 헤아리지 않고 그 끝만을 가지런히 한다면 사방 한 치 되는 나무를 잠루보다 높게 할 수 있다. 쇠가 깃털보다 무겁다는 것은 어찌 한 갈고리의 쇠와 한 수레의 깃털을 말하는 것이겠는가? 먹는 것 가운데의 중요한 것과 예를 지키는 것 가운데서 가벼운 것을 취하여 비교한다면, 어찌 먹는 것이 중요할 뿐만 이겠으며, 여색을 추구하는 것 가운데서 중요한 것과 예를 지키는 것 가운데서 가벼운 것을 취하여 비교한다면, 어찌 여색을 추구하는 것이 중요할 뿐 만이겠는가! 가서 그 질문에 이렇게 대답하라. '형의 팔을 비틀어 그에게서 먹을 것을 빼앗으면 밥을 먹을 수 있고, 비틀지 않으면 밥을 먹을 수 없는 경우에도 비틀 것인가? 동쪽 집 담을 넘어가서 그 집의 처녀를 끌어오면 아내를 얻고, 끌어오지 않으면 아내를 얻지 못할 경우에도 끌어올 것인가?'라고.[10]

예禮라고 하는 것은 도덕가치의 범주에 속하는 것이며, 먹는 것은 인간의 생존에 필요한 기본적인 욕구이고, 여색을 추구한다는 것은 부

10 『孟子』, 「告子下」, "任人有問屋廬子曰: 禮與食孰重? 曰: 禮重. 色與禮孰重? 曰: 禮重. 曰: 以禮食, 則飢而死; 不以禮食, 則得食, 必以禮乎? 親迎, 則不得妻; 不親迎, 則得妻, 必親迎乎? 屋廬子不能對, 明日之鄒以告孟子. 孟子曰: 於答是也何有? 不揣其本而齊其末, 方寸之木可高於岑樓. 金重於羽者, 豈謂一鉤金與一輿羽之謂哉? 取食之重者, 與禮之輕者而比之, 奚翅色重? 往應之曰: 紾兄之臂而奪之食, 則得食; 不紾, 則不得食, 則將紾之乎? 踰東家牆而摟其處子, 則得妻; 不摟, 則不得妻, 則將摟之乎?"

부관계의 완성이라고 할 수 있다. 이러한 것들 가운데 먹는 것과 여색의 추구는 인간의 생명 유지와 지속에 대하여 언급한 것인데, 만일 예禮가 먹는 것이나 여색의 추구食色에 대하여 그 가운데 한 가지와 충돌을 일으킨다면 어떻게 선택을 해야 할 것인가? 라고 하는 문제가 제기될 수 있으며, 또한 그 가운데 과연 가치등급의 차이가 존재하는 것인가? 라고 하는 문제 역시 제기될 수 있다.

옥려자屋廬子는 예禮를 지킨다고 하는 것이 먹는 것과 여색을 추구하는 것보다 더 고상한 가치라고 생각했다. 그렇기 때문에 그는 예禮를 지키는 것이 더욱 중요한 것이라고 생각하여, 임任나라 사람이 언급한 바와 같은 예禮를 지키게 되면 음식을 얻지 못해 죽을 수도 있고, 신부를 맞아오는 의식을 지키면 아내를 얻을 수 없다고 하는 상황 속에서 과연 어떤 것을 선택해야만 하는 것인가의 문제에 직면하게 되었던 것이다. 즉 예禮를 지키기 위해서 먹는 것과 여색을 포기할 수 있냐고 하는 선택의 기로에 서게 된 것이다.

이러한 상황에 대한 맹자의 대처는 옥려자에 비하여 좀 더 세련되었다고 할 수 있는데, 즉 맹자는 예禮와 식색食色 사이에서 꼭 예禮를 가치 우위에 두지를 않고, 그러한 것들 사이의 취사선택은 반드시 절실한 상황의 기초 위에서 고려 될 때에만이 예禮나 식색食色을 선택할 수 있는 지혜를 얻을 수 있다고 생각했다. 일반적인 상황 아래서는 당연히 예禮에 부합되는 것을 선택해야만 하지만, 만일 삶과 죽음의 문제가 고려되는 특수한 경우와 같은 상황의 충돌이 발생할 때는 근본을 유지하고 지엽적인 것을 버려야만 한다는 것이 맹자의 생각이었다.

이와 같은 맹자의 견해 가운데 예禮와 식食의 부분에 관하여 구체적으로 언급하면, 즉 예禮를 지키기 위해서 먹지 않으면 굶어 죽게 되는 상황 속에서 맹자는 "예禮를 지키는 것으로써 먹는다."에서 예禮는 차선이 되고, 또 "굶어 죽는다."에서 먹는 것이 우선이 된다고 생각하여 "먹는 것이 중요하고 예禮를 지키는 것은 그 다음이다."라고 역설했던 것이다. 다시 말하면, 맹자는 현실적 상황에 부합하는 예禮를 선택해야 한다고 했던 것이다. 즉 이와 같은 상황 속에서 가장 중요한 것은 먹어서 자신의 생명을 유지시키는 것이라고 생각했던 것이다. 그러나 만일 먹는다고 하는 것이 의義에 위배되는 것이라고 한다면 맹자는 단호하게 반대의 입장을 표방한다. 그렇기 때문에 맹자는 "형의 팔을 비틀어 그에게서 먹을 것을 빼앗으면 밥을 먹을 수 있고, 비틀지 않으면 밥을 먹을 수 없는 경우에도 비틀 것인가?"라고 언급했던 것이다.

예禮와 여색色의 부분도 앞의 예와 같다고 할 수 있다. 즉 맹자에게 있어서 신부를 맞이하기 위한 의식절차는 중요도가 떨어지는 예禮이고, 아내를 취한다는 것은 중요한 일로서 부부의 연을 맺는다고 하는 인륜지 대사일 뿐만 아니라 효도의 완성이라고 할 수 있는 것이다. 그렇기 때문에 신부를 맞이하기 위한 의식절차라는 것과 아내를 취한다는 것 사이에는 "여색을 추구하는 것 가운데서 중요한 것과 예禮를 지키는 것 가운데서 가벼운 것을 취하여 비교한다면, 어찌 여색을 추구하는 것이 중요할 뿐 만이겠는가!"라는 관계가 존재한다는 것이다. 그러나 맹자는 "만일 동쪽 집 담을 넘어가서 그 집의 처녀를 끌어오면 아내를 얻고, 끌어오지 않으면 아내를 얻지 못한다."는 상황 속에서 아내를 취하는 것에 대해서는 반대의 입장을 분명하게 표명한다.

이러한 개별적인 사안을 통하여 맹자는 결코 식색食色을 추구하는 것에 대하여 반대하지 않았음을 알 수 있다. 그러나 식색食色에 대한 기본적인 욕구 이외에 맹자는 식색食色을 추구하는 과정가운데 그것이 의義에 부합하는지의 문제를 더욱 강조한다. 즉 만일 의롭지 못하게 먹을 것과 아내를 얻게 된다면 마땅히 식색食色을 취하지 말고 그것들을 버리는 한이 있더라도 의義를 취해야만 한다는 맹자의 입장은 증명할 필요도 없는 자명한 사실이다.

다음은 삶과 의義 사이의 취사선택 문제에 관한 분석은 다음과 같다.

> 생선도 내가 원하는 것이고 곰 발바닥도 내가 원하는 것이지만, 이 두 가지를 동시에 얻을 수 없다면 생선을 버리고 곰 발바닥을 취하겠다. 삶도 내가 원하는 것이고 의로움도 내가 원하는 것이지만, 이 두 가지를 동시에 얻을 수 없다면 삶을 버리고 의로움을 취하겠다. 삶도 내가 원하는 것이지만, 원하는 것이 삶 보다 더한 것이 있다. 그러므로 삶을 구차히 얻으려고 하지 않는 것이며, 죽음도 내가 싫어하는 것이지만, 싫어하는 것이 죽음보다 더한 것이 있다. 그러므로 환난이라도 피하지 않는 것이 있는 것이다. 만일 사람들이 원하는 것이 삶 보다 더한 것이 없다면 삶을 얻을 수 있는 경우에 있어서 무슨 방법인들 쓰지 않겠으며, 만일 사람들이 싫어하는 것이 죽음 보다 더한 것이 없다면 환난을 피할 수 있는 경우에 있어서 무슨 짓인들 하지 않겠는가? 이 때문에 살 수 있다 하더라도 쓰지 아니하는 것이 있으며, 이 때문에 환난을 피할 수 있어도 하지 아니하는 것이 있는 것이다. 그러므로 원하는 것이 사는 것 보다 더한 것이 있으며, 싫어하는 것이 죽는 것 보다 더한 것이 있다. 오직 현명한 사람만이 이러한 마음을 가지고 있는 것이 아니라 사람들이 모두 가지고 있지만, 현명한 사람은 잃어버리지 않을 수 있는 것이다. 한 그릇의 밥과 한 사발의 국을 얻으면 살고 얻지 못하면 죽더라도 꾸짖으며 주면 길가는 사람도 받지 않으며, 발로 차서 주면 걸인도 좋게 여기지 않는다. 만종의 녹은 예의를 따지지 않고 받는데, 만종의 녹이 나에게 무슨 보탬이 되겠는가? …… 이것을 일러 그 본심을 잃었다고 하는 것이다.[11]

---

11 『孟子』, 「告子上」, "魚, 我所欲也; 熊掌, 亦我所欲也, 二者不可得兼, 舍魚而取熊掌者也. 生, 亦我所欲也; 義, 亦我所欲也, 二者不可得兼, 舍生而取義者也. 生亦我所欲, 所欲有甚於生者, 故不爲苟得也, 死亦我所惡, 所惡有甚於死者, 故患有所不辟也. 如使人之所欲莫甚於生, 則凡可以得生者, 何不用也? 使人之所惡莫甚於死者, 則凡可以辟患

위의 인용문은 삶과 의義 사이의 경중輕重관계에 대한 취사선택에 관한 것으로 궁극적인 가치선택의 문제와 연결되는 것이라고 할 수 있다. 맹자는 인간이 안정적인 삶을 추구하려고 하는 것과 의로움義을 추구하려고 하는 것에 대하여 모두 동일한 욕구가 있는데, 전자는 생명유지의 추구이고 후자는 도덕가치의 추구라고 생각하여 "삶도 내가 원하는 것이고 의로움도 내가 원하는 것이다"라고 언급한 것이다. 또한 맹자는 인간이 좋은 음식에 대한 취사선택의 비유를 통하여 인간이 삶과 의로움義에 대해서도 동일한 취사선택을 한다고 보았다. 맹자는 인간의 "의로움을 추구하는 마음"이 "삶을 추구하는 마음" 보다 더 고차원적인 것으로 보았다. 즉 인간이 삶에 대하여 구차하게 얻으려하지 않고 또 죽음에 대해서도 피하려하지 않는다고 하는 언급을 통하여 인간들이 삶과 죽음 이외에 더욱 강렬하게 추구하려는 어떤 가치체계가 있는 것으로 보았다. 만일 그렇지 않다면 "삶을 얻을 수 있는 경우에 있어서 무슨 방법인들 쓰지 않겠으며" 또 "환난을 피할 수 있는 경우에 있어서 무슨 짓인들 하지 않겠는가?"와 같은 상황이 발생한다는 것이다. 그러므로 인간이 더욱 강렬하게 추구하려는 가치를 "원하는 것이 사는 것 보다 더 간절한 것이 있으며, 싫어하는 것이 죽는 것 보다 더 심한 것이 있다. 오직 현명한 사람만이 이러한 마음을 가지고 있는 것이 아니라 사람들이 모두 가지고 있지만, 현명한 사람은 잃어버리지 않을 수 있는 것이다."라는 신념체계로서 증명을 하고자 했던 것이다.

맹자는 "한 그릇의 밥과 한 사발의 국을 얻으면 살고 얻지 못하면 죽더라도 꾸짖으며 주면 길가는 사람도 받지 않으며, 발로 차서 주면

者, 何不爲也? 由是則生而有不用也, 由是則可以辟患而有不爲也. 是故所欲有甚於生者, 所惡有甚於死者, 非獨賢者有是心也, 人皆有之, 賢者能勿喪耳. 一簞食, 一豆羹, 得之則生, 不得則死, 嘑爾而與之, 行道之人弗受; 蹴爾而與之, 乞人不屑也. 萬鍾則不辨禮義而受之. 萬鍾於我何加焉?…… 此之謂失其本心."

걸인도 좋게 여기지 않는다."라고 하는 예를 들어서 인간이 삶과 죽음의 기로에 서있는 관건적인 시점에서 마땅히 취해야할 태도와 취하지 말아야할 태도에 대하여 설명을 했다. 즉 위급한 상황 속에서 인간은 자신의 존엄성을 모욕당하면서까지 구차하게 삶을 영위하지 않는다는 점을 통하여, 인간에게 있어서 도덕가치의 추구가 기타의 모든 것들보다 우위에 있음을 증명한다. 그러므로 삶을 추구하는 것과 의로움을 추구하는 것을 동시에 병행할 수 없을 때 맹자의 선택은 "삶을 버리고 의義를 취한다."는 것이다.

이상과 같은 두 가지의 예를 통해서 볼 때, 맹자는 인간이 "삶을 추구하고 죽음을 회피하려는 욕구"보다 더욱 가치 있는 선택은 의로움義라고 생각했음을 알 수 있으며 또한 그에게 있어서 의로움義의 가치는 생명의 가치보다 더욱 높다는 것을 알 수 있다. 다시 말하자면, 도덕생명의 가치가 자연생명의 가치보다 우위에 있다는 것을 알 수가 있는 것이다.

## 3. 윤리적 충돌

앞에서 언급한 문제들은 도덕주체가 최종적인 상황 속에서 해야 하는 선택에 관한 것이었다. 여기에서 언급할 문제는 도덕주체로서의 나와 또 다른 도덕주체로서의 타인과의 관계 사이에서 발생하는 충돌에 관한 문제로서, 이를 구체적으로 언급하면 효도의 의지와 실천에 관한 선택문제와 개인의 덕행과 타인의 생명 사이에서의 선택문제 및 직분과 그에 수반되는 책임에 관련된 선택문제 그리고 군주와 신하 사이의 의리와 정치윤리의 충돌에 관련된 선택문제들이다.

### 1) 효도의 의지와 실천의 충돌에 관한 문제

도응桃應이 물었다. 순舜임금이 천자天子가 되고 고요皐陶가 사士(법을 집행하는 집행관)가 되었을 경우, 고수瞽瞍가 사람을 죽였다면 어떻게 되겠습니까? 맹자가 법을 집행할 뿐이다. 라고 말했다. 그렇다면 순임금은 법의 집행을 막지 않았을까요? 순임금이 어떻게 법의 집행을 막을 수 있겠는가? 고요는 살인자를 체포해야할 임무를 받은 바가 있는 것이다. 그렇다면 순임금은 어떻게 하겠습니까? 순임금은 천하를 버리기를 마치 헌신짝 버리는 것처럼 보고 몰래 업고 도망하여 바닷가를 따라 살면서 평생을 흔쾌히 즐거워하면서 천하를 잊으셨을 것이다.[12]

위의 인용문에 나오는 상황은 효도와 사회적 규범 및 효도와 개인의 직무 사이의 충돌을 포함하고 있다. 전자는 가정윤리와 사회윤리 간의 충돌에 속하는 것이고, 후자는 가정윤리와 개인의 성취 사이의 선택문제에 속한다고 할 수 있다. 이러한 충돌의 상황은 순舜임금이 법을 집행하는 지위와 자식 된 입장이라고 하는 이중적인 신분을 가졌기 때문에 발생하는 것이라고 할 수 있다. 순舜을 천자의 신분이라는 입장에서 본다면, 그는 살인을 저지른 사람이 자신의 아버지라고 하더라도 반드시 사회정의를 구현하기 위하여 그러한 살인자를 처벌해야만 한다. 만일 그렇지 않게 되면 이는 국법을 심각하게 위반하게 되는 것이며, 또한 그것에 수반하여 사회정의도 역시 유지될 수가 없게 된다는 것이다. 그러나 순舜을 살인자의 자식이라고 하는 입장에서 본다면, 그는 부자지간의 정情을 끊기가 매우 어려웠기 때문에 "천하를 버리기를 마치 헌신짝 버리는 것처럼 보고, 몰래 업고 도망하여 바닷가를 따라

12 『孟子』, 「盡心上」, "桃應問曰: 舜爲天子, 皐陶爲士, 瞽瞍殺人, 則如之何? 孟子曰: 執之而已矣. 然則舜不禁與? 曰: 夫舜惡得而禁之? 夫有所受之也. 然則舜如之何? 曰: 舜視棄天下, 猶棄敝蹝也. 竊負而逃, 遵海濱而處, 終身訢然, 樂而忘天下."

살면서 평생을 흔쾌히 즐거워하면서 천하를 잊으셨을 것이다."라는 입장을 취한 것이다.

맹자는 순임금이 사법관인 고요皐陶가 법을 집행하는 것을 막지 못할 것이고, 다만 고요皐陶가 "살인자를 체포할 임무를 받은 바가 있는 것이다."라고 언급했다. 이렇게 볼 때 맹자는 사회정의의 필요성을 부정하지는 않았지만, 그렇다고 해서 그가 자식이 '준법을 위해 부모를 고발하는' 행위에 대해서 찬성의 입장을 견지 했다는 것은 아니며, 오히려 반대의 입장을 견지했다는 점을 알 수 있게 된다. 그러므로 맹자는 부득이한 상황 속에서 순임금의 선택은 천하를 버리고(개인의 직무) 법을 집행하는 신분에서 벗어나서(사회정의), 살인범이 된 아버지를 업고 도망간다(효도의 완성)는 것이었을 거라고 생각한 것이다. 맹자의 이러한 "아버지를 업고 도망간다."라고 하는 발상과 『논어論語』 가운데의 "아버지가 양을 훔친 사건"의 예와 동공이곡同工異曲의 묘가 있다.

> 섭공이 공자에게 말했다. 우리 마을에 몸가짐이 정직한 사람이 있는데, 그의 아버지가 양을 훔치자 자식이면서도 그것을 증언했습니다. 공자가 말했다. 우리 마을의 정직한 사람은 그와 다릅니다. 아버지는 자식을 위해 그런 일을 숨기고, 자식은 아버지를 위해 그런 일을 숨기지만, 정직함이 그 가운데 있습니다.[13]

아버지가 양을 훔쳤을 때 자식이 나서서 증언을 해야 하는지의 여부에 대하여 공자는 자식이 아버지를 위하여 죄를 숨겨줘야만 하는 것이 정직함이라고 생각했다. 이 부분에 대한 주자朱子의 주석을 살펴보면 다음과 같다. 즉 "아버지와 자식이 서로 숨겨주는 것은 천리天理 인정의

13 『論語』, 「子路」, "葉公語孔子曰: 吾黨有直躬者, 其父攘羊, 而子證之. 孔子曰: 吾黨之直者異於是. 父爲子隱, 子爲父隱, 直在其中矣."

지극함이다. 그러므로 고지식하게 정직함 추구하지 않는 가운데 정직함이 있다. 사謝씨가 말하기를……고수瞽瞍가 살인을 하고 순舜이 몰래 업고 도망하여 바닷가를 따라 거처한 것은, 그러한 경우에 직면했을 때 아버지를 사랑하는 마음이 정직함과 부정직함을 따지는 것 보다 더 큰 것인데 어찌 계산할 틈이 있겠는가?"

공자의 "군주는 군주다워야 하고, 신하는 신하다워야 하고, 아버지는 아버지다워야 하고, 자식은 자식다워야 한다."는 윤리관으로 볼 때 그 가 언급한 "아버지는 자식을 위해 숨겨주고, 자식은 아버지를 위해 숨겨준다"는 말은 주자가 언급한 "아버지와 자식의 관계는 천리 인정의 지극함이다"라는 명제를 이미 초월했다고 할 수 있는 것이다.

> 우리가 만약 이러한 대화를 표면적으로만 본다면, 공자가 사적인 것을 제창했다고 생각하여 그의 의도를 오해하기 쉬울 것이다. 그러나 좀 더 심층적으로 살펴보면 여기에 담겨져 있는 속뜻은 공자의 가치판단 일반원칙에 대한 특수한 긍정인 것이다. 이러한 긍정은 간단하게 말해서 구체적 합리적 직분에서의 가치의 완성인 것이다.[14]

공자가 주장한 정명正名사상은 사람들이 지위에 맞게 그 본분을 지켜야한다는 것을 의미한다. 즉 양을 훔친 사람의 자식은 자식 된 도리를 해야만 하기 때문에 나서서 증언을 해서는 안 되고 오히려 아버지의 죄를 감추어 줘야한다는 것이다. 이때의 감춰주는 행위가 바로 정직함이라는 것이다.

> 공도자公都子가 말하였다. 광장匡章을 온 나라 사람들이 모두 불효자라고 칭하는데 선생님께서 그와 더불어 교유하시고 또 게다가 예우하시니 감

14 勞思光, 『新編中國哲學史』, 第一冊, 臺北, 三民書局, 1986년, 128쪽 참조.

> 히 어째서 그런지 묻겠습니다. 맹자가 말했다. 세속에서 이른바 불효라는 것이 다섯 가지인데, 사지를 게을리 하여 부모의 봉양을 돌보지 않는 것이 첫 번째 불효이고, 장기와 바둑을 두며 술 마시기를 좋아하여 부모의 봉양을 돌보지 않는 것이 두 번째 불효이고, 재물을 좋아하며 처자식만을 사랑하여 부모의 봉양을 돌보지 않는 것이 세 번째 불효이고, 귀와 눈의 욕구를 따름으로써 부모를 욕되게 하는 것이 네 번째 불효이고, 만용을 좋아하여 잘 다투며 사나워서 부모를 위태롭게 하는 것이 다섯 번째 불효인데 장자章子가 이 가운데 하나라도 있는가? 장자는 부자지간에 착하게 되기를 요구하다가 서로 뜻 맞지 아니한 것이다. 착하게 되기를 요구하는 것은 친구간의 도리이니 부자지간에 착하게 되기를 요구하는 것은 은혜로움을 해치는 것 중에서 큰 것이다. 장자는 어찌 부처夫妻와 자모子母 등의 가속家屬이 있기를 바라지 않았겠는가? 마는 아버지에게 죄를 얻었기 때문에 가까이 할 수 없었다. 아내를 내보내고 자식들을 물리쳐서 평생 동안 봉양 받지 않았으니, 마음속에 설정하기를 '이와 같이 하지 않는다면 이는 죄 중에서 큰 것이다'고 생각하였으니, 이것이 바로 장자다.[15]

위의 인용문에서 볼 수 있듯이 만일 아버지가 잘못했을 경우 자식이 아버지의 잘못을 바로잡아줘서는 안 된다는 것이다. 이러한 예는 맹자가 부자지간에 서로 선善을 권하는 것에 대하여 분명히 반대의 입장을 견지하고 있음을 명확히 밝힌 것이다. 이러한 것들은 주관적인 효도

---

15 『孟子』, 「離婁下」, "公都子曰: 匡章, 通國皆稱不孝焉. 夫子與之遊, 又從而禮貌之, 敢問何也? 孟子曰: 世俗所謂不孝者五: 惰其四肢, 不顧父母之養, 一不孝也; 博奕好飮酒, 不顧父母之養, 二不孝也; 好貨財, 私妻子, 不顧父母之養, 三不孝也; 從耳目之欲, 以爲父母戮, 四不孝也; 好勇鬪狠, 以危父母, 五不孝也. 章子有一於是乎? 夫章子, 子父責善而不相遇也. 責善, 朋友之道也; 父子責善, 賊恩之大者. 夫章子, 豈不欲有夫妻子母之屬哉? 爲得罪於父, 不得近. 出妻屛子, 終身不養焉. 其設心以爲不若是, 是則罪之大者, 是則章子已矣."

의 의지와 객관적인 선善 사이의 충돌에 대한 언급으로 맹자가 가정윤리에 대하여 특히 부자지간의 윤리를 매우 중시했음을 단적으로 보여주고 있는 것이다.

맹자는 광장匡章이 다른 사람들에게 불효자로 인식되고 있는 것에 대하여, 그가 정말로 세상에서 말하는 다섯 가지의 불효를 범한 것이 아니고 다만 그의 잘못은 자신의 아버지에게 착하게 되기를 권하였기 때문에, 그의 아버지가 그를 싫어하게 되어 부자지간의 관계가 깨져서 세상 사람들이 광장匡章을 불효자라고 부르는 것이라고 생각했다. 본래 타인에게 착하게 되기를 권하는 것은 좋은 일이지만, 맹자는 "착하게 되기를 권하는 것"은 친구 사이에서 서로 권해야할 덕목이지 부자지간에 서로 권해야할 덕목은 아니라고 생각한 것이다. 부자 사이에 서로 착하게 되기를 권하면 부자 사이의 관계가 원만하지 못하게 되어, 부자지간에 좋지 않은 감정이 생기게 되기 때문에 인륜에 위배된다는 것이다. 광장匡章의 의도는 비록 선善과 효도를 위한 것이었지만 그 결과는 오히려 더 나쁘게 나타났기 때문에 세상 사람들로부터 불효자라고 하는 오명을 받게 되었다는 것이다.

맹자가 역점을 둔 부분은 바로 부자 사이에서 유지해야할 것은 서로 아끼고 사랑하는 것뿐이라는 점에 있다. 즉 부모가 잘못을 저질렀을 때 자식이 부모의 잘못을 바로 잡아줘서는 안 된다는 것이다. 맹자의 이러한 주장은 공자가 언급한 "부모를 섬김에 있어서는 슬며시 잘못을 간해야 하며, 말을 따르지 않을 뜻이 보이더라도 더욱 공경하며 부모 뜻을 거스르지 말 것이며, 걱정이 되더라도 원망하지 말아야 한다."[16]의 정신과 같은 맥락을 형성하고 있다고 할 수 있다. 즉 공자는 부모의 잘못을 보았을 때 완곡하게 간언해야 하는데 부모가 간언을 받아들이지

---

16 『論語』, 「里仁」, "事父母幾諫, 見志不從, 又敬不違, 勞而不怨."

않아도 역시 부모를 공경함으로 대하고 걱정되더라도 원망을 해서는 안 된다고 생각한 것이다.

자식이 아버지에게 착하게 되기를 권해서는 안 된다는 것 이외에 맹자는 한 걸음 더 나아가 자식 교육에 대하여 다음과 같이 언급한다. 즉 자식을 사랑한다고 하는 좋은 의도로 교육을 시작하지만, 결국은 부자지간의 좋은 감정을 깨뜨릴 가능성이 있기 때문에 아버지는 자식을 직접 가르치지 말아야 한다고 생각했다.

> 공손추公孫丑가 말했다. 군자가 직접 아들을 가르치지 않음은 어째서 입니까? 맹자가 말했다. 모양새가 좋지 않기 때문이다. 가르치는 자는 반드시 바른 도리를 가지고 가르치는 것인데, 바른 도리를 가지고 가르쳤는데도 그 도리가 행해지지 않으면 성을 내는 것으로 이어진다. 성을 내는 것으로 이어지면 도리어 (자식을 사랑하는 마음이)손상된다. (자식이 부모에 대해서도) 선생님(아버지)께서 나를 바른 도리로써 가르치지만 선생님께서도 (행실이)바른 도리로 나오지 못한다고 여기게 되면 (아버지를 존중하는 마음이 손상되므로), 아버지와 아들의 마음이 서로 손상된다. 그래서 옛날에는 아들을 서로 바꿔서 가르쳤었던 것이다. 부자지간에는 서로 선하게 될 것을 권하는 것이 아니니, 선을 권하면 (정이) 떨어지게 된다. (정이)떨어지게 되면 나쁨이 이보다 더 큰 것이 없는 것이다.[17]

아버지가 자식을 가르칠 때는 반드시 자식이 바른 도리를 행할 것을 요구한다. 만일 자식이 바른 도리를 행하지 않으면 쉽게 화를 내게 되고 화를 내게 되면 곧 서로간의 감정이 손상되어, 자식은 아버지도 바른 도리를 행하지 않으면서 어째서 나에게 바른 도리를 행할 것을 요

17 『孟子』, 「離婁上」, "公孫丑曰: 君子之不敎子, 何也? 孟子曰: 勢不行也. 敎者必以正; 以正不行, 繼之以怒; 繼之以怒, 則反夷矣. 夫子敎我正, 夫子未出於正也. 則是父子相夷也. 父子相夷, 則惡. 古者易子而敎. 父子之間不責善. 責善則離, 離則不祥莫大焉."

구하시는가? 라고 생각하게 된다는 것이다. 이와 같이 부자가 서로 화를 내게 되고 상호간에 정이 떨어지게 되기 때문에 부자지간에는 서로 선善함을 권해서는 안 된다는 것이다. 만일 부모가 잘못을 했을 경우 자녀는 부모에게 잘못을 고칠 것을 지적해서는 안되고 다만 완곡하게 권고를 함과 동시에 계속적으로 부모를 공경하고 효성을 다해야만 한다는 것이다.

맹자가 말했다. 불효에 세 가지가 있으니, (그 가운데) 후손이 없는 것이 가장 크다. 순舜임금이 부모에게 아뢰지 않고 장가든 것은 후손이 없을 것을 염려하였기 때문이니, 군자는 그렇게 한 것을 아뢴 것과 같다고 여기는 것이다.[18]

만장萬章이 물었다. 『시경』에 이르기를, "아내를 얻는 것을 어떻게 해야 하는가? 반드시 부모에게 아뢰어야 한다."라고 하였는데, 이 말대로라면 순임금처럼 하지 말아야 할 듯합니다. 순임금이 부모에게 아뢰지 않고 장가든 것은 무엇 때문입니까? 맹자가 말했다. 부모에게 아뢰었다면 장가들 수가 없었을 것이다. 남녀가 결혼하여 한 집에서 사는 것은 인륜의 대사이니, 만일 부모에게 아뢰면 인륜의 대사를 폐지하게 되어 부모를 원망하게 되었을 것이다. 이러한 이유 때문에 알리지 않은 것이다. 만장이 말했다. 순임금이 부모에게 아뢰지 않고 장가든 것에 대해서는 제가 이미 가르침을 들었습니다만, 요堯임금이 순임금에게 딸을 시집보내면서 (순임금의 부모에게)알리지 않은 것은 무슨 까닭입니까? 요임금 역시 알렸으면 딸을 시집보낼 수 없음을 알았기 때문이다.[19]

---

18 『孟子』, 「離婁上」, "孟子曰: 不孝有三, 無後爲大. 舜不告而娶, 爲無後也, 君子以爲猶告也."

19 『孟子』, 「萬章上」, "萬章問曰: 詩云: 娶妻如之何? 必告父母. 信斯言也, 宜莫如舜. 舜之不告而娶, 何也? 孟子曰: 告則不得娶. 男女居室, 人之大倫也. 如告, 則廢人之大倫,

위에서 언급된 두 종류의 상황은 모두 부모를 섬기는 데는 효도와 순종이 으뜸이라는 것을 설명하고 있다. 여기에서 다룬 주요한 문제는 효도 상황의 충돌에 관한 것으로 다음과 같이 집약할 수 있다. 먼저 "부모에게 아뢰지 않고 장가든 것"은 부모의 뜻에 순종하지 않은 것이라는 것과 "후손이 없는 것"은 불효라는 것 사이의 충돌, 그리고 "부모에게 아뢰지 않고 장가든 것"은 불효라는 것과 "인륜의 대사"를 위배하는 것 사이의 모순이다.

이러한 문제들 가운데 주의를 기울여야할 부분은 바로 만장萬章이 순임금이 "장가들 때는 반드시 부모에게 아뢰어야 한다."라고 하는 것, 즉 예禮에 맞춰서 결혼식을 거행해야만 한다는 것이지만 "부모에게 아뢰지 않고 장가간 것"에 대하여, 그는 순임금이 예禮를 위반했다고 생각하지만 맹자는 그렇지 않다고 여긴 점이다. 즉 이러한 상황의 충돌은 장가를 갈 때는 반드시 부모에게 아뢰어야 하지만 고수瞽瞍는 순임금을 좋아하지 않았기 때문에 순임금이 아내를 얻는 것에 대하여 달가워하지 않았고, 요임금은 그의 두 딸을 순임금에게 시집보내고 싶었으나 고수의 반대에 부딪칠까 염려했고,[20] 순임금 역시 만일 부모에게 아뢴다면 장가를 가지 못할 것을 알았고, 장가를 갈 수 없다면 두 가지 폐해[21]를 초래할 것을 염려한 상황 속에서 발생한 것이다. 그렇기 때문에 순

以懟父母, 是以不告也. 萬章曰: 舜之不告而娶, 則吾旣得聞命矣; 帝之妻舜而不告, 何也? 帝亦知告焉則不得妻也."

20 이러한 문제에 관하여 초순焦循은 다음과 같이 말하고 있다. "이 말은 고수가 요임금의 뜻을 거스를 수는 없지만, 자식인 순임금이 장가를 못 가게 막을 수는 있었다. 요임금의 권력으로는 고수를 제압할 수는 있었겠지만, 순임금에게 강제로 아버지의 뜻을 거역하게는 할 수 없었다." 焦循撰, 『孟子正義』, 卷十八, 『焦氏遺書』本 참조.

21 그 하나는 후손이 없게 되는 것으로 이것은 더 커다란 불효를 범하게 되는 것이며, 다른 하나는 인륜의 대사(결혼)를 어기는 것이다.

임금은 이러한 충돌의 상황 속에서 최선의 선택으로 "부모에게 아뢰지 않고 장가를 든" 것이다.

맹자는 불효 죄 가운데 가장 큰 것으로 세 가지를 꼽았으나 그 세 가지에 관해서 명확하게 규정을 지은 것은 보이지 않고 다만 "후손이 없는 것이 가장 크다."[22]라고 했다. 맹자는 순임금이 "부모에게 아뢰지 않고 장가든" 원인에 대하여 다음과 같이 생각했다. 첫째, 만일 정말로 장가를 들지 않게 되면 부모의 뜻을 곡해하고 따름으로써 자식이 부모를 원망하게 되어 부모를 불의不義한 사람으로 만든다. 둘째, 장가를 가지 않으면 후손이 끊기게 되는 상황을 초래하게 되어 가장 큰 불효를 범하게 된다. 셋째, 장가를 들지 않으면 인륜의 대사를 위배하게 된다.

만일 순임금이 "아내를 맞이할 때 반드시 부모에게 아뢰어야 한다."는 원칙을 지켰을 경우 그의 아버지인 고수는 반드시 허락하지를 않았을 것이기 때문에 순임금은 인륜의 대사를 위배할 수밖에 없었을 것이며, 부모를 불의不義한 사람으로 만들 수밖에 없었을 것이며, 후손이 없게 되는 상황을 초래했었을 것이므로 결국은 부득이하게 폐해 가운데 가벼운 것을 선택하여 부모에게 아뢰지 않고 결혼을 한 것이다.

### 2) 개인의 덕행과 타인의 생명 사이에서의 충돌문제

순우곤淳于髡이 남자와 여자가 (물건을) 주고받는 것을 직접 하지 않는 것이 예禮입니까? 라고 묻자, 맹자가 예禮라고 말했다. 순우곤이 제수弟嫂가 물에 빠지면 손으로 끌어냅니까? 라고 묻자, 맹자가 제수가 물에 빠졌는

22 趙岐는 주석에서 "예禮에 의하면 불효한 것이 세 종류 있는데, 부모의 뜻을 곡해하여 따름으로써 부모를 불의에 빠뜨리는 것이 그 하나고, 집이 빈곤하고 부모가 연로한데도 일을 하지 않는 것이 그 하나고, 결혼을 안 하여 자식이 없어 후손이 끊기는 것이 그 하나이다. 이러한 세 불효 가운데 후손이 없는 것이 가장 크다."라고 하였다. 趙岐, 『孟子章句』, 卷七, 『四部叢刊』本 참조.

데도 끌어내지 않는다면, 이는 승냥이다. 남자와 여자가 (물건을)주고받는 것을 직접 하지 않는 것은 예禮이고, 제수가 물에 빠지면 손으로 끌어내는 것은 권權이다 라고 했다.[23]

유가에서는 사랑에 차별이 있다고 주장하여, 나와 다른 사람과의 관계 속에서 가장 우선적인 것이 자식과 부모의 관계이고, 그 다음이 바로 타인과의 관계라고 규정짓는다. 이러한 개별적인 사안들 가운데 언급하고자 하는 부분은 바로 개인 덕행의 완성과 타인 생명의 구원 사이의 충돌에 관한 문제이다. 이와 같은 충돌은 남녀 간에 물건을 주고받을 때 직접 손으로 전달하지 않는 것이 당시의 예禮로서 모든 사람들이 준수해야 할 규범이었는데, 순우곤淳于髡이 맹자에게 질문한 것처럼 만일 제수弟嫂가 물에 빠져 허우적거리고 있는 것을 목격했을 때 손을 내밀어 제수의 손을 잡아서 구해야하는지 아니면 예禮를 지키기 위해서 손을 내밀지 않아야 하는지의 상황에서 발생한 것이다. 즉 이런 상황 속에서 만약 손을 내밀어 제수를 구한다면 곧 예禮에 위배되는 것(남녀 간에 직접 손을 잡지 않는다고 하는)이고, 반대로 예禮를 지키기 위해서는 죽어가고 있는 모습을 목격하더라도 손을 잡아서 구해서는 안 되는 것인데, 만일 그럴 경우 제수는 반드시 익사하게 될 것이다. 이러한 문제에 대한 맹자의 대답은 손을 내밀어 제수의 손을 굳게 잡아서 구해내라고 하는 것이다. 그러한 까닭은 바로 맹자는 비록 남녀 간에 직접 손을 잡지 않는 것이 예禮에 부합하는 것이라고는 하지만, 만일 남녀 간에 직접 손을 잡지 않는다고 하는 예禮를 지키기 위해서 제수가 죽어가고 있는 상황 속에서도 그녀를 구하지 않는 것은 불인不仁한 것이며, 이러한 불인不仁이 예禮를 위반하는 것 보다 더욱 큰 잘못이라고 여겼기 때

23『孟子』,「離婁上」, "淳于髡曰: 男女授受不親, 禮與? 孟子曰: 禮也. 曰: 嫂溺則援之以手乎? 曰: 嫂溺不援, 是豺狼也. 男女授受不親, 禮也; 嫂溺援之以手者, 權也."

문이다.

앞서 언급한 것처럼 맹자는 타인의 불행을 불쌍하게 여기는 마음이 곧 인仁이라고 했으며, 또 "인의 핵심은 어버이를 섬기는 것이고, 의의 핵심은 형에게 순종하는 것이다.……예의 핵심은 이 두 가지를 질서 있게 나타내는 것이다."[24] 라고 언급한 바에서 알 수 있듯이 인仁이 예禮의 근본이 되는 것이며 예禮는 반드시 인仁으로써 귀착점을 삼아야 하는 것이다. 그리고 예禮의 내용과 정신은 반드시 인仁에 부합되어야 만이 그것이 형식적인 규범으로 전락하지 않게 되는 것이다.

> 사회질서로서의 보편적인 법과 규범인 예禮는 필요한 때에 따라서는 상황에 맞게 고쳐질 수도 있지만, 예禮의 근본으로서의 인의仁義도덕은 영원히 버릴 수 없는 것이다. 권權이라고 하는 것은 사안에 맞춰 적용해야 하는 것이지 마음(본심, 도덕심)을 보존하는 수단으로 해서는 안 된다는 것이다. 그러므로 권權에 의해서 생성된 일상적이지 않은 수단은 반드시 인의仁義도덕에 부합되어야만 한다는 것이다.[25]

유가에서 중시하는 것은 인仁정신의 확대발전에 있는 것이지, 결코 표면적이고 형식적인 예禮의 준수에 있는 것은 아니라고 할 수 있다. 타인의 생명의 가치와 의의를 존중하는 것이 바로 인仁의 정신이며 이것이 바로 맹자에게 있어서 도덕가치의 근원이 되는 것이다. 만일 형식적인 예절만을 따지고 예禮 속에 담겨져 있는 근본정신을 소홀히 하여 타인의 생명을 경시한다면, 이는 맹자의 입장에서 본다면 그냥 향원鄕原과 같은 사람일 따름이지 그가 어떻게 덕이 있는 사람이라고 말을 할 수가

---

24 『孟子』, 「離婁上」, "仁之實, 事親是也. 義之實, 從兄是也.……禮之實, 節文斯二者是也."

25 王邦雄, 曾昭旭, 楊祖漢, 『孟子義理疏解』, 臺北, 鵝湖出版社, 1995년, 192쪽 참조.

있겠는가!

### 3) 직분과 그에 수반되는 윤리적 책임에 관련된 선택문제

증자曾子가 무성武城에 머무르고 있을 때 월越나라의 침략이 있었는데, 어떤 사람이 침략군이 도착하는데 어찌 떠나가지 않으십니까? 라고 묻자, 증자가 말하기를 내 집에 다른 사람이 살지 못하게 하여 섶과 나무의 훼손을 막도록 하라고 하고, 침략군이 물러갔다고 하자 내 집의 담과 건물을 수리해라. 내가 돌아갈 것이다. 라고 하였다. 그 후 침략군이 물러가자, 증자가 돌아왔는데, 주위 사람들이 말하기를 (武城의 大夫가)선생님을 이렇게 진실함과 공경으로 대하였는데, 침략군이 몰려오자 먼저 떠나가시어 백성들이 본받아 도망가게 하고 침략군이 물러가자 돌아오시니, 잘못된 처신인 듯합니다. 라고 하자, 심유행沈猶行이 말했다. 이것은 당신들이 이해할 수 있는 것이 아니다. 옛날에 우리 심유沈猶씨 가문에 부추負芻의 난이 있었는데, 선생님의 제자 칠십 명 가운데 한 사람도 그 난리를 수습하는데 참여하지 않았다. 자사子思가 위衛나라에 있었을 때에 제齊나라의 침략이 있었는데, 어떤 사람이 침략군이 쇄도하고 있는데 어째서 피난하지 않습니까? 라고 말하자, 자사가 만일 내가 피난가면 위나라의 임금이 누구와 함께 나라를 지키겠는가? 라고 말했다. 맹자가 말했다. 증자와 자사는 같은 행동원리를 가지고 있었다. 즉 증자는 스승이며 부형父兄이었고, 자사는 신하였고 미천하였으니 증자와 자사가 처지를 바꾼다면 다 그렇게 하였을 것이다.[26]

증자曾子가 무성武城에 머물고 있을 때 무성의 대부大夫는 그를 진실

---

26 『孟子』, 「離婁下」, "曾子居武城, 有越寇. 或曰: 寇至, 盍去諸? 曰: 無寓人於我室, 毁傷其薪木. 寇退, 則曰: 修我牆屋, 我將反. 寇退, 曾子反. 左右曰: 待先生如此其忠且敬也. 寇至則先去以爲民望, 寇退則反, 殆於不可. 沈猶行曰: 是非汝所知也. 昔沈猶有負芻之禍, 從先生者七十人, 未有與焉. 子思居衛, 有齊寇. 或曰: 寇至, 盍去諸? 子思曰: 如伋去, 君誰與守? 孟子曰: 曾子子思, 易地則皆然."

함과 공경으로 모셨는데, 침략군이 몰려오자 증자는 피난을 떠났을 뿐만 아니라 피난 가기 전에 다른 사람들이 자신의 집에 들어가 살지 못하도록 요구하였다. 그리고 침략자들이 물러간 이후에는 자신의 집을 수리시킬 것을 요구하고 수리가 끝난 뒤에야 돌아오겠다고 하자 주위 사람들은 그가 은혜를 모르는 사람이라고 생각했다. 즉 그들은 증자가 마땅히 과거 자사子思가 위衛나라의 군주를 위해서 침략자들과 맞서 싸운 것처럼 했어야 한다고 생각했기에 증자의 행위를 못마땅하게 여긴 것이다. 그러나 맹자는 그러한 생각이 맞는 것이 아니라고 여겼다. 좀 더 면밀하게 관찰을 해본다면, 이러한 상황은 보은報恩과 생명의 보전 사이의 충돌처럼 보일 수도 있다. 어떤 사람은 증자의 이러한 처신에 대하여 비난을 할 수도 있겠지만, 맹자는 이러한 것은 책임소재에 관한 문제라고 판단했던 것이다. 즉 만일 자신의 신분을 정확하게 인식하고 있으면 어떻게 처신해야할 지는 분명해지며 이에 따라서 충돌은 발생하지 않는다는 것이다.

위와 같은 문제에 대하여 주자는 다음과 같이 말했다.

> 윤씨尹氏가 말했다. 혹은 피해를 멀리 피하고 혹은 난리에 죽을 각오를 하는데, 그들의 일 처리방식이 같지 않은 것은 처한 입장이 다르기 때문이다. 군자의 마음은 이해관계에 연연하지 않고 오직 그 옳은 것을 할 뿐이다. 그러므로 처지를 바꾸면 모두 그렇게 할 수 있는 것이다. 공씨孔氏가 말했다. 옛날 성현들의 언행이 다르고 사업 역시 달랐으나, 그들의 도道는 일찍이 같지 않은 것이 아니었다. 배우는 자들이 이것을 안다면 부닥치는 상황에 따라 대응하기를, 저울로 물건을 다는 것처럼 하여 오르내림이 여러 차례 변하지만 그 동일하게 되는 것에 해를 끼치지 않는 것이다.[27]

---

27 "尹氏曰: 或遠害, 或死難, 其事不同者, 所處之地不同也, 君子之心, 不繫於利害, 惟其

유가에서는 정명正名을 중시하는데, 공자는 정명正名에 관하여 다음과 같이 말한다. "명분이 바로 서지 않으면 곧 말이 순조롭지 못하게 되고, 말이 순조롭지 못하면 곧 일이 이루어지지 않게 된다."[28] 즉 명분에 맞는 지위에 있는 사람은 그에 상응하는 일을 도모하고 책임을 져야 한다는 것이다. 반대로 명분에 맞는 지위에 있지 않는 사람은 그에 상응하는 일을 도모할 필요가 없고 책임도 질 필요가 없게 되는 것이다. 어떠한 신분으로 어떠한 일을 담당하든지 간에 마땅히 지어야할 책임은 회피할 수 없는 것이지만, 자신의 책임소재 범위 내의 사안이 아닐 경우 자신의 책임과 본분만을 지키면 된다는 것이다.

앞의 인용문에서 열거한 사안 가운데 증자曾子는 단지 스승의 신분이었을 뿐, 자사子思와 같은 신하의 신분이 아니었기 때문에 난리를 피해 떠났던 것이었다. 그러나 신하된 자는 그 지위에 상응하는 책임을 반드시 져야만 하는 것이기 때문에 군주를 버리고 도망을 가서는 안 되는 것이다. 다시 말하자면, 스승의 신분에 있는 사람은 신하의 신분에 있는 사람과는 달리 어떠한 책임을 져야할 필요가 없다는 것이다. 맹자는 스승과 신하라고 하는 다른 신분에 있는 사람을 대비시켜 명분에 맞는 지위에 있지 않다면, 그에 상응하는 책임을 질 필요가 없다는 것을 설명함과 동시에, 성현들이 "처지를 바꿨을 때도 그렇게 했을 것"이라는 것을 근거로 하여 증자의 이러한 행위가 도피성이나 혹은 용기가 없어서가 아니라는 것을 설명한다. 이러한 상황에 대하여 일반적인 시각으로 보았을 때는 은혜를 입고도 보답하지 않는다고 여길 수도 있겠지만, 이는 다만 책임 소재의 문제일 뿐인 것이다.

---

是而已, 故易地而皆能爲之. 孔氏曰: 古之聖賢, 言行不同, 事業亦異, 而其道未始不同也, 學者知此, 則因所遇而應之, 若權衡之稱物, 低昂屢變, 而不害其爲同也." 朱熹撰, 『四書章句集注』, 「孟子集注」, 卷八, 海淵閣明刻本 참조.

28 『論語』, 「子路」, "名不正, 則言不順; 言不順, 則事不成 ……."

이와 같은 주장은 『맹자』 속의 여러 곳에서 발견할 수 있는데, 그 일례로 맹자가 제齊나라에 있었을 때 일찍이 지와蚳鼃에게 왕이 선정善政을 할 수 있도록 간언 할 것을 일깨워줬다. 그러나 지와가 왕에게 간언을 한 후에 해임을 당하자, 제나라 사람들은 맹자가 직접 제나라 왕에게 가서 간언을 하지 않고 지와蚳鼃에게 간언을 시켜 결과적으로는 지와가 해임되게 만들었다고 비웃었다. 그러나 맹자는 제나라 사람들의 그러한 조소에 대하여 "관직에 있지 않으면 간언 할 책임도 없다."는 말로 사람들의 조소를 종식시켰다.

> 맹자가 지와蚳鼃에게 말하기를 그대가 영구靈丘의 읍재邑宰 자리를 사양하고 재판관이 되기를 청한 것이 그럴듯함은 그렇게 됨으로써 (재판관이) 왕에게 간언을 할 수 있었기 때문이었는데, 이제 이미 몇 개월이 지났는데 아직 말할 수 없단 말인가? 라고 하자 지와가 왕에게 간언을 했으나 채택되지 않자, 신하의 직분을 내놓고 떠나갔다. 제나라 사람이 말하기를 지와를 위해서 한 것은 좋으나, 맹자 자신이 하는 것은 내가 이해할 수 없다. 라고 하므로 공도자公都子가 그 사실을 맹자에게 아뢰자, 맹자가 말했다. 내 들으니 관직을 지켜야 하는 책임을 가진 자가 그 직책을 수행하지 못하면 떠나고, 간언을 해야 하는 책임을 가진 자가 간언을 할 수 없으면 떠난다고 하였는데, 나는 관직을 지켜야 하는 책임도 없고 간언을 해야 하는 책임도 없으니, 내가 나아가고 물러가는 것이 어찌 느긋하게 여유가 있지 않겠는가?[29]

기본적으로 맹자는 사람이 책임의식이 있어야한다고 주장하였지

---

29 『孟子』, 「公孫丑下」, "孟子謂蚳鼃曰: 子之辭靈丘而請士師, 似也, 爲其可以言也. 今旣數月矣, 未可以言與? 蚳鼃諫於王而不用, 致爲臣而去. 齊人曰: 所以爲蚳鼃, 則善矣; 所以自爲, 則吾不知也. 公都子以告. 曰: 吾聞之也: 有官守者, 不得其職則去; 有言責者, 不得其言則去. 我無官守, 我無言責也; 則吾進退, 豈不綽綽然有餘裕哉?"

만, 그는 겉치레로서의 거짓된 인仁과 의義에 대해서는 반대한다. 맹자가 중점을 둔 것은 바로 다른 상황 속에서 사람들은 각자의 신분에 따라서 반드시 각각 다른 선택을 하게 된다는 것이다. 이러한 부분이 바로 맹자가 유가의 정명正名사상을 한 단계 더 높게 발전시킨 점이라고 할 수 있는 것이다.

> 우禹임금과 후직后稷이 태평성대 때에도 자기 집 문 앞을 세 번이나 지나가면서도 들어가지 않은 것에 대하여 공자는 그들이 어질다고 생각했다. 안자(顏子: 안회)가 세상이 어지러울 때에도 누추한 골목에서 살면서 한 그릇의 밥과 한 통의 물을 마시고 살았다. 다른 사람들은 그러한 열악함을 감당해내지 못하지만 안자는 그러한 즐거움을 바꾸지 않았기 때문에 공자는 그가 어질다고 생각했다. 맹자가 말했다. 우임금과 후직 그리고 안회는 도道가 같다. 우임금은 천하에 물에 빠진 자가 있으면 마치 자신이 그를 빠뜨린 것처럼 생각하고, 후직은 천하에 굶주린 자가 있으면 마치 자신이 그를 굶주리게 만든 것처럼 생각하였으니, 이 때문에 그와 같이 급하게 여긴 것이다. 우임금과 후직과 안자가 처지를 바꾸면 다 그렇게 하였을 것이다. 지금 한 집에 있는 사람 가운데 다투는 자들이 있을 경우, 이를 말려야 하는데, 비록 머리를 그대로 풀어 흩트린 채 갓끈만 매고 가서 말리더라도 괜찮다. 그러나 동네나 이웃에 다투는 자들이 있다면 머리를 풀어 흩트린 채 갓끈만 매고 가서 말린다면 정신이 헷갈린 것이니, 비록 문을 닫고 가만히 있더라도 괜찮은 것이다.[30]

30 『孟子』, 「離婁下」, "禹稷當平世, 三過其門而不入, 孔子賢之. 顏子當亂世, 居於陋巷. 一簞食, 一瓢飮. 人不堪其憂, 顏子不改其樂, 孔子賢之. 孟子曰: 禹稷顏回同道. 禹思天下有溺者, 由己溺之也; 稷思天下有飢者, 由己飢之也, 是以如是其急也. 禹稷顏子易地則皆然. 今有同室之人鬪者, 救之, 雖被髮纓冠而救之, 可也. 鄕隣有鬪者, 被髮纓冠而往救之, 則惑也, 雖閉戶可也."

위의 인용문에는 두 종류의 충돌 상황을 내포하고 있다. 즉 "우禹임금과 후직后稷이 태평성대 때에도 자기 집 문 앞을 세 번이나 지나가면서도 들어가지 않은 것"은 대아大我와 소아小我[31]의 선택을 내포하고 있으며, 우임금과 후직과 안회顔回의 처세 태도가 다른 것으로써 한 집에 같이 사는 사람들의 다툼과 이웃집 사람들이 서로 다툴 때 그것을 말릴지의 여부의 문제를 비교 유추하는 것은 위에 언급한 것과 마찬가지로 책임소재의 문제와 밀접하게 연관되어 있는 것이다.

첫 번째 상황에 대해서 말하자면, 맹자는 우임금과 후직이 "자기 집 문 앞을 세 번이나 지나가면서도 들어가지 않은 것"에 대하여 그들은 천하를 먼저 생각하고 가족을 다음으로 생각했다고 여겼다. 즉 맹자는 그들이 대아大我를 중요하게 생각하고 소아小我를 가볍게 여겼다고 생각했다. 그러나 이러한 선택은 책임의 의미를 내포하고 있는 것으로 우임금과 후직은 마땅히 그렇게 해야 할 책임이 있다는 것이며, 만일 우임금과 후직이 그러한 책임이 없었다면 그들은 그렇게 하지는 않았을 것이라고 하는 것이다.

맹자는 이러한 두 종류의 상황을 대비함으로써 성현들의 도道는 달라 보이지만, 사실은 처지를 바꾸면 다 같이 그렇게 했을 것이라고 하여 성현들의 도道는 같은 것이라는 주장을 분명하게 드러내고자 했다. 우임금과 후직이 태평성대시기에 현실에 안주하고 자신의 삶을 즐겼을 수도 있었지만, 물에 빠진 사람이 있으면 마치 그를 자신이 빠뜨린 것처럼 생각하고 굶주리는 사람이 있으면 그를 자신이 굶주리게 만든 것처럼 여긴 바와 같이, 백성들의 고통에 대하여 고민했기 때문에 자기 집 문 앞을 세 번이나 지나가면서도 들어가지 않은 것이다. 또한 안회顔回는 춘추시대라고 하는 난세에 살았는데 당시의 백성들은 모두들 고통

31 대아大我 : 천하를 위함. 소아小我 : 가족을 위함.

속에서 신음하고 있는 상황이었다. 그러나 안회는 한 그릇의 밥과 한 통의 물에 의지해야하는 빈곤한 생활에 만족하며 수신修身의 도리를 지켰던 것이다.

그들(우임금과 후직)이 이렇게 한 것은 절대로 명예를 얻기 위해서가 아니었으며, 안회 역시 천하를 위하려는 마음이 없었기 때문에 그렇게 한 것이 아니고, 다만 그들이 각자 그러한 책임을 질 위치에 있었는지 아니면 그러한 책임을 질 위치에 있지 않았는지 여부의 관점에서 보아야만 하는 것이다. 우임금과 후직의 경우 책임을 져야만 하는 신분에 있었기 때문에 반드시 그렇게 해야만 했는데, 만일 그렇지 않았으면 책임을 회피한 것이 되는 것이다. 그러나 안회의 경우 우임금이나 후직과 같은 책임이 없었기 때문에, 그는 수신의 도道로써 홀로 자신을 수양한 것이다. 이러한 관점에 대하여 조기趙岐의 경우 다음과 같은 입장을 표방했다.

> 태평성대 때에도 자기 집 문 앞을 세 번이나 지나가면서도 들어가지 않은 것은 공公·경卿의 신분에 있어 백성들을 염려하는 것이 더 시급했기 때문이다. 난세에 누추한 골목에 안주하여 세상에 쓰여 지지 않아서 가난하면서도 수신의 도를 즐긴다. 맹자는 그들이 백성들을 염려하는 도리는 같으나 그것을 응용한 것과 응용할 수 없었던 것은 대략 이와 같아서 공자는 그들이 어질다고 한 것이다. 우임금과 후직은 백성들의 고통해소를 이와 같이 급하게 여겼으며, 안회와 처지를 바꿨어도 그 마음은 역시 그랬을 것이다.[32]

두 번째 상황에 대해서 말하자면, 맹자는 "한 집에 있는 사람 가운데 다투는 자들이 있을 경우, 이를 말려야 하는데 비록 머리를 그대로

32 趙岐撰, 『孟子章句』, 卷十三, 『四部叢刊』 本 참조.

풀어 흩트린 채 갓끈만 매고 가서 말리더라도 괜찮다."라고 했는데, 이것은 같은 집에 사는 사람은 나와 매우 가까운 관계에 있는 사람으로서 만일 그가 다른 사람과 분쟁을 벌인다면 말려야 하는 것은 의심할 여지가 없는 사실로 이는 마땅히 져야할 책임인 것이다. 즉 이러한 것은 우임금이나 후직이 천하에 대하여 책임의식을 갖는 것과 같은 맥락을 형성하고 있다고 말을 할 수가 있는 것이다. 그러나 "동네나 이웃에 다투는 자들이 있다면 머리를 풀어 흩트린 채 갓끈만 매고 가서 말린다면 정신이 헷갈린 것이니, 비록 문을 닫고 가만히 있더라도 괜찮은 것이다."라는 말속에는 책임을 질 지위에 있지 아니하면, 책임질 만한 일을 도모하지 않는다는 의미를 내포하고 있는 것으로, 이것은 앞서 언급한 증자曾子와 자사子思의 경우와 같은 맥락을 형성하고 있는 것이다.

이상과 같이 알 수 있듯이 맹자는 각자가 자신의 소임에 대한 책임을 질 것을 주장한다. 그래서 그는 우임금과 후직이 "자기 집 문 앞을 세 번이나 지나가면서도 들어가지 않은 것"이나 안회가 당시의 상황에 대하여 조급하게 염려하지 않고 안빈낙도安貧樂道한 것 역시 모두 자신의 본분을 잘 지킨 것이라고 생각했던 것이다. 또한 비슷한 맥락으로 같은 집에 사는 사람들이 서로 다툰다면 자신은 그것을 말려할 책임이 있기 때문에 적극적으로 말려야하지만, 동네나 이웃집의 사람들이 서로 다툰다면 그것은 자신과 관계없는 그들 내부의 문제이므로 굳이 가서 말려야할 필요가 없기 때문에 문을 닫고 간여하지 않아도 된다는 것이다. 이러한 각도에서 우임금과 후직 그리고 안회의 처세 태도를 본다면 그들이 한 처세는 모두 도道에 부합되는 것이다.

#### 4) 군신간의 의리와 정치윤리의 충돌에 관련된 선택문제

맹자가 말했다. 죄가 없는데도 사士를 죽이면 대부大夫가 그 나라를 떠나야 하고, 죄가 없는데도 백성들을 죽이면 사士가 그 나라를 옮겨가야

한다.[33]

위의 인용문에 언급된 충돌상황은 바로 사士와 대부大夫[34]는 모두 신하된 자들로서 군주에 대하여 군주에 대한 의리를 지켜야 하는데, 무도한 군주가 죄가 없는데도 사士와 백성들을 죽인다면 신하된 자들은 여전히 군주에 대하여 반드시 충성을 다해야 하는가 아니면 말아야하는가의 상황 속에서 발생된 것이다.

맹자가 일찍이 "부자간에는 친함이 있으며, 군신 간에는 의리가 있으며, 부부간에는 분별이 있으며, 장유長幼간에는 차례가 있으며, 친구간에는 믿음이 있는 것이다."[35]라고 말한 바와 같이 "군신 간에는 의리가 있다"는 말은 오륜五倫 가운데의 하나로 유가에 있어서 정치윤리의 핵심을 이루고 있다. 또한 군주와 신하는 제각기 백성들에 대한 책임과 권한을 가지고 있으며, 정치에 관련된 모든 행위들은 반드시 백성들의 삶을 우선적으로 고려하여야만 한다는 것이다. 그래서 맹자는 "백성이 가장 귀중하고, 국가가 그 다음이고, 군주는 가벼운 것이다."[36]라고 말한 것이다. 즉 이러한 주장은 군주가 모든 것을 제멋대로 해서는 안 된

33 『孟子』, 「離婁下」, "孟子曰: 無罪而殺士, 則大夫可以去; 無罪而戮民, 則士可以徙."

34 ① 사士는 일반적인 의미의 선비가 아니다. 춘추전국시대의 사士는 지배계층의 가장 말단에 있는 계층으로서, 평시에는 하급 행정 관료로서의 직무를 수행하고 전시戰時에는 군의 하급 장교 역할을 담당하였다. 즉 문무文武를 겸비한 하급관리 계층이라고 할 수 있는 것이다.

② 대부大夫는 일정한 지역의 통치자라고 할 수 있다. 춘추전국시대의 통치 권역은 천하, 국國, 가家로 이루어져 있었다. 천하의 통치자는 천자天子였고, 국國의 통치자는 제후였고, 가家의 통치자는 대부였다. 이때의 가家는 집 혹은 집안이라는 의미가 아니고, 약 5만 호 정도의 규모를 갖춘 권역을 의미한다. 이러한 권역을 통치하는 대부는 자신의 영토 내에서 세금징수와 재판권 그리고 군대의 보유 등 모든 행정·국방·사법·징세 등에 관련된 권리를 행사할 수 있었다.

35 『孟子』, 「滕文公上」, "父子有親, 君臣有義, 夫婦有別, 長幼有序, 朋友有信."

36 『孟子』, 「盡心下」, "民爲貴, 社稷次之, 君爲輕."

다는 의미를 함축하고 있는 것이다. 또한 신하들은 군주에 대하여 의義를 지켜야하는데, 이때의 의義는 군주에 대한 충성을 포함하지만 결코 맹목적인 충성까지 포함하는 것은 아니다. 즉 만일 군주가 불의不義하여 무고한 백성들을 죽일 경우에도 여전히 그런 무도한 군주를 섬기는 것이 바로 맹목적인 충성인 것이며, 그러한 신하 역시 불의不義한 행위를 저지르게 되는 것이다. 그렇기 때문에 그와 같은 무도한 군주를 버리고 떠나간다면 비록 국가에 대해서는 도움이 되지는 않겠지만, 적어도 폭군을 도와 학정을 한다는 오명을 벗을 수 있기 때문에 마땅히 떠나가야만 한다.

신하된 자가 중요하게 여길 것은 앞에서 언급한 바와 같이 맡은 직무에 대한 책임을 다하는 것이다. 특히 책임 져야할 직무 가운데 가장 중요한 것은 군주가 선정善政을 베풀 수 있도록 권면하는 것이라고 할 수 있다. 이러한 사안에 대하여 맹자는 제선왕齊宣王과의 경卿에 관한 대화 속에 진일보한 설명을 하는데, 그는 경卿을 '군주와 친척관계인 경'과 '군주와 친척관계가 아닌 경'의 두 종류로 분류한다.

> 제선왕齊宣王이 경卿을 묻자, 맹자가 말했다. 왕께서는 어떤 경을 물으십니까? 왕이 말하기를 경이 같지 않습니까? 맹자가 같지 않습니다. 군주와 친척관계인 경과 군주와 친척관계가 아닌 경이 있습니다. 라고 말하자, 왕이 군주와 친척관계인 경에 대해 묻겠습니다. 라고 했다. 맹자가 말하기를 군주에게 큰 허물이 있을 때 간언하고 반복하여도 듣지 않으면 군주의 지위를 바꿉니다. 이 때 왕이 발끈하며 낯빛을 바꾸자, 맹자는 왕께서는 이상하게 생각하지 마십시오, 왕께서 소신에게 물으셨기에 소신이 감히 바른대로 대답하지 않을 수가 없었습니다. 왕이 얼굴빛이 안정된 후에 군주와 친척관계가 아닌 경에 대해 묻자, 맹자가 군주가 허물이 있으면 간언하고 반복하여도 듣지 않으면 떠납니다. 라고 말했다.[37]

맹자는 '군주와 친척관계인 경'이나 '군주와 친척관계가 아닌 경'에 관계없이 모두 군주가 잘못하였을 경우 군주가 바른 길을 갈 수 있도록 간언해야 할 책임이 있는데, 만일 여러 차례 반복해서 간언을 했음에도 불구하고 군주가 간언을 받아들이지 않으면 '군주와 친척관계인 경'은 군주의 지위를 바꿔야 하는 의무가 있고, '군주와 친척관계가 아닌 경'은 그러한 의무가 없기 때문에 다만 관직을 사직하고 떠나갈 뿐이라고 언급했던 것이다.

맹자는 백성들을 군주의 권력 유지수단으로 보지 않고 군주가 돌보아야할 대상으로 생각하여, 무도한 군주에 대해서는 백성들과 신하된 사람들이 떠나갈 수 있을 뿐만 아니라 심지어는 군주의 자리에서 쫓아낼 수 있다고 생각했다.

> 제선왕齊宣王이 물었다. 탕湯임금이 걸桀을 추방하고 무왕武王이 주紂를 정벌했다고 하는데, 그러한 일이 있었습니까? 맹자가 전승되어 오는 기록에 있습니다. 라고 대답했다. 제선왕이 말하기를 신하가 자기의 군주를 시해해도 됩니까? 라고 하자, 맹자가 인仁을 해치는 자를 적賊이라 하고 의義를 해치는 자를 잔殘이라 하고 잔적殘賊하는 사람을 일개 평민이라 하니, 일개 평민인 주紂를 죽였다는 말은 들었어도 군주를 시해했다는 말은 들어보지 못했습니다.[38]

37 『孟子』, 「萬章下」, "齊宣王問卿. 孟子曰: 王何卿之問也? 王曰: 卿不同乎? 曰: 不同. 有貴戚之卿, 有異姓之卿. 王曰: 請問貴戚之卿? 曰: 君有大過則諫, 反覆之而不聽, 則易位. 王勃然變乎色. 曰: 王勿異也. 王問臣, 臣不敢不以正對. 王色定, 然後請問異姓之卿. 曰: 君有過則諫, 反覆之而不聽, 則去."

38 『孟子』, 「梁惠王下」, "齊宣王問曰: 湯放桀, 武王伐紂, 有諸? 孟子對曰: 於傳有之. 曰: 臣弑其君可乎? 曰: 賊仁者謂之賊, 賊義者謂之殘, 殘賊之人, 謂之一夫. 聞誅一夫紂, 未聞弑君也."

앞의 인용문 가운데에서 제선왕이 탕湯임금과 무왕武王이 본래 신하의 신분이었는데 그들이 각기 걸桀을 추방하고 주紂를 죽인 행위는 군신간의 의리에 위배되지 않느냐고 생각했음을 알 수 있다. 이에 대하여 맹자는 주紂가 인의仁義를 해쳤기 때문에 이미 군주의 자격을 상실한 평민의 신분이었을 뿐이라고 생각하여 일개 평민에 불과한 주紂를 죽인 무왕이 어떻게 자신의 군주를 죽인 죄를 지었다고 말할 수 있겠느냐고 한 것이다.

### 5) 소아小我와 대아大我의 충돌에 관한 문제

앞부분에서 논의한 문제는 나와 타인과의 상호 관계에 대한 문제였는데, 이 때 타인의 범위는 단지 나와 다른 별도의 행위의 주체로 한정지었지만, 여기에서는 타인의 범위를 사회나 국가에로까지 확대시켜 보도록 하겠다. 개인과 사회와의 관계는 맹자가 특히 관심을 집중했던 부분으로 소아小我와 대아大我 사이의 문제 즉 개인의 선善과 사회전체의 선善 사이의 관계와 개인의 이익과 국가의 이익 사이의 충돌문제를 포함하고 있다.

#### ① 개인의 선과 사회전체의 선에 관한 문제

앞부분에서 인용한 문장 가운데 맹자는 우임금과 후직이 태평성대 때에도 "자기 집 문 앞을 세 번이나 지나가면서도 들어가지 않은 것"이 국가의 사무를 더 중요하게 생각한 것, 즉 다시 말하면 대아大我를 중요하게 여기고 소아小我를 가볍게 여긴 것이라고 생각했다. 그러나 만일 소아小我로서의 개인의 선善과 사회전체의 선善 사이의 이익에 상호충돌이 발생했을 경우 맹자는 과연 어떠한 선택을 했을까? 라고 하는 의문이 든다. 이러한 문제는 뜻(정치적 성취)을 얻는 것과 얻지 못하는 것 사이 및 개인의 선善과 사회전체의 선善 사이에서 어떠한 선택을 할 것인가의 문제에 관하여 언급한 것이라고 할 수 있다. 이와 같은 문제에 대하여 맹자는 "뜻을 얻으면 백성과 함께 도를 행하고, 뜻을 얻지 못하면 홀로 그 도를 행한다."[39]라고 했다.

유가儒家에서는 개인의 수양으로부터 사회 국가의 공익에 이르는 연결시스템을 매우 중시하고 있는데 그 실례가 『대학大學』에 잘 나타나 있다.

> 옛날에 밝았던 덕을 천하에 다시 밝히고자 하는 자는 먼저 그 나라를 다스리고, 그 나라를 다스리고자 하는 자는 먼저 그 집을 가지런하게 하며, 그 집을 가지런하게 하고자 하는 자는 먼저 그 자신을 수양하고, 그 자신을 수양하고자 하는 자는 먼저 그 마음을 바로 잡으며, 그 마음을 바로 잡고자 하는 자는 먼저 그 뜻을 정성 되게 하고, 그 뜻을 정성 되게 하고자 하는 자는 먼저 그 지혜를 이룬다. 지혜를 이루는 것은 사물에 접촉하여 사물의 이치를 연구하는데 있다. 사물의 이치가 연구된 후에 지혜가 이루어지고, 지혜가 이루어진 후에 뜻이 정성스러워지며, 뜻이 정성스러워진 후에 마음이 바르게 되고, 마음이 바르게 된 후에 자신이 수양되며, 자신이 수양된 후에 집이 가지런해지고, 집이 가지런해진 후에 나라가 다스려지며, 나라가 다스려진 후에 천하가 태평해진다.[40]

유가儒家에서는 개인의 수양과 가정의 화목을 통하여 나라와 천하를 잘 다스리기를 희망한다. 이러한 희망은 그들의 사회에 대한 사명의식과 책임의식에 그 뿌리를 두고 있다고 할 수 있다. 그렇기 때문에 맹

---

39 『孟子』, 「滕文公下」, "得志與民由之, 不得志獨行其道."

40 『大學』, "古之欲明明德於天下者, 先治其國; 欲治其國者, 先齊其家; 欲齊其家者, 先修其身; 欲修其身者, 先正其心; 欲正其心者, 先誠其意; 欲誠其義者, 先致其知; 致知在格物. 物格而后知至, 知至而后意誠, 意誠而后心正, 心正而后修身, 修身而后齊家, 齊家而后國治, 國治而后天下平."

자는 일찍이 "공자는 삼 개월 동안 섬길 군주가 없으면 안절부절 한 듯하며 국경을 나갈 적에 반드시 폐백을 싣고 갔다."[41]라고 말했던 것이다. 이는 유가의 '학문을 익히고 여력이 있으면 관직에 나간다.'라고 하는 포부와 이상을 단적으로 보여주는 예라 하겠다.

이외에도 공자가 언급한 인仁에 대해서 살펴보면, 인仁의 주요한 의미는 충서忠恕에 있는데 이때의 충忠은 자신의 최선을 다해 성실하게 책임을 다한다는 것이고, 서恕는 자신의 마음에 비추어서 타인의 마음을 헤아린다는 것이다.[42] 즉 자신에게 최선을 다해 성실하게 책임을 완성한다는 것은 곧 소아小我를 성취한다는 것을 의미하고, 자신의 마음에 비추어서 타인의 마음을 헤아린다는 것은 곧 소아小我를 성취한 결과를 타인에게까지 확대시킨다는 것을 의미한다. 그렇기 때문에 유가에서는 자신의 덕성을 수양하여 일정한 정도의 성취를 이루었을 때, 이러한 성취를 타인과 사회에까지 확대시킬 것을 요구하는데 그 목적은 바로 이상적인 인간세상을 구현하는데 있는 것이다.

그렇지만 그들 역시 현실생활이 반드시 모두 자신의 의지대로 될 수는 없다는 것을 알고 있었다. 특히 선진시대先秦時代에 있어서의 그러한 환경은 유가儒家가 현실생활 속에서 자신의 뜻을 제대로 펼칠 수 있는 여건이 조성되어 있지 못한 상태였다고 할 수 있다. 그렇기 때문에 유가儒家에서는 자신들이 직면한 현실에 따라서 뜻을 얻거나 뜻을 얻지 못하는 상황이나 혹은 개인의 선善과 사회전체의 선善이 충돌을 일으키는 상황이 발생하였을 때, 그들이 선택한 태도는 굽힐 줄도 알고 펼 줄도 아는 도량과 안빈낙도安貧樂道로 자족하는 자세와 사회를 위해 뜻을 펼칠 기회가 주어지면 소아小我의 사적인 태도를 버리고 대아大我

41 『孟子』, 「滕文公下」, "孔子三月無君, 則皇皇如也, 出疆必載質."

42 李相顯, 『先秦哲學之研究』, 北京, 世界科學社, 1946년, 18쪽 참조.

의 정신으로 임했으며, 시대가 자신을 필요로 하지 않으면 홀로 자신의 도道를 수양한다는 것이다. 이러한 사상은 『맹자』 가운데에도 잘 나타나 있다.

> 옛날 사람들은 뜻을 얻으면 백성들에게 혜택이 더 가게 만들고, 뜻을 얻지 못하면 자신을 수양하여 세상에 드러내니, 곤궁하면 홀로 자신을 선하게 만들고 출세하면 천하를 모두 선하게 만든다.[43]

위의 인용문 가운데에는 개인의 수양小我과 천하의 공익大我 사이의 선택에 대한 입장이 분명하게 나타나 있다. 즉 여기에서는 맹자가 개인의 사회에 대한 책임감을 매우 중요시하였음을 찾아볼 수는 있다. 그러나 여기서 간과해서는 안 될 점은 바로 소아小我로부터 대아大我에 이르는 과정 속에서 도덕주체가 도덕실천을 전개해 나가는 가운데 개인의 수양은 반드시 사회전체의 선善을 위해야 한다는 필연성이 내포되어 있다는 사실이다.

> ② 가난을 해결하기 위해 관직에 나가는 문제
>
> 맹자가 말했다. 벼슬은 가난을 해결하기 위해서 하는 것이 아니지만, 때로는 가난을 해결하기 위해서 하는 경우가 있다. 아내를 얻는 것은 봉양을 받기 위해서가 아니지만 때로는, 봉양을 받기 위한 것도 있다. 가난을 해결하기 위해서 하는 것은 높은 지위를 사양하고 낮은 지위에 처하며, 급료가 많은 것을 사양하고 급료가 적은 데에 처해야 하는 것이다. 높은 지위를 사양하고 낮은 지위에 처하며 급료가 많은 것을 사양하고 적은 것에 처하는 것은 어떻게 하여야 마땅한가? 관문을 여닫거나 목탁을 치는 일이다. 공자가 일찍이 창고를 담당하는 관리가 되었을 때

43 『孟子』, 「盡心上」, "古之人, 得志, 澤加於民; 不得志, 修身見於世. 窮則獨善其身, 達則兼善天下."

> 말하기를 회계를 마땅하게 할 뿐이다. 라고 했고, 일찍이 가축을 담당하는 관리가 되었을 때는 말하기 소와 양을 무럭무럭 살찌게 하고 자라게 할 뿐이다. 라고 했다. 지위가 낮으면서 말을 높게 하는 것은 죄이고, 남의 조정에 서 있으면서 도道가 행해지지 않음은 부끄러운 것이다.[44]

주자朱子는 위의 인용문에 대한 주석 가운데 "벼슬함이 본래 도道를 행하기 위해서이나, 또한 집이 가난하고 부모가 늙었거나, 혹은 도道가 때와 맞지 않아 다만 급료를 받는 경우가 있다."[45]라고 하고 있다. 또한 『한시외전韓詩外傳』에서는 "집이 가난하고 부모가 늙은 사람은 높은 벼슬의 관리가 되는 것을 선택할 수 없다."[46]

고대 사회에서는 군자가 관직에 진출을 하는 이유가 가난을 해결하려는 이유 때문만이 아니고 도道를 천하에 실천하기 위한 것에 있었지만, 만일 천하에 도道가 없고 집이 가난하고 부모가 늙은 경우, 연로한 부모를 봉양하기 위해서 부득이하게 가난을 해결하기 위해 관직에 나가는 것이 용인되었다. 그러나 가난을 해결하기 위해서 부득이하게 관직에 진출했기 때문에, 높은 지위에 오르거나 많은 보수를 받는 것을 도모할 수가 없었던 것이다. 앞서 언급한 "명분에 맞는 지위에 있는 삶은 그에 상응하는 일을 도모해야 하고 책임을 져야한다."에서와 같이 만일 높은 지위나 많은 보수를 받는다면 반드시 도道를 실천해야만 하는 책임을 져야만 한다는 것이다. 연로한 부모를 봉양하기 위하여 부

44 『孟子』, 「萬章下」, "孟子曰: 仕非爲貧也, 而有時乎爲貧; 娶妻非爲養也, 而有時乎爲養. 爲貧者, 辭尊居卑, 辭富居貧. 辭尊居卑, 辭富居貧, 惡乎宜乎? 抱關擊柝. 孔子嘗爲委吏矣, 曰: 會計當而已矣. 嘗爲乘田矣, 曰: 牛羊茁壯長而已矣. 位卑而言高, 罪也. 立乎人之本朝而, 道不行, 恥也."

45 朱熹撰, 『四書章句集注』, 「孟子集注」, 卷十, 海淵閣明刻本 참조.

46 韓嬰撰, 『韓詩外傳』, 卷第一, 第一章, 이 책은 『龍谿精舍叢書』, 第一冊, 北京, 中國書店, 1991년에 수록되어 있음.

득이 하게 관직에 진출하게 되었다면 다만 낮은 지위의 관직을 맡아야만 하는데, 만일 높은 지위의 관직에 있으면서 도道를 실천하지 못한다면 그것은 바로 하는 일 없이 급료만 받는 경우가 될 것이다. 이러한 것이 가난을 해결하기 위해서 부득이하게 관직에 진출한다고 하는 것과 도道를 실천하기 위해서 관직에 진출한다고 하는 것 양자 사이의 이해관계가 충돌하는 상황에서 할 수 있는 적절한 선택이라고 할 수 있는 것이다.

### 6) 개인의 사사로운 정情과 공공의 규범의 충돌에 관한 문제

앞부분에서 언급한 문제는 나와 타인과의 관계 확산에 관한 문제로, 이러한 문제는 자신과 타인 및 자신과 사회전체의 충돌문제를 포함하고 있다. 여기에서는 두 가지 윤리 사이의 충돌, 특히 인륜의 사사로운 정情과 공공의 규범 즉 가정윤리와 사회윤리 사이의 충돌문제를 다루어 보도록 하겠다.

> 만장萬章이, 상象이 매일 순舜을 죽이려는 기도를 일삼았는데도 순이 즉위하여 천자가 되어서는 그를(죽이지 않고) 추방한 것은 무슨 이유 때문입니까? 라고 물었다. 맹자가 그를 제후로 봉한 것인데 어떤 사람들이 추방했다고 하는 것이다. 라고 말했다. 만장이 순이 공공共工을 유주幽州에 유배시키고, 환도驩兜를 숭산崇山으로 추방하고, 삼묘三苗를 삼위三危에서 죽이고, 곤鯀을 우산羽山에서 죽이시어, 네 가지를 처벌하자 천하가 모두 복종한 것은 불인不仁한 자들을 처벌했기 때문입니다. 상象이 매우 불인不仁하였는데도 그를 유비有庳에 책봉하셨으니, 유비의 사람들이 무슨 죄를 지었기 때문입니까? 어진 사람도 본래 이와 같습니까? 타인의 경우에 있어서는 죽이고 동생의 경우에 있어서는 책봉하시는군요. 라고 말했다. 맹자가 어진 사람은 동생에 대하여 화난 마음을 오래 감추어두지 않으며

원망하는 마음을 묵혀두지 아니하고, 그를 내 자신처럼 여기고 사랑할 뿐이다. 그를 내 자신처럼 여긴다면, 그가 귀하게 되기를 바랄 것이고, 그를 사랑한다면 그가 부유해지기를 바랄 것이다. 그러니 그를 유비에 책봉한 것은 그를 부귀하게 만든 것이다. 자신은 천자가 되고 아우는 필부가 된다면 아우를 내 자신처럼 여기고 사랑한다고 할 수 있겠는가? 라고 말했다. 만장이 어떤 사람들이 추방하였다고 말한 것은 무엇을 의미하는 것인지 감히 묻겠습니다. 라고 하자 맹자가 상이 그 나라에서 좋은 정치를 할 수 없어서, 천자가 관리를 시켜 그 나라를 다스리게 하고 그 공물과 세금을 납부하게 하였기 때문에 그것을 추방한 것이라고 하는 것이다. 그러니, 어찌 그 백성들에게 난폭하게 할 수 있겠는가? 비록 그렇게 조치는 했지만 늘 동생을 보고 싶어 했기 때문에 계속 오게 하였으니, 조공할 시기가 되지 않아서 정치적인 일로써 유비의 제후를 접견했다. 라고 한 것은 이러한 것을 말하는 것이다. 라고 말했다.[47]

상象은 순舜임금의 아우의 신분으로 매일 순을 죽이려는 기도를 일삼은 불인不仁한 사람이었는데도, 순은 천자로 즉위한 후에 오히려 그를 유비有庳지역의 제후로 책봉한다. 그래서 만장萬章은 순임금이 자신의 동생이 불인不仁한 사람인 것을 알고 있으면서도 처벌하지 않고 오히려 그를 제후로 책봉한 행위는 그 지역의 백성들에게 해를 끼치는 것이라고 생각했다. 즉 만장은 순임금이 공공共工과 환도驩兜와 삼묘三苗 그리

47 『孟子』, 「萬章上」, "萬章問曰: 象日以殺舜爲事, 立爲天子, 則放之, 何也? 孟子曰: 封之也, 或曰放焉. 萬章曰: 舜流共工於幽州, 放驩兜於崇山, 殺三苗於三危, 殛鯤於羽山, 四罪而天下咸服, 誅不仁也. 象之不仁, 封之有庳. 有庳之人奚罪焉? 仁人固如是乎? 在他人則誅之, 在弟則封之. 曰: 仁人之於弟也, 不藏怒焉, 不宿怨焉, 親愛之而已矣. 親之欲其貴也, 愛之欲其富也. 封之有庳, 富貴之也. 身爲天子, 弟爲匹夫, 可謂親愛之乎? 敢問或曰放者, 何謂也? 曰: 象不得有爲於其國, 天子使吏治其國, 而納其貢稅焉, 故謂之放. 豈得暴彼民哉? 欲常常而見之, 故源源而來. 不及貢, 以政接於有庳, 此之謂也."

고 곤鯤 등 네 죄인을 모두 처벌했는데 어째서 유독 상象에 대해서만 다른 조치를 취했는지 의문스러웠으며, 설마 상象이 자신의 동생이라는 이유만으로 유비有庳지역의 백성들을 내버린 것이라는 생각까지 하게 된다. 그렇기 때문에 만장은 순임금의 이러한 행위가 사적인 감정에 치우쳐 공익을 해친 경우라고 여기게 된 것이다.

맹자는 형제간의 정情은 천성天性의 정情이라고 생각하여 고치거나 말살할 수 없는 것이며 천자 역시 이러한 정情에 대해서는 일반 사람이나 천자나 다 같은 것이라고 생각했다. 또한 맹자는 어진 사람仁人은 형제에 대하여 화난 마음과 원망하는 마음을 오래 묵혀두지 않고, 다만 내 자신처럼 사랑하는 정情이 있을 뿐이어서 천자의 신분으로 동생을 필부로 만들지 않는다고 했던 것이다. 그래서 순임금은 이전에 상象이 자신을 죽이려고 했던 일을 마음속에 담아두지 않은 것이다. 만일 순임금이 진정으로 상象에 대한 나쁜 감정이 남아 있었다면 천자의 자리에 있으면서 무엇이 두려워 상象의 나쁜 행위들에 대한 제재를 가하지 않았겠는가? 순임금이 상을 유비有庳지역의 제후로 책봉한 것은 "그를 사랑한다면 그가 부유해 지기를 바란다."라고 하는 형제의 정情 때문이다.

다른 한편으로는, 상象의 결점을 잘 알고 있었던 순임금은 그가 유비有庳지역의 백성들을 괴롭힐까 염려하여 다른 관리를 파견하여 상의 유비有庳지역 통치를 돕게 하고, 자주 그를 불러 만나보았는데 이는 형제간의 정情을 유지하면서도 유비有庳지역의 백성들이 괴롭힘을 당하지 않도록 한 조치인 것이다. 맹자는 순임금의 이러한 조치가 인륜의 사사로운 정情과 공공의 규범을 모두 살린 경우에 해당된다고 보았던 것이다. 그러나 다른 사례 가운데에서는 맹자가 과도하게 인륜의 사사로운 정情 부분을 강조하지 않았나 하는 의혹을 살만한 부분도 있다.

도응桃應이 물었다. 순舜임금이 천자天子가 되고 고요皐陶가 사(士: 법을 집행하는 집행관)가 되었을 경우, 고수瞽瞍가 사람을 죽였다면 어떻게 되겠습니까? 맹자가 법을 집행할 뿐이다. 라고 말했다. 그렇다면 순임금은 법의 집행을 막지 않았을까요? 순임금이 어떻게 법의 집행을 막을 수 있겠는가? 고요는 살인자를 체포해야할 임무를 받은 바가 있는 것이다. 그렇다면 순임금은 어떻게 하겠습니까? 순임금은 천하를 버리기를 마치 헌신짝 버리는 것처럼 보고 몰래 업고 도망하여 바닷가를 따라 살면서 평생을 흔쾌히 즐거워하면서 천하를 잊으셨을 것이다.[48]

이러한 상황 가운데에서 맹자는 법을 집행하는 사람 자체는 인륜의 사사로운 정情 때문에 공공의 규범을 버려서는 안 된다고 생각하였으며, 다른 한편으로 그는 완전히 공공의 규범을 버려서는 안 된다고 주장하면서 인륜의 사사로운 정情이 너무 커서 그것을 끊으려 해도 끊을 수 없는 상황에 직면했을 때는 부득이하게 법을 집행하는 자로서의 신분을 버려야 만이 부자간의 정情을 유지할 수 있음과 동시에 법을 집행해야하는 위치에 있는 사람으로서 감내해야할 책임을 위반하지 않게 되는 것이라고 했던 것이다. 그렇지만 맹자가 언급한 것처럼 이러한 사회정의의 구현과 인륜의 사사로운 정情을 동시에 충족시킬 수 있는 방법은, 만일 모든 사람들이 다 자신의 책무를 버리고 아버지를 업고 도망간다고 하는 상황을 가정했을 때, 사회정의는 도대체 어디에 존재하는 것인가 라고 하는 의문이 제기될 것이다. 이러한 문제에 관해서는 향후 기회가 된다면 다른 지면을 통하여 좀 더 심도 있게 논의를 진행해 보도록 하겠다.

48 『孟子』, 「盡心上」, "桃應問曰: 舜爲天子, 皐陶爲士, 瞽瞍殺人, 則如之何? 孟子曰: 執之而已矣. 然則舜不禁與? 曰: 夫舜惡得而禁之? 夫有所受之也. 然則舜如之何? 曰: 舜視棄天下, 猶棄敝蹝也. 竊負而逃, 遵海濱而處, 終身訢然, 樂而忘天下."

## 4. 맺는 말

이상과 같이 확인할 수 있듯이 도덕충돌의 발생을 사람과 사람, 사람과 사회 그리고 사회와 사회 사이에만 한정 지우지 않고, 어떠한 도덕적 선善의 불협화음이나 모순들까지도 모두 도덕충돌의 범주 안에 넣었다. 이러한 도덕충돌은 도덕주체가 도덕선택을 하는 과정의 전제조건이 되는 것인데, 만일 도덕충돌이 발생하지 않는다면 역시 도덕선택의 문제는 발생하지 않을 것이다. 그렇기 때문에 도덕충돌은 우리들의 도덕지식의 부족한 점을 보충시켜 도덕적 선善을 달성시켜주는 교량의 역할을 한다고 할 수 있는 것이다.

인간은 일상생활 속에서 항상 도덕선택의 상황에 직면할 수 있을 것인데, 이러한 상황은 특수한 경우의 도덕충돌의 경우에만 국한되는 것이 아니라 언제라도 발생할 수 있는 상황이라고 할 수 있는 것이다. 도덕상황의 충돌과 선택을 통하여 개인이 가지고 있는 도덕관과 도덕규범을 수정해야할 필요성을 검증할 수 있는 것이기 때문에, 끊임없는 도덕충돌과 도덕선택의 과정을 되풀이하는 가운데 도덕의 진정한 의미를 파악할 수 있게 되는 것이다. 그렇기 때문에 본장에서는『맹자』가운데 도덕충돌과 도덕선택에 관련된 개별적인 사안의 분석을 통하여, 개별적인 상황의 도덕충돌에 직면했을 때 맹자가 선택한 태도와 해결방법을 이해하여 도덕적으로 최선의 선택을 할 수 있는 방법을 모색해 보았던 것이다. 또한 도덕주체의 선택에 있어서도 맹자는 인간이 삶을 추구하고 죽음을 회피하려는 욕구보다 더욱 가치 있는 선택은 의義라고 생각했음을 알 수 있었으며, 아울러 맹자에게 있어서 의義의 가치는 생명의 가치보다 더욱 고차원적인 가치였다는 사실을 파악할 수 있었다. 이러한 사실을 통해서 도덕생명의 가치가 자연생명의 가치보다 우위에 있다는 것을 알 수 있게 되었던 것이다.

효도 상황의 충돌에 관한 것은 다음과 같이 집약할 수 있다. 먼저 "부모에게 아뢰지 않고 장가든 것"은 부모의 뜻에 순종하지 않은 것이라는 것과 "후손이 없는 것"은 불효라는 것 사이의 충돌, 그리고 "부모에게 아뢰지 않고 장가든 것"은 불효라는 것과 "인륜의 대사"를 위배하는 것 사이의 모순이다. 즉 이러한 상황의 충돌은 장가를 갈 때는 반드시 부모에게 아뢰어야만 하는 것이지만, 순舜임금의 아비 된 자로서 고수瞽瞍는 순임금을 좋아하지 않았기 때문에 순임금이 아내를 얻는 것에 대하여 달가워하지 않았고, 요堯임금은 그의 두 딸을 순임금에게 시집보내고 싶었으나 고수의 반대에 부딪칠까 염려했었고, 순임금 역시 만일 부모에게 아뢴다면 장가를 가지 못할 것을 알았으며, 또한 장가를 갈 수 없다면 두 가지 폐해를 초래할 것을 염려한 상황 속에서 발생한 것이다. 그렇기 때문에 순임금은 이러한 충돌의 상황 아래서 최선의 선택으로 "부모에게 아뢰지 않고 장가를 든" 것이다.

개인 덕행의 완성과 타인 생명의 구원 사이의 충돌에 관한 문제에서는, 남녀 간에 물건을 주고받을 때 직접 손으로 전달하지 않는 것이 당시의 예禮로서 모든 사람들이 준수해야할 규범이었는데, 만일 제수弟嫂가 물에 빠져 허우적거리고 있는 것을 목격했을 때 손을 내밀어 제수의 손을 잡아서 구해야하는지 아니면 예禮를 지키기 위해서 손을 내밀지 않아야 하는지의 상황에서 발생한 것이다. 이러한 문제에 대한 맹자의 대답은 손을 내밀어 제수의 손을 굳게 잡아서 구해내라고 하는 것이다. 그러한 까닭은 바로 맹자는 비록 남녀 간에 직접 손을 잡지 않는 것이 예禮에 부합하는 것이라고는 하지만, 만일 남녀 간에 직접 손을 잡지 않는다고 하는 예禮를 지키기 위해서 제수가 죽어가고 있는 상황 속에서도 그녀를 구하지 않는 것은 불인不仁한 것이며, 이러한 불인不仁이 예禮를 위반하는 것 보다 더욱 큰 잘못이라고 여겼기 때문이다.

맹자는 각자가 자신의 소임에 대한 책임을 질 것을 주장한다. 그래서 그는 우禹임금과 후직后稷이 "자기 집 문 앞을 세 번이나 지나가면서도 들어가지 않은 것"이나 안회가 당시의 상황에 대하여 조급하게 염려하지 않고 안빈낙도 한 것 역시 모두 자신의 본분을 잘 지킨 것이라고 생각했다. 또한 같은 맥락으로 같은 집에 사는 사람들이 서로 다툰다면 자신은 그것을 말려할 책임이 있기 때문에 적극적으로 말려야하지만, 동네나 이웃집의 사람들이 서로 다툰다면 그것은 자신과 무관한 그들 내부의 문제이므로 굳이 가서 말려야할 필요가 없기 때문에 문을 닫고 간여하지 않아도 된다는 것이다. 이러한 각도에서 우임금과 후직 그리고 안회의 처세 태도를 본다면 그들이 한 처세는 모두 도道에 부합되는 것이다.

맹자가 개인의 사회에 대한 책임감을 매우 중요시하였음을 찾아볼 수는 있다. 그러나 여기서 간과해서는 안 될 점은 바로 소아小我로부터 대아大我에 이르는 과정 가운데 도덕주체가 도덕실천을 하는 가운데 개인의 수양은 반드시 사회전체의 선을 위해야 한다는 필연성이 내포되어 있다는 사실이다. 또한 만일 높은 지위나 많은 보수를 받는다면 반드시 도道를 실천해야만 하는 책임을 져야만 한다. 늙은 부모를 봉양하기 위하여 부득이 하게 관직에 진출하게 되었다면 다만 낮은 지위의 관직을 맡아야만 하는데, 만일 높은 지위의 관직에 있으면서 도道를 실천하지 못한다면 그것은 바로 하는 일 없이 급료만 받는 경우가 될 것이다. 이러한 것이 가난을 해결하기 위해서 부득이하게 관직에 진출하는 것과 도를 실천하기 위해서 관직에 진출하는 것 둘 사이의 이해관계가 충돌하는 상황에서 할 수 있는 적절한 선택인 것이다.

맹자는 법을 집행하는 사람 자체는 인륜의 사사로운 정情 때문에 공공의 규범을 버려서는 안 된다고 생각하였으며, 또 한편으로 그는 완전히 공공의 규범을 버려서 안 된다고 주장하면서 인륜의 사사로운 정情이 너무 커서 그것을 끊으려 해도 끊을 수 없는 상황에 직면했을 때는, 부득불 법을 집행하는 자로서의 신분을 버려야 만이 부자간의 정情을 유지함과 동시에 법을 집행해야하는 위치에 있는 사람으로서 져야 할 책임을 위반하지 않게 되는 것이라고 했다.

## 참고문헌


朱公遷, 『詩經義疏』, 『四庫全書』 本.

孫星衍, 『尙書今古文注疏』, 『平津館叢書』 本.

劉寶楠, 『論語正義』, 『續皇淸經解』 本.

趙岐, 『孟子章句』, 『四部叢刊』 本.

朱熹, 『孟子章句集註』, 『海淵閣明刻』 本.

焦循, 『孟子正義』, 『焦氏遺書』 本.

牟宗三, 『圓善論』, 臺北, 學生書局, 1985년.

徐復觀, 『中國人性論史』, 臺北. 臺灣商務印書館, 1990년.

勞思光, 『新編中國哲學史』卷一, 臺北, 三民書局, 1986년.

曾仰如, 『倫理哲學』, 臺北, 臺灣商務印書館, 1985년.

程顥, 程頤, 「河南程氏遺書」, 『二程集』, 北京, 中華書局, 1981년.

李相顯, 『先秦哲學之硏究』, 北京, 世界科學社, 1946년.

王邦雄, 曾昭旭, 楊祖漢, 『孟子義理疏解』, 臺北, 鵝湖出版社, 1995년.

蔡信安, 『道德抉擇理論』, 臺北, 時英出版社, 1993년.

項退結, 『西洋哲學辭典』, 臺北, 華香園出版社, 1989년.

張業淸, 羅國傑, 『中國倫理百科全書』, 長春, 吉林人民出版社, 1993년.

林安弘, 『儒家禮樂之道德思想』, 臺北, 文津出版社, 1988년.

# 제6장 권도와 도덕선택

## 1. 시작하는 말

앞장에서 이미 『맹자孟子』 가운데 도덕상황의 충돌에 관련된 문제에 대한 초보적인 분석과 검토를 통하여 맹자의 도덕철학체계는 일반적으로 흔히 생각하는 것처럼 진부하거나 융통성이 없는 것이 아니라는 것을 발견할 수 있었다. 또한 맹자는 도덕주체가 개별적인 상황 가운데 내리는 도덕적 판단과 선택을 중요시했을 뿐만 아니라 융통성이 없는 태도를 고집하는 것에 대하여 반대한다고 하는 사실을 확인 할 수 있었다. 아울러 이러한 융통성과 임기응변의 자유로운 운용은 바로 맹자가 언급한 권도權道의 정신과 부합되는 것이라고 하는 사실 역시 확인할 수 있었다. 본장에서는 앞장의 연속선상에서 이미 분석된 문제를 종합적으로 검토하여 맹자 사상가운데 권도權道와 관련된 사상을 이해함과 동시에 그가 도덕선택을 할 때 견지한 관점과 중요시 한 것이 과연 어떤 것이었는지에 대하여 알아보도록 하겠다. 아울러서 이러한 고대의 사상에 대하여 현대적인 시각을 통하여 맹자의 권도權道사상이 과연 현대의 다원화된 사회의 요구에 부합할 수 있는지의 여부도 함께 분석해보도록 하겠다.

## 2. 권도

### 1) 권權자의 해석에 관한 문제

권權하면 일반적으로는 권모술수라는 단어가 먼저 떠오른다. 그래서 자칫 맹자가 언급한 권權 역시 권모술수 의미로서의 권權이라고 오해할 수도 있다. 그렇기 때문에 맹자의 권도權道에 대한 문제를 언급하기에 앞서, 먼저 권權자에 대한 정확한 개념정리 및 문자학적인 해석 작업을 통하여 언급의 범위를 확정 하겠다. 우선적으로 이러한 작업과 관련하여 선인들의 견해를 참조해보면 다음과 같다.

먼저 위정통韋政通의 권權자에 대한 해석을 살펴보면 다음과 같다.

> 철학에 있어서 권權은 다음과 같은 두 종류의 함의를 가지고 있다. 하나는 통권달변通權達變이고, 다른 하나는 권력이다. 먼저 통권달변通權達變이란 의미는 경經 혹은 상常에 대응해서 언급한 개념이다. 철학자들은 원칙은 변할 수 없는 것이 있고 또 한편으로는 변할 수 있는 것도 있는 것이라고 했는데, 변할 수 없는 것은 경經과 상常이 되고 변할 수 있는 것은 권權이 된다고 여겼다.……권權은 경經이 수많은 사안 가운데에 있어서 운용되는 방식이므로 하나의 원칙에만 집착하지 않고 임기응변의 조처를 취한다는 의미가 되어 경經과 더불어 동질의 변화를 일으키게 된다. 그렇기 때문에 권權은 또한 경經으로 돌아가 도道에 합치된다는 의미를 가지고 있는 것이다.[1]

위의 인용문에서 언급된바와 같이 위정통韋政通은 권權의 철학적 의미를 언급하고 있는데 이것은 특이할 만 하다고 할 수 있다. 즉 위정통은 권權자를 윤리학적 측면에서 말하는 하나의 원칙에만 집착하지 않고

1 韋政通, 『中國哲學辭典』, 臺北, 大林出版社, 1977년, 803쪽 참조.

임기응변의 조처를 취한다는 의미와 정치적 측면에서 말하는 권력이란 의미로 사용할 수 있다고 보았다. 일반적으로 흔히들 맹자나 노자 등과 같은 사상가들에 대하여 권모술수가들 이라고 하는 오해를 하는데, 이것은 바로 권權자의 개념정의에 대한 정확한 인식이 결여된 이유 때문으로 권權자의 의미를 단지 권력이나 권모술수의 의미로 파악했기 때문이라고 할 수 있다. 그러나 그들이 언급하였던 권權은 윤리학적 범주의 권權이며, 본문에서 다루고자 하는 권도의 권權 역시 윤리학적 범주의 권權임을 밝혀둔다.

권權에 대한 연구를 진행하기 전에 먼저 권權자의 자의를 분석할 필요가 있다. 권權자에 관련된 갑골문甲骨文이나 금문金文의 기록은 찾아볼 수 없으며 소전小篆[2]을 쓰기 시작한 시대에 와서 비로소 권權자가 보이기 시작한다. 『이아爾雅』에서는 초목의 명칭으로 권權자의 본래적 의미를 설명한다.

권은 황화나무(국화나무) 이다.[3]

권權자의 원래의미는 초목을 지칭하는 명칭이었을 뿐 다른 의미는 없었으나 그 뒤에 사용된 권權자는 모두 응용된 의미로 쓰인 것이다. 『맹자孟子』 속에 권權에 관련된 문구는 세 차례 보이는데 제일 처음에 보이는 곳은 맹자가 양혜왕梁惠王에게 정치의 도에 관해서 언급한 부분인데 다음과 같다. 즉 "저울질을 해 본 뒤에야 가볍고 무거운 것을 알며, 자로 재어본 뒤에야 길고 짧은 것을 알 수 있습니다."[4] 여기에서 맹

2 중국서체의 하나로 진시황 때 이사가 대전大篆을 간략하게 변형하여 만든 것임. 대략 기원전 246년에서 기원전 210년 사이에 출현된 것으로 추정됨.

3 郝懿行撰, 『爾雅義疏』, 「解草」, 卷十三. 이 책은 『郝氏遺書』에 수록되어 있음.

4 『孟子』, 「梁惠王上」, "權, 然後知輕重; 度, 然後知長短."

자는 권權과 탁度을 함께 언급했는데, 권權은 가볍고 무거운 것을 알 수 있는 근본이 됨을 의미하며, 권權과 탁度 모두를 따져보고 판단하는 의미로 사용했음을 찾아볼 수 있다. 이러한 단어에 대하여 주자朱子는 주석에서 다음과 같이 말하고 있다.

> 권權은 저울과 저울추요, 탁度은 길이와 자이다. 탁지度之는 저울질하고 헤아림을 말한다. 사물의 가벼움과 무거움 그리고 길고 짧음은 사람들이 똑같이 하기가 어려운 것이니, 반드시 저울과 자를 가지고 헤아린 뒤에야 (경중과 장단을)볼 수 있는 것이다.[5]

『광아廣雅』 역시 "저울은 무게를 다는 것을 일컫는 것이고, 저울추는 권權을 일컫는다."라고 언급되어 있는데, 이에 대하여 왕념손王念孫은 다음과 같이 소疏를 달았다. 즉 "한서 왕망전에서는 저울질로써 헤아린다. 라고 하고, 설문해자는 칭전稱銓에서 전銓을 저울질하는 것이라 한다.……정현이 주석을 단 『예기禮記』, 「월령月令」에는 저울질하여 헤아리는 것을 권權이라고 한다."[6] 또한 『한서漢書』에도 "권權이라는 것은 수, 량, 근, 균, 석으로 사물의 가볍고 무거움을 재는 것이다."[7]라고 언급되어 있는 용법들을 근거로 했을 때 권權자의 두 번 째 의미는 사물의 경중을 재는 도구를 의미하는데, 이러한 사물의 경중을 헤아린다고 하는 의미를 좀 더 응용시켜보면 헤아려 본다는 의미 속에는 이미 가치판단이 내재되어 있다고 할 수 있는 것이다.

앞서 위정통이 언급한 "경經으로 돌아가 도道와 합치된다는 의미"는

---

5 "權, 稱錘也; 度, 丈尺也. 度之謂稱量之也, 言物之輕重長短, 人所難齊, 必以權度度之, 以後可見."朱熹撰, 『四書章句集注』, 「孟子集注」, 卷一, 海淵閣明刻本影印 참조.

6 王念孫, 『廣雅疏證』, 「釋器」, 卷八上. 이 책은 『四部備要』에 수록되어 있음.

7 班固撰, 『漢書』, 「律曆志」, 卷一上.

권權자의 본래 의미가 아니고 응용된 의미로 본문에서 논급하고자 하는 권權이며, 여기에서의 권權은 경經과 상대적인 의미로 쓰인 것이다. 이러한 권權과 경經의 관계에 대해서는 『춘추공양전春秋公羊傳』에 잘 나타나 있다.

> 송나라 사람들이 정鄭나라 사람 제중際仲을 잡았다. 제중이란 누구인가? 정나라의 재상이다. 왜 이름을 기록하지 않았는가? 현명한 사람이었기 때문이다. 왜 제중이 현명하다고 했는가? 권도權道를 알았기 때문이었다.……장공莊公이 죽어 이미 장사를 지냈다. 제중이 유留지역을 살피려고 가는 길에 송宋나라 사람들이 나타나 제중을 사로잡았다. 송나라 사람들이 제중에게 "우리를 위하여 태자 홀忽을 축출하고 공자公子 돌突을 세워 달라."고 말했다.
>
> 제중이 그들의 말을 따르지 않으면 군주가 반드시 죽게 되고 나라도 반드시 망하게 된다. 그들의 말을 따르면 군주도 살아나 죽음과 바꿀 수 있고 국가도 보존시켜서 망하는 것과 바꿀 수 있게 된다. 잠깐만 멀리하여 늦춘다고 생각하면 된다.……옛 사람들이 권도를 두었다고 한 것은 제중이 쓴 이러한 권도를 의미한다. 권權이란 무엇인가? 권이란 경經에 반한 연후에 선善이 있는 것이다. 권이 베풀어지는 것은 사람이 사망한 상태에서는 베풀어질 수가 없는 것이다. 권을 행하는 것에는 도道가 있는데 폄손貶損함으로부터 권을 행하여 남을 해치지 않고 권을 행하는 것이다. 남을 죽이고 자신은 살며 남을 망하게 하고 자신을 존재시키는 행위를 군자는 하지 않는 것이다.[8]

『춘추공양전春秋公羊傳』은 경經에 반하는 의미로 권權을 해석하면서 "선善이 있다"와 "권을 실행하는데 도道가 있다"는 말을 덧붙이고 있음을

---

8 陳立, 『公羊義疏』, 「桓公十一年九月」, 『皇清經解續編』 本.

파악할 수 있다. 이러한 의미는 곧 경經과 선善의 각도에서 권權의 정의를 내리고 있다는 말이 된다. 그러므로 권權과 경經은 상대적인 의미로 이해될 수 있다고 언급할 수 있는 것이다.

> 공양전 가운데의 "경에 반한다."라는 의미로서의 "경"은 마땅히 "예禮·일정한 법칙·일정한 도리"의 의미이다. 예禮라는 것은 인간 세계의 질서유지와 화합의 일반적인 규범 혹은 원칙을 의미하는 것이기 때문에 그것을 상례常禮나 일정한 법칙 혹은 일정한 도리라고 말하는 것이다.……권權은 사물의 경중 및 제반 가치 등을 헤아림에 있어서 일반적인 규범에 의하지 않고 임시방편의 의미를 포함하고 있다.[9]

> 공양전 속의 "경"은 "예"를 지칭하는 것으로 인간사회에서 발생할 수 있는 일반적인 상황 속에서 선善을 실행하기 위한 일반적인 행동규범이다. "권"은 일반적인 행동규범을 벗어난 상황에서 선善을 유지하기 위한 행동조치이다. 이러한 "경"과 "권"은 횡렬 적인 상반관계임과 동시에 양자 모두는 동일한 목표를 지향하는데 그것이 바로 선善이다.[10]

『춘추공양전春秋公羊傳』과 위에서 언급한 사실들을 근거로 보았을 때 권權의 의미는 경經과 대조해서 파악될 수 있을 것이다. 만약 경經이 보편적인 법칙이 된다면 일반적인 상황 속에서 마땅히 지켜야할 규범이라고 할 수 있는데 그 비근한 실례로 맹자가 언급한 "남자와 여자가 (물건을)주고받는 것을 직접 하지 않는 것은 예禮이다"의 '예禮'를 들을 수 있다.

---

9 林義正,「春秋公羊傳思想中的經權問題」,『臺大文哲學報』, 第38期, 臺北, 臺灣大學出版社, 1990년, 6쪽 참조.

10 林義正,「春秋公羊傳思想中的經權問題」,『臺大文哲學報』, 第38期, 臺北, 臺灣大學出版社, 1990년, 11쪽 참조.

그렇다면 권權이란 것은 경經의 원칙 아래서 보편적인 원리를 특수한 상황에 맞춰 적용하거나 선택적으로 사용하는 것을 의미한다고 할 수 있을 것이다. 이것이 바로 맹자가 두 번째로 언급한 "제수가 물에 빠졌는데도 끌어내지 않는다면, 이는 승냥이다. 남자와 여자가 (물건을)주고받는 것을 직접 하지 않는 것은 예禮이고, 제수가 물에 빠지면 손으로 끌어내는 것은 권權이다."[11]는 의미로서의 권權이다. 만일 어떠한 일을 처리하는 가운데 예禮에 따라 한 행위가 선善이라면 예禮를 실천하는 것은 곧 경經을 실천하는 것이라고 할 수 있다. 그러나 만일 예禮에 따라 한 행위가 불선不善이 될 경우가 발생한다면 예禮에 따라 행위를 해서는 안 되고 권權에 따라 행위를 해야 한다.

고대 중국사회에서는 "남자와 여자가 (물건을)주고받는 것을 직접 하지 않는 것"이 예禮이며 모든 사람들이 이러한 규범을 상례常禮로 지켰다. 그러나 만일 제수가 물에 빠졌는데도 "남자와 여자가 (물건을)주고받는 것을 직접 하지 않는 것은 예禮이다"라는 것을 고집하여 제수가 익사하게 된다면 이는 불인不仁한 행위가 되기 때문에 예禮를 버리고 손으로 끌어내 제수를 구해야만 하는 것이다. 즉 손으로 제수를 끌어내는 행위는 평상시에는 예禮에 어긋나는 행위이기 때문에 맹자는 이러한 것을 권權이라고 불렀다.

> 일반적인 상황 속에서 경經을 지키면 진실한 선善을 얻을 수 있지만 특수한 상황 속에서 경經을 지키면 표면적인 선善이나 작은 선善 혹은 진실되지 못한 선善만을 얻을 수 있다. 권權을 행하는 주요한 목적은 바로 일반적인 방법에 변용을 가해 진실한 선善 혹은 큰 선善을 얻는데 있다.[12]

---

11 『孟子』, 「離婁上」, "嫂溺不援, 是豺狼也. 男女授受不親, 禮也; 嫂溺援之以手者, 權也."

12 林義正, 「春秋公羊傳思想中的經權問題」, 『臺大文哲學報』, 第38期, 臺北, 臺灣大學出版社, 1990년, 11쪽 참조.

어떤 측면에서 말한다면 권權은 경經에 위배된다고 할 수 있지만 권權과 경經 모두는 선善을 목적으로 한다고 하는 측면에 볼 때는 권權이 결코 경經이 추구하는 선善의 원칙에 위배된다고 할 수는 없다. 그러므로 주자는 "권權과 경經은 반드시 다른 점이 있다. 그러나 비록 다른 점이 있다고는 하더라도 권權은 실재로는 경經에서 떨어질 수는 없다."[13] 라고 말했던 것이다. 즉 권權은 최후에는 반드시 경經으로 돌아가야만 한다는 것이다.. 다시 말하면, 경經이 추구하는 선善으로 돌아가야 한다는 것이다. 그러므로 맹자는 "군자는 떳떳한 도道를 회복할 뿐이다."[14] 라고 언급한 것이다.

만약 권權이 경經을 회복하지 못한다면 그것은 권모술수로 흘러가게 될 것이다. 권權은 도덕규범의 실천을 의미함과 동시에 도덕규범의 요구 가운데의 하나인 것이다. 그러므로 『춘추공양전春秋公羊傳』에서는 "경經에 반한 연후에 선善이 있는 것이다"라고 특별하게 강조하면서 "권을 행하는 것에는 도道가 있다"라는 말을 덧붙인 이유는 바로 후세 사람들이 권權 그 자체가 선善을 구하려는 것이라는 진의를 오해할 것을 염려했기 때문이라는 것을 알 수 있는.것이다.[15]

경經이 보편성을 지닌 일정한 원칙이 된다고 할 때의 일정함은 불변을 의미하지 않는다. 보편적 규범이라는 것은 사회 환경의 변화에 따라 변천하고 문화적 차별성과 생활방식의 변화 등등 외재적인 요인에 의해서 그 내함에 차이가 발생하기는 하지만 "선善을 구함"이라는 목적은 이러한 외재적인 요인 때문에 바뀌는 것은 아니라는 것이다. 구체적인 실재상황 속에서 사건에 대하여 명확하게 파악하기 위해서는 반드

13 黎靖德, 『朱子語類』, 第三冊, 卷三十七, 北京, 中華書局, 1994년, 992쪽 참조.

14 『孟子』, 「盡心下」, "君子反經而已矣"

15 林義正, 「春秋公羊傳思想中的經權問題」, 『臺大文哲學報』, 第38期, 臺北, 臺灣大學出版社, 1990년, 7쪽 참조.

시 권權에 부합하게 선善을 구할 수 있도록 만들어야 만이 진정한 해결을 모색할 수 있게 되는 것이다. 대진戴震은 일정한 원칙常과 가변성變 둘 사이의 대비되는 관계를 통하여 권을 정의했다.

> 권이라고 하는 것은 경중을 분별하는 것이다.

대진戴震은 "오랜 세월 동안 불변의 경중을 드러내 보이는 것"을 일정한 원칙常으로 삼았으며, "중이라고 하는 것은 경에 대비한 것이고 경이라고 하는 것은 중에 대비한 것이다"를 가변성變으로 삼았는데, 여기에서의 가변성이 곧 권權인 것이다. 일정한 원칙常은 바로 유가에서 말하는 인仁이 되는 것이고, 가변성變은 인仁에 의거하여 나오는 예禮에 해당하는 것이다. 예의 경중은 상황의 변화에 따라 다르게 나타나는 것이기 때문에 변화에 직면하면 곧 변하게 되는 것이다. 그렇지만 그러한 변화의 근원은 변치 않는 선善이 되는 것이다.

> 대진의 주장은 오히려 진일보한 것인데, 이는 권형과 경중으로부터 일정한 원칙과 가변성에 대한 것을 언급했기 때문이다. 경중을 헤아리는 것은 가치평가의 문제에 속하는 것이고, 일정한 원칙과 가변성에 대한 것은 규범의 준수와 개정에 관한 문제에 속하는 것이다. 이러한 둘 사이는 본래 동일한 사건에 대하여 서로 다른 각도에서 바라본 두 개의 설명인 것이다.[16]

경經으로 권權을 해석했던 혹은 일정한 원칙常으로 권權을 해석하였던 간에 결국은 권權으로써 선善을 삼는다고 하는 목적은 의심할 나위가

---

16 林義正, 「春秋公羊傳思想中的經權問題」, 『臺大文哲學報』, 第38期, 臺北, 臺灣大學出版社, 1990년, 10쪽 참조.

없는 것이다. 그렇기 때문에 선善은 권權과 경經을 모두 통섭할 수 있는 것이 되는 것이다.

### 2) 권權과 집중執中에 관한 문제

맹자는 다양한 형태로 발생하는 도덕상황의 충돌에 직면하여 각각의 상황마다 다른 판단 및 선택을 하지만 항상 변치 않는 목적과 원칙을 유지하고 있는데 그것이 바로 선善이라고 하는 목적과 원칙이다. 이러한 것이 바로 맹자에 있어서 도덕규범의 실천과정 속에 함축되어 있는 권權의 정신을 나타내고 있는 것이며, 이러한 권權은 그가 도덕선택의 상황에 직면했을 때 견지하는 가장 기본적인 태도이다. 맹자는 이러한 권權의 정신에 관하여 양주楊朱와 묵자墨子 그리고 자모子莫의 예를 들어 설명하는데 다음과 같다.

> 양주는 나를 위함만 취하여, 털 하나를 뽑아 천하를 이롭게 한다 할지라도 하지 않는다. 묵자는 차별 없이 평등하게 사랑하여 이마를 갈아서 발꿈치에 이를지라도 천하를 이롭게 한다면 한다. 자모은 그 중간을 지켰으니, 중간을 지킴이 도에 가까우나, 중간을 지키고 권이 없으니 한 가지를 지킴과 같다. 한 가지 만을 지키는 것을 미워하는 까닭은 그 도를 해치는 것이니, 한 가지만을 들어 올려 백 가지를 모두 폐기하기 때문이다.[17]

맹자는 양주가 중시하는 자신을 위함爲我은 매우 이기적인 태도라고 여기는 한편 묵자의 양주와 정반대되는 주장인 차별 없는 사랑兼愛에

---

17 『孟子』, 「盡心上」, "楊子取爲我, 拔一毛而利天下, 不爲也. 墨子兼愛, 摩頂放踵利天下, 爲之. 子莫執中, 執中爲近之, 執中無權, 猶執一也. 所惡執一者, 爲其賊道也, 擧一而廢百也."

대한 주장에 대해서도 역시 취할만한 주장이 되지 못한다고 생각했다. 그 외에 자모의 중간을 지킴執中은 비교적 올바른 도리에 가까운 것이라고 보았다. 도에 가깝다고 하는 언급은 중간이라고 하는 것이 아직은 도가 아니라는 것을 의미하는 것으로, 만일 오직 중간만을 지킬 줄 알고 권權이 있는 것을 알지 못한다면 이는 역시 양주나 묵자와 같은 종류의 사람일 뿐이라는 것이다.

그렇기 때문에 맹자는 진일보하여 "한 가지만을 지켜 도를 해친다."라고 하는 것과 "한 가지만을 들어 올려 백 가지를 모두 폐기한다."라고 하는 언급을 했던 것이다. 이른바 "한 가지만을 지킨다."라고 하는 것은 간단하게 말해서 어떠한 규범이나 혹은 법칙 같은 것을 오직 하나만을 고수하면서 그 이면에 담긴 의미를 이해하지 못하는 것으로, 그 변통에 대하여 알지 못하게 되어 결국은 지나간 일들에 대해서 단지 지엽적인 판단만을 할 수 있게 되는 것이다. 이러한 지엽적인 판단이 초래할 좋지 않은 결과를 예상하지 못하고 그러한 판단에만 집착하게 된다면 이는 결과적으로 올바른 도리를 해치게 되는 것이다.

> 권과 상대적인 개념은 한 가지만을 지킨다고 하는 것이다. 한 가지만을 지킨다고 하는 것은 바로 특정한 규범만을 고수할 뿐 그것의 변통에 대해서는 알지 못하는 것이다. 한 가지만을 지킨다고 하는 것은 반드시 일반적인 규범을 강화시켜서 그러한 규범의 풍부한 사회적 함의와 융통성을 사장시키게 되어 결과적으로 규범 자체의 작용에 제한을 가져오게 만드는 상황을 초래하게 된다.[18]

『맹자』에 나타나 있는 다음과 같은 개별사례들을 통하여 우리는

18 楊國榮, 『善的歷程: 儒家價値體系的歷史衍化及其現代轉換』, 上海, 上海人民出版社, 1994년, 74쪽 참조.

맹자의 권權에 대한 응용을 발견할 수 있으며, 맹자가 도덕규범을 운용하는 데에 있어서 발휘한 융통성을 찾아볼 수 있다.

먼저 가난을 해결하기 위해 관직에 나가는 경우이다. 관직에 나가는 것은 도를 실천하기 위해서 인데, 만일 그러한 도를 실천하기 어려울 경우 관직에 나가서는 안 된다. 다만 연로하신 부모님을 봉양하기 위해 부득이하게 관직에 나갈 경우의 적합한 처신이나 선택은 바로 미관말직을 선택하여 관직에 종사하는 것이다. 이럴 경우 부모님을 봉양할 수 있으면서 한편으로 높은 관리가 되어 도를 실천할 책임을 질 필요가 없게 되는 것이다.

다음은 순임금이 부모에게 아뢰지 않고 장가든 경우이다. 이러한 경우는 두 종류의 잘못 가운데 비교적 작은 잘못을 선택한 것에 해당된다. 당시에는 후손이 없는 것이나 부모에게 아뢰지 않고 장가를 가는 것이나 모두 불효에 해당되는 사항이었다. 그렇지만 후손이 없는 것이 부모에게 아뢰지 않고 장가를 가는 것에 비하여 더욱 커다란 불효에 해당되었다. 즉 후손이 없는 것이라는 의미는 집안의 대를 끊어지게 하는 것이면서 한편으로는 인륜의 대사를 져버리는 것에 해당되는 것이었다. 만일 부모에게 아뢰지 않고 장가를 가는 것이라고 하는 예법을 지키기 위해서 후손이 없게 한다는 것과 같은 결과를 초래하게 된다면, 이는 한 가지만을 지킨다고 하는 과오를 범하게 되어 우매한 효도에 빠지게 되는 것이다. 그렇기 때문에 두 종류의 잘못 가운데 커다란 잘못을 버리고 작은 잘못을 선택하는 것, 즉 후손이 없게 하지 않는 것을 선택하는 행위가 큰 효도를 하는 것에 해당되는 것이고 부모에게 아뢰지 않고 장가를 가는 것을 포기하는 것이 작은 효도에 해당되는 것이라고 할 수 있는 것이다.

끝으로 순임금이 그의 이복동생인 상象을 유비有庳지역의 제후로 책봉한 경우이다. 상이 불인不仁하다는 것을 천하의 사람들이 모두 알고 있음에도 불구하고 순임금은 동생을 사랑하는 정情에 기반 하여 그가 부귀해지기를 염원하였기에 그를 유비有庳지역의 제후로 책봉했던 것이다. 그러나 순임금 역시 상의 인간됨을 알고 있었기 때문에 그가 유비有庳지역의 백성들을 괴롭힐까 염려하여 별도로 관리를 파견하여 상을 대신하여 그 지역의 정사를 돌보게 했던 것이다. 또한 순임금은 동생인 상을 자주 국도로 불러서 만나보았는데, 이러한 조처는 형제간의 우애를 유지하면서 유비有庳지역의 백성들이 피해를 입지 않도록 배려한 마음에서 나온 것이라고 할 수 있는 것이다. 바로 이러한 점에서 맹자의 권도에 대한 응용을 발견할 수 있는 것이다.

이상의 사례들 외에도 제수나 형수가 물에 빠졌을 때 손을 내밀어 구하는 것 및 윤리적 책임에 관련된 맹자의 견해 등은 모두 비슷한 양상을 띠고 있다고 볼 수 있다. 다른 한 측면에서는 맹자와 제자의 대화 가운데에서 맹자가 강조한 권權의 약동성과 규범의 불변성을 반대한다고 하는 입장에 대하여 숙지할 수 있을 것이다. 그렇기 때문에 맹자가 "우매한 충성은 준수할 필요가 없다"라고 한 주장을 이해할 수 있게 되는 것이다. 그래서 맹자는 군주가 올바른 도리를 준수하지 않고 신하와 백성들의 바른 간언을 수용하지 않을 때에는 다른 성씨의 재상일 경우 미련 없이 그 군주를 버리고 떠나고, 같은 혈족의 재상일 경우 그러한 군주를 폐위시킬 수 있다고 했던 것이다. 심지어 맹자는 사람들이 불인不仁하거나 불의不義한 군주를 주살할 수 있다고까지 생각했다.

> 진진이 "이전에 제나라에서는 왕이 좋은 황금 백 일을 주어도 받지 않으시더니, 송나라에서는 칠십 일을 주는 것을 받으시고, 설나라에서는 오십 일을 받으셨습니다. 그때 받지 않으신 것이 옳으면, 오늘 받으신 것이 그르고, 오늘 받으신 것이 옳으면 그때 받지 않은 것이 그를 것입니다. 선생님께서는 반드시 이 두 가지 중에 한 가지에 해당할 것입니다."

> 라고 물으니, 맹자가 "모두 다 옳은 것이다. 송나라에 있을 때에는 내가 먼 길을 떠나려고 하였다. 먼 길을 떠나는 사람에게는 반드시 노자를 보태 주는 것이 예인데, 보내온 말에 '노잣돈으로 드립니다.'라고 말하니 내가 어찌 받지 않겠는가? 설나라에서는 내가 경호를 받을 마음이 있었는데, 보내온 말에 '경호를 받으신다니 군사의 비용으로 드립니다.'라고 하니 내 어찌 받지 않을 수 있겠느냐? 그러나 제나라에서는 이러한 명분에 해당되는 것이 없었는데, 사용할 곳 없는 데도 주면 이는 재물로 매수하려는 것이다. 어찌 군자로써 재물에 매수될 수 있겠는가?"[19]

만일 우리들이 맹자가 생존하던 당시의 그의 역동적인 삶의 자세를 이해하지 못하게 된다면 진진陳臻의 경우와 같은 의문이 발생하게 될 것이다. 일반적으로 인간은 이미 습관적으로 사용하게 되는 특정한 행위의 모식으로 모든 행동의 양상을 해석하곤 한다. 그러나 맹자가 위의 인용문에서처럼 한 대답은 그러한 관념을 타파하기 위해서 생각한 것이라고 할 수 있는 것이다. 행동의 양상이 서로 같을 수는 있을 지라도 그 이면에 담겨져 있는 대의명분은 다를 수 있다고 볼 수 있다. 즉 송나라에서 보내온 금품을 받은 것은 그것이 노잣돈 명목으로 온 것이기 때문이고, 설나라에서 보내온 금품을 받은 것은 그것이 경호비용의 명목으로 온 것이기 때문에 받은 것인 반면, 제나라에서 보내온 금품은 어떠한 명분도 없이 보내온 것이기 때문에 맹자는 그것을 받지 않았던 것이다. 이와 같은 맹자의 권도權道 관념은 혼란의 시기에 처해서도 군자가 나서야 할 때와 물러날 때에 모두 사리에 합당하게 처신할 수 있

19 『孟子』, 「公孫丑下」, "陳臻問曰: 前日於齊, 王餽兼金一百而不受; 於宋, 餽七十鎰而受; 於薛, 餽五十鎰而受. 前日之不受是, 則今日之受非也; 今日之受是, 則前日之不受非也. 夫子必居一於此矣. 孟子曰: 皆是也. 當在宋也, 予將有遠行. 行者必以贐, 辭曰: 餽贐. 予何爲不受? 當在薛也, 予有戒心. 辭曰: 聞戒. 故爲兵餽之, 予何爲不受? 若於齊, 則未有處也. 無處而餽之, 是貨之也. 焉有君子而可以貨取乎?"

게 했던 것이다.

맹자의 권도權道 정신의 중요성에 대한 강조와 중시는 그가 공자를 "성인으로서 때를 알아서 맞게 한 분이다."라고 여러 차례 찬양한 것에서 찾아볼 수 있다.

> 공자가 제나라를 떠나실 적에는 밥하려고 일어 놓았던 쌀을 건져 가지고 갔지만, 노나라를 떠나실 적에는 '내 발걸음이 왜 이다지도 무거우냐?' 라고 말씀하셨다. 부모의 나라를 떠나는 도리였다. 빨리 떠나야 할 때에는 빨리 떠나고, 오래 있어야 할 때에는 오래 있고, 머물러 있어야 할 때에는 머물고, 벼슬할 수 있을 때에는 벼슬하신 이가 공자이셨다. 맹자가 "백이는 성인으로서 맑으신 분이었고, 이윤은 성인으로서 사명을 자임하신 분이었고, 유하혜는 성인으로서 온화한 기질을 가진 분이었고, 공자는 성인으로서 때를 알아서 맞게 한 분이다."라고 말했다.[20]

맹자는 여러 차례에 걸쳐서 백이伯夷와 이윤伊尹과 유하혜柳下惠 및 공자 등 네 분의 성인을 비교하였는데, 백이伯夷 이윤伊尹 유하혜柳下惠와 같은 성인 모두가 한쪽 측면에 치우쳐져 있어 각기 한 가지만을 지키고 있지만, 오직 공자만이 성인이면서 지혜로운 사람이라서 "성인으로서 때를 알아서 맞게 한 분"이 되는 것이라고 하는 사실을 부각시켰던 것이다. 이와 같은 맹자의 칭송은 공자가 변통할 줄 모르지 않았고 완고하지 않았기 때문에 그렇게 할 수 있었던 것이다. 즉 공자는 나서야할 때는 나서고 나설 수 없을 때는 물러날 줄 아는 사람이었던 것이다.

---

20『孟子』,「萬章下」, "孔子之去齊, 接淅而行. 去魯, 曰: 遲遲吾行也. 去父母國之道也. 可以速而速, 可以久而久, 可以處而處, 可以仕而仕, 孔子也. 打開字典顯示相似段落顯示更多訊息. 孟子曰: 伯夷, 聖之淸者也; 伊尹, 聖之任者也; 柳下惠, 聖之和者也; 孔子, 聖之時者也."

만장이 "예의와 폐백으로서 서로 교제하고 접촉하는 것은 어떤 마음으로 하는지 감히 여쭙겠습니다."라고 말했다. 맹자가 "공경함이다."라고 말했다.……맹자가 "그 교제하기를 도로써 하고 접촉하기를 예로써 한다면, 공자도 받으셨다."라고 말했다. 만장이 "지금 성문 밖에서 강도질한 사람이 교제하기를 도로써 하고 선물을 하는 데도 예로써 한다면, 강도질한 것을 받을 수 있습니까?""라고 묻자, 맹자가 "안 된다."라고 말했다.…… 만장이 "지금 제후들이 백성들로부터 착취하는 것이 강도질과 같은데, 그들이 예와 교제를 잘하여 온다면 군자도 그것을 받는다고 하니, 무슨 말씀인지 감히 여쭙겠습니다."라고 말했다. 맹자가 "그대 생각으로는 왕업을 이룬 자가 일어난다고 한다면 지금의 제후들을 모조리 잡아다가 벌을 주겠는가? 아니면 가르쳐도 고치지 않은 뒤에 벌을 주겠는가?……공자가 노나라에서 벼슬을 하실 적에 노나라 사람들이 사냥시합을 하였다."……만장이 "그렇다면 공자께서 벼슬을 하신 것은 도를 섬기신 것이 아닙니까?"라고 묻자, 맹자가 "도를 섬기셨다."라고 말했다. 만장이 "도를 섬기셨다면 어찌하여 사냥시합을 하셨습니까?"라고 묻자, 맹자가 "공자는 먼저 장부를 만들고 제기를 정리하여 바로잡아 놓으시고, 사방에서 사냥해 온 진기한 음식물은 장부에 정리된 제기에 올리지 못하게 했다."라고 말했다. 만장이 "어째서 도가 행하여지지 않는 그 곳을 떠나지 않으셨습니까?"라고 묻자, 맹자가 "도가 행하여질 수 있는 징조를 먼저 마련하셨다. 그 징조가 잘 행하여질 만한데도 행하여지지 않은 뒤에야 떠나셨다. 이러했기 때문에 3년을 마치도록 한 곳에 지체하신 일이 일찍이 없었다. 공자는 도가 행하여질 수 있으면 벼슬하고, 교제가 예에 맞으면 벼슬하고, 임금이 현량한 사람을 길러주면 벼슬을 하였다. 계환자에게는 도를 행할 수 있다고 하여 벼슬하고, 위나라의 영공에게는 예로써 대한다고 하여 벼슬하고, 위나라의 효공에게는 현량한 사람을 길러 줄 수 있다고 하여 벼슬하였다."라고 말했다.[21]

21 『孟子』, 「萬章下」, "萬章問曰: 敢問交際何心也? 孟子曰: 恭也.……其交也以道, 其接

만장의 “교제하고 접촉하는 것은 어떤 마음입니까?”라고 하는 질문에 대하여 맹자는 “공경함”이라고 하는 대답을 한다. 또다시 만장이 제후가 내려주는 불의한 재물을 거절할 수 있는지에 대하여 맹자에게 묻자, 맹자는 다만 존귀한 사람이 예를 갖춰 내려주는 것이라면 그러한 재물이 백성들로부터 착취한 불의한 것이라고 할지라도 공자는 받았을 것이라고 했다. 이러한 입장은 권도의 방식과 같은 것이라고 할 수 있는데, 우선 제후가 예를 갖춰서 내려주는 재물을 받은 후에 다시 천천히 그 제후를 교육시켜야 하는 것이지, 그 자리에서 제후의 선물을 거절해서는 안 된다는 것이다. 맹자는 공자의 사례를 들어서 설명하는데, 공자가 노나라에서 관직에 재임하고 있을 때 노나라 사람들은 사냥시합獵較[22]이라고 하는 풍속을 가지고 있었다. 노나라의 사냥시합은 좋지 않은 풍속이라는 것을 알고 있었던 만장은 공자 역시 사냥시합을 했다는 것에 대하여, 이는 도를 섬기지 않는다고 하는 행위에 속하는 것이 아닌가 하고 의심을 하는 한편 어째서 이와 같은 악습을 공자가 제지하지 않고 오히려 그러한 악습에 동참한 사실에 대하여 문제를 제기한다. 이러한 문제제기에 대하여 맹자는 공자를 위하여 변호하는데, 즉 “공자는 먼저 장부를 만들고 제기를 정리하여 바로잡아 놓으시고, 사방

---

也以禮, 斯孔子受之矣. 萬章曰: 今有禦人於國門之外者, 其交也以道, 其餽也以禮, 斯可受禦與? 曰: 不可.……曰: 今之諸侯取之於民也, 猶禦也. 苟善其禮際矣, 斯君子受之, 敢問何說也? 曰: 子以爲有王者作, 將比今之諸侯而誅之乎? 其教之不改而後誅之乎?……孔子之仕於魯也, 魯人獵較,……曰: 然則孔子之仕也, 非事道與? 曰: 事道也. 事道奚獵較也? 曰: 孔子先簿正祭器, 不以四方之食供簿正. 曰: 奚不去也? 曰: 爲之兆也. 兆足以行矣, 而不行, 而後去, 是以未嘗有所終三年淹也. 孔子有見行可之仕, 有際可之仕, 有公養之仕也. 於季桓子, 見行可之仕也; 於衛靈公, 際可之仕也; 於衛孝公, 公養之仕也.”

22 獵較: 엽각이라고 부르는데, 이것은 들판에서 서로 사냥한 짐승의 많고 적음을 견주는 것으로 포획한 사냥물을 빼앗아 제사를 지내는데 사용했는데, 공자께서 이것을 어기지 않으신 것은 다소 세속과 같이 하려 하신 것이다.

에서 사냥해 온 진기한 음식물은 장부에 정리된 제기에 올리지 못하게 했다."라고 했으며 그런 후에 "도가 행하여질 수 있는 징조를 먼저 마련하셨다. 그 징조가 잘 행하여질 만한데도 행하여지지 않은 뒤에야 떠나셨다."와 같은 말로 적극 해명한다. 즉 공자는 이러한 악습에 대하여 교육을 통한 점진적인 개선을 강구한 것이지 단번에 모든 것을 바꾸려했던 것은 아니라는 것이다. 만일 "장부를 만들고 제기를 정리"하고서 사냥시합獵較이라고 하는 노나라의 악습을 개선하고자 했다면, 아마도 백성들은 제사음식을 얻지 못했을 것임과 동시에 예의에 어긋나게 됨은 물론 백성들의 원성을 사게 되는 상황이 발생하게 되는 것이다. 이와 같이 했어도 그 효과를 볼 수 없게 될 경우에 공자는 미련 없이 떠나갔던 것이다. 이와 같은 사례를 통하여 공자의 처세술이 결코 융통성이 없는 완고한 것이 아니라 다양하게 변화하는 상황時에 맞는 중용의 도中를 취했음을 알 수 있게 된다.

이러한 시時와 중中이란 어떤 것을 의미하는 것인가? 라고 하는 문제가 제기 될 수 있다.

> 우리들은 시중時中의 상호 관계로부터 시時에 대하여 언급해야 한다. 즉 시時는 화해의 추세와 관련된 여정과 목적으로 이해해야 한다는 것이다. 중中이란 것은 음양이 상호 운행되는 영원한 질서의 규범이 되는 것으로 끊임없이 생성되는 형이상학적 이치가 되는 것이다.[23]

시중時中의 개념을 비교적 완벽하게 나타내고 있는 것은 『역경易經』인데, 시時는 일상생활 속에서의 다양한 변화의 모습을 의미하고, 중中은 보편적인 원칙으로 간주한다. 즉 맹자가 언급한 인의仁義가 바로 그

23 曾春海, 『儒家哲學論集』, 臺北, 文津出版社, 1989년, 474쪽 참조.

것이다. 이러한 시중時中의 개념과 맹자 언급한 권도權道는 상호 보완하는 것이라고 할 수 있다.

> 맹자가 언급한 권도와 공자가 언급한 시중은 그것들이 추구하는 정신은 실질적으로 일치하는 것이다. 즉 사람들이 객관적인 실제 상황의 변화를 근거로 자신의 행동원칙을 수시로 조정함으로써 발생한 문제를 당면한 상황에 맞게 해결하는 것이다. 이러한 것은 교조주의나 융통성이 없는 것을 배격한다.[24]

권도權道와 시중時中은 모두가 다양한 변화의 상황 속에서 보편적인 원칙을 다양한 상황에 맞춰 적절하게 변화시켜 운용하는 것이다. 실제로 『논어論語』에 기록되어져 있는 것을 보면, 공자는 권도의 문제에 관하여 의견을 제기한 적이 있는 것을 어렵지 않게 찾아볼 수 있게 된다.

> 공자께서는 다음 네 가지를 단절하셨으니, 임의로 하는 것이 없었고, 반드시 하려는 게 없었고, 고집함이 없었고, 내가 아니면 안 된다는 것이 없었다.[25]

> 공자가 함께 공부할 수 있는 사람이라 하더라도, 함께 정도로 나아갈 수는 없으며; 함께 정도로 나아갈 수 있는 사람이라 하더라도, 함께 자립할 수는 없으며; 함께 자립할 수 있는 사람이라 하더라도, 함께 일의 경중을 헤아려 행동할 수는 없다고 말했다.[26]

첫 번째 인용문을 통하여 공자가 "고집함"과 "내가 아니면 안 된다"

---

24 梁韋弦, 『孟子硏究』, 臺北, 文津出版社, 1993년, 36쪽 참조.

25 『論語』, 「子罕」, "子絶四; 毋意, 毋必, 毋固, 毋我."

26 『論語』, 「子罕」, "可與共學, 未可與適道; 可與適道, 未可與立; 可與立, 未可與權."

고 하는 것만을 고수하는 것에 대하여 즉 융통성이 없는 것에 반대했다는 사실을 알 수 있으며, 두 번째 인용문을 통하여 공자가 권도權道에 대하여 매우 높은 평가를 내리고 있음을 알 수 있다. 공자는 "함께 공부함", "정도에 나감", "함께 자립함", "함께 일의 경중을 헤아려 행동함" 가운데 "함께 일의 경중을 헤아려 행동함"에 최고의 가치를 부여하면서 일반적인 사람들 대부분이 한 가지만을 지킬 줄 알뿐 권도를 활용하지 못한다는 사실을 밝히고 있다. 이와 같은 사실을 통하여 유가에서는 권도의 정신을 매우 강조함과 동시에 임기응변이 없는 극단적인 고집에 대해서는 반대의 입장을 표방한다는 것을 알 수 있게 되는 것이다.

> 공자의 이러한 견해를 통하여 우리는 그가 이미 인간이 도덕의 주체가 된다고 하는 사실을 숙지하고 있었음을 알 수가 있게 되는 것이다. 또한 그는 인류의 본편적인 본질을 체현함과 동시에 특별한 관계 속에 있는 구체적인 존재의 도덕행위가, 보편적인 원칙의 지도가 필요하다는 사실을 강조면서 한편으로는 인간이 처한 특별한 상황을 반드시 고려해야 한다는 사실 역시 강조했다. 이론적인 측면에서 볼 때, 도덕규범은 보편적인 명령이 되어서 항상 구체적인 상황을 초월하는 경향이 있다. 이러한 보편성은 도덕의 내재적 가치와 존엄을 체현하는 것이고 또한 어떤 의미에 있어서는 그것을 구체적으로 운용할 경우 곤경이 수반되는 것이다. 도덕원칙이 구체적인 행위의 규범으로 성립되게 하기 위해서는 항상 반드시 일반적인 명령과 특정한 상황이 결합되어야 만이 그것을 구체적인 도덕명령으로 전환시키게 되는 것이다.[27]

앞에서 언급한 권도는 보편적인 원칙에 대한 임기응변이 있는 응

27 楊國榮, 『善的歷程: 儒家價値體系的歷史衍化及其現代轉換』, 上海, 上海人民出版社, 1994年, 38쪽 참조.

용이며, 권도權道를 한쪽으로 치우침이 없이 마땅한 도리를 잡는 것執中 가운데의 변용이 되는 것이라고 말하기도 한다. 그렇지만 이러한 변용은 변용 하고자 한다고 해서 변용할 수 있는 변용이 아닌 것이다. 만일 이러한 변용에 한쪽으로 치우침이 없이 마땅한 도리를 잡는 정신이 결여된다면 그러한 변용은 권모술수로 전락하게 되고 말 것이다. 권도의 변용은 반드시 『춘추공양전春秋公羊傳』에서 언급하는 "권을 경상에 반한 연후에 선함이 있는 것"[28]과 같아야 하는 것이다.

> 맹자는 도덕주체란 구체적인 상황 속에서 한 가지만을 지킬 줄 아는 것을 선택해서는 안 되는 것이지만, 임기응변을 발휘함과 동시에 반드시 어떠한 보편적인 원칙을 근거로 삼아야 하는 것으로 보았던 것이다.…… 특별한 상황 속에서 임기응변을 발휘한다고 할지라도 보편적인 도덕법칙을 완전히 벗어나서는 안 된다.[29]

권도權道의 변용은 반드시 보편적인 원칙에 부합해야 하는 것인데, 좀 더 구체적으로 말하자면 보편적인 선善에 부합해야 하는 것이다. 그리고 특정한 사안이 발생했을 때에 원칙을 지킬 것인가, 아니면 임기응변을 발휘할 것인가를 판단하는 기준은 무엇이며 또한 어떻게 임기응변을 발휘해야하는가에 대해서는, 『맹자孟子』의 경우를 비춰볼 때 의로움義을 기준으로 삼고 있음을 알 수 있게 된다.

맹자께서 예가 아닌 예, 의가 아닌 의를 대인은 하지 않는다고 말했다.[30]

---

28 『春秋公羊傳』, 「桓公11年」, "反經然後有善"

29 楊國榮, 『善的歷程: 儒家價値體系的歷史衍化及其現代轉換』, 上海, 上海人民出版社, 1994年, 76쪽 참조.

30 『孟子』, 「離婁下」, "孟子曰: 非禮之禮, 非義之義, 大人弗爲."

이에 대해 주자朱子는 "이치를 살핌이 정밀하지 못하기 때문에 두 가지의 가림이 있는 것이다. 대인은 일에 따라 이치에 순응 하고, 때에 따라 마땅하게 처리하니, 어찌 이런 짓을 하겠는가?"[31]라고 하여 이치 가운데에 마땅하게 처리하는 원칙이 들어 있다는 사실을 충분하게 표명하고 있으며, 또한 맹자가 한쪽으로 치우침에 대하여 반대하는 태도를 견지하고 있음을 드러내고 있다. 의로움義은 비록 행위의 규범이지만 결코 불변하는 것으로 고착되어 있는 것이 아니고 사안에 따라서 변할 수 있는 가변적인 것이다. 만일 표면적으로 나타나 있는 불변의 원칙만을 고수한다면 개별적인 사안이 발생했을 당시에 부합하지 못하게 되어 진정한 의미의 예의禮나 의로움義이 되지 못하게 되는 것이다. 그렇기 때문에 대인은 그러한 일을 하지 않는다고 하는 것이다.

> 맹자께서 대인이란 말이 반드시 남에게 신뢰되어져야 된다고 기대하지 아니하고, 행위가 반드시 결실되어야 된다고 기대하지 아니하며, 오직 의로움을 살피는 것이다. 라고 말했다.[32]

위의 인용문에서는 바로 맹자는 행위의 결과가 절대적으로 필요한 것이 아니고, 다만 사안을 처리하는 것이 의로움義에 부합하느냐 부합하지 않느냐가 중요한 것이라고 생각했음을 나타내고 있다고 할 수 있다. 의로움義만이 사안을 처리하는 기준이 되는 것으로, 만일 말에 신뢰감이 있고 행위가 결과가 있으나 이러한 것들이 의로움義에 부합되지 못한다면, 신뢰나 결과가 없는 것만 못한 것이 되는 것이다. 의로움義은 권도權道의 판단기준이 되는 것으로 이것은 공자가 언급한 "군자는 천하

31 朱熹, 『孟子集註』, 「卷八」, "察理不精, 故有二者之蔽. 大人則隨事而順理, 因時而處宜, 豈爲是哉?"

32 『孟子』, 「離婁下」, "孟子曰: 大人者, 言不必信, 行不必果, 惟義所在."

의 일에 대하여 반드시 그렇게 해야만 한다는 것도 없고 절대로 안 된다는 것도 없으며, 의로움만을 좇는다."[33]고 하는 정신과 상호보완을 이루고 있는 것이라고 할 수 있다.

의로움이 판단기준이 되는 것 이외에 반드시 인仁과 의義를 마음에 보존해야만 한다. 그래야만이 공손추公孫丑가 맹자에게 제기한 "군주가 현량하지 않으면 정말로 추방할 수 있습니까?"[34]라고 하는 문제에 대하여 "이윤伊尹과 같은 마음이 있으면 괜찮지마는, 이윤과 같은 마음이 없으면, 찬탈이다."[35]라고 하는 대답을 할 수 있게 되는 것이다. 만일 의로움만으로 판단의 기준을 삼기만 하고 그것에 인仁한 마음의 수양이 결여된다면 그 타당성을 잃게 될 것이다.

이상과 같이 보았을 때, 맹자가 사람들에게 언급한 도덕원칙은 일반적으로 말하자면 인仁·의義·예禮·지智·신信·치恥와 같은 것들 된다. 이러한 것들은 일반적인 상황 속에서 사람들이 도덕실천을 할 수 있게 만드는 근거의 규범이 되는 것이지만, 도덕상황의 충돌에 직면했을 때는 사람들에게 권도權道를 행할 것을 요구한다. 이러한 권도權道는 헤아린다고 하는 것이며 임기응변이 되기도 하는 것이다. 즉 여기에서의 헤아린다고 하는 것은 진실한 상황의 본말과 경중을 헤아린다는 것이고, 임기응변은 도덕규범에 부합하는 것과 도덕의 진정한 의미에 통달한다는 것을 말하는 것이다. 일반적인 규범이나 권도權道를 막론하고 이 모든 것은 결국 더욱 높은 도덕성을 요구하는 것에 그 목적이 있는 것이라고 할 수 있다.

맹자의 권도權道의 사상은 사람들이 한쪽으로만 치우쳐 권도를 알지 못하고 올바른 도리를 해치는 것을 방지하기 위해서 제기한 것이라

---

33 『論語』, 「里仁」, "君子之於天下也, 無適也, 無莫也, 義之與比."

34 『孟子』, 「盡心上」, "其君不賢, 則固可放與?"

35 『孟子』, 「盡心上」, "有伊尹之志則可, 無伊尹之志則簒也."

고 할 수 있다. 권도權道라고 하는 것은 도덕주체가 도덕실천의 과정 속에서 특별한 상황에 직면하여 충돌과 모순이 발생하였을 경우 일반적인 규범으로는 처리하기가 어려울 때, 직면한 상황을 직시하여 도덕주체 자신의 반성적 사고와 심사숙고를 거쳐서 내리는 도덕적 판단과 선택인 것이다.

## 3. 권權과 개인의 주체성 확립

맹자는 사람들이 도덕상황의 충돌에 직면했을 때 권도權道를 실행해야 한다고 했는데, 이러한 권도權道가 나타내는 것은 인간이 도덕실천을 하는 과정 속에서 자율성과 자주성 및 개인의 독립성과 가치에 대한 긍정이다. 『맹자孟子』에 나타나 있는 개별적인 사안들을 분석해볼 때, 맹자는 도덕상황의 충돌에 직면했을 때 그가 고려한 요소는 개인의 주체성이 함부로 취급되는 것을 용납하지 않는 것 및 개인의 존엄성에 대한 보장이었다. 이처럼 맹자는 개인의 주체성 확립을 매우 중시했던 것이다.

맹자는 한 가지만을 지킬 줄 아는 것執一에 대하여 반대를 한 반면 권도權道의 응용에 대해서는 매우 중시하는 태도를 취하고 있었다. 권도權道는 상황에 맞춰 이와 같이 하거나 혹은 그와 같이 한다고 하는 유동성에 중점을 두는 반면, 이렇지 않으면 안 된다고 하는 고착성이나 한정을 짓는 것에 대해서는 반대의 입장을 표방한다. 이러한 것은 권도權道가 실제적인 생활의 상황 가운데에서 실현되는 것이기 때문이다. 실제적인 생활 속에는 다양한 형태의 사안과 그러한 사안에 대한 개인의 이해 및 도덕적 판단 및 가치의 취사선택과 같은 것들을 포함하고 있다. 판단과 취사선택 가운데 개인은 스스로 결정할 수 있는 자유의지를 갖고 있음을 나타낸다. 이러한 자유의지는 인간의 자주성과 주체성의 체현인 것이라고 할 수 있다. 이로부터 인간은 독립적인 개체로서 인정을 받게 되는 것이며 인간 자신의 가치를 확인할 수 있게 되는 것이다.

> 권도로써 한 가지만을 지킬 줄 아는 것을 부정하는 것은 독립적인 개체가 일반적인 원칙에 종속되는 것을 의미하지는 않고, 그것의 내부에 독립적인 개체 존재의 가치에 대한 확인이 담겨져 잇는 것이다.[36]

맹자는 비록 분명하게 의지의 자유라고 하는 단어를 언급하지는 않았지만 그가 반대한 한 가지만을 지킬 줄 아는 것執一에서부터 권도權道의 정신에 대한 강한 긍정에 이르는 과정 속에 이미 그러한 의미가 담겨져 있다고 할 수 있다. 앞서 언급한 바와 같이 비록 맹자가 "모든 사람이 요임금이나 순임금과 같은 성인이 될 수 있다."라고 언급하여 일반적인 사람들 모두가 성인聖人이 될 수 있다고 하는 사실을 긍정했지만, 또한 맹자는 인간의 불선不善에 대해서 부정하지는 않았다. 그리고 맹자는 모든 사람들이 반드시 요임금이나 순임금과 같은 성인이 되어야만 한다고는 하지 않았다. 이러한 사실들로 비춰볼 때, 맹자는 한 개인이 도덕실천을 하는 과정 속에서 확실하게 의지의 자유를 가지고 있다는 것을 긍정했음을 알 수가 있게 되는 것이다. 즉 인간이 스스로 자신의 의지에 의해서 선택할 수 있다는 것은, 인간의 주체성과 독립성을 긍정했다는 것이 된다. 이러한 것은 맹자의 "합당한 지위에 있으면 그에 적합한 일을 도모하고 그것에 수반되는 책임을 지고, 반대일 경우에는 하지 않는다."라고 하는 언급에 잘 나타나 있다. 즉 자신이 책

36 楊國榮, 『善的歷程: 儒家價値體系的歷史衍化及其現代轉換』, 上海, 上海人民出版社, 1994年, 74쪽 참조.

임을 져야할 사안에 대해서 책임을 지는데 이것이 의로움義에 부합한다면 그 결과를 생각할 필요가 없는 것이지만, 자신이 책임을 져야할 소관 이외의 사안에 대해서는 그것을 위해 스스로가 희생될 필요가 없다는 것이다. 그렇기 때문에 증자曾子는 합당한 지위에 있지 않았기 때문에 반드시 책임을 져야할 필요가 없었던 것이며 심지어는 피난까지 갔던 것이며, 이웃 사람들이 서로 다투고 있을 때에도 문을 닫고 전혀 관여하지 않았던 것이다. 그리고 "우임금과 후직이 평화로운 시대를 맞이하여 세 차례 집문 앞을 지나가면서도 들어가지 않았다."[37]고 하는 경우와 안회顔回가 "한 그릇의 밥을 먹고 한 바가지의 물을 마시며 누추한 골목에 산다면, 남들은 그 괴로움을 감당치 못할 터인데, 회는 그의 즐거움이 변하지 않는다."[38]고 하는 경우에 대해서 공자는 찬미했던 것이다.

인간의 주체성 확립과 발전에 대해서는 맹자가 한 자연적 삶과 도덕적 삶 사이의 취사선택에 잘 나타나 있다. 즉 사생취의捨生取義의 선택인데, 이러한 선택은 살고자 하는 욕구나 죽음을 피하고자 하는 욕구 이외에 인간만이 가지고 있으며 더욱 고차원적으로 할 수 있는 선택인 의로움義으로 대표된다고 할 수 있다. 또한 이것은 도덕적 삶의 완성이라고 할 수 있는 것이다. 이러한 도덕적 삶의 전개는 개인의 도덕주체성의 표현이 되는 것이다. 맹자는 또한 공자가 위衛나라에 머물 때를 예로 들어서 죽음도 불사하는 정신을 설명했다.

> 만장이 "어떤 사람들이 공자께서 위나라에서는 옹저의 집에 거처를 정하셨고, 제나라에서는 환관 척환의 집에 거처를 정하셨다고 말들을 하는데, 그런 일이 있습니까?"라고 묻자, 맹자께서 "아니다! 그렇지 않다. 일

---

37 『孟子』, 「離婁下」, "禹稷當平世, 三過其門而不入."

38 『論語』, 「雍也」, "一簞食一瓢飮, 在陋巷, 人不堪其憂, 回也不改其樂."

꾸미기 좋아하는 자가 만들어낸 소리이다. 위나라에서는 안수유의 집에 거처를 정했다. 미자의 아내는 자로의 아내와 자매지간이다. 미자가 자로에게 공자께서 우리 집에 거처를 정하고 계시면 위나라 재상 자리는 얻을 수 있을 것이오. 라고 했다. 자로가 이 말을 아뢰니 공자는 천명이 있는 것이다! 라고 말씀하셨다. 공자께서 나아가심에 예에 따라서 하셨고, 물러섬에는 의에 따라서 하셨고, 뜻대로 되거나 되지 않더라도 천명이 있는 것이다! 라고 하셨다. 그런데 옹저의 집과 환관 척환의 집에 거처를 정하셨다면 그것은 의를 무시하고 천명을 무시한 것이다. 공자께서 노나라와 위나라에서 좋아하지 않았고, 송나라의 환사마가 길목에서 공자를 죽이려고 하였기 때문에 변복을 해 가지고 송나라를 빠져 나오셨다. 그 때 공자께서 횡액을 당하셔서 사성정자의 집에 거처를 정하시고, 진나라 후주의 신하가 되셨다. 나는 가까운 신하를 살피려면 그를 주인으로 하여 거처하고 있는 사람들을 보고, 멀리서 벼슬하러 온 사람을 살피려면 그가 거처하고 있는 집의 주인을 본다고 들었다. 공자께서 옹저와 환관 척환을 주인으로 정하고 계셨다면 어떻게 공자라고 하겠는가?"[39]

앞에서 언급한 바와 같이 맹자가 공자를 "성인으로서 때를 알아서 맞게 한 분"이라고 생각했음을 알 수 있는데, 위의 인용문에서와 같이 맹자는 또다시 공자를 사례로 들어 성인聖人이 일을 처리함에 때에 맞게 했다고 할지라도 반드시 "나아가심에 예에 따라서 하셨고, 물러섬에는 의에 따라서 하셨다"는 사실을 강조하고 있다. 즉 위급한 상황 속에서도 구차하게 삶에 연연해 하지 않았다는 것이다.

39 『孟子』, 「萬章上」, "萬章問曰: 或謂孔子於衛主癰疽, 於齊主侍人瘠環, 有諸乎? 孟子曰: 否, 不然也. 好事者爲之也. 於衛主顔讐由. 彌子之妻與子路之妻, 兄弟也. 彌子謂子路曰: 孔子主我, 衛卿可得也. 子路以告. 孔子曰: 有命. 孔子進以禮, 退以義, 得之不得曰: 有命. 而主癰疽與侍人瘠環, 是無義無命也. 孔子不悅於魯衛, 遭宋桓司馬將要而殺之, 微服而過宋. 是時孔子當阨, 主司城貞子, 爲陳侯周臣. 吾聞觀近臣, 以其所爲主. 觀遠臣, 以其所主. 若孔子主癰疽與侍人瘠環, 何以爲孔子?"

이러한 입장을 기초로 하여 예禮와 생리적 욕구食色 사이의 선택에 있어서 맹자는 예禮와 생리적 욕구食色 모두가 매우 중요하다고 생각했지만, 어떠한 것이 더욱 중요한 것인지에 대한 판단은 실제생활 속에서 어떤 것이 의로움義에 위배되지 않느냐에 의해서 결정되는 것으로 보았다. 최소한의 예禮(예에 맞춰 먹는 것)와 매우 중요한 식욕(굶으면 죽게 됨) 및 성욕(결혼하지 않으면 후사가 없게 됨)은 서로가 비교 대상이 되지를 않는다고 할 수 있다. 즉 맹자는 인간의 기본적인 욕구의 충족에 대하여 인정을 했지만 이러한 것을 추구하는 것에 대해서는 분명하게 한계를 설정했다. 그렇기 때문에 그는 "취해도 되고 취하지 않아도 되는 경우 취하면 청렴함에 손상을 입으며, 주어도 되고 주지 않아도 되는 경우 주면 은혜로움에 손상을 입으며, 죽어도 되고 죽지 않아도 되는 경우 죽으면 용기에 손상을 입는다."[40]라고 주장했던 것이다. 이러한 "하지 않아도 되는"것의 한계는 의로움義에 위배되지 않는다고 하는 것으로, 생리적인 욕구食色에 대한 추구가 의리義理를 위태롭게 할 경우 맹자는 분명하게 반대하는 입장을 표명했던 것이다.

이와 같은 인간의 주체성에 대한 긍정 및 도덕적 삶의 가치가 모든 세속적인 가치보다 숭고하다고 하는 관점은 사람들의 도덕 층면에 평등성을 부여하는 것이 된다고 할 수 있다. 비록 세속적인 삶 속에는 다양한 차별이 있을 수 있으나 도덕 층면에 있어서는 모든 사람들이 "성인과 나는 같은 부류"이거나 "모든 사람들이 요임금이나 순임금과 같은 성인이 될 수 있다"고 하는 것처럼 차별이 존재하지 않는 동일한 존재가 되는 것이다. 그렇기 때문에 맹자는 혼란에 빠진 천하를 구하고자 제후들에게 자신의 주장을 역설하며 그러한 주장이 수용되어지길 염원

40 『孟子』, 「離婁下」, "可以取, 可以無取, 取傷廉. 可以與, 可以無與, 與傷惠. 可以死, 可以無死, 死傷勇."

했지만, 만일 군주들이 예禮로써 그를 대우하지 않았을 경우 맹자는 티끌만한 두려움도 없이 과감하게 군주의 요청을 거절하고 떠났던 것이다. 세속적인 작위는 맹자에게 있어서 절대적이고 유일한 가치가 되지를 못했던 것이다.

> 맹자가 조정에 나아가 왕을 배알하려 하셨는데, 왕이 사람을 보내와 말하기를, "과인이 가서 뵈어야 할 것이나 감기가 들어서 바람을 쐴 수 없습니다. 내일 아침에 조정에 나오시면 뵈려고 합니다. 과인으로 하여금 뵐 수 있게 해주시겠습니까?"라고 하자, 맹자가 "불행하게도 병이 나서 조정에 나아갈 수가 없습니다."라고 대답했다. 이튿날에 동곽씨에게 조문하러 나가니 공손추가 "어제는 병으로 사양하시고 오늘 조문하시는 것은 옳지 않은가 합니다."라고 말하자 "어제 앓다가 오늘 나았으니 어떻게 조문하지 않겠는가?"라고 대답했다. 왕이 사람을 시켜 문병하고 의원을 보내왔는데, 맹중자가 응대하여 "어제 임금님의 분부가 있으셨는데 가벼운 병이 염려되어 조정에 나아가지 못하였습니다. 이제 병이 조금 나아서 조정에 나가신다고 달려가셨는데, 모르겠습니다만 도착하셨는지 어떤지요?"라고 대답하고는 사람들을 보내 길에서 기다렸다가 맹자를 만나서 "집으로 돌아오지 마시고 반드시 조정에 가십시오."라고 말하게 하였다. 맹자는 마지못해 경추씨 집으로 가서 묵었다. 경자가 "집안에서는 부자, 밖에서는 군신, 이것이 사람의 큰 윤리입니다. 부자는 은혜를 주로 하고 군신은 공경을 주로 합니다. 저는 왕이 선생을 공경하는 것은 보았으나, 왕을 공경하는 바를 보지 못했습니다."라고 말하자, 맹자가 "아! 이 무슨 말이냐. 제나라 사람들 중에는 인의를 가지고 왕께 말씀하는 사람이 없는데, 그것이 어찌 인의가 불미한 것으로 여겨서이겠는가? 그네들이 생각하기를 '어찌 족히 이 사람과 더불어 인의를 말할 가치가 있겠는가?'라고 할 뿐이니 그렇게 말한다면 불경한 것이 이보다 큰 것이 없다. 나는 요순의 도가 아니면 감히 왕 앞에서 진술하지 아니한다. 그

러므로 제나라 사람들 중에는 나처럼 왕을 공경하는 이가 없다."라고 대답했다. 그러자 경자가 "아닙니다. 그것을 말하는 것이 아닙니다. 『예기』에 '아버지가 부르면 느리게 대답하지 않고, 임금이 명령으로 부르면 수레에 멍에 매기를 기다리지 않는다.'하였는데, 본래 조정에 나가려고 하시다가 왕명을 듣고 그만 두셨으니, 이것은 마땅히 예와 서로 같지 않은 듯합니다."라고 말하자, 맹자가 "어찌 이를 이르렀겠는가? 증자께서 '진나라와 초나라의 부유함은 내가 따를 수 없거니와, 저들이 그 부유함으로 우쭐해하면 나는 나의 인을 가지고 대항할 것이며, 저들이 그 작위를 가지고 우쭐해하면 나는 나의 의를 가지고 대항할 것이니, 내가 무엇을 부족하게 여기겠는가?'라고 했는데, 어찌(이러한 것이) 의롭지 아니한 것인데 증자가 그것을 말했겠는가? 이것도 혹 하나의 도리이다. 천하에는 보편적으로 통하는 높은 것이 셋 있으니, 작위가 그 하나요, 나이가 그 하나며, 덕이 그 하나이다. 조정에서는 작위가 으뜸이요, 향당에서는 나이가 으뜸이요, 세상을 돕고 백성들을 지도하는 데는 덕이 으뜸이니, 어떻게 그 중 하나를 가지고, 그 둘 가진 사람을 무시할 수 있겠는가? 그러므로 장차 크게 훌륭한 정치를 함이 있을 임금은 반드시 함부로 불러서 볼 수 없는 신하가 있어, 그와 의론하고 싶은 일이 있으면 그에게 직접 찾아 갔다. 그 덕을 높이고 도를 즐거워하는 것이 이와 같지 아니하면 더불어 훌륭한 정치를 하기에는 부족한 것이다."라고 대답했다.[41]

---

41 『孟子』, 「公孫丑下」, "孟子將朝王, 王使人來曰: 寡人如就見者也, 有寒疾, 不可以風. 朝將視朝, 不識可使寡人得見乎. 對曰: 不幸而有疾, 不能造朝. 明日, 出弔於東郭氏. 公孫丑曰: 昔者辭以病, 今日弔, 或者不可乎. 曰: 昔者疾, 今日愈, 如之何不弔. 王使人問疾, 醫來. 孟仲子對曰: 昔者有王命, 有采薪之憂, 不能造朝. 今病小愈, 趨造於朝, 我不識能至否乎. 使數人要於路, 曰: 請必無歸, 而造於朝. 不得已而之景丑氏宿焉. 景子曰: 內則父子, 外則君臣, 人之大倫也. 父子主恩, 君臣主敬. 丑見王之敬子也, 未見所以敬王也. 曰: 惡. 是何言也. 齊人無以仁義與王言者, 豈以仁義爲不美也. 其心曰: 是何足與言仁義也 云爾, 則不敬莫大乎是. 我非堯舜之道, 不敢以陳於王前, 故齊人莫如我敬王也. 景子曰: 否, 非此之謂也. 禮曰: 父召, 無諾. 君命召, 不俟駕. 固將朝也, 聞王命而遂不果, 宜與夫禮若不相似然. 曰: 豈謂是與. 曾子曰: 晉楚之富, 不可及也. 彼以

맹자가 제齊나라의 빈객賓客의 대우를 받던 학자의 위치에 있을 때 제선왕齊宣王이 맹자에게 세 차례에 걸쳐 접견을 요청했지만 맹자는 끝내 제선왕의 접견을 거절한다. 그런데 맹자의 이러한 행위는 제선왕을 공경하지 않았기 때문에 그렇게 한 것이 아니고, 맹자가 자신이 존중받고 있지 못하다고 생각했기 때문에 그렇게 한 것이다. 맹자는 공경이란 것은 인의仁義를 가지고 왕께 말하는 것이라고 생각했으며, 증자曾子가 설명한 천하에 보편적으로 통하는 높은 것 세 가지 즉 작위와 나이 및 덕성을 사례로 들어서, 부유함과 권세가 다른 사람만 못하더라도 자신이 가지고 있는 인의仁義의 마음으로 그러한 것을 대신할 수 있다고 생각했던 것이다. 맹자는 자신이 나이도 많이 있고 덕성을 지닌 사람이라고 자인하고 있었기 때문에 제선왕을 비롯한 그 측근들이 권세를 믿고 현자를 존중하지 못하는 것에 대하여 못마땅해 하고 있었던 것이다. 맹자는 훌륭한 정치를 하려는 군주는 예로써 신하를 대하여만 한다는 신념을 가지고 있었기 때문에 "함부로 불러서 볼 수 없는 신하가 있어, 그와 의론하고 싶은 일이 있으면 그에게 직접 찾아 갔다"라고 하는 언급을 했던 것이다. 군주가 현자를 접견할 때는 자신의 지위를 내려놓고 "신분이 귀함을 내세우지 말 것"과 같은 마음가짐으로 현자를 대해야 한다고 생각했던 것이다.

> 나이 많음을 품지 말며, 신분이 귀함를 품지 말며, 형제의 권세를 품지 말고 벗할지니, 벗한다는 것은 그 사람의 덕을 벗함이므로, 그 사이에 품는 것이 있어서는 안 된다. 맹헌자는 전차 백대를 보유한 가문의 사람

---

其富, 我以吾仁. 彼以其爵, 我以吾義, 吾何慊乎哉. 夫豈不義而曾子言之. 是或一道也. 天下有達尊三, 爵一, 齒一, 德一. 朝廷莫如爵, 鄕黨莫如齒, 輔世長民莫如德. 惡得有其一, 以慢其二哉. 故將大有爲之君, 必有所不召之臣. 欲有謀焉, 則就之. 其尊德樂道, 不如是不足與有爲也."

이었다. 친구 다섯을 두었는데 악정구와 목중이었고, 세 사람의 이름은 잊어버렸다. 헌자가 이 다섯 사람과 더불어 벗함은 헌자의 집안을 상관하지 않았기 때문이다. 이 다섯 사람들이 또한 헌자의 집안을 상관하였다면 더불어 벗하지 않았을 것이다. 오직 백대의 전차를 소유한 가문만 그러했던 것은 아니다. 비록 작은 나라의 임금 중에도 그렇게 하는 것이 있었으니, 비나라의 혜공惠은 '자사는 나의 스승을 삼고, 안반은 나의 벗을 삼고, 왕순과 장식은 나를 섬기는 사람들이다'라고 했다. 오직 작은 나라의 임금만 그랬던 것은 아니다. 비록 큰 나라의 임금 중에도 그렇게 하는 것이 있었다. 진나라의 평공이 해당에게서 들어오라 하면 들어가고, 앉으라고 하면 앉고, 먹으라 하면 먹어서, 비록 거친 밥과 나물국이라 할지라도 일찍이 배부르지 않은 적이 없었으니, 감히 배부르지 않을 수가 없었다. 그러나 그것으로 끝났을 따름 이었다. 더불어 하늘이 준 지위를 같이 누리지 아니했고, 하늘이 준 직무를 같이 수행하지도 아니했고, 하늘이 준 봉록을 같이 먹지도 아니했다. 이는 사士가 현자를 받듦이요, 왕공이 현자를 높인 것이 아니었다. 순이 요임금의 딸과 혼인하고 요임금을 뵈었을 때, 요임금이 사위에게 부궁副宮을 주어 유숙시키고 또한 잔치를 베풀어 번갈아 서로 손님이 되기도 하고 주인이 되기도 했으니, 이는 천자이면서 필부와 벗한 것이다. 아랫사람이 윗사람을 공경하는 것을 귀한 사람을 귀하게 여긴다고 하고, 윗사람이 아랫사람을 공경하는 것을 현자를 존중한다고 하는 것이니, 귀한 사람을 귀하게 여기고 현자를 존중함은 그 도리가 같은 것이다.[42]

42 『孟子』, 「萬章下」, "不挾長, 不挾貴, 不挾兄弟而友. 友也者, 友其德也, 不可以有挾也. 孟獻子, 百乘之家也, 有友五人焉, 樂正裘牧仲, 其三人, 則予忘之矣. 獻子之與此五人者友也, 無獻子之家者也. 此五人者, 亦有獻子之家, 則不與之友矣. 非惟百乘之家爲然也. 雖小國之君亦有之. 費惠公曰: 吾於子思, 則師之矣. 吾於顔般, 則友之矣. 王順長息則事我者也. 非惟小國之君爲然也, 雖大國之君亦有之. 晉平公之於亥唐也, 入云則入, 坐云則坐, 食云則食. 雖疏食菜羹, 未嘗不飽, 蓋不敢不飽也. 然終於此而已矣. 弗與共天位也, 弗與治天職也, 弗與食天祿也, 士之尊賢者也, 非王公之尊賢也. 舜尙見帝, 帝館甥于貳室, 亦饗舜, 迭爲賓主, 是天子而友匹夫也. 用下敬上, 謂之貴貴. 用上

감히 "군주가 군자를 봉양하고자 한다면 어떻게 해야 봉양한다고 할 수 있겠습니까?"라고 묻자, 맹자가 "처음에 임금의 명령으로 물건을 보내주면 재배하고 머리를 조아려 받는다. 그 다음부터는 창고지기가 곡식을 대주고 푸줏간 사람이 고기를 대주되 임금의 명령으로 보내지 않는다. 자사는 삶은 고기가 '나로 하여금 번거롭게 자주 절하게 한다, 군자를 봉양하는 바른 도리가 아니다.'라고 하셨다. 요임금은 순에게 그의 아들 아홉으로 섬기게 하고 딸 둘을 시집보내고, 백관과 소 양 그리고 곡식 창고를 갖추어서 농사짓는 순을 봉양하시다가, 나중에는 등용하여 높은 자리에 올려 주었다. 그러므로 왕공이 현량한 자를 존중한 것이라고 하는 것이다."[43]

이상과 같은 인용문들은 한편으로는 관직에 있는 사람은 자기에게 주어진 권력의 힘으로 자신을 존귀하게 만들어서는 안 된다는 것과 군주가 현명한 인재를 대하는 것 역시 그러해야 한다고 하는 사실을 설명하고 있다. 또한 군주가 만일 진정으로 현명한 사람을 공경한다면 그를 봉양해야 하는 것이 당연하지만 재물로 그를 봉양해서는 안 되고 공경함으로 그를 봉양해야 하는 것이라고 하는것도 설명하고 있다. 마찬가지로 덕성을 갖춘 현량한 사람 역시 세상의 부귀명성을 구하기 위해서 권력에 잘 보이려고 해서는 안 된다고 하는 것이다. 즉 군자가 뚜렷한 공적이 없이 권력으로부터 녹봉을 받는 것은 자신의 가치를 떨어뜨리는 결과를 초래하게 된다는 것이다. 다른 한편으로는 맹자는 도덕실천의 과정 속에서 모든 사람들이 다 자신을 존귀하게 만들어주는 하늘이

---

敬下, 謂之尊賢. 貴貴尊賢, 其義一也."

43 『孟子』, 「萬章下」, "敢問國君欲養君子, 如何斯可謂養矣? 以君命將之, 再拜稽首而受. 其後廩人繼粟, 庖人繼肉, 不以君命將之. 子思以爲鼎肉, 使己僕僕爾亟拜也, 非養君子之道也. 堯之於舜也, 使其子九男事之, 二女女焉, 百官牛羊倉廩備, 以養舜於畎畝之中, 後擧而加諸上位. 故曰: 王公之尊賢者也."

부여한 작위天爵가 있다고 보고 이러한 천작天爵이 세속적인 가치인 인작人爵보다 더욱 고귀한 것이라고 여긴 점을 천명하고 있다.

> 맹자가 "천작(하늘이 내리는 벼슬)이 있으며, 인작(사람이 내리는 벼슬)이 있으니, 어질고 의로우며 충실하고 미더우며 선함을 즐거워하기를 게을리 하지 아니하는 것, 이것이 천작이고, 공경과 대부 이것은 인작이다. 옛 사람은 그 천작을 닦았고 인작은 그것에 따랐다. 지금 사람은 천작을 닦아서 인작을 요구하고, 이미 인작을 얻고서는 그 천작을 버리니, 미혹됨이 심한 것이다. 마침내 그 인작마저 반드시 잃고 말 따름이다."[44]

천작天爵은 사람들 모두가 가지고 있는 인仁·의義·예禮·지智를 의미하는 것이며, 이러한 천작天爵은 "구하면 얻고 놓아두면 잃어버리는 것이니, 이러한 구함은 얻는 데 유익함이 있다. 자기에게 있는 것을 구하기 때문이다."[45]와 같은 것이 된다. 반면 인작人爵은 세속적인 가치 즉 부귀와 명성을 의미하는 것으로, 이러한 인작人爵은 "구하는 것에 도리가 있고 얻는 것에 천명이 있으니, 이러한 구함을 얻는 데는 유익함이 없다. 외부에 있는 것을 구하기 때문이다."[46]와 같은 것이 된다. 이러한 언급은 비단 도덕 앞에서의 모든 인간은 평등한 존재라는 것을 설명할 뿐만 아니라, 동시에 도덕적 가치가 세속적 가치보다 더욱 고귀한 것이라고 하는 사실을 긍정하는 것이다. 그리고 이러한 모든 것들은 맹자가 강조한 인간이 가지고 있는 독립성이나 주체성과 가치의 영역에 속하는 것이라고 할 수 있다.

---

44 『孟子』, 「告子上」, "孟子曰: 有天爵者, 有人爵者. 仁義忠信, 樂善不倦, 此天爵也. 公卿大夫, 此人爵也. 古之人修其天爵, 而人爵從之. 今之人修其天爵, 以要人爵. 既得人爵, 而棄其天爵, 則惑之甚者也, 終亦必亡而已矣."

45 『孟子』, 「盡心上」, "求則得之, 舍則失之, 是求有益於得也, 求在我者也."

46 『孟子』, 「盡心上」, "求之有道, 得之有命, 是求無益於得也, 求在外者也."

맹자가 한 이해를 근거로 하면 사회적 등급과 도덕의 관계는 동일할 수가 없게 된다. 사회적 등급의 측면에서 보았을 때, 사람과 사람 사이에는 높고 낮고 존귀하고 비천한 등급의 구분이 있다. 그러나 도덕적 측면에서 보았을 때는 각 개인은 모두가 자기완성을 할 수 있는 존재이며 또한 모두가 자신만의 가치를 지닌 존재인 것이다. 실질적으로 말하자면 덕성과 사회적 등급 사이에는 대응관계라는 것은 결코 존재하지 않는 것이라고 할 수 있다. 즉 군신관계를 놓고 말하자면, 군주는 지위적인 측면에 있어서 신하보다 높은 것은 의심할바 없는 사실이지만 덕성의 측면에서는 반드시 그러한 것만은 아니다.……지위와 덕성에 있어서 그 배후에는 권세와 도덕의 구분이 자리하고 있는데, 이는 인격의 독립성에 대한 긍정을 내포하고 있는 것이라고 할 수 있다. 내재적 가치를 갖추고 있는 주체는 자신의 인격에 독립성을 가지고 있기 때문에 외재적인 권세와 지위로도 결코 그 주체의 인격을 굴복시킬 수는 없는 것이다.[47]

개인의 주체성을 존중한다고 하는 태도를 기반으로 하여 맹자는 비록 권도權道의 정신을 중시했지만, 권도權道가 개인의 주체성의 수립과 발전을 위태롭게 하지 않는다고 보았으며, 개인의 존엄성에 손상을 끼칠 수 없는 것으로 보았다. 그렇기 때문에 인간은 부당하게 왜곡될 수 없는 존재임과 동시에 옳지 않은 수단과 방법으로 삶을 추구하는 존재가 아닌 것이 되는 것이다. 맹자는 자연적 삶이 보장되지 않을 경우일지라도 굶는 한이 있어도 아무렇게나 던져주는 음식을 먹지는 않는다고 하는 것이 자신의 존엄성에 대한 마지막 보루라고 생각했던 것이다. 그렇기 때문에 맹자는 제수가 물에 빠졌을 때 권도權道를 발휘하여 손을 내밀어 제수를 끌어 당겨야 한다고 언급했지만, 천하에 도道가 없

47 楊國榮, 『善的歷程: 儒家價值體系的歷史衍化及其現代轉換』, 上海, 上海人民出版社, 1994年, 67쪽 참조.

을 때는 잘못된 방법으로 천하를 구원해서는 안 된다고 했던 것이다.

> 진대가 "제후를 만나 보지 않는 것은 좀 소심하신 듯합니다. 지금 한번 만나 보시면 크게는 왕업을 이루게 될 것이며 작게는 패업을 이루게 될 것입니다. 또 옛 기록에 '한 자를 굽혀서 여덟 자를 곧게 편다.'고 하였으니, 마땅히 해봐야 될 것 같습니다."라고 말하자, 맹자가 "예전에 제나라 경공이 사냥을 할 때, 우인(사냥터지기)을 깃발로 불렀으나 오지 않자 그를 죽이려 했었다. (孔子께서 그를 칭찬하기를) '지사는 (죽어서)도랑이나 골짜기에 버려질 것을 잊지 않고, 용사는 자기 머리를 잃음을 잊지 않는다.'라고 하셨는데, 공자께서는 그 우인의 무슨 장점을 취하신 것인가? 정당한 방법으로 부르지 않으면 가지 않는 것을 취하신 것이다. 만일 정당한 방법으로 부르는 것을 기다리지 않고 간다면 어떻게 되겠는가? 또 한 자를 굽혀 여덟 자를 곧게 편다는 것은 이익을 가지고 한 말이니, 만일 이익을 가지고서만 따진다면, 여덟 자를 구부려 한 자를 곧게 펴더라도 이익이 된다면 그래도 역시 하겠느냐?……만약에 도를 굽혀서 그런 제후를 따라간다면 어찌 되겠는가? 또 자네의 생각이 잘못이다. 자기를 굽히는 사람 가운데는 남을 곧게 할 수 있는 사람이 있지 않다."라고 말했다.[48]

진대陳代가 맹자에게 제기한 천하를 구제하기 위해서 "한 자를 굽혀서 여덟 자를 곧게 편다."고 하는 것과 같이 현실과 타협하지 않는 문제에 대하여, 맹자는 원칙을 고수하면서 천하를 구제하는 것이 위급하다

48 『孟子』, 「滕文公下」, "陳代曰: 不見諸侯, 宜若小然. 今一見之, 大則以王, 小則以霸. 且志曰: '枉尺而直尋', 宜若可爲也. 孟子曰: 昔齊景公田, 招虞人以旌, 不至, 將殺之. 志士不忘在溝壑, 勇士不忘喪其元. 孔子奚取焉? 取非其招不往也, 如不待其招而往, 何哉? 且夫枉尺而直尋者, 以利言也. 如以利, 則枉尋直尺而利, 亦可爲與?……如枉道而從彼, 何也? 且子過矣, 枉己者, 未有能直人者也."

고 할지라도 정당하지 않은 방법으로 구제하지 않겠다는 입장을 확고하게 견지한다. 이와 같은 맹자의 태도는 진부한 것이라고 할 수 없고, 다만 그가 정당한 방법을 선택하여 고수한다고 하는 입장에 대한 표명이라고 할 수 있을 것이다. 즉 맹자는 모두에게 이롭기 때문에 천하를 구제한다고 하는 편법적인 방법에 대해서는 분명하게 반대의 뜻을 나타냈던 것이다. 더욱 중요한 점은 맹자가 자신이 정당하지 않고 방법 역시 올바르지 않다면 다른 사람을 바르게 만들 수 없다고 한 것이다. 그래서 맹자는 "사람은 반드시 스스로를 업신여긴 다음에야 남에게 업신여김을 받는다."[49]라고 언급한 것이다.

또한 이처럼 도덕주체성의 정립을 강조함과 동시에 개인의 덕성을 양성하는 것을 강조하여 "천하에 도가 있으면 도로써 자신을 따르고, 천하에 도가 없으면 자신으로써 도를 따르는 것이니, 도로써 남을 따른다는 것은 듣지 못했다."[50]라고 역설했던 것이다. 곤궁하거나 부귀할 때를 막론하고 항상 도道에 위배 되서는 안 되고 의로움義을 잃어서도 안 되는 것이다. 이러한 것이 바로 공자가 언급한 "군자는 밥 먹는 동안이라도 인을 어기지 말아야 하며, 다급한 순간이라 할지라도 반드시 인을 지키고, 넘어지는 순간이라 할지라도 반드시 인을 지켜야 한다."[51]라고 하는 도덕 절조가 되는 것이며, 맹자가 언급한 "부귀가 방탕하지 못하게 하고, 빈천이 뜻을 바꾸게 하지 못하며, 권력이 절개를 굽히게 할 수 없는 것"[52]과 같은 대장부의 인격이 되는 것이다.

이상과 같이 맹자가 언급한 것은 가치는 확실하게 등급의 높고 낮음이 존재한다는 것이며, 맹자가 중요시한 것은 자연적 삶이 아니라 도

---

49 『孟子』, 「離婁上」, "人必自侮, 然後人侮之."

50 『孟子』, 「盡心上」, "天下有道, 以道殉身. 天下無道, 以身殉道. 未聞以道殉乎人者也."

51 『論語』, 「里仁」, "君子無終食之間違仁, 造次必於是, 顚沛必於是."

52 『孟子』, 「滕文公上」, "富貴不能淫, 貧賤不能移, 威武不能屈."

덕적 삶이라고 하는 것이다. 인간의 육체는 언젠가는 소멸되어 사라지게 되지만 도덕적 삶의 가치는 영원히 사라지지 않고 존재하는 것이다. 그렇기 때문에 세속적인 가치와 궁극적인 영역의 가치(도덕적 가치)가 충돌할 때에는 당연히 전자를 버리고 후자를 선택하게 되는 것이다.

이와 같이 볼 때 맹자의 권도權道는 기준이 없는 것이 아닌 것으로 그것의 기준은 바로 의로움義에 있는 것이라고 하는 사실을 재차 확인할 수 있게 되는 것이다. 의로움義의 판단을 통한 어떠한 것이라도 실천할 수 있는 것이며 실천되어질 수 있는 것으로, 의로움義은 권도權道의 지침이 되는 것이며 이러한 의로움義의 드러남은 개인의 도덕적 삶의 전개와 도덕주체성의 발휘를 나타내게 되는 것이다. 이와 같은 의로움義의 지도 아래 인간의 자연적 삶은 보잘 것 없다는 사실이 드러나게 되는데, 그것은 도덕적 삶의 선양이 그 어떤 것들보다 고귀한 것이기 때문이다. 『맹자孟子』의 첫 장에서 맹자와 양혜왕梁惠王이 토론한 의리義利에 관한 문제에서, 맹자는 의리義利 사이에서 취사선택을 해야 하는 것을 통하여 도덕가치의 확립에 대한 자신의 입장을 확고하게 표명했다. 이로부터 맹자의 도덕가치의 근원은 의로움義에 있는 것이지 이익利에 있는 것이 아니라고 하는 사실을 분명하게 알 수 있게 되는 것이다.

도덕선택의 상황에 직면하여 이러한 권도權道는 할 수도 있고 하지 않을 수도 있는 자유가 있는데, 이는 인간이 도덕실천에 있어서의 자율성과 평등성 및 가치를 긍정하는 것이 되지만, 권도權道는 결코 기준이 없을 수 없는 것이며 한계가 없을 수 없는 것이다. 이러한 권도權道의 기준이 되는 것은 바로 의로움義이라고 할 수 있다. 의로움義을 통하여 권도權道는 그 타당성을 인정받을 수 있는 것이며, 의로움義을 통하여 인간은 모든 행위의 타당성과 타당하지 않음을 알 수 있게 되는 것이다. 또한 자유가 드러나는 것은 반드시 도덕주체의 도덕수양을 통해서인데, 이와 같이 도道의 정신이 발휘할 때 비로소 사람이 자유의지에 의해서 의리義利 사이에서 스스로 취사선택을 하게 되는 것이다. 이와 같은 모든 것들은 주체성을 확립하는 것에 관한 사안으로, 반드시 의로움을 키우고 호연지기를 양성集義養氣하는 수양을 통해서만이 인간에게 내재되어 있는 충만한 덕성을 발휘케 하여 인간 자신의 독립성과 자율성을 확립시킬 수 있게 되는 것이다. 그렇기 때문에 물론 어떠한 상황 속에서도 절대로 자신의 본심本心을 잃지 않고 원칙을 굽히지 않게 되는 것이다. 본심本心은 인간의 마음속에 내재되어 있는 인仁·의義·예禮·지智의 사단지심四端之心을 의미하는 것으로 맹자의 중심사상이 되는 것이다.

도덕주체의 확립은 개인이 다른 사람에게 윤리를 확대해나간다고 하는 전제 아래서 오직 자신을 올바르게 해야 만이 비로소 다른 사람을 바르게 할 수 있는 것이며, 오직 스스로 돌이켜 반성하고 성실할 때에 비로소 부모에게 효도하고 벗에게 신뢰를 얻게 되며 윗사람으로부터 등용을 받을 수 있게 되는 것이다.

> 맹자가 "아랫자리에 있으면서 윗사람의 신임을 얻지 못하면 백성을 다스리지 못할 것이다. 윗사람의 신임을 얻는 데는 방법이 있으니, 벗들 사이에 신뢰를 받지 못하면 윗사람에게 신임을 얻지 못할 것이다. 벗에게 신뢰를 얻는 방법이 있으니, 부모를 섬겨 기쁘게 하지 못하면 벗에게 신뢰를 받지 못할 것이다. 부모를 기쁘게 하는 데는 방법이 있으니, 자신을 돌이켜 반성하고 성실하지 못하면 부모를 기쁘게 하지 못할 것이다. 자신을 성실하게 하는 데에는 방법이 있으니, 선함에 밝지 못하면 자신이 성실해질 수 없는 것이다. 그러므로 성실함은 하늘의 도리이며, 성실해지기를 생각하는 것은 사람의 도리이다. 지극히 성실하면 감동하지 않을 사람이 없다. 성실하지 않음으로 남을 감동하게 한 사람은 없다."라고 말했다.[53]

맹자는 수신修身·제가齊家·치국治國에서부터 평천하平天下에 이르는 과정과 맥락을 상당히 중시했다. 맹자는 한 사람이 백성들을 통치하고자 한다면 반드시 윗사람으로부터 신임을 받아야만 하는데, 윗사람의 신임을 받는 방법은 먼저 벗들로부터 신뢰를 받아야 하는 것에 있다고 생각했다. 벗들로부터 신뢰를 받는 것은 그가 부모님을 섬겨 기쁘게 해드리는지 여부에 달렸으며, 부모님을 섬겨 기쁘게 해드리는 것은 자신을 돌이켜 반성하는 것에 있다고 했다. 그렇기 때문에 "자기 자신을 잃지 않아야 그 부모를 섬길 수 있다는 것은 내가 들었지만, 자기 자신을 잃고서도 그 부모를 섬길 수 있다는 것은 내가 듣지 못했다."[54] 라고 맹자는 언급했던 것이다. 이러한 언급은 오직 "자신을 돌이켜 반성하고 성실한 것"만이 부모님을 섬겨 기쁘게 할 수 있고 어른을 공경할 수 있으며, 처자식을 잘 거느릴 수 있는 것이며, 군주에게 충실하게 최선을 다 할 수 있게 되는 것이며, 벗들로부터 신뢰를 받게 된다는 것을 설명해주고 있는 것이다. 바꿔 말하자면, 개인의 주체성은 확립되어야 할 뿐만 아니라 더나가 그것을 드러내고 확산시켜야만 하는데, 그래야만이 개인의 주체성 확립이 비로소 인륜의 기초가 될 수 있게 되는 것이다.

53 『孟子』, 「離婁上」, "孟子曰: 居下位而不獲於上, 民不可得而治也. 獲於上有道 不信於友, 弗獲於上矣. 信於友有道 事親弗悅, 弗信於友矣. 悅親有道 反身不誠, 不悅於親矣. 誠身有道 不明乎善, 不誠其身矣. 是故誠者, 天之道也. 思誠者, 人之道也. 至誠而不動者, 未之有也. 不誠, 未有能動者也."

54 『孟子』, 「離婁上」, "不失其身而能事其親者, 吾聞之矣. 失其身而能事其親者, 吾未之聞也."

## 4. 인륜정신의 선양을 중시함

인륜관계는 맹자가 도덕상황의 충돌에 직면했을 때 고려한 주요한 요소라고 할 수 있는데, 특히 부자와 부부 및 형제라고 하는 혈연관계에 있는 집단의 윤리관계라고 할 수 있다. 군주와 신하 사이에서 발생하는 정치윤리 역시 맹자가 관심을 기울이고 있는 분야라고 할 수 있다.

『맹자孟子』 속에는 인륜이란 부자·군신·부부·장유·붕우 사이의 관계라고 하는 사실이 분명하게 기록되어져 있다. 맹자는 이러한 것을 오륜五倫이라고 하며 오륜은 성인이 백성들을 교육시킬 때 사용한 것이라고 했다.

> 성인이 이를 근심함이 있어서 설을 사도로 삼아 인륜으로 가르쳤으니, 부자지간에는 친함이 있으며, 군신 사이에는 의로움이 있으며, 부부지간에는 내외의 구별이 있으며, 장유 지간에는 서열이 있고, 붕우 사이에는 믿음이 있는 것이었다.[55]

유가에서는 오륜을 매우 중시하는데, 그렇다면 이러한 오륜의 발전은 언제부터 시작 되었을까? 맹자는 왜 오륜을 순임금이 설契에게 백성들을 교육시키라고 명령을 내린 것에서 비롯되었다고 본 것일까? 이러한 점에 관해서는 『상서尙書』의 기록을 참조해볼 필요가 있는데, 『상서尙書』에는 인륜이나 오륜이라고 칭하지 않고 오품五品이라고 부르고 있다.

> 설이여! 백성들이 서로 화친하지 않으며 오륜을 따르지 않소. 그대를 사

55 『孟子』, 「滕文公上」, "聖人有憂之, 使契爲司徒, 教以人倫; 父子有親, 君臣有義, 夫婦有別, 長幼有序, 朋友有信."

도로 삼나니 오교를 삼가서 펴되 너그러이 하시오.[56]

청나라시기의 학자인 초순焦循은 일찍이 모기령毛奇齡의 『사서승언보四書賸言補』의 기록을 인용하여 오륜의 발전과정에 대하여 다음과 같이 설명하고 있다.

설이 인륜을 가르쳤다고 하는 것은 고본상서에 매우 극명하게 나타나 있다.……오교를 천하에 선포하였으니, 아버지는 의로워야 하고 어머니는 자애로워야 하고 형은 아우에게 우애가 있어야 하고 동생은 형을 공경해야 하고 자식은 부모님에게 효도해야 하는 것을 일컬어 오교라고 한다. 두예가 주석에서 설이 사도가 되어 오교를 너그러이 펼쳤다고 하는 것은 당시의 오륜의 대상이 단지 부모와 형제 및 자식에게 국한되었음을 의미하는 것이다. 그리고 가르친다고 하는 것은 춘추의 의로움과 대학의 자애와 효도 및 강고에서 언급하는 우애와 공경이 서로 방증해준다. 이는 오제시기에 기술된 오교와 차이가 없다. 우서에는 오전에 관한 기록이 매우 신중하게 기록되어져 있는데, 오전이라고 하는 것은 오상의 가르침으로 아버지는 의로워야 하고 어머니는 자애로워야 하고 형은 아우에게 우애가 있어야 하고 동생은 형을 공경해야 하고 자식은 부모님에게 효도해야 하는 것 다섯 가지를 의미하는 것이다. 오품을 따르지 않는다고 하는 것은 상서정의에 오품이라고 기록되어져 있기 때문인데, 즉 부모 형제 자식이라고 하는 다섯을 지칭하는 것이다. 오교를 삼가서 편다는 것은 상서정의에서는 오교를 의로움과 자애와 우애 및 공경함 그리고 효도라고 하는 다섯 덕목을 지칭하는 것이라고 기록되어져 있다. 한나라에서 당나라시기에 이르는 많은 유학자들은 다섯 가지의 도리를 오륜이라고 보지 않았기 때문에 맹자에 인륜이라고 하는 단어를 함부로 끼어 넣지 않았다. 맹자가 언급한 것은 반드시 전국시대에 전해진 것이 이처럼 차

56 『尙書』, 「虞書·舜典」, "契, 百姓不親, 五品不遜, 汝作司徒, 敬敷五教, 在寬."

이가 있을 것이다. 대체로 말해서 맹자가 언급한 인륜이란 것은 춘추시대에 이미 존재하고 있었다. 논어 미자편에서 보이는 어른과 아이들 사이의 예절도 폐기할 수 없는 것이지만, 군주와 신하 사이의 의리도 어떻게 그것을 폐기할 수 있겠는가? 자신만을 깨끗이 하고자 하는 것은, 큰 윤리를 어지럽히는 일이다. 라고 하는 언급은 군신과 장유가 인륜의 두 가지 요소임을 말하는 것이다. 고대의 경전은 명분과 실제를 매우 중요시했는데, 군신과 부자 사이의 여러 윤리처럼 상당히 중요하게 취급했다.……관자에서 언급된 육친은 부모 형제 처자를 의미하는 것이다.……예기 왕제에서 언급된 칠교는 부자 형제 부부 군신 장유 붕우 빈객을 의미하는 것이다.[57]

이상과 같은 인용문을 통하여 맹자가 언급한 상고시대에 이미 인륜이 있었다고 하는 사실을 믿을 수 있지만, 당시에 통용되던 오륜五倫이란 것은 아버지는 의로워야 하고 어머니는 자애로워야 하고 형은 아우에게 우애가 있어야 하고, 동생은 형을 공경해야 하고 자식은 부모님에게 효도해야 하는 것으로, 이는 관자가 언급한 육친六親처럼 가정의 인륜관계를 벗어나지 못하는 것이었다. 이러한 오륜五倫은 훗날 맹자가 언급한 군신과 붕우 사이의 관계로까지 아직 발전을 하지는 못했던 것이다. 이러한 사실을 근거로 비춰 볼 때, 군신과 붕우 사이의 관계인 대외적 관계는 뒤에 발전되어 나왔음을 알 수 있다.

오늘날의 관점에서 볼 때 『순전舜典』에 기록되어 있는 것이나 『춘추春秋』에 기술되어져 있는 오륜은 맹자가 언급한 오륜보다 더욱 오래된 관념임을 알 수 있으며, 그 속에는 후대에 매우 중시했던 군신 사이의 인륜이 언급되어져 있지 않으며 대부분이 가정에서의 혈연관계에 대해서만 언

57 焦循, 『孟子正義』, 卷十一.

급되어져 있다. 이러한 관념은 아직 국가형태가 제대로 갖춰지지 않았고 또 사람들 사이의 정치적 관계 역시 아직 성숙한 단계로 진입하지 못했던 시기의 결과물이라는 것을 나타내고 있다. 이러한 시기는 씨족공동체 사회 말기에 해당하는 것으로 중국의 역사발전 단계가 문명시대로 진입하려는 단계에 이른 요순시대의 특징과 서로 부합한다고 볼 수 있다. 맹자가 언급한 오륜은 이미 국가형태가 갖춰지고 정치와 사회에 관하여 사람들이 정치적 관계에 대하여 이미 인식을 가지고 있었던 시기의 산물이기 때문에 군신관계의 윤리가 있게 된 것이다. 그렇기 때문에 맹자의 주장은 계급사회에서 사람들 사이의 기본적인 관계에 대한 총결이라고 할 수 있는 것이다.[58]

『예기禮記』, 「왕제王制」에서 언급되어진 칠교七敎는 부자父子·형제兄弟·부부夫婦·군신君臣·장유長幼·붕우朋友·빈객賓客을 의미하는 것인데, 여기에서 만일 형제의 인륜이 장유의 인륜 범주에 포함되고 빈객의 인륜이 붕우의 인륜 범주에 포함 될 경우, 실질적으로 맹자가 언급한 오륜과 같은 것이 된다. 즉 맹자가 언급한 오륜의 범위에서 벗어나는 것이 없다고 할 수 있는 것이다.

『맹자孟子』 속에서 발견할 수 있는 개별적인 사례들의 분석을 통하여 도덕상황의 충돌에 직면하여 제기되는 부자父子·형제兄弟·부부夫婦·군신君臣이라고 하는 사륜四倫에 관한 논의를 다음과 같이 진행해보고자 한다. 즉 이러한 사륜四倫의 관계가 맹자가 도덕선택을 하는 가운데서 제각기 차지하는 위치에 관하여 좀 더 심도 있는 논의를 펴나가겠다.

### 1) 부자 사이의 인륜에 관한 문제

맹자는 부자 사이의 인륜을 오륜의 첫머리에 놓았는데, 이를 통하

---

58 梁韋弦, 『孟子硏究』, 臺北, 文津出版社, 1993년, 95쪽 참조.

여 맹자가 부자지간의 인륜을 가장 중시했다는 사실을 알 수 있게 된다. 부자지간의 관계에 관하여 맹자는 "아버지와 자식 사이에는 친함이 있다."라고 생각했으며, 또한 "인이 부자 사이에 추구되는 것"이라고도 언급했다. 개별적인 사례들의 분석을 통해서 우리는 도덕상황의 충돌에 직면하였을 때 부자관계의 유지라고 하는 것이 맹자가 가장 우선적으로 고려한 사실임을 알 수 있게 된다. 그래서 맹자는 부자 사이의 감정을 해치거나 위태롭게 만드는 상황을 전력을 다해서 피하고자 했던 것이다. 이러한 것을 구체적으로 나타낸 것이 맹자가 언급한 "부자 사이에는 선을 행하라고 요구하지 않는다."라고 하는 것이나 "아버지의 허물을 책망하지 않는다."라고 하는 것에 잘 드러나 있다. 아버지의 허물을 책망하지 않는 것에 대해서 맹자는 자식 된 도리로 아버지에게 선善을 행하라고 요구하지 않는 것이기 때문에, 광장匡章이 불효자인 이유가 바로 아버지의 허물을 책망하면서 선善을 행할 것을 요구했던 것에 있다고 생각했던 것이다. 맹자는 자식이 아버지에게 선善을 행하라고 요구해서는 안 될 뿐만 아니라, 아버지 역시 자식에게 선善을 행하라고 요구해서는 안 된다고 생각했기 때문에 "군자는 자기 자식을 직접 교육하지 않는다."라고 했던 것이다. 그렇기 때문에 맹자는 "부자지간에는 선을 행하라고 요구하지 아니하는 것이니, 선을 행하라고 요구하면 정이 떨어지게 된다. 정이 떨어지면 좋지 않은 것이 이보다 더 큰 것이 없다."[59]라고 하는 주장을 했던 것이다.

부자 사이에는 선善을 행하라고 요구하지 않는다고 하는 것이기 때문에 고수瞽瞍가 살인한 사안에서 공공의 규범과 개인의 사사로운 정 사이 가운데 하나를 선택해야만 하는 모순된 상황에 직면하여, 우리는 맹자가 언급한 "법을 집행할 뿐이다"라고 하는 것이 사법관인 고요皐陶에

59 『孟子』, 「離婁上」, "父子之間不責善, 責善則離, 離則不祥莫大焉."

게 해당 된다고 하는 사실을 알 수 있다. 공공의 규범과 개인의 사사로운 정 사이의 충돌상황에서 기본적으로 맹자는 법을 집행하는 사법관은 마땅히 공정하게 법을 집행해야 한다고 생각했으나, 살인자를 아버지로 둔 순임금의 경우에는 아버지를 몰래 업고 도망친다고 하는 방안을 제시한다. 이것은 "아버지와 자식 사이에는 친함이 있다."라고 하는 것으로 모든 것을 아우르는 것을 극명하게 드러내고 있는 것이며, 아울러 맹자가 아버지의 허물에 관한 사안을 어떻게 처리했는가를 보여주는 것이라고 할 수 있는 것이다.

기본적으로 맹자가 주장한 부모님을 섬기는 도리는 부모님을 기쁘게 해드리는 것에 있다고 할 수 있다. 부모님을 섬기는 것에는 공경함과 순종함 및 부모에게 순조롭게 받아들여지는 것 그리고 뜻을 봉양함이 포함되어져 있는데, 맹자는 "부모에게 순조롭게 받아들여지지 못했기 때문에, 마치 곤궁한 사람이 의지할 데가 없는 것과 같았다.……오직 부모에게 순조롭게 받아들여져야 만이 근심을 풀을 수 있었다."[60]라고 순임금의 경우를 사례로 들었다. 그렇기 때문에 맹자는 "효자의 지극한 것으로는 부모님을 공경하는 것보다 더 큰 것이 없다."[61]라고 언급한 것이며, 부모의 허물에 대하여 맹자는 오직 자식은 결코 부모를 불의함에 빠지게 해서는 안 된다고 하는 입장을 견지하였던 것이다. 그래서 맹자는 순임금이 부모에게 알리지 않고 아내를 얻은 행위를 불효한 것으로 보지 않고 오히려 찬양했던 것이다.

맹자는 만일 아버지가 선하지 않을 경우 자식은 우매한 효도를 지키려고 표면적으로만 순종을 하면서도 오히려 마음속으로는 원망을 가져서는 안 되는 것이며, 혹은 자신이 우매한 효도를 지키기 위해서 세

---

60 『孟子』, 「萬章上」, "爲不順於父母, 如窮人無所歸.……惟順於父母, 可以解憂."

61 『孟子』, 「萬章上」, "孝子之至, 莫大乎尊親."

상 사람들 모두가 자신의 아버지가 선하지 않다는 것을 알게 만드는 것 역시 진정한 효도라고 할 수 없는 것이라고 생각했다. 그렇기 때문에 순임금이 만일 진정으로 아버지인 고수瞽瞍의 뜻을 순종하여 결혼을 하지 않았다면, 이는 혼인이라고 하는 인륜을 위배하는 것일 뿐만 아니라 세상 사람들에게 아버지가 나쁜 사람이라고 불리어지게 만드는 결과를 초래한다고 보았던 것이다.

> 부모에게 알렸다면 아내를 얻지 못하였을 것이기 때문이다. 남녀가 결혼하여 한 방에 거처하는 것은 사람의 큰 도리이니, 만일 아뢰면 사람의 큰 도리를 폐지하여 부모로 하여금 원망하게 만들 것이니 이 때문에 아뢰지 않은 것이다.[62]

부모가 불의한 행위를 하게 될 경우 자식 된 도리는 부모가 불의함에 빠지지 않도록 신중하게 권고해야 하는 것이다. 공자 역시 부모가 허물이 있을 경우 몇 차례에 걸쳐서 간언할 것을 언급한다. 즉 공자는 "부모를 섬김에 있어서는 슬며시 허물을 간언해야 하며, 말을 따르지 않을 뜻이 보이더라도, 더욱 공경하며 부모 뜻을 어기지 말 것이며, 걱정이 되더라도 원망하지 말아야 한다."[63]라고 분명하게 표명했던 것이다. 맹자는 부모에게 허물이 있을 경우 간언을 해야 할지 여부에 대해서 명확한 입장을 표명하지 않고 다만 부모의 과실에 직면했을 때에 차선의 태도를 취하는데, 그것은 바로 원망과 사모이다.

공손추가 "고자가 『시경』의 「소반」을 소인의 시라고 하였습니다."라고

62 『孟子』, 「萬章上」, "告則不得娶. 男女居室, 人之大倫也. 如告, 則廢人之大倫, 以懟父母, 是以不告也."

63 『論語』, 「里仁」, "事父母幾諫. 見志不從, 又敬不違, 勞而不怨."

> 한 것에 대하여 묻자, 맹자가 "어찌하여 그렇게 말했을까?"라고 대답하자, 공손추가 "원망하기 때문이랍니다."라고 말했다. 맹자가 "고루하다! 고수의 시를 해석함이여! 여기 사람이 있는데, 월나라 사람이 활을 당겨 쏘려 하면 자기가 담소하면서 타이르는 것은, 다름이 아니라 그를 소원한 사람으로 여기기 때문이고, 그 형이 활을 당겨 쏘려 하면 자기가 눈물을 흘리며 타이르는 것은 다름이 아니라 그를 친척으로 여기기 때문이다. '소반'의 원망은 어버이를 자기처럼 여기기 때문이다. 어버이를 자기처럼 여기는 것은 인이다. 고루하다! 고수가 시를 해석하는 것은." 공손추가 "「개풍」은 어찌하여 원망하지 않습니까?"라고 하자, 맹자가 "「개풍」은 어버이의 과실이 작은 것이고, 「소반」은 어버이의 과실이 큰 것이니, 어버이의 과실이 큰 데도 원망하지 않으면 이는 더욱 소원해지는 것이고, 어버이의 과실이 작은데도 원망한다면 이는 부딪칠 수 없는 것이다. 더욱 소원해지는 것도 불효이고 부딪칠 수 없게 되는 것도 또한 불효이다. 공자께서 '순임금은 그 지극한 효자이시다! 쉰 살이 되어서도 부모를 사모하셨도다.' 라고 했다."[64]

맹자는 부자 사이에는 선善을 행하라고 요구하지 않는 것이라고 했지만, 부모가 허물이 있을 경우에는 자식은 당연히 그러한 사실에 대하여 인지를 하고 걱정을 해야 하며, 부모의 허물을 걱정하며 원망과 사모의 정情이 있어야만 한다고 했다. 그렇기 때문에 "부모의 허물이 큰데도 원망하지 않으면 이는 더욱 소원해지는 것이다."라고 언급했던 것이며, 부모의 과실이 작은 경우에는 원망해서는 안 되는 것이며 "부딪

---

64 『孟子』, 「告子下」, "公孫丑問曰: '高子曰: 小弁, 小人之詩也.' 孟子曰: 何以言之? 曰: 怨. 曰: 固哉, 高叟之爲詩也! 有人於此, 越人關弓而射之, 則己談笑而道之; 無他, 疏之也. 其兄關弓而射之, 則己垂涕泣而道之; 無他, 戚之也. 小弁之怨, 親親也. 親親, 仁也. 固矣夫, 高叟之爲詩也! 曰: 凱風何以不怨? 曰: 凱風, 親之過小者也. 小弁, 親之過大者也. 親之過大而不怨, 是愈疏也; 親之過小而怨, 是不可磯也. 愈疏, 不孝也; 不可磯, 亦不孝也. 孔子曰: 舜其至孝矣, 五十而慕."

칠 수 없게 되는 것도 또한 불효이다."라고 했던 것이다. 이러한 사실은 부자 사이의 인륜이란 것이 한 개인의 과실보다 더욱 중요한 것인지의 문제와 관련되어 있기 때문에 자칫 사회적 정의를 해칠 수도 있게 되는 것이다. 그렇기 때문에 이러한 문제에 관해서 역대로 수많은 학자들 사이에 다양한 의견이 존재해왔던 것이다.

> 맹자의 효도 가치에 대한 확대는 실질적으로 후세에 수많은 사람들이 오직 가정만을 중시하고 사회나 국가를 홀시하게 만든 좋지 않은 영향을 주었다.[65]

> 국법과 가족애 사이의 충돌 속에서 맹자는 천자가 마땅히 "천하를 버리기를 마치 헌신짝 버리는 것처럼 본다."라고 생각했다.……유가에서는 이러한 행태를 사적인 영역을 중시하면서 공적인 영역 역시 해치지 않게 되는 것 즉 양쪽 모두에게 도움이 되는 것으로 보았다. 즉 국법을 손상시키지 않으면서도 사적인 영역인 가족애 역시 함께 돌볼 수 있는 최선의 선택으로 보았던 것이다.……그러나 현대사회에서 중시하는 보편성과 사회 윤리적 관점에서 보았을 때, 유가에서 중시하는 가정윤리는 사회윤리를 초월하는 입장에 있는 것으로 이는 유가윤리의 가장 커다란 약점으로 작용하게 된다는 것이라고 할 수 있다.……각각의 개인이 동일한 도덕상황에 직면했다고 가정했을 때, 만일 사람들 모두가 순임금처럼 "아버지를 몰래 업고 도망간다."고 했을 경우 사회가 과연 어떤 모습으로 변모하게 될 것인가?[66]

맹자의 이러한 견해는 과연 효도의 두 가지 측면을 모두 충족시켜주는 것이 된다고 할 수 있으나, 실제로 실행할 경우에는 다음과 같은 두 가

---

65 徐復觀, 『中國思想史論集』, 臺北, 學生書局, 1993년, 163쪽 참조.
66 黃光國, 『儒家思想與東亞現代化』, 臺北, 巨流圖書公司, 1988년, 175~176쪽 참조.

> 지 결과가 나올 것이라고 하는 사실은 의심할 나위가 없다. 그것은 곧 법률이 시행되지 않는 것과 국가적으로 훌륭한 군주를 잃게 된다고 하는 사실이다. 그러나 여기에 반영되어 있는 유가에서 긍정하는 하나의 기본적인 입장은 효도의 덕행은 다른 여타의 덕행보다 고귀한 것이라고 하는 것이다. 어떤 사람이 만일 전력하여 효도를 할 경우 그 사람의 여타의 덕행은 모두가 검토해볼 만한 것이 되는 것이다.……효의 윤리가 어떤 때에는 사회윤리와 국가윤리를 도치시켜 파괴시키게 되는지 여부에 대한 것은 질문의 여지가 필요 없는 것이다.[67]

맹자가 부자지간의 인륜에 대하여 언급한 것은 절대적인 관계라고 할 수 있는데, 부모의 행위가 의로움에 부합하는지에 관계없이 자식이 해야 할 것은 오직 부모를 공경하고 효도하며 순종하는 것뿐이다. 만일 부모가 자식에게 불의한 행위를 한다고 하더라도, 부모에 대하여 원망과 사모하는 마음만을 가지고서 부모의 핍박을 피해서 부모가 불의한 사람으로 취급되게 해서는 안 되는 것이다. 부자지간의 윤리와 다른 기타의 윤리가 충돌하는 상황에 직면했을 때, 맹자는 부모자식관계를 우선적으로 고려해야할 대상으로 생각하여서 어떠한 형태의 선택을 하더라도, 부자관계라고 하는 천륜을 파괴하지 않는 것을 선택의 기준으로 삼았던 것이다. 이와 같이 볼 때, 맹자에게 있어서 "대의를 위해서 부모를 죽임"이라는 말은 아예 존재할 수 없는 것이라고 할 수 있다.

### 2) 군주와 신하 사이의 인륜에 관한 문제

아버지와 아들 사이의 관계는 천륜으로 맺어진 절대적인 관계라고 할 수 있다. 이러한 부자관계와 상대적인 관계에 있는 것이 바로 맹자

---

67 成中英, 「論儒家孝的倫理及其現代化: 責任·權利與德行」, 『知識與價值』, 北京, 中國廣播電視出版社, 1996년, 471～472쪽 참조.

가 언급한 군신 사이의 인륜관계라고 할 수 있는데, 맹자는 이들 사이의 관계가 상대적이고 서로 간에 의로움義이 있어야 하는 상호보완의 관계라고 하는 사실을 강조했다. 더나가 맹자는 군신 사이의 관계는 항상 군주의 행위가 의로운지 여부에 의해서 지탱되는 것으로, 만일 군주의 행위가 의롭지 못하거나 신하에 대하여 불의한 행위를 할 때는 신하 역시 반드시 군주를 위해서 의로움을 다 할 필요는 없는 것이라고 생각했다.

> 맹자께서 제선왕에게 “임금이 신하를 손이나 발처럼 보면 신하는 임금을 자기의 배나 심장처럼 보고, 임금이 신하를 개나 말처럼 보면 신하는 임금을 일반 백성처럼 보고, 임금이 신하를 흙이나 지푸라기처럼 보면 신하는 임금을 도적이나 원수처럼 볼 것입니다.”라고 아뢰었다. 그러자 왕이 “『의례』에는 옛 임금을 위하여 상복을 입는 것이 있는데, 어떻게 해야 상복을 입게 될 수 있습니까?”라고 말했다. 맹자가 “간언한 것이 실행되고 건의한 말이 받아들여져 혜택이 백성에게 내려지고, 신하가 까닭이 있어 떠나게 되면 임금이 사람을 시켜 그를 국경을 벗어날 때까지 인도하고, 또 그가 가는 나라에 미리 잘 부탁하여 주며, 그가 떠나고서 3년이 지나도 돌아오지 않은 뒤에라야 그에게 내렸던 토지와 거처를 회수하면, 이것을 일컬어 세 차례 예를 올리는 것이라고 합니다. 이와 같이 하면 그를 위해 상복을 입을 것입니다. 지금엔 신하가 되어 간언하여도 그것이 실행되지 않고, 건의를 해도 들어주지 아니하여 혜택이 백성들에게 내려가지 아니하고, 신하가 까닭이 있어서 떠나게 되면 임금이 붙잡아 체포하며, 또 (혹 외국으로 이미 간 사람에 대해서는) 그가 가는 나라에 (그를 받아들이지 않도록) 극한상황을 만들어 놓으며, 떠나는 날에 기다렸다는 듯이 바로 그에게 내렸던 토지와 거처를 몰수하면, 이것을 도적이나 원수라고 하는 것이니, 도적이나 원수를 위하여 무슨 상복을 입을 일이 있겠습니까?"라고 말했다.[68]

위의 인용문에서는 군주와 신하 사이에는 상호 존중해야 함을 강조하고 있는데, 특히 군주가 신하를 대하는 태도는 마땅히 다음과 같아야 한다는 것을 역설한다. 먼저 신하의 올바른 간언을 수용하여 백성들에게 그 혜택이 두루 미치게 해야 한다는 것이다. 그 다음은 만일 신하에게 피치 못할 사안이 발생하여 부득이하게 자국을 떠나가게 되는 상황이 발생할 경우, 군주는 부하들을 파견하여 그가 국경을 벗어날 때까지 호위해줘야 함은 물론 그 신하가 가고자 하는 나라에 먼저 사신을 파견하여 그를 잘 부탁해야 한다는 것이다. 마지막으로 삼년이 지나도 그 신하가 자국으로 돌아오지 않으면 그때에 가서 비로소 그에게 내렸던 전답과 저택을 회수해야 한다는 것이다. 이러한 것은 훗날 전제주의 정권 치하에서 나온 군주가 신하에게 죽음을 요구하면 신하는 죽지 않을 경우 그것은 충성스러운 것이 아닌 것이다! 라고 하는 우매한 충성과는 근본적으로 다른 형태의 관념이라고 할 수 있다. 군주의 권력은 맹자에게 있어서는 결코 절대적인 권위를 갖는 것이 아니었으며, 심지어 그는 군주의 지위를 깎아 내리기까지도 했었다. 그렇기 때문에 맹자는 군주는 가벼운(중요하지 않은) 것이라고 까지 말했던 것이다.

맹자의 이와 같은 주장뿐만 아니라 『사서四書』를 통해서도 초기유가는 군주가 절대적인 권위를 가지고 있다고 하는 것을 인정하지 않은 사실들을 알 수가 있게 된다. 군주와 신하의 의리義는 군주와 신하가 서로 의로움에 부합하게 상대를 대해야 한다는 것에만 국한되는 것이 아니라, 군주와 신하 쌍방이 각기 스스로 담당해야 할 책임까지 취급하고

68 『孟子』, 「離婁下」, "孟子告齊宣王曰: 君之視臣如手足, 則臣視君如腹心. 君之視臣如犬馬, 則臣視君如國人. 君之視臣如土芥, 則臣視君如寇讎. 王曰: 禮, 爲舊君有服, 何如斯可爲服矣? 曰: 諫行言聽, 膏澤下於民. 有故而去, 則君使人導之出疆, 又先於其所往; 去年不反, 然後收其田里. 此之謂三有禮焉. 如此, 則爲之服矣. 今也爲臣, 諫則不行, 言則不聽, 膏澤不下於民. 有故而去, 則君搏執之, 又極之於其所往. 去之日, 遂收其田里. 此之謂寇讎. 寇讎何服之有?"

있는 것이다.

> 맹자가 언급한 군신지간의 의리는 군주와 신하 사이의 쌍방에 대한 요구를 포함하고 있는데, 이러한 의리는 사람들에게 그것이 옳고 그른지를 물어보는 것을 요구하지 않고 단지 등급관계를 준수하기만 하면 되는 것이다. 근본적으로 말해서 의로움과 불의는 반드시 그것이 도리에 부합하는지 여부를 보아야 하고 반드시 사직과 백성 즉 사회전체의 이익에 부합하는지 여부를 보아야 한다.[69]

이러한 책임은 맹자가 일찍이 언급한 군주에게는 군주의 도리가 있고 신하에게는 신하의 도리가 있다고 하는 것에 분명하게 나타나 있다. 다만 각자가 그러한 책임에 대하여 전력을 기울여 완수하는 것만이 전력을 다해 의로움을 지키게 되는 것이다. 이러한 군주와 신하의 도리에 대해서는 요임금과 순임금의 경우가 모범사례가 된다고 할 수 있다.

> 임금이 되고자 하면 임금의 도리를 다해야하고, 신하가 되고자 하면 신하의 도리를 다해야 하는 것, 이 두 가지는 모두 요와 순을 본받을 뿐이다. 순이 요를 섬기던 방법으로 임금을 섬기지 아니하면 그 임금을 공경하지 아니하는 것이고, 요가 백성들을 다스리던 방법으로 백성들을 다스리지 아니하면 그 백성들을 해치는 것이다. 공자께서 '길은 둘이니, 인을 하는 것과 인을 하지 아니하는 것일 뿐이다.'라고 했다. 자기의 백성에게 포악하게 하는 것이 심하면 곧 자신이 죽고 나라가 망하며, 심하지 않으면 곧 자신이 위태롭게 되고 국토가 삭감된다. 이름 붙이기를 유幽(어둠)나 려厲(사나움)라는 악한 임금의 시호(諡)로 이름 지어지게 되면 비록 효자나 자애로운 후손이라도 영원히 고치지 못할 것이다. 『시경』에 이르기

69 梁韋弦, 『孟子硏究』, 臺北, 文津出版社, 1993년, 98쪽 참조.

를 '은나라가 거울삼아야 할 것은 멀리 있지 않다. 바로 하나라의 걸임금 시대에 있는 것이다.'하였으니, 이것을 말한 것이다.[70]

위의 인용문에서 분명하게 언급하는 것은 바로 군주의 도리라고 하는 것은 바로 "요임금이 백성들을 다스리던 방법으로 백성들을 다스리는 것"을 의미한다는 것이다. 다시 말하자면 왕도王道나 인정仁政을 시행해야 한다는 것으로 백성들을 위한 정책의 시행이 고려되어야만 한다는 것이다. 그리고 신하의 도리는 군주를 공경해야 하는 것인데, 어떻게 공경해야 하는지의 문제는 맹자가 다음과 같이 말한 것에 잘 나타나 있다.

> 임금에게 어려운 일을 해내게 하는 것(어려움으로 임금을 책하는 것)을 공손함이라 하고, 선한 것을 진술하고 악한 것을 막는 것(착한 것을 펴서 간사함을 막는 것)을 공경함이라 하고, 우리 임금이 무능하다 하다는 것(우리 임금이 해내지 못할 것이라 하는 것)을 해치는 것이라고 한다.[71]

신하는 군주에 대하여 공경의 태도를 견지해야 하지만, 그렇다고 해서 공경이 맹목적인 순종을 의미하는 것은 아니다. 즉 모든 사안에 대하여 군주의 뜻을 순종하기만 하고 의리를 돌아보지 않아서는 안 되는 것이다. 만일 이와 같지 않을 경우에는 장의張儀의 경우처럼 군주에게 순종하는 것이 올바른 것이 되는 것이며 폭군 걸桀임금을 도와 백성들을 학대하는 것과 같은 상황을 초래하게 된다는 것이다. 즉 이러한

---

70 『孟子』, 「離婁上」, "欲爲君盡君道, 欲爲臣盡臣道, 二者皆法堯舜而已矣. 不以舜之所以事堯事君, 不敬其君者也. 不以堯之所以治民治民, 賊其民者也. 孔子曰: 道二, 仁與不仁而已矣. 暴其民甚, 則身弑國亡. 不甚, 則身危國削. 名之曰: 幽·厲, 雖孝子慈孫, 百世不能改也. 詩云: 殷鑒不遠, 在夏后之世, 此之謂也."

71 『孟子』, 「離婁上」, "責難於君謂之恭, 陳善閉邪謂之敬, 吾君不能謂之賊."

것은 올바른 신하의 도리라고 할 수 없는 것이다. 신하가 군주에 대하여 공경을 표현하는 것은 군주가 인의仁義를 실천하는 것에 대한 신뢰의 마음에서 비롯되는 것이다. 그러므로 군주로 하여금 선함을 진술하게 하고 사악하고 편벽된 생각을 제거할 수 있게 하기 위해서는 군주에게 선善을 실천할 것을 요구해야 하는 것이며, 이를 요임금과 순임금의 도리로써 보좌해야만 하는 것이다. 그러나 더욱 중요한 것은 군주의 비뚤어진 마음을 바로 잡아주는 것 즉 군주의 마음을 올바르게 하는 것에 있는 것이다.

> 군자가 임금을 섬기는 것은, 그 임금을 인도하여 바른 길에 나아가서 인에 뜻을 두도록 하는 데 힘쓸 뿐이다.[72]

> 사람들을 일일이 편들거나 꾸짖을 것이 못되며, 정책을 일일이 논할 것이 못된다. 오직 대인만이 임금의 잘못을 바로잡아내는 일을 할 수 있다. 임금이 어질면 어질지 아니한 사람이 없고, 임금이 의로우면 의롭지 아니한 사람이 없으며, 임금이 바르면 바르지 아니한 사람이 없으니, 한 번 임금의 마음을 바르게 하면 나라가 안정 된다.[73]

신하가 되어서 전력을 다하여 선善을 행하는 것은 신하의 도리를 다 한 뒤의 일이라고 할 수 있다. 만일 군주가 죄가 없는 데도 선비를 죽이고, 죄가 없는 백성들을 죽인다면 대부大夫 계층의 사람은 그러한 군주를 떠나가고 선비士 계층의 사람들은 그 나라를 떠나가게 되는 것이다.

---

72 『孟子』, 「告子下」, "君子之事君也, 務引其君以當道, 志於仁而已."

73 『孟子』, 「離婁上」, "人不足與適也, 政不足間也. 惟大人爲能格君心之非. 君仁莫不仁, 君義莫不義, 君正莫不正. 一正君而國定矣."

> 도를 얻은 사람에게는 도와주는 이가 많고, 도를 잃은 사람에게는 도와주는 사람이 적다. 도와주는 사람이 적은 것이 극에 달한 경우는 친척도 배반하고, 도와주는 사람이 많은 것이 극에 달하면 천하의 사람들이 그를 따르게 된다. 천하의 사람들이 따르는 상황에서 친척도 배반하는 자를 공격하는 것이므로 군자는 싸우지 않음이 있을지언정 싸우면 반드시 이기게 된다.[74]

군주가 무도하게 전횡을 휘두르게 되면 성姓이 다른 신하는 그러한 군주에게서 미련 없이 떠나가고 친척들마저도 그에게 등을 돌리게 되고 심지어는 군주의 지위를 다른 사람으로 바꾸기까지 한다. 그렇기 때문에 맹자는 무도한 군주는 사람들에게 주살될 수 있는 것이라고 여겼는데, 이러한 생각은 『예기禮記』에서 언급한 "신하된 자의 예는 간언을 해도 그러한 결과가 드러나지 않을 경우, 세 번 더 간언을 하고 그래도 받아들여지지 않으면 그 군주로부터 떠나가야 한다."[75]라고 하는 것과 의미상에 있어서 일맥상통한다고 할 수 있다. 이러한 태도는 부모에게 세 번 간언을 해도 받아들여지지 않으면 울면서 부모의 뜻을 따른다고 하는 태도와는 분명한 차이를 보이고 있다.

맹자가 분석한 군주와 신하의 관계 속에서 맹자가 군주의 지위를 깎아 내리려는 의도를 발견할 수 있으며, 군주가 신하들로부터 공경을 받기 위해서는 신하를 예禮로써 대하고 신하의 충언을 받아들여야 하며 군주 자신이 행하는 모든 것이 반드시 왕도王道나 인정仁政을 실천하는 것에 부합되어야만 하는 것이다. 그리고 맹자는 신하에 대해서는 신하의 도리를 다해야 한다고 했는데, 즉 군주를 공경하고 의로움義에 부합

74 『孟子』, 「公孫丑上」, "得道者多助, 失道者寡助. 寡助之至, 親戚畔之; 多助之至, 天下順之. 以天下之所順, 攻親戚之所畔. 故君子有不戰, 戰必勝矣."

75 『禮記』, 「曲禮下」, "爲人臣之禮, 不顯諫; 三諫而不聽則逃之."

해야 한다고 했다. 여기에서 군주를 공경한다고 하는 것은 군주가 자신의 책무를 도리에 맞게 수행할 수 있도록 최대한 간언하고 권고하는 것이다. 특히 맹자는 군주의 불의한 행위나 의도에 대하여 맹목적으로 순종하는 것이 올바른 것이 되는 상황을 초래해서는 안 된다는 것을 강조했다. 또한 그는 이러한 의로움이나 불의는 백성들의 삶에 도움이 되는지의 여부에 따라 기준을 삼아야만 한다고 생각했다. 이와 같은 맹자의 군신관계에 관한 윤리는 그가 주장한 부모와 자식 간의 효도와 순종이라고 하는 절대적인 윤리와는 매우 커다란 차이를 보이고 있다고 할 수 있겠다.

> 맹자가 충忠과 효제의 덕행에 대해서는 서로 같은 견해를 견지한 것은 아니다. 충은 충의 대상이 반드시 그것에 상응하는 덕을 가지고 있어야만이 비로소 지속되어질 수 있는 것이다. 바꿔 말하자면 효제는 맹자에게 있어서 절대적인 덕행이 되는데, 그것은 그 대상이 그에 상응하는 덕을 가지고 있거나 혹은 그에 상응하는 덕을 가지고 있지 않거나에 관계없이 자신의 본성과 본심을 다하여 실천해야만 하는 것이다. 그러나 충에 대해서 맹자는 그것을 단지 상호간의 권리와 책임으로 간주했을 뿐이다. 그리고 그러한 것을 완전하게 대응하는 덕행의 범주에 속하는 것이라고 보지도 않았다.……신하가 군주에 대하여 바치는 충은 상대적이고 조건적인 것이다. 만일 군주가 어질지 못하고 불의하다면 신하는 자연히 충을 반드시 다 바칠 필요가 없는 것이다.[76]

### 3) 부부사이의 인륜에 관한 문제

맹자는 일찍이 "남녀가 결혼하여 한 방에 거처하는 것은 사람의 큰

76 成中英, 「論儒家孝的倫理及其現代化: 責任·權利與德行」, 『知識與價值』, 北京, 中國廣播電視出版社, 1996년, 469~470쪽 참조.

도리이다"라고 언급했는데, 이는 맹자가 부부사이의 윤리에 대하여 상당히 중시하고 있었음을 의미하고 있는 것이라고 할 수 있다. 남녀관계에 대한 도덕상황의 충돌에 직면했을 때 부부의 인륜은 문제해결의 연결고리로서 고려해볼만한 요인이라고 할 수 있다.

> 맹자가 "부모에게 알렸다면 아내를 얻지 못하였을 것이기 때문이다. 남녀가 결혼하여 한 방에 거처하는 것은 사람의 큰 도리이니, 만일 아뢰면 사람의 큰 도리를 폐지하여 부모로 하여금 원망하게 만들 것이니 이 때문에 아뢰지 않은 것이다."라고 말했다.[77]

다른 한편으로 맹자는 예禮와 생리적인 욕구食色 가운데 어느 것이 더욱 중요한 것인지에 대하여 언급할 때도 어떤 경우에는 예禮가 덜 중요하고 생리적인 욕구食色가 더욱 중요한 것이라고 하여, 사람이 예禮 때문에 생리적인 욕구食色를 포기할 수 없는 것이라고 했다. 그러나 예禮가 덜 중요하다고 해서 아내를 얻는 것을 포기해서도 안 된다고도 했다. 맹자는 부부사이의 인륜에 대하여 상당히 중시하는 태도를 견지하는데, 그 가운데 한 요인은 바로 "불효에는 세 가지가 있는데, 후손이 없는 것이 가장 큰 불효이다."라고 하는 생각이 맹자에게 매우 깊게 각인되어져 있었기 때문이다. 그렇기 때문에 부부사이 인륜의 매개체는 효도의 실천을 보좌해준다고 하는 것에 있다고 할 수 있는 것이다.

부부사이의 대접에 관하여 맹자는 비록 전문적인 분석과 언급은 하질 않았지만, 그가 언급한 다양한 상황들 속에서 약간의 실마리를 찾아볼 수는 있다. 부인이 된 사람에 대하여 맹자는 간단하게 언급하는데, 즉 부인은 당연히 남편에게 순종하고 남편의 뜻을 거슬러서는 안

---

77 『孟子』, 「萬章上」, "孟子曰: 告則不得娶. 男女居室, 人之大倫也. 如告, 則廢人之大倫, 以懟父母, 是以不告也."

된다고 했다.

> 장부가 관례를 행할 때에 아버지가 훈계를 하고, 여자가 시집갈 때에는 어머니가 훈계를 하는데, 갈 적에 문에서 전송하면서 훈계하기를, '너의 집에 가거든 반드시 공경하고 반드시 조심하여 남편의 뜻을 어기지 말라.'하니, 순종함을 올바른 도리로 삼는 것은 부녀자의 도리이다.[78]

남편이 아내에게 대하는 것에 관하여 맹자가 언급한 것은 적지 않은데, 대체로 남편은 아내에게 대하여 반드시 의로움으로 대할 것을 주장한 것으로 귀결할 수 있다. 맹자는 남편이 되어서 우선적으로 직접 일을 하여 아내와 자식에게 모범을 보여야하는 데, 가장 중요한 것은 바로 처자식에 대한 부양의 책임을 다하는 것이다.

> 『시경』에 이르기를 "후비에게 모범을 보이시고, 형제들에게 덕이 미치게 하여서 이 집과 나라에서 다스림을 이루었다."라고 하였으니, 이 마음을 들어서 저 백성들에게 더해 쓸 따름임을 말한 것입니다. 그러므로 은혜를 널리 펼치면 족히 천하를 보존할 수 있고, 은혜를 펼치지 아니하면 처자식도 보호할 수 없는 것입니다.……현명한 군주가 백성의 생업을 관장할 경우에는, 반드시 위로는 부모를 섬기기에 충분하도록 하며, 아래로는 처자를 기르기에 충분하도록 합니다.[79]

위의 인용문은 본래 맹자가 세선왕齊宣王에게 인급한 왕도정치王道政

---

78 『孟子』, 「滕文公下」, "丈夫之冠也, 父命之. 女子之嫁也, 母命之, 往送之門, 戒之曰: 往之女家, 必敬必戒, 無違夫子! 以順爲正者, 妾婦之道也."

79 『孟子』, 「梁惠王上」, "詩云, 刑于寡妻, 至于兄弟, 以御于家邦. 言擧斯心加諸彼而已. 故推恩足以保四海, 不推恩無以保妻子.……是故明君制民之産, 必使仰足以事父母, 俯足以畜妻子."

治에 관한 이야기이다. 그러나 그 가운데에는 남자가 부모를 섬기는 것 이외에 처자식을 부양해야 한다는 내용이 포함되어 있으며, 동시에 은택을 반드시 처자식에게까지 미칠 수 있게 해야만 한다는 사실 역시 담겨져 있다. 만일 한 집안의 가장인 남편이 처자식을 잘 부양할 수 없는 상황이라면 다른 사람에게 은택을 베푸는 것은 요원한 일이 되는 것이다. 맹자는 또 한편 "남편이란 우러러 바라보면서 평생을 바치는 사람"[80]이라고 했는데, 이와 같은 언급을 통하여 남편은 처자식에 대하여 선량한 책무를 다해야 한다는 사실을 발견할 수 있다.

맹자는 일찍이 "인의 실천은 어버이를 섬기는 것이 그것이다."[81]라고 언급했는데, 인仁의 실천은 반드시 부모를 섬기는 것에서부터 시작되어야 하는 것이다. 그러나 인仁은 반드시 은택을 확대시켜나가야만 하는 것이다. 그래야만이 인仁의 두 번째 확대 대상인 부인에게까지 그 은택이 미치게 되는 것이다. 「이루하離婁下」 편의 "양인良人"구문에서 볼 때, 처자식에 대한 남편의 처신은 남편이 다른 사람과 교류하는 데 있어서 거울과 같은 역할을 할 수 있다. 즉 한 사람의 행위가 만일 처자식에게 조차도 인정받지 못한다면, 그러한 사람이 과연 어떻게 주위사람들로부터 인정을 받을 수 있겠는가라고 하는 것이기 때문이다. 이러한 것은 역시 맹자의 남녀사이의 윤리관계에 대한 입장을 표명한 것으로, 상호간에 공경하고 돕는 것 위에서 남녀사이의 윤리관계가 수립되는 것임을 역설하고 있는 것이다. 비록 부인은 "순종함을 올바른 도리로 삼는다."고 하는 관념은 이미 남녀평등을 부르짖는 현대사회에서는 부적합한 것이라고 할 수 있지만, 맹자가 강조한 것은 부부사이의 의무와 상호간의 책임 및 부부사이의 상호협력과 공경이라고 하는 것에 있

80 『孟子』, 「離婁下」, "良人者, 所仰望而終身也."
81 『孟子』, 「離婁上」, "仁之實, 事親是也."

는 것이었다는 사실을 명심해야 할 것이다. 이러한 맹자의 부부사이의 인륜관계에 대한 견해는 현대사회를 살아가고 있는 우리들에게 적지 않은 계시를 주고 있다고 볼 수 있는 것이다.

4) 형제사이의 인륜에 관한 문제

맹자는 부자지간의 인륜에 관하여 언급할 때 자식이 부모에 대한 의무에 대해서 언급했을 뿐만이 아니라 군신사이 및 부부사이의 인륜에 대하여 언급할 때도 역시 상호간의 책임과 의무가 필요함을 역설했다. 그러나 형제사이의 인륜에서 맹자는 둘 사이의 책임과 의무에 대해서는 명확한 입장을 표명하질 않고 다만 형제관계의 유지에 대하여만 중시하는 입장을 취했다. 맹자는 여러 차례에 걸쳐서 순임금이 이복동생인 상象을 대하는 태도를 찬양하여, 형제사이의 우애를 보여주고 실천한 것에 높은 평가를 내렸다. 구체적인 실례는 순임금이 이복동생인 상象을 유비有庳지역의 제후로 봉한 사건이 그것이라고 할 수 있다.

맹자는 형제의 정情은 천륜이라고 생각하여 "사람이 배우지 아니하고서도 할 수 있는 것은 선천적으로 타고난 재능良能이고, 생각해보지 않고서도 알 수 있는 것은 선천적으로 타고난 앎良知이다. 두세 살짜리 어린애가 그 어버이를 사랑할 줄 알며, 자라서는 그 형을 공경할 줄을 안다."[82]라고 언급했던 것이다. 또한 "어진 사람은 동생에게 대해서 화난 마음을 오래 감추어두지 아니하며 원망하는 마음을 묵혀두지 아니하고, 그를 자신처럼 여기고 사랑할 뿐이다."[83]라고 했던 것이다. 그렇기 때문에 이복동생인 상象이 불인不仁한 사람이라는 것을 알고 있으면서도 차마 형제지간의 천륜의 정情을 져버릴 수 없었던 것이다. 그래서

---

82 『孟子』, 「盡心上」, "人之所不學而能者, 其良能也; 所不慮而知者, 其良知也. 孩提之童, 無不知愛其親者. 及其長也, 無不知敬其兄也."

83 『孟子』, 「萬章上」, "仁人之於弟也, 不藏怒焉, 不宿怨焉, 親愛之而已矣."

순임금은 "상이 근심하면 자신도 근심하고, 상이 기뻐하면 자신도 역시 기뻐했던 것이다."[84]

> "주공周公은 어떤 사람입니까?"라고 묻자, 맹자가 "옛 성인이시다."라고 대답했다. "관숙에게 은나라를 감독하게 했는데 관숙이 은나라에서 반란을 일으켰다고 하였다는데 그런 일이 있었습니까?"라고 묻자, 맹자가 "그렇다."라고 말했다. "주공은 그가 반란을 일으킬 것을 알고 기용했을까요?" "알지 못하셨다." "그렇다면 성인도 허물이 있군요." "주공은 아우이고, 관숙은 형이니, 주공의 허물은 있을 수 있는 일이 아니었겠는가?"[85]

맹자는 주공周公이 아우이고 관숙管叔이 형이었는데, 형인 관숙에게 은殷나라 지역의 유민들을 관리 감시하게 하는 임무를 맡긴 것은 아우가 형을 공경하는 정情에 기반을 둔 것이라고 여겼으며, 그의 형인 관숙이 은나라 지역에서 반란을 일으킬 것을 예상하지는 못했다고 생각했다. 주자朱子의 경우는 이에 대하여 "주공이 차마 그 형의 악함을 미리 헤아려 버릴 수 있었겠는가? 주공은 형을 사랑함은 마땅히 다하지 않음이 없어야 하니,……순임금은 진실로 믿고서 상을 기뻐하셨고, 주공은 진실로 믿고서 관숙에게 맡기셨다. 이는 천리와 인륜의 지극함이니, 그 마음 쓰는 것이 같은 것이다."[86]라고 해석하고 있다. 맹자는 효제孝悌 즉 효도와 공경을 함께 언급하곤 하는데, 여러 차례에 걸쳐서 군주들에게 교육의 필요성에 대하여 주장을 할 때마다 항상 효제孝悌를 가르치는 것

84 『孟子』, 「萬章上」, "象憂亦憂, 象喜亦喜"

85 『孟子』, 「公孫丑下」, "周公何人也? 曰: 古聖人也. 曰: 使管叔監殷, 管叔以殷畔也, 有諸? 曰: 然. 曰: 周公知其將畔而使之與? 曰: 不知也. 然則聖人且有過與? 曰: 周公, 弟也; 管叔, 兄也. 周公之過, 不亦宜乎?"

86 朱熹, 『孟子集註』, 卷四.

으로부터 교육을 시작해야 한다고 역설했다. 이와 같은 사실을 통하여 맹자는 부자관계와 형제관계의 인륜에 대하여 매우 중시하는 태도를 견지하고 있었음을 알 수 있게 되는 것이다.

> 천하를 다스리는 방법은 가까운 곳에 있는데도 그것을 먼 곳에서 구하며, 일은 쉬운 데 있는데도 그것을 어려운 데서 구한다. 사람들이 제각기 자신의 부모를 부모로 섬기고 자신의 어른을 어른으로 모시면 천하가 태평해지리라.[87]

인仁과 의義는 맹자사상 가운데 매우 중요한 근원이라고 할 수 있는데, 전자는 부모를 섬기는 것을 실천하는 가운데 발로되는 것이며 후자는 어른을 공경하는 가운데 나타나는 것이다. 그래서 성중영成中英과 같은 경우 "효제는……모든 덕성의 기초와 시발점이 되는 것이다."[88]라고 언급했던 것이다. 이와 같이 볼 때, 부자사이의 인륜과 형제사이의 인륜은 그 중요성의 비중이 같은 것이라고 할 수 있는 것이다.

이상과 같은 내용을 종합해보면, 맹자는 도덕상황의 충돌에 직면하여 선택을 할 때 인륜을 항상 가장 먼저 고려해야할 요인이라고 생각했음을 알 수 있게 된다. 특히 부자사이의 인륜과 형제사이의 인륜에서 부모나 형제를 막론하고 그들에게 허물이 있거나 그들이 불인不仁한 행위를 하더라도 자식이나 아우 혹은 형이 되어서 마땅히 부모나 형제를 공경하고 사랑해야 한다는 것이다. 그리고 맹자가 제기한 도덕상황의 충돌 가운데 유일하게 예외의 선택을 하는데, 그것은 바로 부부사이의 인륜에 대해서 순임금이 부모에게 아뢰지 않고 아내를 얻은 것을 실례

87 『孟子』, 「離婁上」, "道在爾而求諸遠, 事在易而求之難. 人人親其親 長其長 而天下平."
88 成中英, 「論儒家孝的倫理及其現代化: 責任·權利與德行」, 『知識與價值』, 北京, 中國廣播電視出版社, 1996년, 468쪽 참조.

로 들어서 부부사이의 인륜 역시 효도를 우선적으로 고려해야 함을 강조한 사실이다. 군신사이의 인륜관계에 대해서 맹자는 군주와 신하 서로가 상대방을 의로움義에 부합하게 대우해줘야만 한다고 생각했으며, 이러한 의로움義의 기준은 백성들의 뜻 즉 민의民意에서 비롯되는 것이라고 보았다.

## 5. 개인과 사회의 관계에 대한 중시

앞부분에서 언급한 것처럼 맹자는 개인의 주체성 확립을 매우 중시했음을 알 수 있다. 그렇다고 해서 맹자가 단지 개인의 덕성만을 양성하는 것을 중시하고 인간의 사회성에 대해서는 소홀하게 취급했다고 하는 것을 의미하는 것은 아니다. 실제로 맹자는 이와 정반대의 상황을 연출했다. 즉 맹자는 한편으로 개인의 주체성은 반드시 확립되어야만 한다고 했으며, 이러한 개인의 주체성의 수립은 개인이 다른 사람과의 관계형성을 기반으로 하여 확립해야 한다고 하는 사실을 긍정했다. 다른 한편으로 맹자는 개인이 주체성을 확립한 이후에는 반드시 다른 사람이나 집단에게 나가야 한다는 사실을 강조했다. 즉 개인이 혼자만 덕성을 수양하여 자신만이 선하게 되는 차원에 머물러 있지 않고 타인이나 집단에게 개방적인 태도를 취해야 한다는 것이다.

앞부분에서 분석한 것처럼 맹자는 개인과 타인 사이의 상호관계를 중시했는데, 즉 부모와 자식 및 부부 그리고 형제 등의 친속관계와 군주와 신하 사이의 정치윤리관계를 비롯한 친구사이의 윤상관계 등을 포함한 개인과 타인의 상호관계에 대하여 상당히 중시했다는 사실을 확인할 수 있다. 이러한 것들 모두는 맹자가 인간의 군집성群集性에 대하여 홀시하지 않았음을 표시하는 것이라고 할 수 있는데, 맹자는 이처럼 인간의 군집성群集性에 대하여 홀시하지 않았을 뿐만 아니라 개인과 사회 사이의 상호관계에 대해서도 동일한 맥락선상에 놓고 그러한 것들이 불가분할적인 것이라고 보았다.

이러한 사실과 앞에서 서술한 유가에서 중시하는 수신修身·제가齊家·치국治國·평천하平天下의 진행과정과 이상은 밀접한 관계를 형성하고 있다고 볼 수 있다. 즉 『대학大學』의 격물치지格物致知에서 시작하여 수신修身·제가齊家·치국治國·평천하平天下에 도달한다고 하는 주장과, 맹자가 언급한 인간은 반드시 선함을 밝혀야 하고 자신을 돌이켜 반성함으로써 성실해지는 것과 같은 수양을 통해서야 만이, 비로소 진일보하여 부모를 섬겨 기쁘게 하고 벗들로부터 신뢰를 받고 윗사람에게 신임을 받을 수 있게 되어, 궁극적으로는 백성들을 통치할 수 있게 된다고 하는 여정과 동일한 것이라는 것이다. 이러한 과정 가운데 가장 중요한 것은 바로 자신을 올바르게正己 만드는 것이다. 바꿔 말하자면, 개인이 먼저 자신을 올바르게 만든 뒤에 반드시 이러한 선善함을 타인에게 확대시켜야만 하는 것인데, 이러한 것이 바로 맹자가 말하는 확충擴充의 개념과 연결되어 있다고 말할 수 있는 것이다. 확충擴充의 의미는 자기 자신과 개인과 타인 및 정치적인 측면에서 언급되어지는 것으로, 자기 자신에게 있어서는 선한 단서善端의 확충을 의미하는 것이다.

> 무릇 나에게 있는 이러한 사단을 모두 넓혀서 채울 줄 알면 마치 불이 처음 타오르며 샘물이 처음 솟아나는 것과 같을 것이다. 만일 이것을 채울 수 있다면 온 천하를 보호하기에 충분하지만, 만일 그것을 채우지 못한다면 부모를 섬기는 것조차도 부족할 것이다.[89]

89 『孟子』, 「公孫丑上」, "凡有四端於我者, 知皆擴而充之矣, 若火之始然, 泉之始達. 苟能充之, 足以保四海, 苟不充之, 不足以事父母."

위의 인용문에서는 개인의 선한 단서善端를 확충하는 것과 그것에서 진일보하여 그것을 타인에게 확대시키는 것 즉 "부모를 섬긴다고 하는 것"과 "온 천하를 보호한다고 하는 것"을 동시에 설명하고 있다. 이러한 것은 공자의 "자신이 서고자 하면 다른 사람부터 먼저 서게 하고, 자신이 뜻을 이루고자 하면 다른 사람부터 먼저 뜻을 이루게 한다."[90]라고 하는 언급과 일맥상통한다고 할 수 있다. 확충이 정치적인 측면에서 언급되어지는 것은 맹자가 말한 군주는 마땅히 백성들에게 은택을 베풀어야 한다고 하는 부분에서 찾아볼 수 있다.

> 내 집의 노인을 노인으로 받드는 마음을 미루어 남의 노인에게까지 미치고, 내 집의 어린애들을 아끼고 기르는 마음을 미루어 남의 어린애에게까지 미치게 한다면, 천하를 손바닥에서 움직일 수 있을 것입니다. 『시경』에 이르기를 "후비에게 모범을 보이시고, 형제들에게 덕이 미치게 하여서 이 집과 나라에서 다스림을 이루었다."라고 하였으니, 이 마음을 들어서 저 백성들에게 더해 쓸 따름임을 말한 것입니다. 그러므로 은혜를 널리 펼치면 족히 천하를 보존할 수 있고, 은혜를 펼치지 아니하면 처자식도 보호할 수 없는 것입니다. 옛날 사람들이 지금 사람들보다 크게 뛰어난 까닭은 다름이 아니라 그가 해야 할 것을 잘 미루어 펼쳐 나갔기 때문입니다.[91]

간단하게 말해서, 확충擴充은 자신에게 구비되어 있는 타인의 불행을 보고 참지 못하는 마음을 다른 사람에게 베푸는 것이다. 이러한 관점에서 볼 때, 맹자에게 있어서 개인에서부터 타인에 이르는 것 더나가

90 『論語』, 「雍也」, "己欲立而立人, 己欲達而達人."

91 『孟子』, 「梁惠王上」, "老吾老, 以及人之老. 幼吾幼, 以及人之幼. 天下可運於掌. 詩云, 刑于寡妻, 至于兄弟, 以御于家邦. 言擧斯心加諸彼而已. 故推恩足以保四海, 不推恩無以保妻子. 古之人所以大過人者無他焉, 善推其所爲而已矣."

사회와 국가 및 천하에 이르는 여정은 일방적인 것이 아니고 상호간에 매우 밀접하게 연결되어져 있는 것이다. 사회적 측면에서 말하자면 개인은 소아小我가 되고, 국가적 측면에서 말하자면 사회가 소아小我가 되며, 천하의 입장에서 말하자면 국가가 소아小我가 되는 것이다. 이들 가운데 천하는 가장 커다란 범주가 되고 기타의 소아小我들은 모두가 천하의 구성요소가 되는 것이다. 이러한 이상의 실현은 반드시 확충을 통하여 완성되는 것으로, 개인의 선善은 사회전체의 선善의 기본적인 요소가 되는 것이다. 또한 이와 같은 개인의 선善은 사회전체의 선善의 필연성을 동시에 포함하고 있게 되는 것이다.

> 맹자는 자신과 타인의 소통에 관하여 중요한 의미를 부여했다. 맹자의 입장에서 볼 때, 자아는 결코 폐쇄적인 성질을 가지고 있지 않는 것으로, 이러한 자아의 완성은 궁극적인 귀결점이 되어서는 안 되는 것이다.……자아의 가치실현은 사회전체 구성원의 자아 완성에 그 목표가 있는 것이다.[92]

사람은 이처럼 자연적인 본능과 도덕성만을 가진 것이 아니라 동시에 사회적인 군집성群集性을 가지고 있기 때문에, 한 개인은 폐쇄적인 존재가 아니라 개방적인 존재가 되는 것이다. 또한 이러한 개방적인 성향은 먼저 가족에게 그 영향을 미치게 되는 것인데, 그렇기 때문에 맹자는 부자 사이에는 친함이 있다고 하는 주장을 군신 사이에는 의리가 있다고 하는 주장의 앞에 놓은 것이다. 어떤 측면에서 본다면 이러한 것에는 분명히 실천적인 측면의 절차와 정치적인 의미 즉 "계급사회에서 사람들의 혈연관계로 이루어진 인륜과 정치적 등급관계는 모두가

---

92 楊國榮, 『善的歷程: 儒家價值體系的歷史衍化及其現代轉換』, 上海, 上海人民出版社, 1994年, 69쪽 참조.

가부장적 시스템을 기초로 하여 발전해온 것이다."[93]라고 하는 것과 같은 의미가 담겨져 있다고 볼 수 있다.

맹자는 고대의 성왕聖王과 주周나라의 예악제도를 매우 흠모했다. 주나라의 예악제도는 봉건제도의 결과물이라고 할 수 있는데, 이러한 봉건제도는 혈연관계의 기초위에 건립된 것이다. 바꿔 말하자면, 오직 부모를 공경할 수 있는 사람만이 진일보하여 군주를 섬길 수 있게 되는 것으로, 이는 맹자가 부자관계를 군신관계 보다 앞에 놓게 만든 원인 가운데의 하나인 것이다. 다른 한편으로 맹자는 일찍이 "사람들이 늘 말하는 것이 있으니, 모두 천하와 국가와 집을 말한다. 천하의 근본은 나라에 있고, 나라의 근본은 집에 있고, 집의 근본은 자신에게 있다."[94]라고 언급했는데, 이처럼 공자나 맹자 모두가 가정의 윤상관계를 매우 중시하여 효도를 제창하였다. 이러한 사실은 공자와 맹자가 대아大我를 중시하지 않다고 하는 것을 의미하는 것이 아니라, 국가의 중요성을 이해하기 위한 전제로 국가 안정의 기반과 그것의 근원은 바로 가정에서 온다고 하는 사실을 강조하기 위해서, 가정의 윤상관계를 중시했음을 의미하는 것이다.

> 유가의 윤리사상은 오륜의 도리를 주요한 내용으로 삼는데, 수신修身·제가齊家·치국治國·평천하平天下는 곧 오륜의 실천방법이 되는 것이다. 바꿔 말하면, 오륜은 유가의 도덕사상이 인간관계 속에서 체현되는 것이며, 수신修身·제가齊家·치국治國·평천하平天下는 유가 윤리사상의 실천 단계인 것이다.[95]

93 梁韋弦, 『孟子硏究』, 臺北, 文津出版社, 1993년, 95쪽 참조.
94 『孟子』, 「離婁上」, "人有恒言, 皆曰: 天下國家. 天下之本在國, 國之本在家, 家之本在身."
95 林安弘, 『儒家禮樂之道德思想』, 臺北, 文津出版社, 1988년, 219쪽 참조.

이러한 사실은 맹자가 국가 전체의 안정을 중시했다는 사실을 나타내는 것이며, 이는 맹자가 가정을 국가의 근본으로 보았다고 하는 사실 역시 드러내고 있는 것이라고 할 수 있다. 그렇기 때문에 가정윤리와 사회윤리 사이에 충돌이 발생할 경우 가정윤리를 선택의 우선적 고려대상으로 삼는 것이다. 앞서 언급한 것처럼 고수瞽瞍가 살인을 했을 때 순임금이 천하를 버리고 아버지를 업고 도망간 사례 및 순임금이 이복동생인 상象을 유비有庳지역에 제후로 봉한 사례 모두는 가정윤리를 우선적인 고려의 대상으로 삼은 사례인 것이다.

한 사람이 개인의 선善과 사회전체의 선善 사이에서 취사선택의 상황에 직면했을 때, 맹자는 일관된 원칙을 고수하는데 그것은 바로 먼저 자신을 올바르게 하고 나서 타인을 올바르게 만든다고 하는 것이다. 그렇기 때문에 맹자는 사람이 먼저 자신을 수양해야 한다고 했는데, 이러한 자신을 수양하는 방법은 자신을 돌이켜 반성하여 성실하게 하는 것에 있다. 즉 정치적으로 뜻을 얻지 못했을 때는 홀로 도道를 실천한다고 하는 것으로, 이는 궁핍하여도 의로움을 잃지 않는다고 하는 것과 같은 절개를 지키는 것이 되는 것이다. 그러나 반드시 절개를 지켜야 할 뿐만 아니라 동시에 개인의 선善이 자신에게 있을 때 덕을 존중하고 의로움을 즐긴다고 하는 뜻을 품어야 하는 것이다. 바로 이러한 태도가 안회顔回의 "한 그릇의 밥을 먹고 한 바가지의 물을 마시며 누추한 골목에 산다면, 남들은 그 괴로움을 감당치 못할 터인데, 회는 그의 즐거움이 변하지 않는다."[96]고 하는 도를 즐기는 정신과 일맥상통하는 것이다. 그러나 정치적으로 뜻을 얻은 후에는 사회전체의 선善을 천하에 확대시켜야 한다는 책임감과 내가 아니면 그 누가 할 수 있겠는가라고 하는 도덕적 기백이 있어야 만이 어떠한 상황에 처함에 관계없이 군자는 그

96 『論語』, 「雍也」, "一簞食一瓢飮, 在陋巷, 人不堪其憂, 回也不改其樂."

가운데에서 안정적으로 자신의 뜻을 펼치되 도리에서 어긋남이 없게 되는 것이다.

이상의 논거들을 통하여 맹자는 결코 개인의 선善만을 추구하는 것에 머무르는 것이 아니고, 이러한 선善을 다른 사람들에게까지 확대시켜야 한다는 것을 역설한 사상가라는 사실을 확인 할 수 있었다. 그렇기 때문에 맹자는 양주楊朱의 위아주의爲我主義를 "양주의 위아주의는 군주가 없는 것이다."라고 비난했던 것이다. 특히 맹자는 양주가 자기 자신만을 중시하고 인간의 사회적 성향을 홀시한 점의 부당성을 역설했다. 그러나 맹자 역시 완전한 이타주의자利他主義者는 아니라고 할 수 있는데, 이것은 그가 묵자의 겸애兼愛를 비판한 것에서 알 수 있다. 즉 맹자는 묵가집단이 도덕실천과 윤리단계 상의 차별성을 홀시한 것에 대하여 강력한 비난을 했었던 사실에서, 그가 완전한 이타주의자가 아니라고 하는 사실을 확인할 수 있는 것이다. 이처럼 맹자는 개인의 선善을 통하여 사회전체의 선善 혹은 타인을 이롭게 한다고 하는 사상의 확산을 염원했던 것이다. 즉 사회 전체의 선善을 실현시키기 위해서는 반드시 자신의 선善을 확립한 이후에 비로소 가능한 것이라고 하는 것처럼, 맹자는 개인과 사회를 연결시켜 자신의 주체성을 잃지 않을 뿐만 아니라 다른 사람이나 천하의 모든 사람들에게 선善을 확대시켜야만 한다고 하는 신념을 굳게 믿고 있었다. 이러한 것은 맹자의 확충개념과 밀접하게 연결되어 있다고 볼 수 있다.

> 자기 자신의 선함을 추구하는 것은 도덕적 측면에 있어서 자아실현이 되는데, 그 내용은 의로움을 잃지 않는 것이다. 그렇기 때문에 곤궁할지라도 자신의 선함을 추구한다고 하는 것은 곤궁해도 의로움을 잃지 않는다고 하는 것이다. 의로움을 체현하는 것은 보편적인 사회적 책임을 지는 것이기 때문에 의로움을 잃지 않는다고 하는 것은 보편적인 사회적 책임

을 이행하는 것이 되는 것이다.……자신의 선함을 추구하는 것과 사회전체의 선을 추구한다고 하는 것은 본질적인 측면에 있어서 동일한 가치를 체현하는 것이라고 할 수 있는 것이다. 이러한 둘의 이행은 보편적인 사회적 책임을 수행하는 것이 되는데, 이러한 점에서 볼 때 자신의 선함을 추구하는 것과 사회전체의 선을 추구한다고 하는 것은 서로 별개의 것이 아니게 된다.[97]

이상과 같이 맹자가 도덕상황의 충돌에 직면했을 때 선택한 기본적인 태도는 보편적인 원칙을 융통성 있게 운용한다고 하는 것이었다는 사실을 알 수가 있다. 맹자가 언급한 권도權道는 현실 속에서 생활을 영위해나가는 과정 가운데 반드시 의로움義을 기준으로 삼아서 따라야만 하는 것이다. 『맹자孟子』 속에는 맹자가 도덕상황의 충돌에 직면했을 때 기본적으로 고려한 요소에 대한 흔적들이 곳곳에서 보인다. 맹자는 개인의 주체성의 확립과 전개를 중시했으며 사람과 사람 사이의 관계를 중시했는데, 그 가운데에서 특히 가정윤리를 우선적인 고려의 요소로 삼았으며 동시에 인간의 사회적 책임에 대해서도 심도 있는 논의를 진행했다고 볼 수 있다.

## 6. 맺는 말

이상과 같이 맹자의 권도와 도덕선택에 대하여 권도의 의미와 권과 개인의 주체성 확립 및 인륜정신의 선양을 중시함 그리고 개인과 사회의 관계에 대한 중시를 중심으로 논의를 진행해보았는데, 이를 정리하면 다음과 같다.

---

97 楊國榮, 『孟子評傳』, 南寧, 廣西教育出版社, 1995年, 59쪽 참조.

권權이란 것은 경經의 원칙 아래서 보편적인 원리를 특수한 상황에 맞춰 적용하거나 선택적으로 사용하는 것을 의미한다고 할 수 있을 것이다. 이러한 권權과 경經 모두는 선善을 목적으로 한다고 하는 측면에서 볼 때는 권權이 결코 경經이 추구하는 선善의 원칙에 위배된다고 할 수는 없는 것이다. 그러나 경經이 보편성을 지닌 일정한 원칙이 된다고 할 때의 일정함은 불변을 의미하지 않는다. 보편적 규범이라는 것은 사회 환경의 변화에 따라 변천하고 문화적 차별성과 생활방식의 변화 등등 외재적인 요인에 의해서 그 내함에 차이가 발생하기는 하지만 "선善을 구함"이라는 목적은 이러한 외재적인 요인 때문에 바뀌는 것은 아니라는 것이다. 구체적인 실재상황 속에서 사건에 대하여 명확하게 파악하기 위해서는 반드시 권權에 부합하게 선善을 구하게 만들어야 만이 진정한 해결을 모색할 수 있게 되는 것이다.

맹자는 다양한 형태로 발생하는 도덕상황의 충돌에 직면하여 각각의 상황마다 다른 판단 및 선택을 하지만 항상 변치 않는 목적과 원칙을 유지하고 있는데 그것이 바로 선善이라고 하는 목적과 원칙이다. 이러한 것이 바로 맹자에 있어서 도덕규범의 실천과정 속에 함축되어 있는 권權의 정신을 나타내고 있는 것이며, 이러한 권權은 그가 도덕선택의 상황에 직면했을 때 견지하는 가장 기본적인 태도이다. 이처럼 맹자의 권도權道의 사상은 사람들이 한쪽으로만 치우쳐 권도를 알지 못하고 올바른 도리를 해치는 것을 방지하기 위해서 제기한 것이라고 할 수 있다. 권도權道라고 하는 것은 도덕주체가 도덕실천의 과정 속에서 특별한 상황에 직면하여 충돌과 모순이 발생하였을 경우 일반적인 규범으로는 처리하기가 어려울 때, 직면한 상황을 직시하여 도덕주체 자신의 반성적 사고와 심사숙고를 거쳐서 내리는 도덕적 판단과 선택인 것이다.

도덕선택의 상황에 직면하여 이러한 권도權道는 할 수도 있고 하지 않을 수도 있는 자유가 있는데, 이는 인간이 도덕실천에 있어서의 자율성과 평등성 및 가치를 긍정하는 것이 되지만, 권도權道는 결코 기준이 없을 수 없는 것이며 한계가 없을 수 없는 것이다. 이러한 권도權道의 기준이 되는 것은 바로 의로움義이라고 할 수 있다. 의로움義을 통하여 권도權道는 그 타당성을 인정받을 수 있는 것이며, 의로움義을 통하여 인간은 모든 행위의 타당성과 타당하지 않음을 알 수 있게 되는 것이다. 또한 자유가 드러나는 것은 반드시 도덕주체의 도덕수양을 통해서인데, 이와 같이 도道의 정신을 발휘할 때 비로소 사람이 자유의지에 의해서 의리義利 사이에서 스스로 취사선택을 하게 되는 것이다. 이와 같은 모든 것들은 주체성을 확립하는 것에 관한 사안으로, 반드시 의로움을 키우고 호연지기를 양성集義養氣하는 수양을 통해서만이 인간에게 내재되어 있는 충만한 덕성을 발휘케 하여 인간 자신의 독립성과 자율성을 확립시킬 수 있게 되는 것이다.

맹자는 도덕상황의 충돌에 직면하여 선택을 할 때 인륜이 항상 가장 먼저 고려해야할 요인이라고 생각했음을 알 수 있게 된다. 특히 부자사이의 인륜과 형제사이의 인륜에서 부모나 형제를 막론하고 그들에게 허물이 있거나 그들이 불인不仁한 행위를 하더라도 자식이나 아우 혹은 형이 되어서 마땅히 부모나 형제를 공경하고 사랑해야 한다는 것이다. 그리고 맹자가 제기한 도덕상황의 충돌 가운데 유일하게 예외의 선택이 있는데, 그것은 바로 부부사이의 인륜에 대해서 순임금이 부모에게 아뢰지 않고 아내를 얻은 것을 실례로 들어서 부부사이의 인륜 역시 효도를 우선적으로 고려해야 함을 강조한 사실이다. 군신사이의 인륜관계에 대해서 맹자는 군주와 신하 서로가 상대방을 의로움義에 부합하게 대우해줘야만 한다고 생각했으며, 이러한 의로움義의 기준은 백성들의 뜻 즉 민의民意에서 비롯되는 것이라고 보았다.

맹자는 결코 개인의 선善만을 추구하는 것에 머무르는 것이 아니고, 이러한 선善을 다른 사람들에게까지 확대시켜야 한다는 것을 역설한 사상가라고 말할 수 있었다. 그렇기 때문에 맹자는 양주楊朱의 위아주의爲我主義를 "양주의 위아주의는 군주가 없는 것이다."라고 비난했던 것이다. 특히 맹자는 양주가 자기 자신만을 중시하고 인간의 사회적 성향을 홀시한 점의 부당성을 역설했다. 그러나 맹자 역시 완전한 이타주의자利他主義者는 아니라고 할 수 있는데, 이것은 그가 묵자의 겸애兼愛를 비판한 것에서 알 수 있다. 즉 맹자는 묵가집단이 도덕실천과 윤리단계상의 차별성을 홀시한 것에 대하여 강력한 비난을 했었던 사실에서 그가 완전한 이타주의자가 아니라고 하는 사실을 확인할 수 있는 것이다. 이처럼 맹자는 개인의 선善을 통하여 사회전체의 선善 혹은 타인을 이롭게 한다고 하는 사상의 확산을 염원했던 것이다. 즉 사회 전체의 선善을 실현시키기 위해서는 반드시 자신의 선善을 확립한 이후에 비로소 가능한 것이라고 하는 것처럼 맹자는 개인과 사회를 연결시켜 자신의 주체성을 잃지 않을 뿐만 아니라 다른 사람이나 천하의 모든 사람들에게 선善을 확대시켜야만 한다고 하는 신념을 굳게 믿고 있었다. 이러한 것은 맹자의 확충개념과 밀접하게 연결되어 있다고 볼 수 있다.

## 참고문헌


朱公遷, 『詩經義疏』, 『四庫全書』 本.

孫星衍, 『尙書今古文注疏』, 『平津館叢書』 本.

郝懿行, 『爾雅義疏』, 『郝氏遺書』 本.

王念孫, 『廣雅疏證』, 『四部備要』 本.

陳立, 『公羊義疏』, 『皇淸經解續編』 本.

朱彬, 『禮記訓纂』, 『宜祿堂』 淸刻本.

劉寶楠, 『論語正義』, 『續皇淸經解』 本.

趙岐, 『孟子章句』, 『四部叢刊』 本.

朱熹, 『孟子章句集註』, 『海淵閣明刻』 本.

焦循, 『孟子正義』, 『焦氏遺書』 本.

許愼, 段玉裁注, 『說文解字注』, 上海, 上海書店, 1992년.

班固, 『漢書』, 北京, 中華書局, 1984년.

黎靖德, 『朱子語類』, 北京, 中華書局, 1994년.

牟宗三, 『圓善論』, 臺北, 學生書局, 1985년.

徐復觀, 『中國思想史論集』, 臺北, 學生書局, 1993년.

曾春海, 『儒家哲學論集』, 臺北, 文津出版社, 1989년.

林安弘, 『儒家禮樂之道德思想』, 臺北, 文津出版社, 1988년.

梁韋弦, 『孟子硏究』, 臺北, 文津出版社, 1993년.

楊國榮, 『孟子評傳』, 南寧, 廣西敎育出版社, 1995년.

楊國榮, 『善的歷程: 儒家價値體系的歷史衍化及其現代轉換』, 上海, 上海人民出版社, 1994년.

黃光國, 『儒家思想與東亞現代化』, 臺北, 巨流圖書公司, 1988년.

成中英, 「論儒家孝的倫理及其現代化: 責任·權利與德行」, 『知識與價値』, 北京, 中國廣播電視出版社, 1996년.

林義正, 「春秋公羊傳思想中的經權問題」, 『臺大文哲學報』, 第38期, 臺北, 臺灣大學出版社, 1990년.

# 제7장 도덕선택의 보편적 원리

## 1. 시작하는 말

앞장에서 맹자가 도덕상황의 충돌에 직면했을 때 취한 태도는 권도權道였다고 하는 사실에 대하여 개략적으로 언급한 바와 같이 권도權道는 현실상황에 맞게 변용하는 융통성 있는 방침이지만, 권도權道 자체가 독립적인 규범이나 원칙은 되지 못한다고 할 수 있다. 즉 사안에 적합한 것과 변용은 반드시 근본적인 원칙이 있어야 하는 것이기 때문에, 이러한 근본적인 원칙이 도덕선택이론의 기반이 되는 것이다. 이러한 근본적인 원칙은 맹자가 말하는 의로움義인 것이다.

다른 한편으로 맹자가 도덕상황의 충돌에 직면했을 때 고려한 요소적인 측면에서 볼 경우 맹자는 의로움義의 정신을 중시했을 뿐만 아니라 인仁한 마음을 보존할 것을 요구했다. 인仁한 마음을 보존한다고 하는 것을 통해야만 비로소 의로움義을 실천할 수 있게 되는 것이다. 행위가 의로움義에 합치되는 것은 내재되어 있는 인仁한 마음에서 비롯되는 것이기 때문에 인의仁義는 맹자가 도덕상황의 충돌에 직면했을 때 취하게 되는 모든 선택의 가치근원이라고 할 수 있는 것이다.

## 2. 도덕선택의 보편원리 – 인仁

제3장에서 언급한 바와 같이 맹자는 인간의 마음속에 선한 본성이 있다고 하여 모든 사람들에게 인仁·의義·예禮·지智의 사단四端이 있다고 하는 사실을 굳건하게 믿었다. 그 가운데서 인심仁心이 외부로 표출되는 것이 바로 타인의 불행을 보고 참지 못하는 마음으로 곧 측은이 여기는 마음惻隱之心인 것이다. 인간의 마음속에는 본래 인仁이 구비되어 있기 때문에 모든 사람들이 다 선善하게 되는 것이다. 맹자는 인仁에 대하여 다음과 같은 내린 정의를 내리고 있다.

> 인仁이란 것은 사람노릇을 하는 것이다. 합해서 말하면 도이다.[1]
>
> 인仁은 하늘이 주는 높은 벼슬이며, 사람에게는 편안한 집이다.[2]
>
> 인仁은 사람의 마음이다.[3]

인仁은 사람의 마음으로, 사람이 사람으로 되는 본질인 것이며 하늘이 사람에게 부여한 높은 벼슬이 되는 것이다. 그래서 "하늘이 여러 백성들을 낳으셨으니, 사물이 있으면 법칙이 있다. 백성들은 불변하는 마음을 가져, 이 아름다운 덕을 좋아한다."[4]라고 하는 것처럼 인仁은 하늘이 사람에게 부여한 법칙인 것이며 아름다운 덕이 되는 것이기 때문에 인仁은 사람에는 편안한 집이 되는 것이다. 인仁은 사람에게는 편안한 집이 되면서 사람의 마음이 되는 것이기 때문에 사람들 모두가 반드

1 『孟子』, 「盡心下」, "仁也者, 人也. 合而言之, 道也."
2 『孟子』, 「公孫丑上」, "夫仁, 天之尊爵也, 人之安宅也."
3 『孟子』, 「告子上」, "仁, 人心也."
4 『詩經』, 「大雅」, "天生蒸民, 有物有則, 民之秉彝, 好是懿德."

시 인仁한 마음에 거처해야 하는 것이고 인仁한 마음을 보존해야만 하는 것이며 인仁에 기반을 둔 마음으로 당면한 사안을 처리할 수 있게 되는 것이다. 인仁에 기반을 둔 마음으로 당면한 사안을 처리할 수 있게 되는 것은 바로 사람이 사람으로 되는 특성을 발휘할 수 있게 만드는 것이며 그것을 실천할 수 있게 만들어 주는 것이 되는 것이다. 그래서 맹자는 인仁을 잃어버린 사람은 아예 사람으로 취급하질 않았던 것이다. 그래서 그는 "측은하게 여기는 마음이 없으면 사람이 아니다."라고 언급했던 것이다.

> 인仁은 사람의 본성이며, 사람이 사람노릇을 하게 되는 가장 중요한 근본이 되는 것이다. 그래서 "인仁은 사람의 마음이다."라고 했던 것이며, 반대로 사람이 불인不仁하다면 곧 "사람이 아니다."라고 하는 취급을 받게 되는 것이다. 그러므로 반드시 인仁한 마음을 자기 안에 가지고 인仁을 실천하여 그것이 외부에 드러나도록 해야 만이 비로소 그가 진정한 사람이 될 수가 있게 되는 것이다. "합해서 말하면 도이다."라고 하는 맹자의 언급에서 "합한다"라고 하는 것은 사람과 인仁을 합한다는 것으로, 사람은 명분이 되고 인仁은 실제가 되는 것이다. 사람이 불인不仁하면 곧 사람으로서의 명분만 있을 뿐 사람의 실제가 없는 것이 되기 때문에 반드시 사람과 인仁은 합해져야만 사람의 도道를 성취할 수 있게 되는 것이다. 인仁한 마음을 자기 안에 가지고 있다고 하는 것은 본래 사람에게 구비되어 있는 인성을 보존하고 양성하게 되는 것이다. 인仁을 실천하여 그것이 외부에 드러나도록 해야 한다는 것은 사람의 도리를 빠짐없이 실천하게 되는 것을 의미하는 것이다.[5]

"인仁이란 것은 사람노릇을 하는 것이다."라고 하는 언급은 사람이

5 蔡仁厚, 『孔孟荀哲學』, 臺北, 學生書局, 1990년, 211쪽 참조.

반드시 이와 같이 본래부터 가지고 있는 인仁한 마음을 보존해야 만이 비로소 사람다운 사람이라고 부를 수 있다고 하는 것을 강조한 것이다. 맹자가 여기에서 언급하는 사람은 바로 도덕적의미의 사람을 지칭하는 것으로, 만일 인仁을 잃게 되면 짐승과 별반 차이가 없게 되는 것이기 때문에 인仁을 실천하여 그것이 외부에 드러나도록 해야 한다고 했던 것이다.

그렇다면 이와 같은 인仁의 정신이란 도대체 어떤 것일까? 라고 하는 문제가 제기 될 수 있다. 『맹자孟子』 전체를 종합해서 흐르고 있는 일관된 종지는 바로 인仁한 마음이 외부에 드러난 것이 곧 측은하게 여기는 마음惻隱之心이나 사랑하는 마음 및 타인의 불행을 차마 참지 못하는 마음이다. 그래서 맹자는 측은하게 여기는 마음은 인仁의 단서가 되며 사람들에게는 모두 타인의 불행을 보고 차마 참지 못하는 마음이 있다고 했던 것이다. 측은하게 여기는 마음은 일상생활 속에서 다른 사람과 상호 소통하는 마음이자 주어진 상황과 소통하는 마음 및 발생한 사안과 소통하는 마음으로 이러한 것은 사람들이 보존하고 양성하여 확충하게 될 사단의 마음四端之心이 되는 것이라고 할 수 있다.

측은하게 여기는 마음을 발휘해야 한다는 것 이외에 더욱 중요한 것은 그러한 마음을 타인에게까지 확대시킨다고 하는 정신이다. 그래서 맹자는 "사람들은 누구나 타인의 불행을 차마 참지 못하는 마음을 가지고 있는데, 그것을 차마 하는 마음에까지 파급시킨다면 인仁하게 된다."[6], "인仁한 사람은 그 사랑하는 것으로써 사랑하지 아니하는 것에까지 파급시킨다."[7]라고 했으며, 또 만일 사람이 "남을 해치려고 하지 아니하는 마음을 가득 채울 수 있다면 인仁을 이루 다 쓰지 못할 것이

6 『孟子』, 「盡心下」, "人皆有所不忍, 達之於其所忍, 仁也."

7 『孟子』, 「盡心下」, "仁者以其所愛, 及其所不愛."

다."[8]라고도 언급했던 것이다. 이와 같이 맹자는 주로 사랑으로 인仁을 해석하여 다른 사람을 사랑하는 행위를 통하여 인仁을 완성하고자 했던 것이다. 그렇기 때문에 소극적인 측면에서 언급하자면 인仁은 "남을 해치려고 하지 아니하는 마음"이 되지만, 적극적인 측면에서 언급한다면 타인의 불행을 보고 차마 참지 못하는 마음을 타인에게까지 확대시킨다고 하는 것이 되는 것이다. 즉 "내 집의 노인을 노인으로 섬기고서 그것을 남의 집의 노인에게까지 미치며, 내 집의 어린애를 어린애로 사랑하고 그것을 남의 집 어린애에게 미친다."[9]고 하는 것과 "사람마다 자신의 부모를 부모로 섬기며, 자기 어른을 어른으로 섬기면 천하가 태평해질 것이다."[10]라고 하는 것처럼 개인과 사회 사이가 인仁을 통하여 하나로 관통되어 연결되는 것이다.

맹자가 언급한 인仁은 실천과정에 있어서 차별성을 갖게 되는데, 즉 사랑에는 차등이 있을 뿐만 아니라 그것의 시작은 부모에게서부터 비롯되는 것이다. 인仁의 가장 직접적인 표현은 부모에 대한 사랑에서 잘 드러나게 되는데, 맹자는 부모에 대한 사랑을 사람의 천성天性으로 보아서 이것은 사람들이 배우지 않고도 할 수 있고 생각하지 않아도 알 수 있는 양능良能·양지良知와 같은 것이라고 생각했다. 이러한 맹자의 견해와 묵자의 "다른 나라 보기를 마치 내 나라처럼 보고, 다른 집안사람들을 보기를 마치 내 집안사람들처럼 보며, 다른 사람의 몸을 보기를 마치 내 몸을 보는 것처럼 한다."[11]라고 하는 겸애사상의 친소의 구분과 원근의 차별이 없다고 하는 주장과는 본질적으로 차이가 존재한다고 할 수 있다.

---

8 『孟子』, 「盡心下」, "充無欲害人之心, 而仁不可勝用也."

9 『孟子』, 「梁惠王上」, "老吾老, 以及人之老; 幼吾幼, 以及人之幼."

10 『孟子』, 「離婁上」, "人人親其親, 長其長, 而天下平."

11 『墨子』, 「兼愛」, "視人之國若視其國, 視人之家若視其家, 視人之身若視其身."

맹자는 인仁을 좁은 의미의 사랑으로 국한하지는 않았다. 즉 맹자의 사랑은 사람에 대한 사랑에 국한되는 것이 아니라 세상에 존재하는 모든 만물에게까지 확대되는 것이었다. 그렇기 때문에 비록 맹자가 "군자가 사물에 대해서는 사랑하기는 하지만 인仁한 마음으로는 대하지 않으며, 백성들에 대해서는 인仁한 마음으로는 대하지만 완전히 하나가 되지는 아니한다."[12]라고 하여 군자의 사랑이 사람에게 우선적으로 미치게 되고 난 후에 비로소 만물에게까지 사랑이 미치게 되는 것이라고 표명하였지만, 다른 사람과 부모 즉 가족에 대한 사랑은 분명히 정도상에 있어서 차이는 존재하는 것이라고 보았기 때문에, 이어서 "어버이와 완전히 하나가 되고서 백성을 어진 마음으로 대하며, 백성을 어진마음으로 대하고서 사물을 사랑한다."[13]라고 하는 언급을 했던 것이다. 이와 같이 군자는 사람들을 사랑할 뿐만이 아니라 만물까지도 사랑하기 때문에 인仁한 마음은 폐쇄적인 성질의 것이 아닌 것이고, 또한 부모와 가족에게만 국한 된 것도 아닌 것이며, 인간 세상에만 국한 된 것도 아닌 것이 되는 것이다. 그러므로 인仁한 마음은 개방적인 것이며 천지만물과 서로 합치되는 것으로 "인간에서부터 사물로 또 인류에서부터 자연에게까지 미치는 즉 천인합일이나 만물일체가 되는 인과 사랑仁愛의 이상은 넓게 우주에게까지 미치게 되는 것이다."[14]와 같은 것이 되는 것이라고 할 수 있다.

맹자는 심성론心性論적인 측면에서 인仁에 대하여 언급한 것 외에 정치론적인 측면에서 인仁을 언급하기도 했다. 맹자가 제창한 군주는 왕도王道정치를 실시해야 한다고 하는 것과 왕도라고 하는 것은 바로 인

---

12 『孟子』, 「盡心上」, "君子之於物也, 愛之而弗仁; 於民也, 仁之而弗親."

13 『孟子』, 「盡心上」, "親親而仁民, 仁民而愛物."

14 王永智, 「人類共生主義的道德理想: 兼論儒家倫理的現代價値」, 『宗教哲學季刊』, 第4期, 69쪽 참조.

仁에 기반을 둔 정치도리라고 하는데, 이는 "선왕들은 타인의 불행을 보고 차마 참지 못하는 마음이 있어서, 이에 타인의 불행을 보고 차마 참지 못하는 정치를 한 것이다."[15]라고 하는 것처럼 백성들의 삶을 중시하고 그들을 양육하는 것이 그것의 최종적인 목표였던 것이다. 또한 맹자는 이러한 왕도정치의 시작을 "백성들이 삶을 영위하고 죽은 자를 위해 장례 치르는데 유감이 없도록 만듦"[16]에서부터 비롯되는 것이라고 생각했다. 맹자는 군주가 된 자는 마땅히 요임금과 순임금을 본받아서 인정仁政을 시행해야 한다고 생각했다. 그렇다면 여기에서 말하는 인정仁政이란 어떠한 정치를 의미하는 것일까? 가장 기본적인 "한 사람이라도 죄 없는 사람을 죽이면 인仁한 것이 아니다."[17]라고 하는 소극적인 태도에서부터 군주가 되어 마땅히 "백성들과 함께 즐긴다."[18]라고 하는 것 및 "백성의 생업을 관장할 경우에는, 반드시 위로는 부모님을 섬기기에 충분하도록 하며, 아래로는 처자를 기르기에 충분하도록 하며, 풍년에는 1년 내내 배부르게 하고 흉년에는 굶어 죽는 것에서 벗어나게 한다."[19]라고 하는 적극적인 태도에 이르기까지 모두가 인仁의 표현이 되는 것이면서 백성을 근본으로 삼는 것임과 동시에 백성들에게 은택을 베푸는 것과 같은 정치가 바로 인정仁政인 것이다.

맹자는 인정仁政의 시행을 중시했기 때문에 이러한 인정仁政의 시행을 군주의 도리로 삼았던 것이다. 그래서 그는 군주의 도리를 실천하지 않는 군주는 단지 백성들을 해치는 범부에 불과할 뿐이라고 취급했던 것이다. 또한 맹자는 불인한 군주를 만나게 되었을 경우에는 그 군주와

15 『孟子』, 「公孫丑上」, "先王有不忍人之心, 斯有不忍人之政矣."

16 『孟子』, 「梁惠王上」, "使民養生喪事無憾."

17 『孟子』, 「盡心上」, "殺一無罪, 非仁也."

18 『孟子』, 「梁惠王上」, "與民同樂"

19 『孟子』, 「梁惠王上」, "制民之産, 必使仰足以事父母, 俯足以畜妻子, 樂歲終身飽, 凶年免於死亡."

성姓이 다른 즉 같은 혈족의 신하가 아닌 경우에는 미련 없이 그러한 군주를 버리고 떠날 수 있다고 했으며, 그 군주와 같은 혈족의 신하는 군주를 새로운 사람으로 바꿀 수 있는 것이라고 했던 것이다. 진일보하여 맹자는 탕湯임금이 걸桀임금을 죽인 것에 대하여 즉 신하가 군주를 죽인 것에 대하여 반대하지 않았다. 이러한 사실들을 비춰볼 때, 정치윤리(군신사이의 의리)가 충돌되는 상황에 직면하였을 때 맹자가 취한 태도는 바로 인仁을 도덕선택의 근거로 삼았다는 점을 알 수가 있게 되는 것이다.

이상과 같이 언급한 것들은 모두가 맹자의 인仁의 정신이며, 도덕상황의 충돌에 직면했을 때 인仁의 정신의 발휘는 맹자가 취한 권도의 변용에 있어서 근본정신을 고수한다고 하는 것이 되는 것으로서, 맹자의 가치근원의 소재인 것이다. 그리고 맹자가 비록 인仁·의義·예禮·지智의 네 덕목을 병칭했다고 할지라도 실질적으로는 이러한 네 덕목들 가운데에도 가치등급의 높고 낮음이 엄연하게 존재하고 있다고 볼 수 있다. 이들 가운데 인仁과 의義가 도덕선택의 근본을 이루는 요소이고, 예禮와 지智가 도덕선택의 실천을 이루고 있는 요소라고 할 수 있는 것이다.

> 인仁의 핵심은 어버이를 섬기는 것이 그것이고, 의로움의 핵심은 형을 따르는 것이 그것이다. 지혜로움의 핵심은 이 두 가지를 알아서 떠나지 않는 것이 그것이고, 예의 핵심은 이 두 가지를 절도에 맞게 나타내는 것이 그것이며, 음악의 핵심은 이 두 가지를 즐거워하는 것이니, 즐거워하면 이 두 가지의 마음이 생겨난다. 이 두 가지의 마음이 생겨나면 어떻게 그만 둘 수 있겠는가? 어떻게 그만둘 수 있겠는가 라는 상태가 되면 알지 못하는 사이에 발이 춤추고 손이 춤을 추게 될 것이다.[20]

20 『孟子』, 「離婁上」, "仁之實, 事親是也; 義之實, 從兄是也. 智之實, 知斯二者弗去是也; 禮之實, 節文斯二者是也. 樂之實, 樂斯二者, 樂則生矣; 生則惡可已也, 惡可已, 則不

인仁은 어버이를 섬기는 것이 핵심이 되는 것이고, 의로움義은 어른을 공경하고 형을 따르는 것이 핵심이 되며, 지智는 인의仁義에 대한 이해이며 동시에 그것을 보존하여 잃지 않게 하는 것이 핵심이 된다고 할 수 있다. 예禮는 인의仁義를 실천하는 데에 있어서 필요한 의식으로 즉 예의를 의미하는 것이고, 음악樂은 인의仁義의 도리를 즐거워하는 것이다. 이와 같이 볼 때 인의仁義는 맹자에게 있어서 모든 가치의 근원이 되는 것이고, 지智와 예禮는 인의仁義를 실천하는 데에 반드시 필요한 도덕지식과 도덕규범이 되는 것이라고 할 수 있다. 만일 한 사람이 "인하지 못하고 지혜롭지 못하여 예의가 없고 의로움이 없으면 남에게 사역당한다."[21]라고 하는 경우에 직면했을 때, 그 가운데 가장 구체적으로 따를 수 있는 것이 예禮인 것이다. 유가는 공자에서부터 예禮를 상당히 중요시하였다. 특히 주례周禮를 모든 행위의 규범으로 삼았었던 것이다. 그렇기 때문에 공자는 일찍이 "태묘에 들어가셔서 모든 사안을 물어보셨다.……이것이 바로 예禮인 것이다."[22]라고 언급했던 것이다. 그러나 예禮는 구체적인 규범이면서 그것의 근원 혹은 근본정신은 바로 인仁에서 오는 것이기 때문에 공자는 "사람이면서 인仁하지 않으면, 예禮가 무슨 소용이란 말인가?"[23]라고 하는 주장을 피력했던 것이다.

> 만일 인仁이 없다면 예禮는 공허한 형식주의로 변모하게 될 것이다. 더나가 말하자면, 인仁이 없다면 예禮는 매우 쉽게 퇴화되어 어떠한 사회적 제한도 자체적으로 개선시킬 수 있는 능력을 상실하게 됨은 물론 사람들의 진정한 정서를 황폐화 시킬 것이다.[24]

---

知足之蹈之, 手之舞之."

21 『孟子』, 「公孫丑上」, "不仁不智, 無禮無義, 人役也."

22 『論語』, 「八佾」, "入太廟, 每事問……是禮也."

23 『論語』, 「八佾」, "人而不仁, 如禮何?"

24 杜維明, 『人性與自我修養』, 臺北, 聯經出版事業公司, 1992년, 18쪽 참조.

가장 극명한 사례는 제수나 형수가 물에 빠져 죽어가고 있는 상황과 예禮를 지켜야 한다고 하는 상황 사이의 선택에 직면했을 때, 맹자는 손을 내밀어 그녀를 구해야 한다고 하는 주장을 한 것에 잘 나타나 있다. 제수나 형수가 물에 빠져 죽어가고 있는데도 손을 내밀어 그녀를 구하지 않는다고 하는 것은 승냥이와 같은 행위이기 때문에, 이것은 인仁을 잃은 것이 되는 것이며 인仁을 잃은 사람은 사람으로 취급할 수가 없는 것이다. 반면 손을 내밀어 제수나 형수를 구한다고 하는 행위는 타인의 불행을 보고 차마 참지 못하는 마음이나 측은하게 여기는 마음에 기반을 둔 것이기 때문에 인仁한 마음이 드러나게 되는 것이다. 그렇기 때문에 인仁과 예禮 사이에서는 당연히 권도權道의 예禮와 완전한 인仁이 요청되는 것이다. 그것은 바로 인仁이 예禮의 근원이 되는 것이기 때문에 표면적 행위규범인 예禮를 지킬 것만을 고수해서는 안 되는 것이다. 만일 그러할 경우 이는 근본과 말단이 서로 도치되는 상황이 발생하게 되는 것이다.

> 인仁과 예禮 사이의 균형을 유지시켜 준다고 하는 것은 매우 중요하다고 할 수 있다. 아울러 반드시 변화하는 과정 속에서 이러한 균형을 찾아야만 하는 것이다. 완벽하게 현존하는 예의에 따라서 행동하는 선한 사람은 이러한 균형을 들어낼 필요는 없다.[25]

맹자는 근본을 중시하되 그것의 실천을 소홀히 해서는 안 된다고 주장했다. 즉 완전히 예禮에 의거해서만 일을 처리하는 사람은 맹자가 보기에 적절한 상황에 맞춰 일을 처리해야 하는 융통성을 알지 못하는 사람인 것이다.

---

25 杜維明, 『人性與自我修養』, 臺北, 聯經出版事業公司, 1992년, 18~19쪽 참조.

맹자에게 있어서 인仁은 사람에게 내재되어 있는 양지良知와 양능良能 혹은 선한 단서善端일 뿐만 아니라 동시에 도덕선택의 최고의 원리가 된다고 할 수 있다. 이러한 인仁에는 보편성이 갖춰져 있는데, 그것은 바로 "밖으로부터 나에게 녹아져서 들어온 것이 아니라 내가 본래 가지고 있는 것인데, 다만 생각하지 않을 뿐이다. 그러므로 말하기를 그것을 구하면 갖게 되고 버려두면 잃어버리게 된다."[26]는 것으로, 모든 사람들이 대부분 이러한 인仁을 가지고 있으며, 그러한 인仁을 마땅히 실천해야만 하는 것이다. 그렇기 때문에 도덕실천의 잠재적인 가능성의 의미에서 말하자면 인仁은 맹자의 도덕실천의 이론적 기초가 되는 것으로, 인간에게 내재되어 있는 인仁한 마음은 인간에게는 배우지 않고도 알 수 있게 되는 도덕양지良知가 선천적으로 갖춰져 있다고 하는 사실을 긍정하는 것이다. 다른 한편으로 인仁은 동시에 맹자가 도달하고자 했던 도덕이상과 목적이 되는 것이라고 할 수 있다.

> 심리학적 의미론 측면에서 뿐만 아니라 각 개인은 모두가 인仁을 체현할 수 있는 가능성을 가지고 있다. 또한 형이상학적 의미에서 보았을 때는 이러한 도덕의 정신 혹은 인仁의 정신은 그 본질적인 측면에서 본다면 우주의 정신과 동등하게 되는 것이다.[27]

위에서 언급한 것처럼 인仁은 한편으로는 맹자의 도덕철학에 있어서 보편적 기초가 되면서 동시에 도덕실천의 보편적인 원칙이 되는 것이라는 사실을 알 수가 있다. 그러나 인仁은 궁극적으로는 역시 추상적인 것이라고 할 수 있다. 즉 맹자가 언급한 "인仁은 사람의 마음이다."라고 하는 것이나 "군자는 인仁으로써 본심을 보존한다."라고 하는 언급이

26 『孟子』, 「告子上」, "非由外鑠我也, 我固有之也, 弗思耳矣. 故曰: 求則得之, 舍則失之."
27 杜維明, 『人性與自我修養』, 臺北, 聯經出版事業公司, 1992년, 10쪽 참조.

바로 그러한 것이다. 그러나 인仁은 단지 마음만을 보존하는 수준에 그치는 것이 아니라 현실생활 가운데에 구체적으로 실현되어야만 하는 것이다. 즉 "사람을 사랑한다고 하는 것은 동기나 신념 차원에만 머무는 것이 아니라, 그 주체가 하는 행위자체에 갖춰져 있는 인仁으로 표출되는 사랑의 특징인 것이다."[28]

인仁한 마음은 사람의 마음속에 존재할 뿐만 아니라 사람 마음의 활동이 되는 것이라고 할 수 있다. 인仁은 인간에게 내재되어 있는 선善의 양지良知와 양능良能일 뿐만 아니라 동시에 이러한 양지良知와 양능良能이 작용하여 행동으로 옮길 수 있게 해주는 역할도 한다. 그리고 의로움義은 인한 마음을 구체적으로 실현하게 이끌어주는 원칙이 되는 것으로, 맹자는 이러한 의로움義이야 말로 사람을 인仁에 도달할 수 있게 만들어주는 진정한 통로라고 했던 것이다.

> 인仁은 사람의 편안한 집이고, 의로움義은 사람의 바른 길이다.[29]

> 인仁은 사람의 마음이고, 의로움義은 사람의 길이다.[30]

보편적인 원칙이 어떻든 간에 일상생활 속에서 발생하는 상황은 다양하기 때문에, 반드시 사안의 중요성과 가변성을 고려해야 만이 발생한 사안에 대하여 시의적절한 해결방안과 융통성을 발휘할 때에, 비로소 진정하게 보편적인 원칙을 실현할 수 있게 되는 것이다. 어떻게 해야 만이 우리가 한 도덕선택이 타당성을 갖게 되는가의 문제는 의로움義의 영역에 관한 문제라고 할 수 있다.

---

28 蔡信安, 『道德抉擇理論』, 臺北, 時英出版社, 1993년, 150쪽 참조.

29 『孟子』, 「離婁上」, "仁, 人之安宅也. 義, 人之正路也."

30 『孟子』, 「告子上」, "仁, 人心也. 義, 人路也."

의로움이 권도의 변용에 개입한다고 하는 말은 의로움 자체가 임기응변을 할 수 있는 특성을 가지고 있기 때문이다. 의로움은 올곧은 것이기 때문에 마땅함은 반드시 바뀌지 않는 것이 아니다.……마땅함이나 마땅하지 않음은 구체적인 상황을 고려해서 결정해야 하는 것이다.[31]

## 3. 의로움義에 관한 문제

맹자에게 있어서 도덕가치근원은 인仁이 되는데, 그가 한 "인仁은 사람의 마음이고, 의로움義은 사람의 길이다."라고 하는 언급에서와 같이 의로움義은 인仁에 도달하는 통로가 되는 것이고, 예禮는 인仁에 들어가는 출입구 즉 문이 되는 것이다. 도덕상황의 충돌에 직면하였을 때는 인仁으로써 본심을 보존하고 의로움義을 기준으로 삼아서 권도權道를 운용하고 예禮에 맞춰서 도덕원칙을 실천하는 것이다. 이러한 것에 대하여 담우권潭宇權과 같은 경우 "맹자의 의로움義은 인仁의 지혜를 근거로 언급되어지는 것으로 곧 인仁을 본질로 삼는 것이다. 아울러 지혜의 운용을 통하여 인仁한 마음을 드러내는 것인데, 이러한 행위를 의로움義이라고 부른다. 그러한 행위의 표현을 예禮라고 부르는 것이다."[32]라고 언급하고 있다.

맹자는 항상 인의仁義를 병칭해서 언급하곤 한다. 즉 『맹자孟子』의 첫 편에 보이는 것처럼 맹자와 양혜왕梁惠王이 행한 의리義利의 문제에 관한 토론에서 알 수 있는 것처럼, 맹자의 가치지향은 인의仁義에 있는 것이지 이로움利의 추구에 있지 않았다. 이와 같은 사실을 통하여 맹자의 사상에 있어서 인의仁義가 차지하는 비중이 상당히 크다는 것을 분명

31 韋政通, 「朱熹論經·權」, 『史學評論』, 第五期, 1983년, 105쪽 참조.
32 潭宇權, 『孟子學術思想評論』, 臺北, 文津出版社, 1995년, 216쪽 참조.

하게 알 수가 있는 것이다. 의로움義은 『맹자孟子』 안에서 매우 다양한 의미를 포함하고 있다. 먼저 의로움義은 사람에게 선천적으로 내재되어 있는 양지良知와 양능良能으로 사단四端 가운데의 하나인 측은하게 여기는 마음의 단서가 된다. 또한 의로움義은 사람이 마땅히 가야할 길로서 "의로움義은 사람의 길이다."라고 하는 언급처럼 인간 행위의 준칙이 된다. 그리고 의로움義은 사안의 타당성을 대표하는 데, 사람이 도덕실천을 하는 과정 속에서 당연히 "대인이란 사람은 이미 한 말이 반드시 신뢰되어야 한다고 기대하지 않고, 행위가 반드시 결실을 거둬야 한다고 기대하지 않고, 오직 의로움에 부합하는지 만을 살핀다."[33]고 하는 것처럼 타당성을 의미한다. 끝으로 의로움義은 도덕적 삶의 가치를 나타낸다. 그렇기 때문에 삶과 의로움義 두 가지를 모두 다 가질 수 없는 상황에 처했을 때 삶을 버리고 의로움義을 취한다고 하는 것이다. 또한 이와 같은 의로움義에 대하여 현대의 풍우란馮友蘭과 같은 경우는 다음과 같은 해석을 내놓았다.

> 의로움義은 사람이 마땅하게 가야할 길이다. 이러한 것은 "당연하게 그러해야 하고, 그렇게 하지 않으면 안 되는 것"이다.(진순陳淳의 언급) 당연하다고 하는 의미는 마땅히 그러해야 한다는 의미이다.……의로움義은 도덕적 측면에서 마땅히 그러해야 한다고 하는 것이다. 이러한 마땅히 그러해야 함은 무조건적인 것이다. 무조건적인 마땅히 그러해야 함은 바로 "당연하게 그러해야 하고 그렇게 하지 않으면 안 되는 것"이다. 그것이 무조건적인 것이기 때문에 절대적인 것이 되는 것이다. 무조건적으로 마땅히 그래야 함은 바로 의로움義이라고 일컬어지는 것이다. 의로움義은 도덕적 행위가 도덕적 행위로 될 수 있게 만들어주는 요소인 것이다.[34]

33 『孟子』, 「離婁下」, "大人者, 言不必信, 行不必果, 惟義所在."

맹자는 인성론人性論의 각도에서 의로움義이 사람의 마음속에 내재되어 있는 선善한 본질이라고 하는 것에 대하여 설명을 했다. 그래서 맹자는 "부끄러워하고 미워하는 마음은 의로움義의 단서다."라고 언급했던 것이다. 또한 맹자는 "인仁과 의義는 내재한 것이다"라고 하는 주장을 하여 고자의 "인仁은 내재해 있고 의義는 외재해 있는 것이다"라고 하는 주장과 대립구도를 형성하고 있다.

고자가 "식욕과 성욕이 인간의 본성입니다. 인仁은 안에 있으며 밖에 있지 않습니다. 의義는 밖에 있으며 안에 있지 않습니다."라고 말하자, 맹자가 "어째서 인仁은 안에 있고 의義는 밖에 있는 것이라고 하는가?"라고 했다. 고자가 "저 사람이 나이가 많기에 내가 어른으로 받들지, 나에게 나이 많은 것이 있지 않습니다. 저것이 희기에 내가 그것을 희다고 하는 것과 같이, 밖에 나타난 그 흰색을 따랐습니다. 그러므로 밖이라고 하는 것입니다."라고 대답했다. 그러자 맹자가 "흰 말을 희다고 하는 것은 흰 사람을 희다고 하는 것과 다를 것이 없다. 그러나 모르긴 하되 늙은 말을 가엾게 여김과 늙은이를 어른으로 받듦은 다르지 않겠는가? 또 나이가 많은 것을 의義라고 하겠는가? 어른으로 받듦을 의義라고 하겠는가?"라고 했다. 그러자 고자가 "내 동생은 사랑하고, 진秦나라 사람의 동생은 사랑하지 않으니, 이는 나를 기쁨으로 삼은 것입니다. (이것은 내 마음에서부터 나왔기 때문이 입니다) 그러므로 안이라고 합니다. 초楚나라의 어른도 어른으로 받들고, 또 나의 어른도 어른으로 받드니, 이는 어른을 기쁨으로 삼은 것입니다. (이는 어른에서부터 나왔기 때문이 입니다) 그러므로 밖이라고 합니다."라고 말했다. 그러자 맹자가 "진秦나라 사람이 구운 고기를 좋아함이 내가 구운 고기를 좋아함과 다름이 없으니, 대저 물건이 또한 그러한 것이 있다. 그렇다면 구운 고기를 좋아하는 마음도 밖에 있는가?"라고 말했다.[35]

---

34 馮友蘭, 『三松堂全集』, 第五冊, 鄭州, 河南人民出版社, 1986년, 14쪽 참조.

맹계자가 공도자에게 "어찌하여 의義가 안에 있는 것이라고 이라고 합니까?"라고 묻자, 공도자가 "내 마음 속의 공경을 행하기 때문에 안에 있는 것이라고 하는 것입니다."라고 대답했다. 그러자 "마을 사람이 자기 큰 형님보다 한 살 더 많을 경우 누구를 공경합니까?"라고 묻자, "자기 큰 형님을 공경합니다."라고 대답했다. 다시 "술잔에 술을 따를 때에는 누구에게 먼저 따릅니까?"라고 묻자, "마을 사람한테 먼저 따릅니다."라고 대답했다. 그러자 "공경 하는 것은 여기에 있고, 어른으로 받드는 것은 저기에 있으니 과연 의義는 내 밖에 있는 것이지 안에서 말미암는 것이 아닙니다."라고 말했다. 이에 공도자가 대답을 하지 못하고서 맹자에게 아뢰자, 맹자께서 "숙부를 공경하는가? 동생을 공경하는가? 하고 물으면, 그 사람은 곧 '숙부를 공경한다.'라고 대답할 것이다. 자네가 '동생이 시위尸位 자리에 있다면 누구를 공경하겠는가?'라고 물으면 그는 곧 '동생을 공경한다.'고 대답할 것이다. 자네가 '숙부를 공경한다는 것이 어디에 있는가?'라고 물으면, 그 사람은 곧 '(동생이 시위) 자리에 있기 때문이다.'라고 대답할 것이니, 자네 역시 '(마을 사람이 빈객의)자리에 있기 때문이다.'라고 말하라. 평상시 공경해야 하는 것은 형에게 있고, 잠시 공경해야 하는 것은 마을 사람에게 있는 것이다."라고 말했다. 맹계자가 이러한 말을 듣고 "숙부를 공경할 때에는 숙부를 공경하고, 동생을 공경할 때에는 동생을 공경하니, 과연 의義는 밖에 있는 것이지 안에서 말미암는 것이 아니다."라고 말했다. 그러자 공도자가 "겨울에는 뜨거운 물을 마시고 여름에는 냉수를 마시는 것이니, 그렇다면 마시고 먹는 것도 또한 밖에 있는 것이로다."라고 말했다.[36]

---

35 『孟子』, 「告子上」, "告子曰: 食色, 性也. 仁, 內也, 非外也; 義, 外也, 非內也. 孟子曰: 何以謂仁內義外也? 曰: 彼長而我長之, 非有長於我也. 猶彼白而我白之, 從其白於外也, 故謂之外也. 曰: 異於白馬之白也, 無以異於白人之白也. 不識長馬之長也, 無以異於長人之長與? 且謂長者義乎? 長之者義乎? 曰: 吾弟則愛之, 秦人之弟則不愛也, 是以我爲悅者也, 故謂之內. 長楚人之長, 亦長吾之長, 是以長爲悅者也, 故謂之外也. 曰: 耆秦人之炙, 無以異於耆吾炙. 夫物則亦有然者也, 然則耆炙亦有外與?"

맹자는 비록 공경하는 대상이 외부에 있다고 하더라도 존경한다고 하는 것은 마음에서 나오는 것이라고 생각했다. 이러한 마음이 바로 맹자가 언급한 "인仁에 거하고 의로움義으로 말미암는다."라고 할 때의 인仁한 마음인 것이다. 외재적인 상황은 언제라도 수시로 변화될 수 있는 것이지만, 상황에 대하여 마땅히 그래야 한다고 하는 판단의 근거는 사람의 양지良知와 양능良能에 있는 것이기 때문에 인의仁義는 모두 내재해 있게 되는 것이지 인仁은 내재해 있고 의義는 외재해 있는 것이 아닌 것이다.

> 의로움義은 실제로 그래야 한다고 하는 문제가 아니라 마땅히 그래야만 한다고 하는 문제이다. 객관적인 대상 자체는 실제로 그러한 것이고, 실제로 그러해야 한다고 하는 것에 대해서는 단지 지식론적인 맞다 틀리다고 하는 판단만이 성립될 뿐이지 도덕적으로 마땅히 그래야 한다는 판단은 성립하지 않는다. 마땅히 그래야 한다거나 혹은 마땅히 그래서는 안된다고 하는 것은 인식대상이 실제로 그래야 한다고 하는 문제가 아니라, 어떻게 행위의 합리성을 추구해야 하는지에 관한 마땅히 그래야만 하는 것에 관한 문제인 것이다. 그리고 의로움義은 도덕적 측면에 있어서의 마땅히 그래야 한다고 하는 판단으로, 이러한 의로움義과 의롭지 않음不義에 관한 마땅히 그래야 한다고 하는 판단은 행위를 하는 사람의 마음에서 비롯되는 것이다. 그렇기 때문에 의로움義은 안에 있는 것이지 외부에 있는 것이 아니다.[37]

---

36 『孟子』, 「告子上」, "孟季子問公都子曰: 何以謂義內也? 曰: 行吾敬, 故謂之內也. 鄕人長於伯兄一歲, 則誰敬? 曰: 敬兄. 酌則誰先? 曰: 先酌鄕人. 所敬在此, 所長在彼, 果在外, 非由內也. 公都子不能答, 以告孟子. 孟子曰: 敬叔父乎? 敬弟乎? 彼將曰: 敬叔父. 曰: 弟爲尸, 則誰敬? 彼將曰: 敬弟. 子曰: 惡在其敬叔父也? 彼將曰: 在位故也. 子亦曰: 在位故也. 庸敬在兄, 斯須之敬在鄕人. 季子聞之曰: 敬叔父則敬, 敬弟則敬, 果在外, 非由內也. 公都子曰: 冬日則飮湯, 夏日則飮水, 然則飮食亦在外也?"

37 蔡仁厚, 『孔孟荀哲學』, 臺北, 學生書局, 1990년, 214쪽 참조.

의로움義이 마땅히 그래야 한다고 하는 것과 타당성을 가져야만 한다고 하는 문제에 관한 측면에서 언급하자면, 의로움義은 행위의 규범이 된다고 말할 수 있다. 공자는 의로움義을 입신과 행위의 최고 원칙으로 삼았으며 또한 의로움義을 이상적인 인격으로 삼았기 때문에 이러한 의로움義은 그에게 있어서 군자의 도덕적 징표가 되는 것이다.

> 공자가 말했다. 군자는 의로움을 최상급으로 친다. 군자가 용기만 있고 의로움이 없으면 난동을 일으키고, 소인이 용기만 있고 의로움이 없으면 도적질을 하게 된다.[38]

> 공자가 말했다. 군자는 의로움으로 바탕을 삼고, 예로써 그것을 실천하며, 겸손하게 그것을 말하고, 신의로써 그것을 이룩한다. 그래야 군자이다![39]

군자는 의로움義을 행위의 가장 근본이 되는 원칙으로 삼으며, 그것을 예禮와 신의信 및 겸손함孫과 아울러 군자의 도리로 삼는다. 맹자는 공자의 이러한 의로움義에 관한 견해를 계승하여 의로움義을 행위의 기준으로 삼았다. 그렇기 때문에 맹자는 "대인이란 사람은 이미 한 말이 반드시 신뢰되어야 한다고 기대하지 않고, 행위가 반드시 결실을 거둬야 한다고 기대하지 않고, 오직 의로움에 부합하는지 만을 살핀다."[40]라고 언급했던 것이다. 성인聖人이 말과 행동을 함에는 반드시 그것이 의로움義에 부합하는 지의 여부를 살펴본다. 이러한 의로움義은 마땅히 그래야 한다고 하는 것만을 고려해야 하는 것이지, 실제로 그래야한다

38 『論語』, 「陽貨」, "子曰: 君子義以爲上. 君子有勇而無義爲亂, 小人有勇而無義爲盜."
39 『論語』, 「衛靈公」, "子曰: 君子義以爲質, 禮以行之, 孫以出之, 信以成之, 君子哉!"
40 『孟子』, 「離婁下」, "大人者, 言不必信, 行不必果, 惟義所在."

고 하는 결과를 고려하는 것은 성인聖人이 고민할 사항은 아닌 것이다. 의로움義은 모든 행위의 근거가 되는 것인데, 만일 말에 신뢰감이 있고 행위에 좋은 결과가 있다고 해도 그러한 것이 의로움義에 부합되지 않는다면 신뢰나 좋은 결과가 없는 것만 못하게 되는 것이다. 의로움義은 사람이 인仁을 향해 나가는 통로가 되는 것인데, 이러한 인仁은 맹자의 도덕철학사상에 있어서 모든 도덕규범을 가리키는 총칭이 되는 것이다. 그렇기 때문에 언행이 인仁에 부합하는지의 여부는 반드시 의로움義에 부합하는지의 여부를 통해서 알 수 있게 되는 것이다. 이러한 의미에서 인仁과 의로움義은 실천적인 측면으로 볼 때 일체를 이루고 있다고 할 수 있는 것이며, 인仁한 마음의 보존과 양성을 통하여 시의 적절하게 의로움義을 실천하게 될 수 있는 것이다.

의로움義이 비록 행위의 규범이 된다고 하더라도 한번 정해지면 바꿀 수 없는 것이 아니라 사안에 맞게 변화할 수 있는 것이다. 즉 사안이 발생했을 당시의 상황에 맞춰 어떻게 해야 하는지를 결정하는 것으로 시의 적절한 처리방법인 것이라고 할 수 있는 것이다. 만일 변하지 않는 한 가지 원칙만을 고수한다면 사안이 발생한 당시의 상황에 부합되지 못하게 되어 진정한 예禮나 의로움義이 되지를 못하게 되는 것이다.

> 서양 사람들이 말하는 절제·우정·용기……혹은 중국 사람들이 말하는 인仁·의義·예禮·지智·신信 등을 막론하고 모두가 모호한 강령으로 그들의 행위를 이끌어간다.……즉 사람이 끊임없는 도덕행위 가운데 도덕지식에 대하여 매우 충실한 이해를 갖도록 만들어서, 그가 어떠한 구체적인 상황에 직면하여 어떠한 형태의 구체적인 행위가 유일하게 정확하다고 하는 판단을 내리지 못하게 한다. 이러한 사태는 사람들이 직면하게 되는 각각의 상황이 다르기 때문에 상이한 구체적인 행위가 필요하게 되는

것이며, 또한 그래야만이 비로소 도덕이 완성되는 것이다. 그리고 도덕 지식 자체는 관념이라고 할 수 없으며 그렇다고 추상적인 규칙이 되는 것도 아닌 것으로 자기 자신이 자기 자신을 제한하는 개념도 아닌 것이다.……자기 자신과 관련되어 있을 뿐만 아니라 동시에 구체적인 상황과도 관련되어 있는 것이다. 또한 구체적인 상황이 발생했을 때에 비로소 진일보하여 그러한 상황의 내용을 한정지을 수 있게 되는 것이다.[41]

맹자는 비록 인격을 가지고 의로움義을 설명했지만 엄밀하게 말하자면, 맹자는 의로움義에 대해서 명확한 정의와 규범에 및 인의仁義의 내용에 대해서 언급한 적이 없기 때문에 반드시 실천과정 속에서 도덕규범의 정신과 작용에 대하여 이해해야만 하는 것이다. 그리고 도덕실천은 기본적으로 반드시 도덕상황을 고려해야만 하는 것이다.

의로움義은 행위의 정당성과 타당성이 되는데, 정당성적인 측면에서 말하자면 의로움義은 행위의 지침이 되는 것이고, 타당성적인 측면에서 말하자면 실제 상황과 불가분의 관계에 놓이게 되는 것이기 때문에 권도權道와 의로움이 밀접한 관계를 형성하게 되는 것이다. 권도는 원칙을 벗어나지 않으면서 변용하는 것이기 때문에 이러한 변용은 직면한 상황의 요구에 반드시 부합해야 하는 것으로, 그 타당성을 판단하는 기준은 반드시 의로움義에 의거해야 한다는 것이다. 이러한 의로움義에 의거한 판단은 반드시 내재되어 있는 인한 마음仁心에 근거해야만 하는 것이다. 그렇기 때문에 맹자는 "거처해야 할 곳은 어디에 있는가? 인仁이 그것이며, 길은 어디에 있는가? 의義가 그것이다. 인仁에 거처하며 의義를 말미암으면 대인의 일이 갖추어진 것이다."[42]라고 말했던 것

41 陳榮華, 「從道德知識的性格論孟子哲學的心性和智」, 『臺大哲學評論』, 第十七期, 1994년, 171쪽 참조.

42 『孟子』, 「盡心上」, "居惡在? 仁是也. 路惡在? 義是也. 居仁由義, 大人之事備矣."

이다.

사람에게 내재되어 있는 인한 마음仁心으로 직면한 상황에 대하여 판단할 경우 어떤 것이 마땅히 그래야 하는 행동인지를 인식할 수 있게 되는 것이고, 예禮를 통하여 완성하게 되는 것이 맹자의 도덕선택의 정수인 것이다.

## 4. 도덕목적

맹자의 도덕철학에는 사람들에게 성인聖人이 될 수 있다고 하는 가능성을 고무시켜주는 것 외에, 그것에는 도덕의 이상적인 경지와 도달하고자 하는 도덕목적이 있다. 맹자는 진심盡心·지성知性·존심存心·양성養性을 통하여 하늘을 알고知天 하늘을 섬기事天는 경지에 도달하고자 했다. 이러한 것이 맹자의 도덕철학에서 추구하고 또 도달하고자 하는 이상과 목적이 되는 것이다.

> 그 마음을 극진히 다하는 사람은 그 본성性을 알게 되니, 그 본성性을 알게 되면 하늘을 알게 된다. 그 마음을 보존하여 그 본성性을 기르는 것은 하늘을 섬기는 근거가 된다. 요절하는 것과 장수하는 것을 다른 것으로 생각하지 않고 다만 몸을 수양하여 천명을 기다리는 것은 천명을 확립하는 수단이 된다.[43]

맹자는 마음이 선하다고 하는 것으로 본성이 선하다고 하는 사실을 증명했는데, 이를 통하여 마음이 본성을 체현해내는 것임을 알 수

43 『孟子』, 「盡心上」, "盡其心者, 知其性也. 知其性, 則知天矣. 存其心, 養其性, 所以事天也. 殀壽不貳, 修身以俟之, 所以立命也."

있다. 이와 같이 마음을 극진히 다함으로써 우리들의 본성이 선함을 알 수 있게 되는 것이며, 사람의 덕성을 하늘이 부여했다고 하는 사실 역시 인식할 수 있게 되는 것이다. 그렇기 때문에 마음을 극진히 다함으로써 본성의 선함을 알 수 있게 되는 것이며 하늘의 뜻을 알 수 있게 되는 것이다. 여기에서의 안다고 하는 것은 인식론적 앎이 아니라 반드시 도덕실천을 통해서만이 비로소 알 수 있게 되는 도덕적 앎인 것이다. 그렇기 때문에 맹자는 더 나아가 마음을 보존하여 본성을 기름으로써 하늘을 섬기는 것이라고 했던 것이다. 하늘을 섬긴다고 하는 것은 인간 스스로가 하늘을 섬기는 것을 실천해야만 하는 것인데, 천지와 자신 사이에 가득 차있는 올바른 기운으로써 천도天道와 덕을 합치게 되는 것이다. 그렇기 때문에 맹자의 도덕이상은 초월적인 의미를 지니고 있다고 할 수 있게 되는 것이다.

> 이러한 덕성을 완성하고 성인의 경지에 도달하는 것은 일반적으로 말하는 도덕이나 윤리학 차원에서 언급되어질 성질의 것이 아니다. 일반적인 도덕이나 윤리학에서 언급되어지고 있는 것은 좁은 의미의 도덕으로 규범윤리학이라고 불리어 지고 있다. 이러한 각도에서 볼 때, 유가에서 말하는 덕성을 완성하고 성인의 경지에 도달한다고 하는 것은 도덕을 초월한 것이라고 할 수 있다. 왜냐하면 공자나 맹자가 언급한 덕德·인仁·성聖의 성취는 협의적인 의미의 규범적인 도덕에 국한되는 것이 아니고, 사람과 하늘이 도덕적으로 합치되는 것을 지상의 과제로 삼는 초월적 경지라고 할 수 있는 것이다.[44]

맹자의 도덕이상에 초월적 의미가 있다고 하는 까닭은 맹자의 마음이 천도天道를 향하여 개방되어 있고, 사람이 하늘과 덕을 하나로 합

---

44 李景林, 「孔孟心性思想要義」, 『孔孟學報』, 第七十三期, 1997년, 87쪽 참조.

치는 것이 맹자의 도덕실천의 이상과 목표가 되기 때문이다. 이와 같이 지극히 크고 강건한 기운이 충만 되어져 있어서 그것으로 천도天道를 실천하는 사람은 바로 "천하의 넓은 집에 거처하며, 천하의 바른 자리에 서며, 천하의 큰 도리를 행하여, 뜻을 얻으면 백성과 함께 도道를 행하고, 뜻을 얻지 못하면 홀로 그것을 행하여, 부귀함이 방탕하지 못하게 하고 빈천함이 뜻을 바꾸게 하지 못하며, 권세가 절개를 굽히게 할 수 없는 것"[45]과 같은 대장부인 것이다. 그렇기 때문에 곤궁할 때에는 선한 본심에서 멀어지지 않을 수 있게 되는 것이며, 입신했을 때에는 도道에서 떨어지지 않을 수 있게 되는 것이다. 즉 권세에 빠져들지 않게 되고 마땅히 해야 할 사안에 대해서는 어떠한 상황에 직면할지라도 도리에 맞게 처리하게 되는 것이다.

> 순수한 본마음이 하고자 하는 것을 선善이라 하고, 선善을 자기에게 지속적으로 가지고 있는 것을 신信이라 하고, 선善이 몸속에 가득 차는 것을 미美라하고, 가득 차서 빛을 발함이 있는 것을 대大라 하고, 대大의 상태가 되어서 스스로를 탈바꿈하는 것을 성聖이라 하고, 성聖의 상태가 되어서 남들이 그것을 알 수 없게 된 것을 신神이라 한다.[46]

이것은 맹자가 인간의 덕성에 부여한 최고의 찬사라고 할 수 있으며 동시에 맹자가 추구하는 이상적인 인격의 상징이라고 할 수 있다. 이러한 이상적인 인격은 진眞·선善·미美·성聖의 도덕적 함의를 인격 안에 포함하고 있다.

---

45 『孟子』, 「滕文公下」, "居天下之廣居, 立天下之正位, 行天下之大道. 得志與民由之, 不得志獨行其道. 富貴不能淫, 貧賤不能移, 威武不能屈."

46 『孟子』, 「盡心下」, "可欲之謂善, 有諸己之謂信, 充實之謂美, 充實而有光輝之謂大, 大而化之之謂聖, 聖而不可知之之謂神."

선善은 이상적인 인격이 가지고 있는 덕성을 표현한다. 선善은 항상 사람들이 추구하면서 염원하는 것에 부합하는 것이 되며, 신信은 이러한 덕성의 주체가 정말로 갖추고 있는 것으로서 외부의 꾸밈이나 수식이 전혀 없는 것을 의미하며 이러한 신은 진정한 품격을 체현하게 된다. 미美는 전반적인 성질의 요청으로 이것은 이상적인 인격이 마땅히 개별에서 통일로 가야한다고 하는 것을 제기하는 것이 되며, 대大라고 하는 것은 완벽한 인격은 필연적으로 내용과 형식이 통일되는 것을 표명하고, 성聖은 인격의 도덕적 감화력과 교화 작용을 드러내는 것이 된다. 신神은 인격이 위에서 언급한 것과 같은 작용들이 드러나지 않고 잠재되어 있는 형식이 전개되는 것을 표명한다. 전반적으로 말하자면 이상적인 인격은 진眞·선善·미美가 통일 되어 완전한 형태를 이루고 있는 것에서 찾아볼 수 있는 것이며, 이러한 인격은 동시에 무형의 도덕 역량이 함축되어 있는 것이다.[47]

궁극적으로 천도天道와 서로 소통하고 천인합덕天人合德의 경지에 도달하게 되면 수명의 길고 짧음의 여부가 더 이상 중요한 것은 아니게 되는 것으로, 다만 자신을 수양함으로써 죽음의 시간을 기다리는 것이 바로 천명天命을 알게 되는 것이다. 또한 천명을 확립한다는 것은 맹자가 인생 전반에 대하여 부여한 의미가 되는 것이라고 할 수 있는 것이다.

이상과 같은 논의를 통하여 맹자가 언급한 권도는 반드시 인한 마음을 기초로 하여 의로움을 보아서 기운을 기르는 수양을 해야 만이 비로소 "인에 거처하고 의로움으로 말미암는다."라고 하는 것이 가능해져서, 도덕상황의 충돌에 직면했을 때 어떤 것이 마땅히 해야 할 것이고

47 楊國榮, 『善的歷程: 儒家價值體系的歷史衍化及其現代轉換』, 上海, 上海人民出版社, 1994년, 80~81쪽 참조.

어떤 것이 마땅히 해서는 안 될 것이라는 것을 알 수 있게 되는 것이다. 그렇기 때문에 인의仁義는 도덕선택의 보편적인 원리가 되면서 맹자가 달성하고자 했던 도덕이상이 되는 것이다.

맹자는 한편으로는 모든 사람들이 다 선善을 실천할 수 있고 성인聖人이 될 수 있다고 하는 가능성을 긍정했는데, 이러한 가능성은 모든 사람들이 저마다 선한 단서善端를 가지고 있기 때문이다. 이러한 선한 단서善端는 사람의 마음속에 보편적으로 내재되어 있는 것이며, 이는 사람 마음의 자연스러운 발로라고 할 수 있는 것이다. 그리고 이러한 선한 단서善端는 각종의 도덕선택 상황 속에서 인간의 주체성을 강조하여 인간이 도덕주체로서의 자각과 자주적인 판단을 할 수 있게 만들어서 스스로 판단과 선택을 내릴 수 있게 하는 것이다. 사람에게는 의지의 자유가 있기 때문에 맹자는 인간의 본성에 최고의 가치와 무한한 신뢰를 부여했다고 말할 수 있는 것이다. 동시에 맹자는 어떠한 도덕상황의 충돌에 직면했을 때 사안에 맞게 원칙을 변화적용 할 것을 제안 한 것에서와 같이 볼 수 있듯이, 도덕규범의 사용에 대하여 융통성을 발휘하는 센스를 가지고 있었다. 이처럼 맹자의 학설은 고지식하고 수구적인 것이 아니라 오히려 융통성이 있고 진보적인 측면을 가지고 있는 생동적인 사상체계라고 할 수 있을 것이다. 더 중요한 것은 이러한 도덕적 자유의 전개는 사람들이 좋아하는 것에 따라 임의적으로 전개되는 것이 아니라 곧 도道의 전개가 되는 것이다. 이때의 도道는 도가道家에서 언급하는 도道와는 다른 성질의 도道라고 할 수 있는데, 즉 맹자가 언급하는 도道는 바로 인도仁道인 것이다. 인仁은 맹자의 도덕철학의 가장 근간이 되는 정신으로, 어진 마음仁心은 사람의 마음속에 내재되어 있는 것으로, 일상생활 속에서 사람의 영혼과 소통하는 것이며 인간의 도덕적 삶 속에서 살아있는 것이며 궁극적으로는 하늘과 합치되는 것이다. 모든 어진 마음仁心의 전개는 가장 자연스러운 부모를 사랑한다고 하는 감정으로부터 다른 사람의 불행을 보고 불쌍하게 여기는 마음惻隱之心에 대해서까지 더나가 천지만물과 소통하는 것에 이르는 것이며, 궁극적으로는 하늘과 인간의 덕이 하나로 합치게 되는天人合德 경지에로 도달하게 되는 것이다.

## 5. 맺는 말

이상과 같이 맹자의 도덕선택의 보편적 원리에 대하여 보편원리로서의 인仁과 의로움義에 관한 문제 및 도덕목적을 중심으로 논의를 진행해보았는데, 이를 정리하면 다음과 같다.

맹자에게 있어서 인仁은 사람에게 내재되어 있는 양지良知와 양능良能 혹은 선한 단서善端일 뿐만 아니라 동시에 도덕선택의 최고의 원리가 된다고 할 수 있다. 이러한 인仁에는 보편성이 갖춰져 있는데, 그것은 바로 "밖으로부터 나에게 녹아져서 들어온 것이 아니라 내가 본래 가지고 있는 것인데, 다만 생각하지 않을 뿐이다. 그러므로 말하기를 그것을 구하면 갖게 되고 버려두면 잃어버리게 된다."는 것으로, 모든 사람들이 다 이러한 인仁을 가지고 있으며, 그러한 인仁을 마땅히 실천해야만 하는 것이다. 그렇기 때문에 도덕실천의 잠재적인 가능성의 의미에서 말하자면 인仁은 맹자의 도덕실천의 이론적 기초가 되는 것으로, 인간에게 내재되어 있는 인仁한 마음은 인간에게는 배우지 않고도 알 수 있게 되는 도덕양지良知가 선천적으로 갖춰져 있다고 하는 사실을 긍정하는 것이다. 다른 한편으로 인仁은 동시에 맹자가 도달하고자 했던 도덕이상과 목적이 되는 것이라고 할 수 있다.

공자는 의로움義을 입신과 행위의 최고 원칙으로 삼았으며 또한 의로움義을 이상적인 인격으로 삼았기 때문에 이러한 의로움義은 그에게 있어서 군자의 도덕적 징표가 되는 것이다. 군자는 의로움義을 행위의 가장 근본이 되는 원칙으로 삼으며, 그것을 예禮와 신의信 및 겸손함孫과 아울러 군자의 도리로 삼는다. 맹자는 공자의 이러한 의로움義에 관한 견해를 계승하여 의로움義을 행위의 기준으로 삼았다. 그렇기 때문에 맹자는 "대인이란 사람은 이미 한 말이 반드시 신뢰되어야 한다고 기대하지 않고, 행위가 반드시 결실을 거둬야 한다고 기대하지 않고, 오직 의로움에 부합하는지 만을 살핀다."라고 언급했던 것이다. 성인聖人이 말과 행동을 함에는 반드시 그것이 의로움義에 부합하는 지의 여부를 살펴본다. 이러한 의로움義은 마땅히 그래야 한다고 하는 것만을 고려해야 하는 것이지, 실제로 그래야한다고 하는 결과를 고려하는 것은 성인聖人이 고민할 사항은 아닌 것이다. 의로움義은 모든 행위의 근거가 되는 것인데, 만일 말에 신뢰감이 있고 행위에 좋은 결과가 있다고 해도 그러한 것이 의로움義에 부합되지 않는다면 신뢰나 좋은 결과가 없는 것만 못하게 되는 것이다. 의로움義은 사람이 인仁을 향해 나가는 통로가 되는 것인데, 이러한 인仁은 맹자의 도덕철학사상에 있어서 모든 도덕규범을 가리키는 총칭이 되는 것이다. 그렇기 때문에 언행이 인仁에 부합하는지의 여부는 반드시 의로움義에 부합하는지의 여부를 통해서 알 수 있게 되는 것이다. 이러한 의미에서 인仁과 의로움義은 실천적인 측면으로 볼 때 일체를 이루고 있다고 할 수 있는 것이며, 인仁한 마음의 보존과 양성을 통하여 시의 적절하게 의로움義을 실천하게 될 수 있는 것이다.

의로움義은 행위의 정당성과 타당성이 되는데, 정당성적인 측면에서 말하자면 의로움義은 행위의 지침이 되는 것이고, 타당성적인 측면에서 말하자면 실제 상황과 불가분의 관계에 놓이게 되는 것이기 때문에 권도權道와 의로움이 밀접한 관계를 형성하게 되는 것이다. 권도는 원칙을 벗어나지 않으면서 변용하는 것이기 때문에 이러한 변용은 직면한 상황의 요구에 반드시 부합해야 하는 것으로, 그 타당성을 판단하는 기준은 반드시 의로움義에 의거해야 한다는 것이다. 이러한 의로움義에 의거한 판단은 반드시 내재되어 있는 인한 마음仁心에 근거해야만 하는 것이다. 그렇기 때문에 맹자는 "거처해야 할 곳은 어디에 있는가? 인仁이 그것이며, 길은 어디에 있는가? 의義가 그것이다. 인仁에 거처하며 의義를 말미암으면 대인의 일이 갖추어진 것이다."라고 말했던 것이다.

맹자는 모든 사람들이 다 선善을 실천할 수 있고 성인聖人이 될 수 있다고 하는 가능성을 긍정했는데, 이러한 가능성은 모든 사람들이 저마다 선한 단서善端를 가지고 있기 때문이다. 이러한 선한 단서善端는 사람의 마음속에 보편적으로 내재되어 있는 것이며, 이는 사람 마음의 자연스러운 발로라고 할 수 있는 것이다. 그리고 이러한 선한 단서善端는 각종의 도덕선택 상황 속에서 인간의 주체성을 강조하여 인간이 도덕주체로서의 자각과 자주적인 판단을 할 수 있게 만들어서 스스로 판단과 선택을 내릴 수 있게 하는 것이다. 사람에게는 의지의 자유가 있기 때문에 맹자는 인간의 본성에 최고의 가치와 무한한 신뢰를 부여했다고 말할 수 있는 것이다. 동시에 맹자는 어떠한 도덕상황의 충돌에 직면했을 때 사안에 맞게 원칙을 변화적용 할 것을 제안 한 것에서와 같이 볼 수 있듯이, 도덕규범의 사용에 대하여 융통성을 발휘하는 센스를 가지고 있었다. 이처럼 맹자의 학설은 고지식하고 수구적인 것이 아니라 오히려 융통성이 있고 진보적인 측면을 가지고 있는 생동적인 사상체계라고 할 수 있을 것이다. 더 중요한 것은 이러한 도덕적 자유의 전개는 사람들이 좋아하는 것에 따라 임의적으로 전개되는 것이 아닌데, 이러한 도덕적 자유의 전개는 도道의 전개가 되는 것이다. 이때의 도道는 도가道家에서 언급하는 도道와는 다른 성질의 도道라고 할 수 있는데, 즉 맹자가 언급하는 도道는 바로 인도仁道인 것이다. 인仁은 맹자의 도덕철학의 가장 근간이 되는 정신으로, 어진 마음仁心은 사람의 마음속에 내재되어 있는 것으로 일상생활 속에서 사람의 영혼과 소통하는 것이며, 인간의 도덕적 삶 속에서 살아있는 것이며 궁극적으로는 하늘과 합치되는 것이다. 모든 어진 마음仁心의 전개는 가장 자연스러운 부모를 사랑한다고 하는 감정으로부터 다른 사람의 불행을 보고 불쌍하게 여기는 마음惻隱之心에 대해서까지 더나가 천지만물과 소통하는 것에 이르는 것이며, 궁극적으로는 하늘과 인간의 덕이 하나로 합치게 되는天人合德 경지에로 도달하게 되는 것이다.

## 참고문헌


朱公遷, 『詩經義疏』, 『四庫全書』 本.

劉寶楠, 『論語正義』, 『續皇淸經解』 本.

趙岐, 『孟子章句』, 『四部叢刊』 本.

朱熹, 『孟子章句集註』, 『海淵閣明刻』 本.

焦循, 『孟子正義』, 『焦氏遺書』 本.

楊國榮, 『善的歷程: 儒家價値體系的歷史衍化及其現代轉換』, 上海, 上海人民出版社, 1994년.

黃光國, 『儒家思想與東亞現代化』, 臺北, 巨流圖書公司, 1988년.

成中英, 「論儒家孝的倫理及其現代化: 責任·權利與德行」, 『知識與價値』, 北京, 中國廣播電視出版社,1996년.

林義正, 「春秋公羊傳思想中的經權問題」, 『臺大文哲學報』, 第38期, 臺北, 臺灣大學出版社, 1990년.

潭宇權, 『孟子學術思想評論』, 臺北, 文津出版社, 1995년.

馮友蘭, 『三松堂全集』, 第五冊, 鄭州, 河南人民出版社, 1986년.

杜維明, 『人性與自我修養』, 臺北, 聯經出版事業公司, 1992년.

蔡信安, 『道德抉擇理論』, 臺北, 時英出版社, 1993년.

韋政通, 「朱熹論經·權」, 『史學評論』, 第五期, 1983년.

王永智, 「人類共生主義的道德理想: 兼論儒家倫理的現代價値」, 『宗教哲學季刊』, 第4期, 1992년.

陳榮華, 「從道德知識的性格論孟子哲學的心性和智」, 『臺大哲學評論』, 第十七期, 1994년.

李景林, 「孔孟心性思想要義」, 『孔孟學報』, 第七十三期, 1997년.

# 제8장 도덕철학의 현대적 의미

## 1. 시작하는 말

현대 동아시아 사람들에게 있어서 맹자는 극소수의 사람들을 제외하고 대부분의 사람들에게 익숙한 사상가라고 말할 수 있을 것이다. 맹자가 주장한 성선설性善說은 매우 오래전부터 동아시아 사람들의 관념 속에 확고하게 자리매김을 했기 때문에 맹자는 곧 성선설과 등치되는 명사로 자리를 잡게 되었던 것이다. 그러나 맹자의 제자였던 공도자公都子와 마찬가지로 현대인들의 관념 속에서 맹자가 성선설을 주장했다는 것을 인식하는 것과 맹자가 무엇 때문에 성선설을 주장했는지를 이해하는 것은 별개의 문제라고 할 수 있다. 수많은 현대인들은 관념적인 측면에 있어서 맹자의 성선설에 대하여 근본적인 회의를 가질 수도 있을 것이다. 우리들이 살고 있는 이러한 시대에 맹자의 성선설은 시종일관되게 현대인들에게 있어서 상식의 차원으로 자리 잡고 있다고 하는 것은 부인할 수 없는 사실이지만, 오히려 이러한 상식이 과연 어떠한 이유 때문에 현대인들의 영혼에 흡수되지 못하게 되어 사람들이 올바른 삶을 영위할 수 없게 만드는 것일까?

도대체 어떠한 장애요인 때문에 현대인들이 맹자의 성선설 분야의 탁견과 지혜를 받아들이지 못하게 되는 것일까? 개인의 주관적인 요인

이외에 가장 주요한 요인은 사회의 전반적인 환경이 첨단과학기술문명만을 추구하고 있는 세태에 있다고 할 수 있을 것이다. 이러한 세태 속에서 일반적인 사람들은 경험적으로 증명된 사실과 공리주의적인 사고방식에 세뇌되어 있기 때문에 근본적으로 유학의 인문전통 관점에 의한 사람이 사람으로 되는 의미와 존엄을 체득하지 못하게 되는 것이다.

맹자의 성선설과 관련하여 가장 빈번하게 듣게 되는 반박은 바로 인간의 본성이 선善한 것이라면 맹자는 어떻게 사람들이 불선不善을 한다고 하는 사실을 해명 했는가? 라고 하는 것이다. 이러한 질문은 만일 단지 이론비판 차원에서 본 것이라면 나름 의미가 있는 것이라고 할 수는 있다. 그러나 만일 이러한 질문 자체에 성선설의 성립을 부정 하려고 하는 의도가 담겨져 있는 것이라면, 그것에는 인간의 본성과 인간의 행위라고 하는 두 개의 서로 다른 범주를 혼동하여 사용하려 한 혐의와 문헌을 충실하게 분석하지 못하고 그에 따라 제멋대로 단장취의斷章取義하여 진의를 왜곡하려는 의도가 분명하게 드러난다고 할 수 있다.

## 2. 성선설에 대한 오해와 시정

인간의 본성은 과연 정말로 선善한 것인가? 이러한 물음은 줄곧 논쟁의 여지를 가지고 있는 문제라고 할 수 있다. 그러나 어떠한 경우에도 맹자가 성선설을 주장한 것은 부인할 수 없는 사실이라고 할 수 있다. 이것은 중국철학사에 있어서 그 누구도 의심하거나 부정할 수 없는 사실로 자리 잡고 있다. 비록 『맹자孟子』 전체에 걸쳐서 성선性善이라고 하는 단어가 분명하게 보이는 장구는 "맹자께서 성선을 말씀하시고, 말씀마다 반드시 요임금과 순임금을 칭하셨다."[1]라고 하는 것과 "지금 성

1 『孟子』, 「滕文公上」, "孟子道性善, 言必稱堯舜."

선이라고 말씀하시니, 그렇다면 저들은 모두 틀린 것입니까?"[2]라고 하는 것에서 찾아볼 수 있을 뿐이다. 이와 같이 성선性善이라고 하는 단어는 『맹자孟子』에서 단 두 곳에서만 보일 뿐이지만, 맹자가 견지한 인의仁義는 내재하는 것이라고 하는 것과 그가 여러 차례에 걸쳐 강조한 사단지심四端之心은 내게 본래부터 있었던 것이라고 하는 주장에 대하여 우리들은 확고한 신뢰를 가지고 있다. 맹자는 이와 같이 모든 사람들에 대하여 도덕실천을 실현할 수 있다고 하는 능력이 있음을 긍정하였기 때문에 본성이 선하다고性善 하는 주장을 했던 것이다.

현대의 일부 학자들이 맹자의 성선설性善說에 대하여 해석을 할 때, 가장 자주 범하게 되는 오해가 바로 맹자의 성선설은 결코 인간의 본성이 본래부터 선善한 것이 아니라고 하는 견해라고 할 수 있다. 예를 들자면 타이완의 진대제陳大齊 같은 경우 맹자가 주장한 것은 인간의 본성은 선함을 향한다고 하는 인성향선설人性向善說이지 성선설이 아니라고 주장하는 것이 바로 그것이다.

> "옳고 그름을 판별하는 마음은 지혜의 단서이다."라고 하는 것은 맞으나, "옳고 그름을 판별하는 마음은 지혜이다."라고 하는 것은 논리가 지나친 면이 없지 않아 있다. 측은·수오·공경 혹은 사양 등의 마음과 인·의·예는 그 이치가 그렇다는 것이다. 측은한 마음 등은 인·의·예의 단서가 된다고 하는 것은 맞는 말이나, 측은한 마음 등은 인·의·예가 된다고 하는 것은 맞는 말이 아니다. 그렇기 때문에 맹자의 언급은 단지 인간의 본성에는 선한 단서가 갖춰져 있다고 하는 것만을 증명할 뿐 인간의 본성이 선하다고 하는 사실은 증명하지 못하는 것이다. 마찬가지로 맹자가 증명한 것은 단지 선하게 될 수 있다고 하는 가능성일 뿐, 선함의 현실성은 아닌 것이다. "사람의 본성 그대로의 실상은 선한 것이 될 수 있으니 그

2 『孟子』, 「告子上」, "今曰性善, 然則彼皆非與?"

러므로 선하다는 것이다."라고 하는 맹자의 언급을 보자면, 맹자의 본래 의도는 위에서 언급한 것들과 상당한 부분에 있어서 서로 부합하는 것 같지만, 본래는 인간의 본성이 선하게 될 수 있다는 것을 증명하려는 것일 뿐이지 인간의 본성이 본래부터 선하다고 하는 것을 증명하려고 했던 것은 아니다.……이와 같이 볼 때, 맹자가 언급한 인간의 본성은 단지 선하게 될 수 있다고 하는 의미일 뿐 인간의 본성이 이미 선한 것이라고 하는 것은 아니다. 맹자는 인간의 본성 가운데 선한 단서가 있다고 여겼지 악한 단서도 같이 겸비 되었다고는 생각하지 않았으며, 귀 눈 입 배 등의 욕구를 본성의 외부로 보내버리고 모든 악한 행위를 본심을 잃어버린 것에 죄를 돌려버렸던 것이다. 즉 맹자는 비록 인간의 본성이 단지 선하게 될 수 있는 것이라고 했을 뿐이지, 반드시 본래부터 선한 것은 아니라고 한 반면에 인간의 본성이 악하게 될 수도 있는 것이라고 하는 가능성에 대해서는 절대로 인정하지 않았던 것이다. 맹자의 입장에서 보기에는 인간의 본성은 본래적으로 선함을 향하는 것일 뿐이지 절대로 악함을 향하는 것은 아니었던 것이다. 이상과 같은 논의를 종합하면, 맹자의 학설은 실제로는 인성향선설人性向善說이라고 이름을 붙여야만 그것의 진상을 제대로 볼 수 있는 것이지 성선설로 불리어져서는 안 되는 것이다.[3]

또 다른 곳에서 진대제陳大齊는 동일한 관점으로 맹자의 인성론을 인간의 본성은 선할 수 있다고 하는 인성가선설人性可善說이라고 해석했다.

맹자의 인성론은 통상적으로 비록 성선설로 불리어지고 있으나, 그 실질적인 내용은 성선설이 아니라 인성가선설人性可善說이 된다고 하는 것

3 陳大齊, 『孟子性善說與荀子性惡說的比較硏究』, 臺北, 中央文物供應社, 1953년, 19쪽 참조.

은 의심의 여지가 없는 사실이다. 맹자가 공손추 상편에서 "측은하게 여기는 마음은 인仁의 단서이다."라고 언급한 것처럼 인仁의 단서는 인仁의 맹아에 불과할 뿐이지 아직 현실적인 인仁이 되지 못한 것이며, 마찬가지로 선단善端 역시 선한 단서일 뿐이지 현실적인 선이 아닌 것이다. 이러한 것을 근거로 하여 보았을 때, 맹자의 인성론 사상은 단지 인성가선설人性可善說이 되는 것일 뿐이지 성선설이라고 할 수는 없는 것이다. 맹자는 고자 상편에서 자신의 주장을 바꿔서 "측은하게 여기는 마음은 인仁이다."라고 했는데, 이러한 언급을 근거하여 그의 사상이 성선설이 된다고 추정할 수는 있다. 그렇지만 그 위의 문장에서 "사람의 본성 그대로의 실상은 선한 것이 될 수 있으니 그러므로 선하다는 것이다."라고 한 언급에서 "선한 것이 될 수 있다"는 것을 선이라고 해석하여 인간의 본성이 선한 것이라고 말하는 것은 선하게 될 수 있다고 하는 것을 의미하는 것일 뿐으로, 맹자의 인성론 사상이 인간의 본성은 선할 수 있다는 주장에서 벗어나지 못하고 있음을 나타내는 것이다.[4]

또한 부패영傅佩榮은 재차 인성향선설人性向善說로서 맹자의 성선설을 해석하면서 전통적 해석방식에 의거한 인성본선설人性本善說을 반대했다.[5] 그의 견해는 기본적으로 청유淸儒 초순焦循과 손성연孫星衍 그리고 현대시기의 진대제陳大齊의 논조를 답습한 것이라고 할 수 있다.[6] 그러나 부패영傅佩榮의 논증방식은 상당히 정밀하기 때문에 언급할 만한 가치가 있다고 할 수 있다. 부패영傅佩榮 역시 앞서 언급한 여러 학자들과 같이 맹자는 결코 인간의 본성 자체가 선善한 것이라고 하지 않았다고

4 陳大齊, 「硏討人性善惡問題的幾個先決條件」, 『孔孟月刊』, 臺北, 第八卷, 第8期, 4쪽 참조.

5 傅佩榮, 『儒家哲學新論』, 臺北, 業强出版社, 1993년, 75~91쪽 참조.

6 孫星衍, 『問字堂集』, 卷一, 北京, 中華書局, 1996년, 18쪽 참조. 焦循, 『孟子正義』, 卷二十六, 『焦氏遺書』 本.

생각했다.

> 인간의 본성이 선하다고 하는 것은 인간의 마음이 선하다고 하는 것에 기인한다. 그러나 우리가 반드시 주의할 것은 마음의 사단四端에서 단서라고 하는 단어가 표시하는 것은 맹아이지 완성된 모습이 아니라는 것이다. 이와 같은 마음의 단서는 보호하고 유지하며 보존하고 배양하는 것과 확충의 과정이 필요한 것이다. 이러한 것이 바로 맹자가 인성향선설人性向善說을 실제로 증명하는데 사용했던 방법인 것이다.[7]

이와 같은 부패영傅佩榮의 주장은 대체로 진대제陳大齊의 관점에서 크게 벗어나지 못하고 있다고 볼 수 있는데, 즉 그는 인간의 본성에는 단지 선善한 단서만이 포함되어 있을 뿐 완전한 선善은 없다고 하는 주장을 했던 것이다. 그렇지만 여기에서 우리가 주의할 만한 가치가 있는 것은, 부패영傅佩榮이 제시한 논증이라고 할 수 있다. 종합적으로 말하자면, 그가 주장하는 인성향선설人性向善說에는 다음과 같은 주요한 논점 세 가지를 포함하고 있다는 것이다.

> 먼저 양지良知는 선악으로써 규정하기에는 적합하지 않다고 하는 것이다. 양지는 단지 사람이 가지고 있는 고급스러운 본능이기 때문에 선악이라고 말할 수 있는 것이 아닌 것이다. 그러나 그것은 안정과 불안정 및 인내와 인내하지 못함을 줄곧 발하고 있기 때문에 각종의 실제적인 상황에 직면하여 그에 상응하는 요구를 제시하는 것이다. 이러한 요구는 곧 선善과 관련이 있는 것으로 선한 단서가 되는 것이다. 그렇지만 무엇이 선善이란 말인가? 간단하게 말해서 선善은 두 사람 사이의 적당한 관계의 충족인 것이다.[8]

---

7 傅佩榮, 『儒家哲學新論』, 臺北, 業强出版社, 1993년, 80쪽 참조.

다음 왜 선善을 향한다고 말하는가? 개인에게 있어서 만일 적당한 관계가 충족되지 못한다면 곧 불안한 감정이 발생하게 된다. 집단에게 있어서는 단지 지도자가 선행만을 실현할 것이 요구되는데, 그러할 경우 직접 통치하지 않아도 다스려지게 될 수 있게 되는 것이다. 그 지도자가 수립한 시스템 위에서 백성들로 하여금 선善을 향하는 본성을 얻을 수 있게 만드는 것은 매우 용이한 일기 때문이다. 공자는 교육과 정치를 매우 중시했는데, 그 기본 입장은 바로 인성향선설人性向善說 위에 있었던 것이다.[9]

마지막으로 어떠한 철학 이론일지라도 모두가 다음과 같은 세 가지 조건을 고려해야 한다는 것이다. 즉 경험적 관찰에 기초하고 이성에 부합하여 반성적 사유를 하는 것을 이상적인 과정이라고 한다. 인간의 본성이 선하다고 하는 것이 어떻게 인류와 개인의 악행과 죄과를 등한시 할 수 있겠으며, 어떻게 인간이 선악의 선택의 기로에 직면하였을 때 발버둥치는 것을 합리적으로 설명할 수 있겠으며, 또한 어떻게 사람들이 선을 행하고 악을 피하는 것의 필요성과 인생의 행복의 근거를 제시할 수 있겠는가?[10]

위의 인용문 가운데 제일 처음 단락은 직접적으로 맹자에 대한 언급이라고 할 수 있으며, 두 번째 단락은 공자에 대한 언급으로 인성향선설人性向善說로써 도덕교육과 교화의 필요성을 강조한 것이라고 할 수 있다. 그러나 맹자 역시 마찬가지로 도덕교육과 교화에 대하여 상당히 중시했기 때문에 맹자에 대한 언급이라고도 할 수 있다. 마지막 단락은

8 傅佩榮, 「以人性向善論重新詮釋儒家之正確性」, 『中國論壇』, 臺北, 第313期, 25쪽 참조.

9 傅佩榮, 『儒家哲學新論』, 臺北, 業强出版社, 1993년, 171쪽 참조.

10 傅佩榮, 『儒家哲學新論』, 臺北, 業强出版社, 1993년, 24쪽 참조.

비록 특별히 맹자에 대한 언급이 아니라고 할 수 있을지라도, 그가 선진유가에 대하여 한 언급이라고 할 수 있기 때문에 역시 맹자를 그 안에 포함시킬 수 있는 것이다. 이와 같은 부패영傅佩榮의 주장에 대하여 다음과 같은 논의를 진행해 볼 수 있다고 생각한다.

먼저 제일 첫 단락에 대한 논의이다. 우선 양지良知는 인간의 본능(혹은 고급본능)이라고 하는 사실에 대하여 문제점을 지적하고자 한다. 본능은 기질氣質의 성性에 속하는 것이기 때문에 이러한 기질氣質의 성性의 측면에서 말하자면, 본성에는 선善함도 없고 악惡함도 없게 되어 본성을 중성中性적인 의미로 간주하게 되는 것이다. 이러한 것과 고자告子가 "생리적인 욕구를 본성이라고 한다."[11]라고 하는 관점에서 언급한 본성과 동일한 사고유형에 속하는 것이라고 할 수 있다. 이러한 관점에서 언급한 본성은 자연히 본성은 선한 것性善이라고 말할 수 없는 것이다. 선악善惡의 기준은 양지良知에 있는 것이 아니라 양지良知의 외부에 있는 것이기 때문에 즉 부패영傅佩榮의 주장에 따르면 곧 사람들 사이의 관계 가운데 있는 것이다. 부패영傅佩榮이 양지良知의 요구를 선한 단서善端로 간주할 수 있는 이유는 단지 이러한 요구가 이와 같은 외부기준에 부합하기 때문인 것이다. 그러나 이러한 견해는 맹자가 고자와의 논쟁에서 강력하게 반대한 관점이라고 할 수 있는 의로움義은 외재한다고 하는 주장과 동질의 것이라고 할 수 있다. 맹자가 제기한 인의仁義는 내재하는 것이라고 하는 주장은 고자가 외부기준에 의거하여 선善을 규정하는 것에 대한 반대의 입장을 표방하는 것으로서, 이는 맹자가 선善을 규정하는 기준은 양지에 있다고 하는 견지에 대하여 여전히 유효한 것이라고 하는 생각을 견지하고 있음을 보여주는 것이다. 그렇기 때문에 맹자는 "인의예지는 밖으로부터 나에게 녹아져서 들어온 것이 아니라 내가

11 『孟子』, 「告子上」, "生之謂性"

본래 가지고 있는 것이다."[12]라고 언급했던 것이다. 이와 같이 볼 때, 부패영傅佩榮은 맹자의 견해를 고자의 관점으로 해석한 것이 된다고 할 수 있다.

사실 어떠한 특별한 의미 속에서 볼 때는 맹자 역시 "양지는 선악을 말하지 않는다."라고 하는 점을 인정할 수도 있을 것이다. 송명리학자宋明理學者들은 이미 이러한 의미를 알고 있었는데, 예를 들자면 송유宋儒 호오봉胡五峰과 같은 경우 "본성이라고 하는 것은 천지와 귀신의 오묘한 것으로, 선善함으로 그것을 언급하기에도 부족한데 하물며 악惡함에 있어서 언급하기에 충분할 수 있겠는가?……선현은 '맹자께서 성선을 말씀하셨는데, 선善이라고 하는 것은 아름다움을 찬미한 말로 악惡함과 대비되는 것은 아니다.'라고 말씀하셨다."[13]라고 일찍이 언급했으며, 왕양명王陽明의 경우는 사구교四句教의 첫 구에서 "선善함도 없고 악惡함도 없는 것은 마음의 본체이다."[14]라고 한 언급들이 그 의미상에 있어서 같은 것이라고 할 수 있다.

일반적으로 특정한 사안에 대하여 선악善惡 판단을 하게 될 경우 이러한 판단에는 반드시 어떠한 기준이 있어야만 한다. 맹자에게 있어서 이러한 판단기준은 외부에서 구할 수 있는 것이 아니라 오직 양지良知 자체에만 있었던 것이다. 양지良知는 곧 선악을 판단하는 기준의 소재인 것이다. 그렇기 때문에 우리는 자연히 일반적인 의미로서의 선악이라고 하는 용어를 그러한 의미에 더할 수 없는 것인데, 그것은 바로 이러한 용어의 사용은 반드시 양지良知의 존재를 담보로 해야 하기 때문이다. 이와 같은 의미 속에서 모든 사안에 대한 선함은 양지良知에서 나온다고 할 수 있기 때문에 본성은 선善한 것이라고 할 수 있는 것이다. 이

12 『孟子』, 「告子上」, "仁義禮智, 非由外鑠我也, 我固有之也."

13 胡宏, 『知言』, 卷四, 文淵閣四庫全書本.

14 王守仁, 『王陽明全集』, 下冊, 上海, 上海古籍出版社, 1997년, 1307쪽 참조.

러한 의미의 선은 절대적인 선으로 악과 상대되는 의미로서의 선이 아니기 때문에 지극한 선至善이라고 하는 것이다. 상대적인 의미의 선(악과 대비 되는 의미의 선)은 양지良知의 지극한 선至善으로써 판단의 기준을 삼아야만이 선이 되는 것이다. 이와 같은 논리 속에서 "본성에는 선함도 없고 악함도 없다"라고 하는 것도 가능하고, "본성은 선한 것이다"라고 하는 언급 역시 가능한 것으로 이 둘은 결코 모순되지 않는다고 할 수 있다. 그렇지만 이와 같은 주장과 고자가 기질氣質의 성性으로 언급한 중성적인 의미의 본성으로서 "본성에는 선함도 없고 악함도 없다"라고 하는 주장은 서로 별개의 것이다. 기질氣質의 성性은 중성中性적인 의미의 성性이기 때문에 선악의 판단기준은 오직 외부에서만 구할 수 있는 것이다. 그렇기 때문에 우리는 이러한 외재적인 판단기준으로 본성의 선악善惡을 판정할 수 있게 되는 것이다. 이러한 상황 속에서는 본성은 선할 수도 있고 악할 수도 있는 것이지만, 그것이 외재적인 판단기준에 부합하는지의 여부에 따라서 선한지 악한지 결정 되는 것이다. 그러나 지극한 선至善인 양지良知는 악이 될 수가 없는데, 그것이 악이 될 수 있다고 하는 것을 인정할 경우에는 선악의 판단기준이 부정될 수 없기 때문이다. 그러므로 부패영傅佩榮의 관점에서 출발하게 될 경우 인성향선설人性向善說을 주장할 수 있지만 반면 인성향악설人性向惡說 역시 주장할 수 있는 여지를 제공할 수 있게 되는 것이다.

부패영傅佩榮의 주장과 관련한 두 번째 단락에 대한 논의는 초순焦循과 손성연孫星衍의 관점과 같은 주장이라고 할 수 있다. 즉 이들의 주장은 교육과 교화의 필요성을 가지고 인간의 본성이 본래부터 선하다고 하는 관점을 부정하는 것이다. 그렇지만 위에서 언급한 바와 같이 인간의 본성이 본래부터 선하다고 하는 것을 인정한다고 해서 교육과 교화가 불필요한 것으로 취급되지는 않는다고 하는 사실이다. 그 관건은 바로 "생각하지 않고도 알게 된다."고 하는 양지良知는 일반사람들이 반성적 사고를 거치지 않은 앎일 뿐으로, 그것은 보존이 필요한 것이라고 하는 것에 있다. 이러한 것이 바로 교육과 교화의 필요성의 진정한 의미가 되는 것이다.

부패영傅佩榮의 주장과 관련한 세 번째 단락에 대한 논의는 만일 우리가 인간의 본성이 본래부터 선한 것이라고 하는 것을 인정할 경우, 현실세계 속에서 존재하는 악과 인류가 선과 악 사이에서 방황하는 문제를 설명하지 못하게 되고, 심지어는 인류가 목표를 위해 분투하는 것마저도 잃게 만든다고 하는 것이다. 이러한 주장은 인간의 본성이 본래부터 선한 것이라고 하는 것을 인정할 경우 이것은 모든 사람이 현실 속에서 당장 성인이 된다고 하는 논리와 하등 다른 점이 없다고 할 수 있는데, 이러한 논리는 당연히 맹자의 본래 의도와는 천차만별의 차이를 가지고 있다고 할 수 있다. 인간의 본성이 본래부터 선한 것이라고 하는 것을 인정하는 것은 사람들이 도덕수양을 할 필요가 없다고 하는 것을 의미하지 않는 것인데, 이것은 마치 사람들에게 도덕교육과 도덕교화가 필요 없다고 하는 것을 의미하지 않는 것과 같은 맥락이라고 할 수 있다. 도덕수양 역시 교육의 하나라고 할 수 있으며, 이는 단지 자기수양 공부일 뿐인 것이다. 도덕수양은 자기 자신 스스로부터 시작하여야 하는 것인데, 그것의 의미 역시 모든 사람들이 본래부터 가지고 있는 양지良知를 제대로 보존한다고 하는 것에서 크게 벗어나는 것이 아닌 것으로 그것을 잃어버리지 않는 것이다. 그러나 이러한 양지良知를 일단 잃어버렸을 경우 악이 발생하게 되는 것이다. 그렇기 때문에 인간의 본성이 본래부터 선한 것이라고 하는 것을 인정하는 것은 현실세계 속에 악이 존재한다고 하는 것을 부정하는 것과는 전혀 다른 차원의 이야기인 것이다.

사실 이러한 문제에 관하여 이미 왕양명과 제자들 사이에 논의가 진행된 적이 있었다. 왕양명은 일찍이 "마음의 양지를 성이라고 한다."[15]

라고 하는 언급과 "온 세상 사람들 모두가 성인이다."[16]라고 하는 언급을 한 적이 있다. 왕용계王龍溪는 이와 같은 왕양명의 언급을 근거로 현성양지見成良知설을 제기하는데, 이로 인하여 섭쌍강聶雙江·라염암羅念庵·유사천劉師泉과 같은 사람들의 비평을 야기한다.

> 선현께서 양지 두 글자를 제시하셨는데, 이것은 드러나는 것을 의미하는 것이다. 드러나는 것은 양지와 성인은 일찍이 다름이 없었는데, 다른 것이 있다면 그것은 바로 실현할 수 있느냐와 실현할 수 없느냐 일 뿐이다. 또한 빛나는 하늘과 광대한 하늘은 근본적으로 차별이 없는 것 같지만 보이는 것의 제한 때문에 작은 차이가 있는 것이다.[17]

현성양지見成良知라고 하는 것은 각 개인의 양지인데, 그것은 가르치지 않아도 어느 때나 드러나는 것이기 때문에 현성양지見成良知라고 하는 것이다. 이와 같이 볼 때, 성인聖人의 양지는 일반적인 사람들의 양지와 차이가 있는 것이 아니지만, 수양을 통하여 성인의 경지에 이르고자 한다면 그것은 양지에서부터 시작되어야 하는 것이다. 이러한 견해는 맹자의 견해와 일치하는 것이라고 할 수 있는데, 즉 맹자는 양지良知와 양능良能이 생각하지 않아도 알게 되는 것이고 배우지 않고도 할 수 있게 되는 것이라고 생각했기 때문에 어린아이 역시 이러한 것들을 드러낼 수 있다고 했던 것이다.

그렇지만 섭쌍강聶雙江 등을 위시한 일부의 사람들은 왕용계의 이러한 현성양지見成良知설에 대하여 반대의 입장을 표명한다. 그래서 왕용계는 "양지가 드러나지 않는다고 하는 것은, 수정을 해야 만이 비로소

15 王守仁, 『王陽明全集』, 上冊, 上海, 上海古籍出版社, 1997년, 214쪽 참조.
16 王守仁, 『王陽明全集』, 上冊, 上海, 上海古籍出版社, 1997년, 116쪽 참조.
17 王畿, 『王龍溪語錄』, 卷四 , 臺北, 廣文書局, 1977년.

완전해지는 것이다. 예를 들자면, 금이 금광석으로만 존재할 때는 아직 제련과 같은 가공을 거치지 않았기 때문에 완성된 형태의 금을 얻을 수가 없게 되는 것이다."[18]라고 하는 언급을 통하여 반대론자들의 논리를 무력화시킨다. 황종희黃宗羲는 『명유학안明儒學案』에서 왕용계와 유사천劉師泉 사이에 벌어졌던 논쟁에 대하여 상당히 세밀하게 언급하고 있다.

> 용계가 양지와 성인의 같은 점과 차이점에 대하여 여쭈었다. 선생께서 다르다고 말했다. 어린아이의 마음이나 애들의 지혜 및 어리석은 부부의 능력은 예를 들자면 금광석이 제련과정을 거치지 않아서 금이라고 하는 이름으로 불릴 수 없는 것과 같은 것이다. 그것은 보기에는 소리도 냄새도 없는 것으로 자연스러운 감각이 어떻게 천리 밖에까지 울려 퍼지겠는가? 그것은 순수한 음陰이 되는 것으로 진정한 양陽은 없는 것이다. 다시 진정한 양陽이라는 것은 천지가 개벽하고 건곤이 정립되어야 만이 얻어질 수 있는 것이다. 양지를 위주로 해서는 결코 도道에 들어가지 못할 것이다. 그러자 용계가 다음과 같이 말했다. 틈새로 들어오는 빛으로는 사방을 온전히 비출 수는 없는 것입니다. 오늘의 해는 본래는 빛이 없는 것이 아니라 다만 구름이 그것을 가렸을 뿐입니다. 이것이 어리석은 부부가 순순한 음이 된다고 하는 것과 어떤 차이가 있습니까?[19]

유사천劉師泉 등은 모든 사람들에게 현성양지見成良知가 있다고 하는 것을 인정하는 것이 모든 사람들이 현재 성인이라고 하는 것을 인정하는 것과 같은 것으로 보았는데, 이러할 경우 도덕수양의 필요성이 그 존재의미가 사라지게 되는 것이다. 그렇기 때문에 현성양지見成良知설에 대해서 필사적으로 반대할 수밖에 없었던 것이다. 사실 맹자는 어린아

18 王畿, 『王龍溪語錄』, 卷一, 臺北, 廣文書局, 1977년.
19 黃宗羲, 『明儒學案』, 卷十九, 「江右王門學案」.

이가 부모를 사랑하고 어른을 공경할 줄 아는 것과, 제선왕齊宣王이 희생에 쓰일 소가 두려움에 벌벌 떠는 모습을 차마 볼 수가 없어서 양으로 바꾸라고 한 마음 및 기근에 허덕이는 사람에게 음식을 꾸짖으며 주면 길가는 사람도 받지 않는다고 하는 것과, 음식을 발로 차서주면 걸인도 좋게 여기지 않는다고 하는 마음이 양지良知를 의미한다고 했던 것이다. 이러한 사람들의 마음속에서 드러나게 되는 양지良知는 곧 성인의 양지良知와 같은 것이기 때문에 맹자는 "요임금 순임금과 일반 사람들은 동일할 뿐이다."라고 언급했던 것이며, 또 "성인과 나는 같은 종류이다."라고 언급했던 것이다. 맹자의 이러한 견해는 왕양명이 "마음의 양지를 성이라고 한다."라고 하는 것과 "온 세상 사람들 모두가 성인이다."라고 하는 것과 유사한 것이라고 할 수 있으며, 맹자와 왕양명은 모든 개인의 양지良知는 가르치지 않아도 항상 드러날 수 있는 것이라고 하는 주장을 했지, 모든 개인이 현재 성인이라고 하는 주장은 하지 않았던 것이다.[20]

사단지심四端之心의 단端 역시 양지良知가 드러나는 것에 대한 언급이기 때문에 이러한 단端은 단서의 의미이며 양지良知가 여기에서 드러나게 되는 것을 말하는 것이다. 그렇기 때문에 모든 사람들의 마음속에 측은하게 여기는 마음惻隱之心이 드러나는 것과 성인聖人의 마음天心은 그 본질에 있어서는 전혀 차이가 없는 것이라고 할 수 있는 것이다. 왕용계가 한 "빛나는 하늘과 광대한 하늘은 근본적으로 차별이 없는 것"이라고 하는 언급은 바로 이러한 것의 의미를 잘 나타내고 있는 것이다. 성인聖人은 단지 어떤 특별한 기회에 양지의 확충을 통하여 그것을 완전하게 드러낸 존재일 뿐인 것이다. 이러한 확충의 공부는 양적인 문제로서 양지가 본질적으로 차이가 있다고 하는 것과는 전혀 관련이 없는 것

20 陳來, 『有無之境』, 北京, 人民出版社, 1995년, 172~173쪽 참조.

이다.[21] 부패영傅佩榮은 "단端 자의 사용은 아주 적절한 것이라고 할 수 있는데, 이 글자는 시작을 설명하는 것이지 완성을 의미하는 것은 아니다. 그리고 '불이 처음 타오르고 샘이 처음 솟아오르는 것(「공손추상」)'이라고 하는 말은 더욱 생동감 있게 이러한 경향을 묘사하고 있다."[22]라고 하여 단端 자를 시작의 의미로 이해하고 있다. 그러나 이러한 해석은 "측은하게 여기는 마음은 인이고, 부끄러워하고 미워하는 마음은 의로움이고, 공경하는 마음은 예이며, 옳고 그름을 판단하는 마음은 지혜이다."[23]라고 하는 맹자의 언급과는 간극이 있다고 할 수 있다. 사단지심四端之心이 여기에서는 이미 완성되었는데, 아직도 시작의 단계에 머물러 있다고 하는 것은 논리적 모순을 자초하게 되는 모양새를 가지게 된다고 할 수 있다. 한걸음 양보하여 단端 자에 시작의 의미가 있다고 하는 것을 인정한다고 해도, 이는 단지 수양공부 측면에서 언급되어질 성질의 것일 뿐인 것이라고 할 수 있다. 즉 수양공부가 여기에서 시작된다는 의미로만 쓰여 질 뿐인 것이다. 그러나 이러한 시작에는 근거의 의미가 담겨져 있기 때문에 수양공부가 이러한 양지良知를 근원으로 삼게 되는 것이다. 그렇지만 여기에는 미완성의 의미가 포함되어서는 안 되는 것인데, 수양공부의 근거인 양지良知가 갖춰지지 않았다면 그러한 수양공부는 반드시 공염불에 그치게 될 것이기 때문이다.

이상에서 살펴본 것처럼 인성향선설人性向善說은 결코 새로운 관점이라고 할 수 없는 것이다. 맹자의 인성론에 대하여 이러한 종류의 오해는 상당한 내력을 가지고 있다고 할 수 있으며, 이러한 오해는 기본적으로 잘못된 가정 위에서 수립되는 것이라고 할 수 있다. 만일 양지

---

21 蔡仁厚, 『儒家心性之學論要』, 臺北, 文津出版社, 1990년, 50쪽 참조.

22 傅佩榮, 『儒家哲學新論』, 臺北, 業强出版社, 1993년, 175쪽 참조.

23 『孟子』, 「告子上」, "惻隱之心, 仁也; 羞惡之心, 義也; 恭敬之心, 禮也; 是非之心, 智也."

자체에 도덕적 성분이 충분히 갖춰져 있다고 인정을 하게 된다면 도덕 수양과 도덕교육 및 도덕교화는 무의미한 일이 될 것이다. 그렇지만 맹자의 인성론은 도덕선험론의 범주에 속하는 것이기 때문에 반성적 사고를 거치지 않은 지식의 개념을 통해서도 충분히 잘못된 가정을 부정할 수가 있는 것이다. 맹자는 모든 사람들이 항상 양지良知를 드러낼 수 있다고 하는 사실을 인정했지만, 이러한 것이 모든 사람들이 현재 성인이라고 하는 주장은 아니다. 일반적인 사람들의 양지良知의 지知는 반성적 사고를 거치지 않은 지식이기 때문에, 자기수양이나 교육을 통하여야 만이 비로소 자각하는 가운데 자신을 올바르게 만들 수 있게 되는 것이다. 이러한 수양이나 학습 공부는 비단 자신에게 갖춰져 있는 현성양지見成良知를 자각하게 만들 수 있을 뿐만 아니라 반드시 그것을 모든 행위의 준칙으로 삼게 되는 것이다.

## 3. 현대적 의미와 가치

하나의 철학사상이 형성되기 위해서는 반드시 시대적 요청이 있어야만 한다고 할 수 있다. 즉 어떤 철학자가 문제를 제기하고 문제에 대한 사고를 진행하여 문제에 대한 해답을 내놓는 일련의 과정들 모두는, 그 철학자가 처한 시대적 배경과 불가분의 관계를 맺고 있는 것이라고 할 수 있다. 그렇다고 해서 철학자의 사상이 오직 시대적 환경의 영향을 받아서 결정되는 것이라는 것은 아니다. 사실 한 철학자가 역사 속에서 한 자리를 차지하기 위해서는 그의 철학사상이 후대 사람들에게 있어서 지혜의 원천으로 자리매김 되어져야 할 것이며 동시에 그것에 대한 창조적인 계승발전이 필요하다고 할 수 있다. 그러한 까닭은 그 철학자의 철학사상에는 시간적 공간적 제약을 초월한 영원한 의미와 가치가 담겨져 있기 때문이다. 송나라시기에 신유학Neo Confucianism이 부흥한 이후 맹자의 지위는 갈수록 중요한 위치를 점유하게 되는데, 그의 도덕철학은 리학자理學者들이 공동으로 지지하는 사고체계로 자리 잡게 된다. 이와 같은 사실은 맹자철학의 월등함과 탁견을 증명하기에 충분하다고 할 수 있으며, 이미 역사적 한계를 뛰어넘었다고 할 수 있는 것이다. 21세기를 살아가고 있는 현대인들은 신속하게 팽창하고 있는 첨단 과학기술문명에 직면하여 전통적인 가치체계를 이미 상실하고 있는 상태라고 할 수 있다. 그리고 인류 전체의 생활방식은 매우 급속하게 변화의 과정을 겪고 있다고 볼 수 있다. 이러한 시기에 우리는 맹자의 도덕철학이 과연 현대문명 속에서 어떠한 의미가 있는 것일까? 라고 하는 의문을 제기할 수 있을 것이며, 또 현대인들이 과연 어떻게 맹자의 이천 여 년 전 지혜를 배울 수 있을까? 라고 하는 물음을 제시할 수 있을 것이다.

사상사적인 각도에서 본다면 맹자의 성선설은 실제로는 공자의 인仁사상을 계승하는 한편 당시 유학을 반대하는 시대적 풍조에 직면하여 인간의 본성은 선한 것이라고 하는 신념을 가지고 만든 이론체계라고 할 수 있다. 또한 이러한 사상체계 속에는 농후한 철학적 의미가 함축되어 있다고 할 수 있는데, 그것에는 시간적 제약을 초월한 그 어떤 것이 담겨져 있다고 말할 수 있다. 맹자의 성선설에는 인간 본성의 가치에 대한 무한한 신뢰와 인간의 존엄에 대한 고귀한 믿음이 담겨져 있기 때문이다. 이와 같은 소중한 가치는 동서양의 문명 속에서 공히 찾아보기 힘든 매우 독특한 것이라고 할 수가 있는 것이다.

맹자는 어떻게 성선설이라고 하는 이론체계를 수립했던 것일까? 그러한 이론체계를 수립하는 데에 있어서 관건성이 되는 문제는 바로 도덕본심의 발현에 있었던 것이다. 다시 말하자면, 맹자의 본심으로 본성을 말한다고 하는 사유모식은 중국 고대의 인성론 전통 가운데 매우 독특한 성질의 것이라고 할 수 있다. 맹자는 생리적인 욕구를 본성이라고 하는 기존의 인성론 전통을 뛰어넘어 실존적이고 선험적인 새로운 노선을 제시했던 것이다. 가치의식의 측면을 드러내는 것으로부터 직접적인 탁견인 인의예지仁義禮智에 의거해서 움직이게 되는 도덕본심의 제시에 이르기까지, 일련의 과정들은 바로 사람이 사람으로 되는 진정성의 소재라고 할 수 있는 것이다. "군자에게 있어서 본성은 인의예지仁義禮智가 마음속에 뿌리를 내리고 있는 것이다."[24] 맹자는 이처럼 본심이 선하다는 것으로 본성이 선하다고 하는 것을 인정했던 것이다. 그러나 문제는 본성이 선한 것은 본심이 선한 것에 기인한다고 할 수는 있지만 사람이 왜 선하지 못한 행위를 하게 되는가라고 하는 것에 대한 물음에 직면할 수도 있게 된다. 이러한 물음은 영혼이 우리들의 삶의 전체적인 구조 속에서 과연 어떠한 역할을 하는지에 관련된 문제로서, 비록 우리의 영혼이 우월적이고 주도적인 성질을 가졌다고 할지라도 만일 우리가 인의예지仁義禮智라고 하는 도덕본심에 의거하지 않고 행위를 하게 된다면, 우리들의 영혼은 대체大體와 소체小體 사이에서 어떤 것이 고귀하고 어떤 것이 비천한 것인지를 알 수가 없게 되어 결국에는 자신을 망치게 되는 것이다. 그래서 맹자는 "사람들은 그 짐승 같은 모습만을 보고서 일찍이 좋은 재질이 있지 않았다고 생각하는 것이니 이것이 어찌 사람의 본래 모습이겠는가?"[25]라고 언급했던 것이다. 바꿔 말하자면, 일상생활 속에서 사람들의 마음은 부침이 있게 되는데, 사람에게는 선택의 자유가 있기 때문에 자신에게 선천적으로 본래 갖춰져 있는 도덕본심에 의거하여 행동을 하거나 육체의 감각적인 욕구에 의해서 행동을 하게 된다. 그렇기 때문에 도덕본심을 자각하지 않거나 혹

24 『孟子』, 「盡心上」, "君子所性, 仁義禮智根於心."
25 『孟子』, 「告子上」, "人見其禽獸也, 而以爲未嘗有才焉者, 是豈人之情也哉?"

은 감각적인 욕구에 빠져들게 되면 곧 방탕하고 치우치고 사악하고 거만해지는 경지의 나락으로 떨어지게 되는 것이다. 그러므로 맹자는 "구하면 얻고 놓아두면 잃어버리는 것이니, 혹 얻는 것과 잃어버린 것의 서로간의 차이가 두 배가 되기도 하고 다섯 배가 되기도 하여 헤아릴 수 없게 되는 것은 그 재질을 다하지 못했기 때문이다."[26]라고 말했는데, 이것은 바로 사람이 선하지 못한 행위를 하게 되는 것에 대한 준엄한 질책과 엄중한 경고인 것이다.

맹자의 도덕철학은 모든 사람들이 선을 행할 수 있다고 하는 능력을 가지고 있다는 사실을 긍정하는 것 이외에도 천도天道의 문제에 대해서도 언급하는데, 인간의 선한 본성을 진실하게 실천하는 과정 속에서 인성이 내재적이면서 초월적인 것이라고 하는 형이상학적 측면의 문제를 취급하고 있다고 할 수 있다. 맹자가 언급한 진심盡心·지성知性·지천知天이 함축하고 있는 철리를 상세하게 분석해본다면 맹자의 형이상학적 사유체계를 발견할 수 있을 것이다. 맹자의 사유체계 속에는 천도天道의 초월성뿐만 아니라 인간이 역사의 진행과정 속에서 도덕이상을 실현하기 위해 분투한 것에 대한 내용도 담겨져 있다. 즉 천도론天道論적 입장에서 궁극적인 의미를 제공해주고 있다고 볼 수 있는 것이다.

그렇기 때문에 전반적으로 말하자면 맹자의 도덕철학에는 다음과 같은 두 가지의 특징이 담겨져 있다고 할 수 있다. 하나는 사람이 사람으로 되는 의미와 존엄을 선천적으로 갖춰져 있는 도덕본심 위에 배치시켜서, 모든 사람들의 의지를 불러일으키기에 충분하도록 함으로써 아래에서 위로 향상할 수 있는 기반을 수립했다고 하는 점이다.[27] 다른 하나는 마음心·본성性·하늘天 삼자가 도덕실천 과정 속에서 서로 상통하

---

26 『孟子』, 「告子上」, "求則得之, 舍則失之. 或相倍蓰而無算者, 不能盡其才者也."

27 唐君毅, 『中國哲學原論』 原道篇, 臺北, 學生書局, 1986년, 212쪽 참조.

여 사람들이 운명의 제약이 반복되는 상황에 직면하여 인간 자신의 도덕적 자각을 통하여 운명을 바꿀 수 있다고 하는 의미가 바로 그것이다. 그렇지만 문제는 맹자의 이러한 도덕철학이 첨단과학기술문명이 만연해 있는 21세기를 살아가는 현대인들에게 과연 어떤 특별한 계시를 줄 수가 있겠는가? 하는 것에 있다고 할 수 있다.

오늘날 인간사회의 위기는 감각적 욕구만을 탐닉하며 자신의 이익만을 추구하는 한편 도덕적 가치는 버려두고, 오직 물질적 가치만을 최고의 가치로 여기는 풍조 속에서 인간 자신의 존엄은 상실되는 세태가 만연한 것에 있다고 할 수 있다.

> 오늘날의 인류는 무한한 경제발전과 부유함을 지상의 목표로 삼기 때문에 도덕적이지 못하다고 할 수 있는데, 이러한 세태는 예를 찬미하면서 탐욕을 그칠 줄 모르는 것과 조금도 다름이 없다. 이러한 인생철학에 의거하여 지위의 상징이나 인생의 성패의 시금석을 경제적 자산의 많고 적음으로 판단하게 되는 것이다. 만일 이와 같은 자기중심적이고 이기적인 천성에 대하여 제약을 가하지 않는다면 자기 자신에게 치명적인 고난을 초래하게 만들 것이다. 가장 시급한 문제는 사람들이 다른 생명체를 아랑곳 하지 않고 자신들만의 이익을 추구하기 위해서 경쟁적으로 무분별하게 자연을 개발한다면 결국에는 그 파장과 재앙이 인간에게로 고스란히 되돌아오게 된다는 것이다. 사람들이 만일 자신들을 제약하지 않고 무분별하게 자연생태계를 훼손할 경우 자연의 반격을 받아 인류가 멸망하게 될 수도 있는 것이다. 그렇기 때문에 무제약적으로 확장되는 경제는 종국에 가서 인류의 멸망이라고 하는 징벌을 받게 될 것이다.[28]

과연 무엇 때문에 무제약적으로 확장되는 경제가 결국에는 인류사

---

28 湯恩比, 「經濟擴張的惡果」, 『淸華學報』, 第六卷, 第1期.

회의 멸망을 초래한다는 것일까? 그것은 바로 이러한 인간의 욕망을 만족시켜줄 수 있는 자원은 한정되어 있는 것이기 때문이라고 할 수 있다. 지구상에 존재하는 모든 생명체는 얇은 토양층과 공기 및 물이라고 하는 생태환경 속에서 저마다의 삶을 유지시켜나가고 있으며, 이러한 생태환경이야말로 지구상에 존재하는 모든 생명체가 영위해야할 공동의 자산인 것이다. 지구상에 존재하는 여타의 생명체에 비하여 인간의 지능이 발달해 있기 때문에 이러한 생태환경을 더욱 충분하게 개발 시킬 수 있을 것이다. 그렇지만 인류가 과학기술을 체계적으로 이용하여 획득한 이와 같은 거대한 능력은 한편으로는 자연생태계를 파괴시킬 수도 있는 것이다. 즉 인류가 가진 과학기술이 자신들을 파멸의 길로 이끌 수 있는 치명적인 무기가 되는 것이라고 할 수 있는 것이다. 근대 이후 인간사회는 날이 갈수록 기계화 대량화 시스템화 되어가고 있는 추세를 보이고 있다. 그래서 인류는 무분별하게 천연자원을 발굴하고 남용하는 과정 속에서 이미 생태환경을 오염시키고 파괴하여 인류의 생존마저도 위협하고 있는 실정이라고 하겠다.

그렇다면 어떻게 해야 만이 이러한 위기상황을 해결할 수 있는 것일까? 토인비A. Toynbee의 경우는 과거의 역사 속에서 이러한 위기를 타파할 수 있는 지혜를 터득할 수 있다고 하는 것을 굳게 믿고 있다. 토인비는 산업혁명 이전의 인류는 가장 위대한 정신적 지도자들 즉 석가모니나 예수와 같은 정신적 지도자들을 배출했는데, 그들은 일찍이 인류가 자신들의 능력을 남용하여 인간 본성의 탐욕을 만족 시키는 것은 비도덕적인 것이며 인류를 망치는 행위라고 하는 것을 지적한 바 있다. 현대인들은 무한한 경제적인 욕구를 채우기 위해서 강탈은 물론 착취까지도 서슴지 않고 자행하고 있는데, 이와 같은 무한경쟁은 이미 두 차례에 걸쳐 인류사회에 끔찍한 재앙을 초래 했으니, 그것은 바로 제1, 2차 세계대전이다. 만일 인류가 또다시 고대 성인들의 가르침을 수용하지 않고 추구하는 목표를 바꾸지 않을 경우 수반되는 결과는 더욱 엄중할 것이라고 예측된다. 자연과 조화를 이루면서 살아가는 것(이는 중국철학에서 말하는 어진 사람은 천지만물과 하나로 된다고 하는 천인합일사상과 같은 맥락이다.)이야 말로 생명체가 생존하는 필요조건인 것이라고 할 수 있다. 물질적 욕구의 무한한 확장은 인류사회를 멸망의 길로 인도하게 될 것이기 때문에 과도한 물욕을 버리고 자연과 상생할 수 있는 길을 모색해야만 하는 것이다.

첨단과학기술이 고도로 발전하게 되면 물질문명으로 점철 된 사회가 탄생하게 된다. 이러한 사회는 그 외양은 매우 화려해 보이지만 실상 그 내면은 사람의 정이 없는 메말라 있는 사회인 것이다. 즉 그러한 사회 속에서는 인간관계 역시 이해타산을 중시하고 자기중심적인 관계를 형성하게 되어 개별적인 사람들은 소외감과 불안과 초조가 더욱 증가되는 현상을 보인다. 이와 같은 물질문명의 대가는 실로 무서운 것이라고 할 수 있는 것이다. 그렇기 때문에 오늘날의 인류사회의 가장 커다란 문제는 자기상실에 있다고 하는 것이다.

현대 동아시아사회 역시 현대 서양사회에서 겪고 있는 병폐를 마찬가지로 겪고 있다고 할 수 있다. 사회적으로나 개인적으로 도덕성이 결여되어 있는 상태에서 서양의 공리주의·개인주의·자유주의의 잔재를 무분별하게 수용했기 때문에, 그러한 병리현상이 동아시아사회에서도 나타나고 있는 것이다. 산업화는 물질적으로 풍족한 생활을 가능케 했지만 정신적으로 풍족한 생활은 제공하지 못하고 있다. 개인소득의 제고가 실질적인 삶의 질을 제고시킨다고 하는 의미는 아닌 것이다. 일반적으로 말하자면, 오늘날의 사회적 가치관은 이미 수많은 부분에 걸쳐서 변화를 겪었다고 할 수 있다. 돈의 위력이 모든 것을 뛰어넘어 최고의 가치로 자리 잡고 있으며, 한 개인의 사회적 지위의 높고 낮음은 완전히 재산의 많고 적음에 따라 판단되어지고 있는 실정이라고 할 수 있다. 사람은 인격을 올바르게 형성해야 하고 청렴함을 지켜야 한다고 하는 전통의 가치관이 이제는 일반인들의 관념 속에서 진부한 것으로 간주되고 있는 상황이다.

단지 사람들 사이의 시끌벅적한 모습만을 보고 이익을 위해서만 내왕하고 학교에 진학하고 취업하는 것 등 모두는 개인의 물질적 욕망을 만족시키기 위해서라고 볼 수 있다. 가정을 비롯한 학교와 사회에서는 모두가 사람들이 성공에만 매달릴 것을 독려하기에 여념이 없는데, 이는 마치 성공만이 인생의 유일한 가치인 것처럼 사람을 세뇌시키고 있는 것이다. 성공에는 수많은 객관적 여건이 갖춰져야 만이 가능하다고 하는 사실을 모를 사람은 없을 것이다. 개인이 가지고 있는 주관적인 역량을 다 발휘한다고 할지라도 반드시 염원하는 바를 달성할 수 있는 것은 아니라고 할 수 있다. 그렇기 때문에 진정한 성공을 이루는 사람은 결국에는 극소수에 불과하다고 볼 수 있는 것이다. 그러나 대다수의 사람들은 성공이라고 하는 거대한 프레임에 갇혀서 성공만이 있을 뿐 실패는 용납할 수 없다고 하는 고정관념에 매몰되어, 무한경쟁에로 내몰리게 되어서 결국에는 수단과 방법을 가리지 않고 오직 목적 달성만을 지상의 가치로 삼게 되는 것이다.

만일 우리사회가 맹목적으로 성공에만 매달릴 것을 독려하기만 하고 수단의 정당성 여부를 무시하게 된다면, 또 이렇게 해서 이룩한 성공은 과연 사회구성원들에게 있어서 재앙으로 작용할 것인지 축복으로 작용할 것인지는 자명하게 알 수 있을 것이다. 그래서 맹자는 양호陽虎의 말을 인용하여 "부유함을 추구하면 인하지 못하고, 인을 추구하면 부유해지지 못한다."[29]라고 언급했던 것이다. 만일 재물을 모으는 것이 인생의 유일한 목적이 되고 금전으로써 성공여부를 헤아리는 기준을

29 『孟子』, 「滕文公上」, "爲富不仁矣, 爲仁不富矣."

삼게 된다면, 이는 개인과 사회를 막론하고 매우 심각한 위해를 끼치게 될 것이다.

이천 여 년 전에 맹자가 주창한 성선설은 인간사회의 위기를 해소시켜 줄 수 있는 처방전이라고 할 수 있을 것이다. 맹자는 인간의 본성이 선한 것이라고 하는 신념에 기반 하여 인생에서 역점을 두어 추구해야 할 것은 부귀와 명성도 아니요 그렇다고 감각기관의 욕구를 충족시키는 것 역시 아니라고 하면서, 도덕적 가치를 중시할 것에 대하여 역설했던 것이다. 이와 같은 맹자의 주장은 매우 중요하고 또 현대인들에게 있어서 참고할 만한 가치가 있는 소중한 지적자산인 것이다. 바꿔 말하자면 현대사회를 살아가고 있는 사람들이 물질생활 측면에 있어서는 비록 전대미문의 번영과 발전을 구가하고는 있지만, 사람들의 정신생활 측면은 갈수록 빈곤해지고 있다고 할 수 있다. 또한 인간의 도덕적 자질은 날이 갈수록 퇴락해져만 가고 있는데, 이러한 현상은 현대인들이 인성에 대한 반성적 사고가 새삼 필요하다는 것을 설명하고 있다. 즉 도덕적 가치와 비도덕적 가치 사이에서 그것들의 우선순위에 대한 새로운 관계설정이 필요한 것이다. 그렇기 때문에 맹자의 도덕철학은 이천 여 년 전의 고대 중국에서 만들어진 것이지만, 가치체계의 구분과 판정이라고 하는 차원에 있어서는 여전히 시간과 공간의 제약을 받지 않는 수많은 탁견을 가지고 있으며, 현대인들의 계발을 기다리고 있는 것이라고 할 수가 있는 것이다.

## 4. 맺는 말

이상과 같이 맹자의 도덕철학의 현대적 의미에 대하여 성선설에 대한 오해와 시정에 관한 문제 및 현대적 의미와 가치를 중심으로 논의를 진행해보았는데, 이를 정리하면 다음과 같다.

현대의 일부 학자들이 맹자의 성선설性善說에 대하여 해석을 할 때, 가장 자주 범하게 되는 오해가 바로 맹자의 성선설은 결코 인간의 본성이 본래부터 선善한 것이 아니라고 하는 견해라고 할 수 있다. 예를 들자면, 타이완의 진대제陳大齊 같은 경우 맹자가 주장한 것은 인간의 본성은 선함을 향한다고 하는 인성향선설人性向善說이지 성선설이 아니라고 주장하는 것이 바로 그것이다. 또한 부패영傅佩榮은 재차 인성향선설人性向善說로서 맹자의 성선설을 해석하면서 전통적 해석방식에 의거한 인성본선설人性本善說을 반대했다. 그의 견해는 기본적으로 청유淸儒 초순焦循과 손성연孫星衍 그리고 현대시기의 진대제陳大齊의 논조를 답습한 것이라고 할 수 있다. 그러나 부패영傅佩榮의 논증방식은 상당히 정밀하기 때문에 언급할 만한 가치가 있다고 할 수 있다. 부패영傅佩榮 역시 앞서 언급한 여러 학자들과 같이 맹자는 결코 인간의 본성 자체가 선善한 것이라고 하지 않았다고 생각했다.

그러나 이와 같은 인성향선설人性向善說은 결코 새로운 관점이라고 할 수 없는 것이다. 맹자의 인성론에 대하여 이러한 종류의 오해는 상당한 내력을 가지고 있다고 할 수 있으며, 이러한 종류의 오해는 기본적으로 잘못된 가정 위에서 수립되는 것이라고 할 수 있다. 만일 양지 자체에 도덕적 성분이 충분히 갖춰져 있다고 인정을 하게 된다면 도덕수양과 도덕교육 및 도덕교화는 무의미한 일이 될 것이다. 그렇지만 맹자의 인성론은 도덕선험론의 범주에 속하는 것이기 때문에 반성적 사고를 거치지 않은 지식의 개념을 통해서도 충분히 잘못된 가정을 부정할 수가 있는 것이다. 맹자는 모든 사람들이 항상 양지良知를 드러낼 수 있다고 하는 사실을 인정했지만, 이러한 것이 모든 사람들이 현재 성인이라고 하는 주장은 아니다. 일반적인 사람들의 양지良知의 지知는 반성적 사고를 거치지 않은 지식이기 때문에 자기수양이나 교육을 통하여야 만이 비로소 자각하는 가운데 자신을 올바르게 만들 수 있게 되는 것이다. 이러한 수양이나 학습 공부는 비단 자신에게 갖춰져 있는 현성양지見成良知를 자각하게 만들 수 있을 뿐만 아니라 반드시 그것을 모든 행위의 준칙으로 삼게 되는 것이다.

21세기를 살아가고 있는 현대인들은 신속하게 팽창하고 있는 첨단과학기술문명에 직면하여 전통적인 가치체계를 이미 상실하고 있는 상태라고 할 수 있다. 그리고 인류 전체의 생활방식은 매우 급속하게 변화의 과정을 겪고 있다고 볼 수 있다. 이러한 시기에 우리는 맹자의 도덕철학이 과연 현대문명 속에서 어떠한 의미가 있는 것일까? 라고 하는 의문을 제기할 수 있을 것이며, 또한 현대인들이 과연 어떻게 맹자의 이천 여 년 전 지혜를 배울 수 있을까? 라고 하는 물음을 제시할 수 있을 것이다.

맹자의 도덕철학은 모든 사람들이 선을 행할 수 있다고 하는 능력을 가지고 있다는 사실을 긍정하는 것 이외에도 천도天道의 문제에 대해서도 언급하는데, 인간의 선한 본성을 진실하게 실천하는 과정 속에서 인성이 내재적면서 초월적인 것이라고 하는 형이상학적 측면의 문제를 취급하고 있다고 할 수 있다. 맹자가 언급한 진심盡心·지성知性·지천知天이 함축하고 있는 철리를 상세하게 분석해본다면 맹자의 형이상학적 사유체계를 발견할 수 있을 것이다. 맹자의 사유체계 속에는 천도天道의 초월성뿐만 아니라 인간이 역사의 진행과정 속에서 도덕이상을 실현하기 위해 분투한 것에 내한 내용도 담겨져 있다. 즉 천도론天道論적 입장에서 궁극적인 의미를 제공해주고 있다고 볼 수 있는 것이다.

그렇기 때문에 전반적으로 말하자면 맹자의 도덕철학에는 다음과 같은 두 가지의 특징이 담겨져 있다고 할 수 있다. 하나는 사람이 사람으로 되는 의미와 존엄을 선천적으로 갖춰져 있는 도덕본심 위에 배치시켜서, 모든 사람들의 의지를 불러일으키기에 충분하도록 함으로써 아래에서 위로 향상할 수 있는 기반을 수립했다고 하는 점이다. 다른 하나는 마음心·본성性·하늘天 삼자가 도덕실천 과정 속에서 서로 상통하여 사람들이 운명의 제약이 반복되는 상황에 직면하여, 인간 자신의 도덕적 자각을 통하여 운명을 바꿀 수 있다고 하는 의미가 바로 그것이다. 그렇지만 문제는 맹자의 이러한 도덕철학이 첨단과학기술문명이 만연해 있는 21세기를 살아가는 현대인들에게 과연 어떤 특별한 계시를 줄 수가 있겠는가? 하는 것에 있다고 할 수 있다.

현대 동아시아사회 역시 현대 서양사회에서 겪고 있는 병폐를 마찬가지로 겪고 있다고 할 수 있다. 사회적으로나 개인적으로 도덕성이 결여되어 있는 상태에서 서양의 공리주의·개인주의·자유주의의 잔재를 무분별하게 수용했기 때문에 그러한 병리현상이 동아시아사회에서도 나타나고 있는 것이다. 산업화는 물질적으로 풍족한 생활을 가능케 했지만 정신적으로 풍족한 생활은 제공하지 못하고 있다. 개인소득의 제고가 실질적인 삶의 질을 제고시킨다고 하는 의미는 아닌 것이다. 일반적으로 말하자면, 오늘날의 사회적 가치관은 이미 수많은 부분에 걸쳐서 변화를 겪었다고 할 수 있다. 돈의 위력이 모든 것을 뛰어넘어 최고의 가치로 자리 잡고 있으며, 한 개인의 사회적 지위의 높고 낮음은 완전히 재산의 많고 적음에 따라 판단되어지고 있는 실정이라고 할 수 있다. 사람은 인격을 올바르게 형성해야 하고 청렴함을 지켜야 한다고 하는 전통의 가치관이 이제는 일반인들의 관념 속에서 진부한 것으로 간주되고 있는 상황이다.

현대사회를 살아가고 있는 대다수의 사람들은 성공이라고 하는 거대한 프레임에 갇혀서 성공만이 있을 뿐 실패는 용납할 수 없다고 하는 고정관념에 매몰되어, 무한경쟁에로 내몰리게 되어서 결국에는 수단과 방법을 가리지 않고 오직 목적 달성만을 지상의 가치로 삼게 되는 것이다. 만일 우리사회가 맹목적으로 성공에만 매달릴 것을 독려하기만 하고 수단의 정당성 여부를 무시하게 된다면, 또 이렇게 해서 이룩한 성공은 과연 사회구성원들에게 있어서 재앙으로 작용할 것인지 축복으로 작용할 것인지는 자명하게 알 수 있을 것이다. 그래서 맹자는 양호陽虎의 말을 인용하여 "부유함을 추구하면 인하지 못하고, 인을 추구하면 부유해지지 못한다."라고 언급했던 것이다. 만일 재물을 모으는 것이 인생의 유일한 목적이 되고 금전으로써 성공여부를 헤아리는 기준을 삼게 된다면, 이는 개인과 사회를 막론하고 매우 심각한 위해를 끼치게 될 것이다.

이천 여 년 전에 맹자가 주창한 성선설은 인간사회의 위기를 해소시켜 줄 수 있는 처방전이라고 할 수 있을 것이다. 맹자는 인간의 본성이 선한 것이라고 하는 신념에 기반 하여 인생에서 역점을 두어 추구해야 할 것은, 부귀와 명성도 아니요 그렇다고 감각기관의 욕구를 충족시키는 것 역시 아니라고 하면서, 도덕적 가치를 중시할 것에 대하여 역설했던 것이다. 이와 같은 맹자의 주장은 매우 중요하고 또 현대인들에게 있어서 참고할 만한 가치가 있는 소중한 지적자산인 것이다. 즉 현대사회를 살아가고 있는 사람들이 물질생활 측면에 있어서는 비록 전대미문의 번영과 발전을 구가하고는 있지만, 사람들의 정신생활 측면은 갈수록 빈곤해지고 있다고 할 수 있다. 또한 인간의 도덕적 자질은 날이 갈수록 퇴락해져만 가고 있는데, 이러한 현상은 현대인들이 인성에 대한 반성적 사고가 새삼 필요하다는 것을 설명하고 있다. 즉 도덕적 가치와 비도덕적 가치 사이에서 그것들의 우선순위에 대한 새로운 관계설정이 필요한 것이다. 그렇기 때문에 맹자의 도덕철학은 이천 여 년 전의 고대 중국에서 만들어진 것이지만, 가치체계의 구분과 판정이라고 하는 차원에 있어서는 여전히 시간과 공간의 제약을 받지 않는 수많은 탁견을 가지고 있으며, 현대인들의 계발을 기다리고 있는 것이라고 할 수가 있는 것이다.

## 참고문헌


趙岐, 『孟子章句』, 『四部叢刊』 本.

朱熹, 『孟子章句集註』, 『海淵閣明刻』 本.

焦循, 『孟子正義』, 『焦氏遺書』 本.

胡宏, 『知言』, 文淵閣四庫全書本.

王守仁, 『王陽明全集』, 上海, 上海古籍出版社, 1997년.

王畿, 『王龍溪語錄』, 臺北, 廣文書局, 1977년.

黃宗羲, 『明儒學案』, 杭州, 浙江古籍出版社, 1985년.

孫星衍, 『問字堂集』, 卷一, 北京, 中華書局, 1996년.

陳大齊, 『孟子性善說與荀子性惡說的比較研究』, 臺北, 中央文物供應社, 1953년.

唐君毅, 『中國哲學原論』原道篇, 臺北, 學生書局, 1986년.

蔡仁厚, 『儒家心性之學論要』, 臺北, 文津出版社, 1990년.

傅佩榮, 『儒家哲學新論』, 臺北, 業强出版社, 1993년.

陳來, 『有無之境』, 北京, 人民出版社, 1995년.

陳大齊, 「研討人性善惡問題的幾個先決條件」, 『孔孟月刊』, 臺北, 第八卷, 第8期.

傅佩榮, 「以人性向善論重新詮釋儒家之正確性」, 『中國論壇』, 臺北, 第313期.

湯恩比, 「經濟擴張的惡果」, 『清華學報』, 第六卷, 第1期.

# 참고문헌


## • 원전류

朱公遷, 『詩經義疏』, 『四庫全書』 本.

孫星衍, 『尙書今古文注疏』, 『平津館叢書』 本.

趙汸, 『春秋左氏傳補注』, 『通志堂經解』 本.

朱彬, 『禮記訓纂』, 『宜祿堂』 淸刻本.

朱熹, 『大學章句』, 『海淵閣』 明刻本.

黃侃, 『論語義疏』, 『皇淸經解』 本.

朱熹, 『論語集注』, 『海淵閣』 明刻本.

劉寶楠, 『論語正義』, 『續皇淸經解』 本.

朱熹, 『中庸章句』, 『海淵閣』 明刻本.

趙岐, 『孟子章句』, 『四部叢刊』 本.

朱熹, 『孟子章句集註』, 『海淵閣』 明刻本.

焦循, 『孟子正義』, 『焦氏遺書』 本.

顔昌嶢, 『管子校釋』, 長沙, 嶽麓書社, 1996년.

王陽明, 『王陽明全集』 上冊, 上海, 上海人民出版社, 1992년.

司馬遷, 瀧川資言會注考證, 『史記會注考證』, 太原, 北岳文藝出版社, 1999년.

許愼撰, 段玉裁注, 『說文解字注』, 上海, 上海書店, 1992년.

## • 중국자료

郎擎霄, 『孟子學案』, 上海, 商務印書館, 1928년.

唐迪風, 『孟子大義』, 北京, 北平直隸書局, 1931년.

陳大齊, 『孟子的名理思想及其辯說實況』, 臺北, 臺灣商務印書館, 1983년.

何淑靜, 『孟荀道德實踐理論之研究』, 臺北, 文津出版社, 1988년.
袁保新, 『孟子三辨之學的歷史省察與現代詮釋』, 臺北, 文津出版社, 1992년.
李信言, 『孟子政治思想及經濟思想』, 上海, 易社, 1938년.
許宗興, 『孟子的哲學』, 臺北, 臺灣商務印書館, 1989년.
葉經柱, 『孟子之民本主義』, 臺北, 正中書局, 1990년.
黃俊傑 主編, 『孟子思想的歷史發展』, 臺北, 中央研究院 中國文哲研究所籌備處, 1995년.
高柏園, 『孟子哲學與先秦思想』, 臺北, 文津出版社, 1996년.
駱建仁, 『孟子學說體系探賾』, 臺北, 文津出版社, 1988년
翟廷晉, 『孟子思想評析與探源』, 上海, 上海社會科學院出版社, 1992년.
劉鄂培, 『孟子大傳』, 北京, 淸華大學出版社, 1998년.
廖名春, 『孟子的知慧』, 臺北, 漢藝色研文化事業有限公司, 1984년
蔡仁厚, 『孔孟荀哲學』, 臺北, 學生書局, 1991년.
______, 『儒家心性之學論要』, 臺北, 文津出版社, 1990년.
熊十力, 『明心篇』, 臺北, 學生書局, 1979년.
周群振, 『儒學探源』, 臺北, 鵝湖出版社, 1986년.
蘇新鋈, 『先秦儒學論集』, 臺北, 文津出版社, 1992년.
余英時, 『中國知識階層史論』, 臺北, 聯經圖書出版事業公司, 1980년.
李澤厚, 『中國古代思想史論』, 北京, 人民出版社, 1986년.
徐復觀, 『中國人性論史』, 臺北, 臺灣商務印書館, 1990년.
唐君毅, 『中國哲學原論』, 原性篇, 臺北, 學生書局, 1984년.
______, 『中國哲學原論』原道篇 卷一, 臺北, 學生書局, 1992년.
馮友蘭, 『中國哲學史新編』第二冊, 北京, 人民出版社, 1995년.
張豈之, 『中國儒學思想史』, 臺北, 水牛出版社, 1992년.
潘菽 主編, 『中國古代心理思想研究』, 南昌, 江西人民出版社, 1983년.
陳定閎, 『中國社會思想史』, 北京, 北京大學出版社, 1990년.
牟宗三, 『中國哲學的特質』, 臺北, 學生書局, 1991년.
______, 『中國哲學十九講』, 臺北, 學生書局, 1991년.
______, 『心體與性體』, 第一冊, 臺北, 正中書局, 1989년.

______, 『心體與性體』, 第二冊, 臺北, 正中書局, 1989년.
______, 『圓善論』, 臺北, 學生書局, 1985년.
______, 『王陽明致良知教』, 臺北, 中央文物供應社, 1980年.
______, 『從陸象山到劉蕺山』, 臺北, 學生書局, 1990년.
傅佩榮, 『儒道天論發微』, 臺北, 學生書局, 1989년.
楊慧傑, 『天人關係論』, 臺北, 水牛圖書事業出版公司, 1989년.
勞思光, 『新編中國哲學史』卷一, 臺北, 三民書局, 1986년.
曾仰如, 『倫理哲學』, 臺北, 臺灣商務印書館, 1985년.
成中英, 『知識與價值』, 臺北, 聯經出版事業公司, 1986년.
黃維幸, 『法律與社會理論的批判』, 臺北, 時報文化事業公司, 1991년.
瞿同祖, 『中國法律與中國社會』, 臺北, 里仁, 1987년.
徐復觀, 『中國思想史論集』, 臺北, 學生書局, 1983년.
______, 『中國思想史論集續篇』, 臺北, 時報文化事業公司, 1985년.
蕭公權, 『中國政治思想史』(上), 臺北, 聯經出版事業公司, 1990년.
侯家駒, 『先秦儒家自由經濟思想』, 臺北, 聯經出版事業公司, 1985년.
周金聲, 『中國經濟史』卷二, 臺北, 環宇, 1973년.
陳紹聞, 『中國經濟思想簡史』, 上海, 上海人民出版社, 1978년.
______, 『中國古代經濟文選』, 上海, 上海人民出版社, 1983년
胡寄窗, 『中國經濟思想史』, 上海, 上海人民出版社, 1983년.
葉龍, 『歷代人物經濟故事』, 香港, 壹出版有限公司, 1996년.
錢公博, 『經濟思想論集』, 臺北, 學生書局, 1975년
黎紅雷, 『現代管理與儒家知慧』, 臺北, 天地圖書出版有限公司, 1992년.
林毓生, 『政治秩序與多元社會』, 臺北, 聯經出版事業公司, 1989년.
王友三 主編, 『中國宗教史』, 濟南, 齊魯書社, 1991년.
錢穆, 『國史大綱』, 卷上, 臺北, 臺灣商務印書館, 1991년.
楊寬, 『古史新探』, 北京, 中華書局, 1965년.
宋淑萍, 『浩瀚的學海』, 北京, 三聯書店, 1991년.
秦家懿·孔漢思, 『中國宗教與西方神學』, 臺北, 聯經出版事業公司, 1993년.
牟宗三, 『康德的道德哲學』, 臺北, 學生書局, 1992년.

칸트 著, 藍公武 譯, 『純粹理性批判』, 北京, 商務印書館, 1997년.

## • 일본자료

增淵龍夫, 『中國古代の社會と國家』, 東京, 弘文堂, 1960년.
小倉芳彦, 『中國古代政治思想研究』, 東京, 青木書店, 1970년.
伊藤道治, 『中國社會の成立』, 東京, 講談社, 1981년.
赤塚忠, 『中國古代思想史研究』, 東京, 研文書店, 1987년.
松本雅明, 『世界歷史』卷四, 東京, 岩波書店, 1970년.

## • 한국자료

松丸道雄 외, 조성을 역, 『중국사개설』, 서울, 한울 아카데미, 1990년.
이혜경, 『맹자, 진정한 보수주의자의 길』, 서울, 그린비, 2008년.

## • 논문자료

徐復觀, 「封建政治·社會的崩潰, 及典型專制政治的成立」, 『新亞書院學術年刊』第十一期, 香港, 1969년.
侯家駒, 「井田叢考」, 『大陸雜誌』, 卷67, 第3期, 臺北, 1972년.
許倬雅, 「禮之精神及社會價值」, 『孔孟月刊』, 第二十三卷 第十二期, 臺北, 1982년.
孫效智, 「生命教育的倫理學基礎」, 『教育資料集刊』, 第二十八輯, 2001년.
河池重造, 「先秦時代'士'の諸問題」, 『史林』 卷四十二, 1959년.
高木智見, 「春秋時代の神人共同體について」, 『中國-社會と文化』集五, 1990년.
近藤正則, 「『讀余隱之尊孟辨』に見える朱子の孟子不尊周への對應」, 『日本中國學會報』 第33集, 日本中國學會, 1981년.
倉田信靖, 「『孟子』の"春秋天子之事也"に就いて」, 『日本中國學會報』 第38集, 日本中國學會, 1986년.

# 찾아보기

## ㄱ

ㄴ



ㄷ

## ㄹ



## ㅁ



## ㅂ

## ㅅ

ㅈ

## | 저자약력 |

### 조원일(趙源一)

청풍명월의 고장인 대전에서 출생하고 성장기의 대부분을 그곳에서 보냈다. 유년시절과 청소년시절을 동서양의 고전을 탐독하며 보내다가 결국 청소년기에 이르러 미래에 인문학자의 길을 걷겠다는 결심을 하게 된다. 그 후로 고대 중국과 서양의 지적(知的)전통에 대한 깊이 있는 공부를 위해 충남대학교 철학과에 진학하였으며, 대학 재학기간 동안 중국철학과 중국문화 및 중국어를 집중적이고 체계적으로 공부하며 인문학자로서의 꿈을 키워나갔다.

대학에 다니다가 입대하여 군복무를 마치고 다시 대학에 복학하기 전까지 6개월 동안 臺灣에서 중국어를 배우며 중국유학의 꿈을 좀 더 구체화 시킨다. 대학 졸업 후에는 臺灣으로 유학을 떠나 中國文化大學 대학원 철학과에서 석사학위를 취득하고, 그 뒤에 다시 중국 본토로 유학을 가서 北京大學 대학원 철학과에서 박사학위를 취득하였다.

8년 동안의 유학생활을 마치고 귀국하여 충남대학교 유학연구소, 남서울대학교 중국학과를 거쳐 현재 전남대학교 중국학과 교수로 재직하면서 전남대학교 이순신해양문화연구소장을 겸직하고 있다. 지난 2012년도와 2014년도에 전남대학교 교육우수교수에 두 차례에 걸쳐 선정 되었다. 대외적으로는 중국 浙江大學 한국연구소의 객원연구원 및 寧夏大學 학술고문을 겸직하고 있으며, 해군사관학교 충무공연구회 자문위원 역시 겸직하고 있다.

그 동안 집필한 저서로는 『東吳哲學』, 『哲學·宗教與人文』(中國出版), 『半生緣』(영화로 배우는 중국어), 『맹자의 도덕사상과 정치사상』, 『고대중국의 사유세계』, 『동아시아의 유학사상』, 『선진유가의 사상』, 『맹자의 철학사상』, 『공자의 철학사상』, 『순자의 철학사상』 등이 있으며, 외국에 발표한 논문으로는 「柳宗元的天人不相預論」 등을 포함하여 다수가 있으며 국내에 발표한 논문에는 「陸賈의 歷史思想에 관한 硏究」 등을 포함하여 다수가 있다. 고대 중국의 철학사상과 중국의 전통신화 분야에 대하여 지속적으로 관심을 가지고 연구하고 있으며 또한 고대 중국의 역사와 인문지리 및 전통문화와 동남아시아 화교문화에 대해서도 흥미를 가지고 연구를 진행하고 있다.

맹자와 도덕의 이상

**인쇄** | 2015년 12월 1일
**발행** | 2015년 12월 7일

**저자** | 조원일
**발행인** | 지병문
**발행처** | 전남대학교출판부

**등록** | 1981. 5. 21. 제53호
**주소** | 61186 광주광역시 북구 용봉로 77
**전화** | (062) 530-0571~2 **마케팅** 530-0573
**팩스** | (062) 530-0579
**홈페이지** | http://www.cnup.co.kr
**이메일** | cnup0571@hanmail.net

값 15,000원

ISBN 978-89-6849-254-9 (93150)

이 도서의 국립중앙도서관 출판예정도서목록(CIP)은 서지정보유통지원시스템 홈페이지(http://seoji.nl.go.kr)와 국가자료공동목록시스템(http://www.nl.go.kr/kolisnet)에서 이용하실 수 있습니다.
**(CIP제어번호 : CIP2015032888)**